政府房屋征收补偿搬迁操作实务

张国法 著

中国法制出版社
CHINA LEGAL PUBLISHING HOUSE

图书在版编目（CIP）数据

政府房屋征收补偿搬迁操作实务／张国法著．—北京：中国法制出版社，2023.7
ISBN 978-7-5216-2586-8

Ⅰ.①政… Ⅱ.①张… Ⅲ.①房屋拆迁-土地征用-补偿-研究-中国 Ⅳ.①D922.384

中国版本图书馆 CIP 数据核字（2022）第 049356 号

责任编辑　周琼妮（zqn-zqn@126.com）　　　　　封面设计　杨泽江

政府房屋征收补偿搬迁操作实务
ZHENGFU FANGWU ZHENGSHOU BUCHANG BANQIAN CAOZUO SHIWU

著者／张国法
经销／新华书店
印刷／河北华商印刷有限公司
开本／710 毫米×1000 毫米　16 开　　　　印张／28　字数／336 千
版次／2023 年 7 月第 1 版　　　　　　　　2023 年 7 月第 1 次印刷

中国法制出版社出版
书号 ISBN 978-7-5216-2586-8　　　　　　　　　　　　定价：98.00 元

北京市西城区西便门西里甲 16 号西便门办公区
邮政编码：100053　　　　　　　　　　　　传真：010-63141600
网址：http：//www.zgfzs.com　　　　　　　编辑部电话：010-63141807
市场营销部电话：010-63141612　　　　　　印务部电话：010-63141606

（如有印装质量问题，请与本社印务部联系。）

前　言

目前，规范国有土地上房屋征收补偿和搬迁的依据是国务院的行政法规《国有土地上房屋征收与补偿条例》，该条例自 2011 年 1 月 21 日起实施至今。

十二年间，国家出台和修改了几部与规范房屋征收补偿和搬迁活动紧密相关的重要法律和行政法规，包括 2017 年修正的《中华人民共和国行政诉讼法》；2019 年修正的《中华人民共和国土地管理法》；2020 年施行的《中华人民共和国民法典》；2021 年修订的《中华人民共和国行政处罚法》和《中华人民共和国土地管理法实施条例》。

十二年间，最高人民法院相继出台了四个与审理土地、房屋征收补偿和搬迁案件紧密相关的司法解释，包括 2011 年 9 月 5 日起施行的《最高人民法院关于审理涉及农村集体土地行政案件若干问题的规定》；2012 年 4 月 10 日起施行的《最高人民法院关于办理申请人民法院强制执行国有土地上房屋征收补偿决定案件若干问题的规定》；2018 年 2 月 8 日起施行的《最高人民法院关于适用〈中华人民共和国行政诉讼法〉的解释》；2020 年 1 月 1 日起施行的《最高人民法院关于审理行政协议案件若干问题的规定》；2022 年 5 月 1 日起施行的《最高人民法院关于审理行政赔偿案件若干问题的规定》。

十二年间，最高人民法院公布了两批征收拆迁典型案例。同时，最高人民法院在其官网上公开了大量的各级人民法院（包括最高人民法院各巡回法庭）审理的涉及土地、房屋征收补偿和搬迁的行政诉讼（包括行政赔偿）案件的裁判文书以及最高人民法院对下级人民法院就房屋征收补偿搬迁案件的答复、批复和意见等文件。毫无疑问，上述这些法律、法规和司法解释以及各级人民法院的判例对行政机关实际的土地、房屋征收补偿和搬迁工作具有规范和指导作用。

笔者作为土地和房屋征收、补偿与搬迁方面的专业律师，常年为地方政府提供相关法律服务，并受聘担任全国多家培训机构的专业讲师，专门讲授征收补偿及搬迁方面的专业知识，积累了充足的理论知识和丰富的实践经验。在此基础上，笔者花大量的时间潜心编著本书，真诚奉献给广大读者。

本书包括以下主要内容：（一）笔者对房屋征收、补偿和搬迁法律、法规及政策内容的解读；（二）笔者对房屋征收、补偿和搬迁实际工作中的焦点、难点和疑点问题的释解；（三）房屋征收、补偿和搬迁行政诉讼案件的应诉实务操作；（四）人民法院相关判例的裁判要旨及其对实务操作的启示；（五）最高人民法院公布的两批征收拆迁典型案例及其对实际工作的指导意义；（六）笔者制作的行政机关在房屋征收、补偿和搬迁工作中使用的相关文书范本。

笔者编著本书的主要目的是指引各级人民政府的土地和房屋征收管理部门的工作人员依法有序地开展房屋征收补偿和搬迁工作。

本书可作为政府法制工作机构工作人员或征收拆迁专业律师的业务参考用书，也可作为被征收人以及与征收行为有利害关系的公民、法人或者其他组织依法维权的参考用书。

欢迎广大读者对本书提出批评和指正意见。

张国法

2023 年 7 月于北京

本书简称说明

□《民法典》，指 2020 年 5 月 28 日第十三届全国人民代表大会第三次会议通过，自 2021 年 1 月 1 日起施行的《中华人民共和国民法典》。

□新《土地管理法》，指根据 2019 年 8 月 26 日第十三届全国人民代表大会常务委员会第十二次会议《关于修改〈中华人民共和国土地管理法〉、〈中华人民共和国城市房地产管理法〉的决定》第三次修正的《中华人民共和国土地管理法》。

□新《土地管理法实施条例》，指 2021 年 7 月 2 日中华人民共和国国务院令第 743 号第三次修订，自 2021 年 9 月 1 日起施行的《中华人民共和国土地管理法实施条例》。

□原《土地管理法》，指 1986 年 6 月 25 日第六届全国人民代表大会常务委员会第十六次会议通过，根据 1988 年 12 月 29 日第七届全国人民代表大会常务委员会第五次会议《关于修改〈中华人民共和国土地管理法〉的决定》第一次修正，1998 年 8 月 29 日第九届全国人民代表大会常务委员会第四次会议修订的《中华人民共和国土地管理法》。

□原《土地管理法实施条例》，指 1998 年 12 月 27 日国务院令第 256 号发布，自 1999 年 1 月 1 日起施行的《中华人民共和国土地管理法实施条例》。

□原《物权法》，指 2007 年 3 月 16 日第十届全国人民代表大会第五次会议通过，自 2007 年 10 月 1 日起施行的《中华人民共和国物权法》。

□《征补条例》，指 2011 年 1 月 19 日国务院第 141 次常务会议通过，自 2011 年 1 月 21 日起施行的《国有土地上房屋征收与补偿条例》。

□《行政诉讼法》，指根据 2017 年 6 月 27 日第十二届全国人民代表大会常务委员会第二十八次会议《关于修改〈中华人民共和国民事诉讼法〉和

〈中华人民共和国行政诉讼法〉的决定》第二次修正的《中华人民共和国行政诉讼法》。

□《适用行诉法解释》，指 2017 年 11 月 13 日最高人民法院审判委员会第 1726 次会议通过，自 2018 年 2 月 8 日起施行的《最高人民法院关于适用〈中华人民共和国行政诉讼法〉的解释》（法释〔2018〕1 号）。

□《执行补偿决定司法解释》，指《最高人民法院关于办理申请人民法院强制执行国有土地上房屋征收补偿决定案件若干问题的规定》（法释〔2012〕4 号）。

□《房屋征收评估办法》，指 2011 年 6 月 3 日中华人民共和国住房和城乡建设部制定的《国有土地上房屋征收评估办法》（建房〔2011〕77 号）。

□《拆迁条例》，指 2001 年 6 月 13 日国务院公布的《城市房屋拆迁管理条例》。

□《城市房地产管理法》，指 2019 年 8 月 26 日第十三届全国人民代表大会常务委员会第十二次会议《关于修改〈中华人民共和国土地管理法〉、〈中华人民共和国城市房地产管理法〉的决定》第三次修正的《中华人民共和国城市房地产管理法》。

总 目

上篇 征收决定

第一章　征收原则与基本规定 …………………………………… 3
第二章　征收前提与公共利益 …………………………………… 32
第三章　征收流程与补偿限制 …………………………………… 49
第四章　调查登记与补偿认定 …………………………………… 77
第五章　补偿方案与资金保障 …………………………………… 100
第六章　风险评估与征收决定 …………………………………… 122

中篇 征收补偿

第七章　补偿内容 ………………………………………………… 155
第八章　补偿评估 ………………………………………………… 173
第九章　补偿协议 ………………………………………………… 197
第十章　补偿决定 ………………………………………………… 235
第十一章　依法搬迁 ……………………………………………… 253

下篇 诉讼救济

第十二章　征收补偿搬迁行政案件受案范围与管辖 …………… 279
第十三章　征收补偿搬迁行政案件原告被告主体资格 ………… 302
第十四章　征收补偿搬迁行政案件证据 ………………………… 327
第十五章　征收补偿协议案件问题解析与实务操作启示 ……… 373
第十六章　违法强制搬迁的法律责任 …………………………… 396

目 录

上篇 征收决定

第一章 征收原则与基本规定 … 3

第一节 制定《征补条例》的目的和依据 … 3
一、制定《征补条例》的目的 … 3
二、制定《征补条例》的依据 … 5

第二节 《征补条例》的适用范围 … 6
一、征收不同性质土地上的房屋适用不同的法律和法规 … 6
二、"城中村"的土地性质 … 7
三、"农转非"或"村改居"后的土地性质 … 8

第三节 征收的公平补偿 … 10
一、公平补偿的含义 … 10
二、公平补偿标准已有突破 … 11

第四节 征收与住房保障制度 … 12
一、法律规定的住房保障原则 … 12
二、法规规定的具体实施办法 … 13

第五节 征收的基本原则 … 14
一、决策民主原则 … 14
二、程序正当原则 … 15
三、结果公开原则 … 16
四、公平补偿原则 … 16

第六节　征收工作主体 ······· 17
一、征收主体 ······· 17
二、征收部门 ······· 18
三、实施单位 ······· 20
四、有关部门 ······· 22

第七节　层级监管和业务指导 ······· 23
一、层级监管 ······· 23
二、业务指导 ······· 24

第八节　信访举报 ······· 25
一、信访举报制度内容 ······· 25
二、信访行为不可诉 ······· 26

第九节　法律责任 ······· 27
一、侵占征收补偿费用的法律责任 ······· 27
二、失职、渎职的法律责任 ······· 29

第二章　征收前提与公共利益 ······· 32

第一节　公共利益的法律渊源 ······· 33
一、我国"公共利益"的法律规定 ······· 33
二、界定公共利益的方式 ······· 34
三、《征补条例》列举的六项公共利益的情形 ······· 36
四、征收农民集体所有土地的前提条件 ······· 37

第二节　棚户区改造建设项目的房屋征收 ······· 40
一、棚户区改造建设项目属于公共利益的范畴 ······· 40
二、棚户区的定义、种类、特征 ······· 41

第三节　征收应遵循行政比例原则 ······· 42
一、行政比例原则概述 ······· 42
二、房屋征收应把握行政比例原则 ······· 44

第四节　法院判例及其对实务操作的启示 ······· 45

一、结合实际认定征收是否符合公共利益需要 ················ 45
　　——郭某某诉宁波市鄞州区人民政府房屋行政征收案
二、城市棚户区的认定标准 ······························ 46
　　——周某诉景德镇市珠山区人民政府房屋征收案
三、正确理解和全面把握公共利益 ······················ 47
　　——最高人民法院于2014年8月29日公布的第一批（十个）征收拆迁典型案例之：杨某某诉株洲市人民政府房屋征收决定案

第三章　征收流程与补偿限制 ······························ 49

第一节　集体土地征收补偿程序（流程）概述 ·············· 49
一、原《土地管理法》规制下的集体土地征收与补偿程序（流程） ·· 50
二、新《土地管理法》规制下的集体土地征收与补偿程序（流程） ·· 52

第二节　国有土地上房屋征收与补偿程序（流程）概述 ······ 58
一、编制房屋征收年度计划 ······························ 58
二、启动房屋征收 ······································ 59
三、审查资料 ·· 62
四、补偿限制 ·· 62
五、委托房屋征收实施单位 ······························ 62
六、房屋和土地情况的调查登记 ·························· 62
七、补偿事项认定 ······································ 63
八、征收补偿费用预算和划拨 ···························· 63
九、制订征收补偿方案 ·································· 63
十、社会稳定风险评估 ·································· 64
十一、政府常务会议讨论 ································ 64
十二、公告房屋征收决定做好宣传解释工作 ················ 64
十三、选定、决定或确定房地产价格评估机构 ·············· 65

十四、对被征收房屋的价值进行评估 ·· 65
十五、选择补偿方式及原地回迁 ·· 65
十六、支付各项补偿费提供周转房兑现奖励 ······································ 66
十七、订立房屋征收补偿协议 ··· 66
十八、作出房屋征收补偿决定 ··· 66
十九、拆除被征收房屋及其附属物 ·· 67
二十、强制执行 ·· 67
二十一、公布分户补偿信息，建立补偿档案 ······································ 68
二十二、审计与决算 ·· 68
二十三、产权调换房屋建设与交付 ·· 68

第三节　启动房屋征收程序文书范本 ·· 69
　文书一、关于出具_____建设项目是否符合_____区（县）国民经济和社会发展规划证明文件的函 ···································· 69
　文书二、关于出具_____建设项目是否符合_____区（县）土地利用总体规划、城乡规划和专项规划（或国土空间规划）证明文件的函 ·· 69
　文书三、旧城区改建项目房屋征收意愿征询意见书 ·························· 70
　文书四、关于公布_____旧城区改建项目房屋征收意愿征询结果的通知 ··· 70
　文书五、关于申请对_____建设项目国有土地上房屋实施征收的报告 ·· 71

第四节　对不当增加补偿费用行为的限制 ·· 72
　一、不当增加补偿费用的行为 ··· 72
　二、向有关部门出具停办手续 ··· 73
　三、发布限制公告 ·· 74

第五节　限制补偿文书范本 ··· 74
　文书一、建设项目房屋征收范围及禁止事项通告 ···························· 74
　文书二、关于暂停办理_____建设项目房屋征收范围内相关手续的通知 ··· 75

第四章　调查登记与补偿认定 ····· 77

第一节　征收调查登记 ····· 77
一、房屋征收调查登记制度 ····· 77
二、可供借鉴的《山西省国有土地上房屋征收与补偿条例》规定的调查登记制度 ····· 79
三、房屋调查登记的方式、方法、步骤 ····· 80
四、告知被征收人不予配合的风险 ····· 80

第二节　法院判例及其对实务操作的启示 ····· 81
一、未履行房屋调查登记程序导致房屋征收补偿协议无效 ····· 81
　　——陈某诉呼伦贝尔市海拉尔区房屋征收安置管理局行政补偿纠纷案
二、"一户一基"是认定分户补偿安置的重要依据 ····· 82
　　——张某某等三人诉长沙市望城区人民政府、长沙市自然资源和规划局望城分局不履行补偿安置职责案

第三节　房屋调查登记文书范本 ····· 82
文书一、关于对_____建设项目房屋征收范围内房屋调查登记的通知 ····· 82
文书二、征收住宅用房调查登记表 ····· 84
文书三、征收非住宅用房调查登记表 ····· 85
文书四、关于公布_____建设项目房屋征收范围内房屋调查登记结果的通知 ····· 86
文书五、住宅房屋调查登记汇总表（自然人） ····· 87
文书六、非住宅房屋调查登记汇总表（法人或其他组织） ····· 88

第四节　补偿事项认定与违建拆除 ····· 88
一、对违法建筑的认定、处理与补偿 ····· 89
二、对于临时建筑的认定、处理和补偿 ····· 89
三、征收房屋时对未登记的房屋的处理原则 ····· 89
四、征收时对违建的拆除 ····· 91

五、依《行政强制法》实施拆违 ·· 92

第五节　法院判例及其对实务操作的启示 ·································· 93

一、分别对在建或已建违法建设行为进行认定和处理 ············· 93
　　——蒋某某诉南通市崇川区城市管理行政执法局行政强制
　　　　及行政赔偿案

二、街道办可以强拆违法建筑 ··· 95
　　——杨某某诉河北省安国市人民政府房屋行政强制案

三、强制拆除违法建筑必须符合法定程序 ······························· 95
　　——最高人民法院于 2014 年 8 月 29 日公布的第一批（十
　　　　个）征收拆迁典型案例之：叶某甲、叶某乙、叶某丙
　　　　诉仁化县人民政府房屋行政强制案

四、不履行拆除违法建筑法定职责应承担行政不作为责任 ······· 96
　　——最高人民法院于 2014 年 8 月 29 日公布的第一批（十
　　　　个）征收拆迁典型案例之：叶某某诉湖南省株洲市规
　　　　划局、株洲市石峰区人民政府不履行拆除违法建筑法
　　　　定职责案

第六节　补偿事项认定处理文书范本 ·· 98

文书一、关于对未经登记建筑和临时建筑认定的征询函 ········· 98
文书二、对＿＿＿建设项目房屋征收范围内未经登记建筑物的
　　　　　调查、认定和处理结果公示 ··································· 99

第五章　补偿方案与资金保障 ·· 100

第一节　制定房屋征收补偿方案的五大程序 ·································· 100

一、房屋征收部门拟订征收补偿方案 ······································ 100
二、市、县级人民政府组织论证征收补偿方案 ······················· 102
三、公开征求公众意见 ··· 102
四、将征求意见情况和修改情况公布 ······································ 104
五、召开听证会 ·· 104

第二节　棚户区改造建设项目房屋征收补偿政策 ·························· 105

一、全面理解和把握棚户区改造政策内容 ………………………… 105
　　二、实物安置与货币化安置 ………………………………………… 106
第三节　《民法典》居住权的适用及征收补偿资金保障 ……………… 107
　　一、《民法典》规定的居住权 ……………………………………… 107
　　二、为特殊安置对象设立居住权 …………………………………… 108
　　三、征收补偿资金的保障 …………………………………………… 108
第四节　房屋征收补偿方案及征收补偿资金保障文书范本 …………… 111
　　文书一、《＿＿＿建设项目房屋征收补偿方案》主要内容提示 …… 111
　　文书二、关于对《＿＿＿建设项目房屋征收补偿方案》征求意
　　　　　　见的公告 …………………………………………………… 115
　　文书三、《＿＿＿建设项目房屋征收补偿方案》征求意见表 ……… 116
　　文书四、＿＿＿区、县（市）人民政府关于对《＿＿＿建设项
　　　　　　目房屋征收补偿方案》进行听证的公告 ………………… 117
　　文书五、参加《＿＿＿建设项目房屋征收补偿方案》听证会通
　　　　　　知书（＿＿＿征听字〔＿＿＿〕第＿＿＿号）…………… 118
　　文书六、参加《＿＿＿建设项目房屋征收补偿方案》听证会通知
　　　　　　书送达回证（＿＿＿征听字〔＿＿＿〕第＿＿＿号）…… 119
　　文书七、＿＿＿区、县（市）人民政府关于对《＿＿＿建设项
　　　　　　目房屋征收补偿方案》征求意见情况和修改情况的公告 … 119
　　文书八、＿＿＿建设项目房屋征收补偿专项资金证明 …………… 120
　　文书九、房屋征收补偿专项资金存储监管使用协议 ……………… 120

第六章　风险评估与征收决定 …………………………………………… 122

第一节　征收社会稳定风险评估基本内容 ……………………………… 122
　　一、征收社会稳定风险评估的依据 ………………………………… 122
　　二、征收社会稳定风险评估的主体、内容和程序 ………………… 125
　　三、征收社会稳定风险评估报告的格式与要求 …………………… 132
　　四、江苏省高级人民法院的规定 …………………………………… 133
　　五、《国家发展改革委重大固定资产投资项目社会稳定风险评估

　　　　暂行办法》简介 …………………………………………… 134
　　六、国家发展和改革委员会重大固定资产投资项目社会稳定风
　　　　险分析篇章和评估报告编制大纲 ………………………… 136
　　七、作出房屋征收决定的决策程序 ……………………………… 136
第二节　法院判例及其对实务操作的启示 ……………………………… 137
　　一、未经社会风险评估或政府常务会议讨论的房屋征收决定违
　　　　法 …………………………………………………………… 137
　　　　——陈某某、王某某诉山东省菏泽市成武县人民政府房屋
　　　　　　征收决定案
　　二、征收决定未经政府常务会议讨论的属违反法定程序 ……… 138
　　　　——郑某某等38人诉山东省五莲县人民政府撤销行政征收
　　　　　　决定案
第三节　社会稳定风险评估文书范本 …………………………………… 139
　　文书一、＿＿＿＿建设项目征收社会稳定风险评估走访调查意见表 …… 139
　　文书二、＿＿＿＿建设项目征收社会稳定风险评估论证（座谈）
　　　　　　会会议记录 ……………………………………………… 140
　　文书三、＿＿＿＿建设项目征收社会稳定风险评估论证（座谈）
　　　　　　会意见表 ………………………………………………… 141
　　文书四、＿＿＿＿建设项目征收社会稳定风险评估报告（内容提要）… 142
第四节　公告房屋征收决定 ……………………………………………… 145
　　一、作出房屋征收决定并予以公告 ……………………………… 145
　　二、公告应准确告知救济权利和期限 …………………………… 146
　　三、做好房屋征收补偿的宣传和解释工作 ……………………… 147
第五节　法院判例及其对实务操作的启示 ……………………………… 147
　　征收决定应做到证据确凿、适用法律法规正确、符合法定程序 …… 147
　　　　——宋某某诉济宁市任城区人民政府房屋征收决定案
第六节　房屋征收决定及公告文书范本 ………………………………… 150

文书一、关于报请对_____建设项目范围内房屋作出征收决定的报告（文号） ……………………………………………… 150

文书二、_____区、县（市）人民政府_____建设项目国有土地上房屋征收决定（文号） ……………………………… 151

文书三、_____区、县（市）人民政府_____建设项目国有土地上房屋征收决定公告 ……………………………………… 152

中篇　征收补偿

第七章　补偿内容 …………………………………………… 155

第一节　征收补偿的具体内容 ……………………………… 155
一、征收农民集体土地"五加一"补偿内容 ………………… 155
二、征收国有土地上房屋"三加一"补偿内容 ……………… 156

第二节　补偿方式 …………………………………………… 157
一、征收房屋两种补偿方式 ………………………………… 157
二、补偿方式的选择权 ……………………………………… 158
三、产权调换要贯彻住房保障政策 ………………………… 158
四、原地回迁 ………………………………………………… 159

第三节　房屋价值的补偿及搬迁费、临时安置费 ………… 160
一、对被征收房屋价值的补偿 ……………………………… 160
二、搬迁费、临时安置费及周转用房 ……………………… 160

第四节　停产停业损失补偿与补助奖励 …………………… 162
一、对"住改商"房屋的认定和补偿 ……………………… 162
二、《民法典》对"住改商"的限制 ……………………… 164
三、补助和奖励费 …………………………………………… 164

第五节　法院判例及其对实务操作的启示 ………………… 166
一、如何认定房屋征收补偿面积 …………………………… 166
——严某诉安徽省宣城市宣州区人民政府房屋征收补偿决定案

二、如何确定旧城区改建原地回迁的安置房源 ………… 167
　　——潘某某诉上海市静安区人民政府房屋征收补偿决定案

三、征收非住宅房屋不应只给货币补偿而不给产权调换 ………… 168
　　——李某某、徐某某诉安徽省界首市人民政府房屋征收补偿决定案

四、补偿方式的选择权在被征收人 ………… 169
　　——最高人民法院于2014年8月29日公布的第一批（十个）征收拆迁典型案例之：何某诉淮安市淮阴区人民政府房屋征收补偿决定案

五、对"住改商"房屋的营业性损失应给予适当补偿 ………… 170
　　——孙某某诉吉林省梅河口市人民政府房屋征收补偿决定案

六、认定居住房屋或非居住房屋的依据 ………… 171
　　——最高人民法院于2014年8月29日公布的第一批（十个）征收拆迁典型案例之：霍某某诉上海市黄浦区人民政府房屋征收补偿决定案

第八章　补偿评估 ………… 173

第一节　房屋征收评估制度 ………… 173
一、通过评估确定被征收房屋的价值 ………… 173
二、对评估结果有异议的可申请复核评估和专家鉴定 ………… 175
三、法规授权住房和城乡建设部制定房屋征收评估办法 ………… 175
四、《国有土地上房屋征收评估办法》的重要内容提示 ………… 175

第二节　评估的法律责任 ………… 182
一、行政责任 ………… 183
二、民事责任 ………… 184
三、刑事责任 ………… 185

第三节　法院判例及其对实务操作的启示 ………… 186

一、正确理解征收决定公告日前后选评估机构以及有效送达评估报告的意义 …………………………………………………………… 186
　　——郑某诉沈阳市皇姑区人民政府征收补偿案

二、选评估机构的程序有瑕疵不必然导致评估违法 ………………… 188
　　——李某某诉泰安市政府、山东省政府房屋征收补偿及行政复议案

三、当事人如对评估价格有异议应申请复核评估和专家鉴定 ……… 189
　　——最高人民法院于2014年8月29日公布的第一批（十个）征收拆迁典型案例之：毛某某诉永昌县人民政府房屋征收补偿决定案

四、房屋征收部门必须将被征收房屋的评估报告有效送达被征收人 ……………………………………………………………………… 190
　　——最高人民法院于2014年8月29日公布的第一批（十个）征收拆迁典型案例之：艾某某、沙某某诉马鞍山市雨山区人民政府房屋征收补偿决定案

五、因原告原因致无法入户评估的由原告承担败诉后果且可二次评估补偿 …………………………………………………………… 192
　　——最高人民法院于2018年5月15日公布的第二批（八个）征收拆迁典型案例之：孙某某诉舟山市普陀区政府房屋征收补偿案

第四节　房屋征收评估程序文书范本 …………………………………… 193
　文书一、关于选定、决定或确定房地产估价机构的通知 …………… 193
　文书二、房地产估价机构公示单 ……………………………………… 194
　文书三、选定、决定或确定房地产估价机构公告 …………………… 195
　文书四、初评公示告知书 ……………………………………………… 195
　文书五、房地产估价报告送达回证 …………………………………… 196

第九章　补偿协议 ………………………………………………………… 197

第一节　征收补偿安置协议文书范本综合版 …………………………… 198

文书一、房屋征收补偿安置协议（综合版一） ……………… 198
文书二、房屋征收补偿安置协议（综合版二） ……………… 202

第二节 货币补偿协议文书范本 …………………………… 210
文书一、住宅用房货币补偿协议书 ………………………… 210
文书二、营业用房货币补偿协议书 ………………………… 213
文书三、工业用房货币补偿协议书 ………………………… 216

第三节 产权调换补偿协议文书范本 ………………………… 219
文书一、住宅用房产权调换协议书 ………………………… 219
文书二、营业用房产权调换协议书 ………………………… 224
文书三、工业用房产权调换协议书 ………………………… 228

第十章 补偿决定 ……………………………………………… 235

第一节 作出补偿决定的要件 ………………………………… 235
一、作出补偿决定的主体 …………………………………… 235
二、作出补偿决定的前提条件 ……………………………… 236
三、作出补偿决定的程序 …………………………………… 237
四、补偿决定应体现公平原则 ……………………………… 237
五、依法送达补偿决定书 …………………………………… 238
六、赋予被征收人救济权利 ………………………………… 239

第二节 买卖房屋未过户的补偿对象 ………………………… 239
一、卖方是被征收人 ………………………………………… 239
二、卖方签订补偿协议补偿款归买方所有 ………………… 240
三、买方居住多年依法处理补偿事宜 ……………………… 241

第三节 法院判例及其对实务操作的启示 …………………… 242
一、审理征收补偿决定案应对征收决定及补偿方案进行合法性审查 …… 242
　　——夏某某、郑某某诉辽宁省大石桥市人民政府行政征收案
二、超过评估时点四年一般不宜认定补偿决定违法 ……… 243
　　——蒋某某诉南阳市宛城区人民政府房屋征收补偿决定案

三、以作出补偿决定之日为评估时点须考量的因素 …………… 243
　　——居某等3人诉福州市鼓楼区人民政府房屋征收补偿决
　　　　定案
四、对无房屋的土地可在房屋征收时进行补偿 ………………… 246
　　——江苏省高邮市佳成技术装饰经营部诉高邮市政府房屋
　　　　征收补偿决定案
五、证载所有权人死亡的应如何作出房屋征收补偿决定 ……… 247
　　——柴某某、王某某诉吉林省梅河口市人民政府、吉林省
　　　　人民政府房屋征收补偿决定案
六、补偿决定滞后于评估时点未必侵害被征收人合法权益 …… 248
　　——苏某某诉济南市天桥区人民政府及济南市人民政府房
　　　　屋征收补偿决定及行政复议案

第四节　房屋征收补偿决定文书范本 …………………………………… 249
　　文书一、关于报请作出房屋征收补偿决定的报告（文号） …… 249
　　文书二、_____区、县（市）人民政府房屋征收补偿决定书 …… 250
　　文书三、_____区、县（市）人民政府房屋征收补偿决定
　　　　　　公告 ……………………………………………………… 251
　　文书四、房屋征收补偿文书送达回证 …………………………… 252

第十一章　依法搬迁 ……………………………………………………… 253

第一节　"裁执分离"强制搬迁机制 …………………………………… 254
　　一、非法阻碍搬迁须承担法律责任 ……………………………… 254
　　二、司法强制搬迁与"裁执分离"机制的创立 ………………… 254
　　三、制定《执行补偿决定司法解释》的背景 …………………… 255
　　四、制定《执行补偿决定司法解释》的目的 …………………… 257
　　五、受理强制执行补偿决定案件的条件 ………………………… 257
　　六、受理强制执行申请的程序 …………………………………… 258
　　七、执行程序中对征收补偿决定的审查标准 …………………… 258
　　八、作出是否准予执行裁定的程序 ……………………………… 259

九、裁定准予强制执行一般由政府组织实施 ……………………… 259
十、行政机关强制搬迁与人民法院强制搬迁并行机制的意义 ……… 260
十一、执行裁定的行为不可诉 …………………………………… 261

第二节 申请法院强制执行文书范本 …………………………… 261

文书一、_____区、县（市）人民政府关于要求履行房屋征收
补偿决定的催告书（文号）………………………………… 261
文书二、关于强制执行房屋征收补偿决定的申请（文号）………… 262
文书三、区、县（市）人民政府向人民法院申请强制执行房屋
征收补偿决定提交的证据材料目录 ……………………… 264

第三节 新土地管理法规制下的村民自主搬迁 …………………… 265

一、集体经济组织可依法收回土地使用权 ………………………… 265
二、收回集体土地使用权须履行法定程序 ………………………… 266
三、自主搬迁操作要点 …………………………………………… 266
四、自主搬迁的权利救济 ………………………………………… 269

第四节 房屋征收与收回国有土地使用权 ………………………… 270

一、房屋被依法征收的国有土地使用权同时收回 ………………… 270
二、《民法典》规定的因征收导致物权变动的节点 ……………… 271
三、注销不动产权属证书收回国有土地使用权 …………………… 272

第五节 法院判例及其对实务操作的启示 ………………………… 274

一、公告房屋征收决定时是物权发生变更的节点 ………………… 274
——武汉恒新物资开发有限公司诉武汉市人民政府、武汉
市国土资源和规划局注销国有土地使用权案
二、正确把握《土地管理法》第五十八条第二款规定的"适当
补偿"标准 ……………………………………………… 275
——苏州阳澄湖华庆房地产有限公司诉苏州市国土资源局
土地行政补偿案
三、房屋征收时应对国有土地使用权范围内的院落和空地给予
补偿 ……………………………………………………… 276
——贾某某诉宁津县人民政府房屋征收补偿决定案

下篇　诉讼救济

第十二章　征收补偿搬迁行政案件受案范围与管辖 ⋯⋯ 279

第一节　受案范围的基本规定 ⋯⋯ 280
一、行政诉讼法的基本规定 ⋯⋯ 280
二、排除性规定 ⋯⋯ 280

第二节　征收补偿搬迁行政案件的受案范围及案由 ⋯⋯ 281
一、三种法定的可诉行政行为 ⋯⋯ 281
二、其他可诉行政行为 ⋯⋯ 282
三、不可诉行政行为 ⋯⋯ 283
四、不成熟的行政行为 ⋯⋯ 284
五、房屋征收补偿方案不可诉的理由 ⋯⋯ 285
六、江苏省高级人民法院的规定 ⋯⋯ 286
七、房屋征收补偿行政案件案由 ⋯⋯ 287
八、《最高人民法院关于审理行政赔偿案件若干问题的规定》（法释〔2022〕10号）中关于受案范围的规定 ⋯⋯ 288

第三节　诉讼管辖基本规定 ⋯⋯ 288
一、行政诉讼管辖概述 ⋯⋯ 289
二、确定行政诉讼管辖的意义 ⋯⋯ 291
三、对被告提出管辖异议的处理程序 ⋯⋯ 292

第四节　征收补偿搬迁诉讼管辖实务 ⋯⋯ 293
一、房屋征收补偿搬迁行政案件的地域管辖 ⋯⋯ 293
二、房屋征收补偿搬迁行政案件的级别管辖 ⋯⋯ 293
三、强制执行房屋征收补偿决定行政案件的管辖 ⋯⋯ 294

第五节　法院判例及其对实务操作的启示 ⋯⋯ 295
一、政府层级监督行为不可诉 ⋯⋯ 295
——崔某某诉山东省济南市人民政府不履行法定职责案

二、政府的责成拆除行为不可诉 ………………………………… 295
　　——黄某诉南京市建邺区人民政府、建邺区城市管理行政
　　　执法局房屋拆除行政强制案

三、改变既往意见的信访处理意见可诉 …………………………… 296
　　——马某某诉黑龙江省嫩江县人民政府不履行法定职责案

四、特殊情况下房屋征收决定公告可诉 …………………………… 297
　　——邹某某诉乌鲁木齐市新市区人民政府行政征收案

五、不可单独起诉房屋征收补偿方案 ……………………………… 297
　　——郭某某诉河北省邯郸市丛台区人民政府、邯郸市人民
　　　政府房屋征收补偿及行政复议决定案

六、对未经权属登记的房屋进行调查、认定和处理行为不可诉 …… 298
　　——廖某某诉上海市杨浦区人民政府要求履行法定职责案

七、2015年5月1日之前的房屋安置补偿协议一般通过民事诉
　　讼解决 ………………………………………………………… 299
　　——王某诉曲阜市政府房屋搬迁安置补偿协议案

八、行政协议争议属于行政复议受理范围 ………………………… 300
　　——谢某某等人诉安徽省淮北市相山区人民政府行政复
　　　议案

九、行政协议案件的受案范围不局限于法定的四种情形 ………… 301
　　——最高人民法院于2019年12月10日发布的《行政协议
　　　司法解释》参考案例：蒋某某诉重庆高新区管理委员
　　　会、重庆高新技术产业开发区征地服务中心行政协议
　　　纠纷案

第十三章　征收补偿搬迁行政案件原告被告主体资格 ………… 302

第一节　原告主体资格 …………………………………………… 303

一、确立原告主体资格的标准 ……………………………………… 303
二、原告的类型 ……………………………………………………… 305
三、原告资格的转移 ………………………………………………… 307

四、具备原告主体资格是起诉的条件之一 ………………………… 307
第二节　认定原告主体资格的实务操作 ……………………………… 308
　一、被征收人具备原告主体资格 ………………………………… 308
　二、房屋的买方不具有提起强制拆除房屋诉讼的原告主体资格 … 310
　三、房屋承租人具备原告主体资格 ……………………………… 311
　四、签订协议后无权起诉房屋征收决定 ………………………… 313
　五、江苏省高级人民法院的规定 ………………………………… 313
第三节　被告主体资格 ………………………………………………… 314
　一、行政诉讼的被告 ……………………………………………… 314
　二、直接提起行政诉讼的被告 …………………………………… 315
　三、复议后的行政诉讼被告 ……………………………………… 315
　四、复议机关不履行法定职责可成被告 ………………………… 315
　五、授权行政法律关系中的被告 ………………………………… 315
　六、行政委托法律关系中的被告 ………………………………… 316
　七、被撤销的行政机关被告资格的确认 ………………………… 317
　八、共同被告 ……………………………………………………… 317
　九、行政审批关系中的被告 ……………………………………… 318
　十、变更与追加被告 ……………………………………………… 318
第四节　认定被告主体资格的实务操作 ……………………………… 318
　一、市、县级人民政府有权作出房屋征收决定 ………………… 318
　二、原则上开发区管委会不具有作出房屋征收决定的职权 …… 319
　三、经国务院批准和省级人民政府批准并报国务院备案的国家
　　　高新技术产业开发区管理委员会具有作出征收房屋决定的
　　　职权 …………………………………………………………… 320
　四、地方性法规授权的开发区管委会可以作出房屋征收决定 … 321
　五、依地方性法规受地方政府委托的开发区管委会可以作出房
　　　屋征收决定 …………………………………………………… 321
　六、房屋征收部门的被告主体资格 ……………………………… 322
　七、江苏省高级人民法院的规定 ………………………………… 323

八、《最高人民法院关于正确确定县级以上地方人民政府行政诉讼被告资格若干问题的规定》 ………………………… 323

第五节 法院判例及其对实务操作的启示 …………………… 324
　一、被政府责令实施强拆的部门享有独立的强制执行权,具备行政诉讼被告资格 ……………………………………… 324
　　——雅安市名山区郭家庄茶家乐诉雅安市名山区人民政府、雅安市国土资源局名山区分局、雅安市名山区城乡规划建设和住房保障局房屋行政强制确认违法案
　二、被征收人不具备起诉政府收回或出让国有土地使用权行为的原告主体资格 ……………………………………… 325
　　——刘某某诉洛阳市人民政府土地出让批复案
　三、房屋承租人与征收决定之间一般不具有利害关系,不具有原告主体资格 …………………………………………… 326
　　——海口龙华湘水源商务宾馆诉海口市龙华区人民政府行政征收案

第十四章　征收补偿搬迁行政案件证据 ………………………… 327

第一节　行政诉讼的证据 ………………………………………… 327
　一、书证及其特点、种类和举证要求 ……………………… 328
　二、物证及其特点、物证与书证的区别 …………………… 329
　三、视听资料及要求 ………………………………………… 330
　四、电子数据 ………………………………………………… 330
　五、证人证言及对证人证言的要求 ………………………… 331
　六、当事人的陈述及其特点 ………………………………… 332
　七、鉴定结论及申请重新鉴定的条件 ……………………… 333
　八、勘验笔录及制作勘验笔录的要求 ……………………… 334
　九、现场笔录及其特点 ……………………………………… 335

第二节　举证责任与举证期限 …………………………………… 336
　一、行政诉讼举证责任的分配 ……………………………… 336

二、举证环节法院的职责 ………………………………………… 337

三、人民法院调取证据 …………………………………………… 337

四、被告的举证责任及举证期限 ………………………………… 338

五、原告的举证责任及举证期限 ………………………………… 339

六、免证规则 ……………………………………………………… 340

第三节 证据保全及对域外证据的要求 ……………………………… 341

一、证据保全 ……………………………………………………… 341

二、对域外形成的证据的要求 …………………………………… 342

第四节 质证程序与质证规则 ………………………………………… 343

一、质证程序、质证规则及新证据界定 ………………………… 343

二、数个证据证明同一事实的效力排序 ………………………… 344

第五节 出庭作证与出庭接受询问 …………………………………… 345

一、规范证人出庭作证 …………………………………………… 345

二、原告或第三人要求相关行政执法人员出庭说明证据情况 … 346

三、法院要求当事人本人或相关行政执法人员到庭说明情况 … 346

四、鉴定人和专业人员出庭接受询问 …………………………… 347

第六节 审查证据的原则与侧重点 …………………………………… 347

一、审查行政诉讼证据应遵循的基本原则 ……………………… 347

二、对证据的合法性审查的侧重点 ……………………………… 348

三、对证据的真实性进行审查的侧重点 ………………………… 348

第七节 证据的排除 …………………………………………………… 348

一、不能作为定案依据的证据材料 ……………………………… 348

二、不能作为认定被诉行政行为合法依据的证据 ……………… 349

第八节 房屋征收补偿搬迁案件的证据 ……………………………… 349

一、房屋征收决定案件的证据 …………………………………… 349

二、房屋补偿决定案件的证据 …………………………………… 351

三、强制搬迁案件的证据 ………………………………………… 352

第九节 对房屋征收决定案件证据的审查 …………………………… 353

一、对作出房屋征收决定的主体的审查 ………………………… 353

二、对公共利益的审查 ……………………………………………… 353

　　三、对冻结程序的审查 ……………………………………………… 354

　　四、对制订征收补偿方案的程序的审查 …………………………… 354

　　五、对征收补偿方案内容的审查 …………………………………… 355

　　六、对社会稳定风险评估报告的审查 ……………………………… 356

　　七、对政府常务会议讨论决定程序的审查 ………………………… 358

　　八、对征收补偿资金储备情况的审查 ……………………………… 358

　　九、对征收决定公告程序的审查 …………………………………… 358

第十节　对房屋征收补偿决定案件证据的审查 ………………………… 359

　　一、对作出房屋补偿决定的主体的审查 …………………………… 359

　　二、对货币补偿和产权调换方案的审查 …………………………… 359

　　三、对房地产估价机构资质的审查 ………………………………… 360

　　四、对选择房地产估价机构的方式方法的审查 …………………… 360

　　五、对评估机构专业人员的审查 …………………………………… 361

　　六、对房屋价值评估时点的审查 …………………………………… 361

　　七、对评估实地查勘程序的审查 …………………………………… 361

　　八、对选用评估方法的审查 ………………………………………… 362

　　九、对评估影响房屋价值的因素的审查 …………………………… 362

　　十、对评估计价方法的审查 ………………………………………… 362

　　十一、对评估报告的移交及形式要件的审查 ……………………… 363

　　十二、对申请重新鉴定的审查 ……………………………………… 363

　　十三、最高人民法院第二巡回法庭相关精神 ……………………… 364

第十一节　对强制搬迁案件的证据审查 ………………………………… 365

　　一、"裁执分离"制度 ……………………………………………… 365

　　二、对强制执行证据的审查重点 …………………………………… 366

　　三、不予执行的情形 ………………………………………………… 366

　　四、审慎强制执行房屋补偿决定 …………………………………… 367

第十二节　最高人民法院公布的征收拆迁典型案例及其典型意义 …… 368

　　一、被告未在法定期限内提供证据须承担败诉的后果 …………… 368

——最高人民法院于 2014 年 8 月 29 日公布的第一批（十个）征收拆迁典型案例之：廖某某诉龙南县人民政府房屋强制拆迁案

二、合法的房地产估价报告是合法的征收补偿决定关键性证据 …… 370
　　——最高人民法院于 2018 年 5 月 15 日公布的第二批（八个）征收拆迁典型案例之：谷某某、孟某某诉江苏省盐城市亭湖区人民政府房屋征收补偿决定案

三、形式和实体不符合规范要求的评估报告不能作为认定房屋征收补偿决定合法的证据 …………………………………… 371
　　——最高人民法院于 2018 年 5 月 15 日公布的第二批（八个）征收拆迁典型案例之：吉林省永吉县龙达物资经销处诉永吉县政府房屋征收补偿案

第十五章　征收补偿协议案件问题解析与实务操作启示 ………… 373

第一节　行政协议及相关问题解读 …………………………………… 373
一、行政协议的概念及其要素特征 …………………………… 374
二、行政协议案件的范围 ……………………………………… 375
三、征收补偿行政协议的要素特征 …………………………… 375
四、征收补偿协议案件原告被告主体资格 …………………… 376
五、征收补偿行政协议案件的管辖 …………………………… 377
六、征收补偿协议案件的举证责任 …………………………… 377
七、征收补偿行政协议案件的审查范围与调解制度 ………… 380
八、对履行行政协议行使行政优益权行为的裁判方式 ……… 381
九、对行政协议的效力认定和处理 …………………………… 381
十、对违反行政协议约定的判决 ……………………………… 382
十一、行政协议的非诉强制执行 ……………………………… 383
十二、人民法院审理行政协议案件的法律适用 ……………… 384

第二节 法院判例及其对实务操作的启示 385

一、与房屋实际权利人签订的征收补偿协议有效 385
——恩平金城实业发展有限公司诉广东省恩平市人民政府国有土地上房屋征收决定及征收补偿案

二、征收决定违法不影响征收补偿协议的效力 387
——孙某某等人诉合肥市包河区人民政府行政协议案

三、行政协议的效力认定标准 387
——丁某甲、丁某乙、王某某诉弋江区政府土地行政协议案

四、严格限制行使行政优益权 388
——湖北草本工房饮料有限公司诉荆州经济技术开发区管理委员会、荆州市人民政府行政协议纠纷案

五、行政机关可单方变更征收补偿协议 390
——宋某某、吕某某诉济宁市任城区人民政府南张街道办事处房屋征收补偿安置协议纠纷案

六、违背真实意思的行政协议应予撤销 391
——最高人民法院于2019年12月10日发布的《关于审理行政协议案件若干问题的规定》参考案例之：王某某诉江苏省仪征枣林湾旅游度假区管理办公室房屋搬迁协议案

七、签订空白补偿协议拆除房屋被判采取补救措施 392
——最高人民法院于2019年12月10日发布的《关于审理行政协议案件若干问题的规定》参考案例之：金华市光跃商贸有限公司诉金华市金东区人民政府拆迁行政合同案

八、审理行政协议应对其合法性进行全面审查 393
——最高人民法院于2019年12月10日发布的《关于审理行政协议案件若干问题的规定》参考案例之：安吉展鹏金属精密铸造厂诉安吉县人民政府搬迁行政协议案

九、违法的行政协议无效 ·········· 394
　　——最高人民法院于2019年12月10日发布的《关于审理行政协议案件若干问题的规定》参考案例之：徐某某诉安丘市人民政府房屋补偿安置协议案

第十六章 违法强制搬迁的法律责任 ·········· 396

第一节 禁止违法强制搬迁 ·········· 396
一、先补偿后搬迁原则 ·········· 396
二、禁止非法逼迁 ·········· 397
三、非法逼迁须承担法律责任 ·········· 398

第二节 违法强制搬迁行政赔偿诉讼要点提示 ·········· 400
一、行政赔偿与行政补偿程序的选择 ·········· 400
二、法官对赔偿数额有自由裁量权 ·········· 401
三、违法强制搬迁的赔偿范围 ·········· 401

第三节 法院判例及其对实务操作的启示 ·········· 405
一、强拆赔偿要体现对违法行为的惩戒性 ·········· 405
　　——周某某诉浙江省湖州经济技术开发区管理委员会拆迁行政赔偿案
二、违法强拆已作出补偿决定的房屋不再支持赔偿诉求 ·········· 406
　　——陈某某诉浙江省富阳市人民政府强制拆除房屋并请求赔偿案
三、未经法院裁定的强拆均违法 ·········· 406
　　——于某某诉陕西省宝鸡市渭滨区人民政府行政强制拆除案
四、违法强拆按"判决时"房屋周边房地产市场交易价格赔偿 ·········· 408
　　——宋某某诉青岛市市南区人民政府行政赔偿案
五、违法强拆原集体土地上房屋应关注的四个赔偿问题 ·········· 408
　　——路某某诉山东省聊城市东昌府区人民政府行政赔偿案

六、赔偿应考虑房价上涨因素 ·· 410
　　——陈某某诉洛阳市人民政府行政赔偿案
七、人民法院可推定强拆行为实施主体 ···························· 411
　　——最高人民法院于2018年5月15日公布的第二批（八个）征收拆迁典型案例之：陆某某诉江苏省泰兴市人民政府济川街道办事处强制拆除案
八、"误拆"单位自行承担法律责任 ································ 413
　　——利某某诉南宁市江南区人民政府行政强制案

第四节　最高人民法院发布的行政赔偿参考判例对实务操作的启示 ·· 413
　一、违法拆除房屋应按市场评估价赔偿 ·························· 414
　　——范某某诉某区人民政府强制拆除房屋及行政赔偿案
　二、行政行为被确认违法并不必然产生行政赔偿责任 ············ 414
　　——杜某某诉某县人民政府行政赔偿案
　三、强拆房屋无法恢复应予赔偿 ·································· 415
　　——李某某诉某区人民政府行政赔偿案
　四、安置补偿奖励应计入"直接损失" ···························· 416
　　——周某某诉某经济技术开发区管理委员会拆迁行政赔偿案
　五、赔偿时点应以法院委托评估时为准 ·························· 417
　　——易某某诉某区人民政府房屋强拆行政赔偿案
　六、行政赔偿裁判应"一步到位"减少诉累 ······················ 417
　　——魏某某诉某区人民政府行政赔偿案

・上篇・
征收决定

第一章
征收原则与基本规定

我国目前对国有土地上房屋实施征收补偿和搬迁的直接依据是《国有土地上房屋征收与补偿条例》（以下简称《征补条例》）。该条例于2011年1月19日经国务院第141次常务会议通过，自2011年1月21日起施行已达十二年之久。条例条款不多，其对政府作出房屋征收决定、订立房屋征收补偿协议、作出房屋征收补偿决定、强制搬迁以及行政相对人行使救济权利等问题作出了概括性的规定。由于法条"稀缺"，导致在实务操作过程中对相关问题的处理时常产生争议。

在司法实践中，最高人民法院对大量的国有土地上房屋征收补偿和搬迁案件进行了再审，在这些再审案件中，法院对《征补条例》未明确的问题作出了认定，这对指导征补和搬迁实际工作具有指导意义。

本章着重介绍国有土地上房屋征收的基本原则和基本规定。

第一节 制定《征补条例》的目的和依据

一、制定《征补条例》的目的

（一）规范国有土地上房屋征收与补偿活动

房屋征收的主体是市、县级人民政府，房屋征收工作不但涉及房屋征收部门和被征收人，也涉及住房和城乡建设主管部门和财政、国土资源、发展改革等有关部门，以及其他社会组织。房屋征收活动从启动到具体实施再到房屋搬迁完毕，历时时间长，范围广，涉及行政、民事、评估、行政救济、司法救济、司法强制执行等复杂的法律关系。因此，通过立法来规范政府的征收行为，进而保证国有土地上房屋征收与补偿工作依法、公开、公平、公正顺利地进行是非常必要的。"规范国有土地上房屋征收与补偿活动"则是本条例立法的重要目的之一。

(二) 维护公共利益

工业化、城镇化是经济社会发展规律的必然结果，其符合广大人民群众的根本利益，法律在保障被征收人合法权益的同时，也必须保证公共利益的需要，这也是全社会、全体人民最根本和最长远的利益。

(三) 保障被征收房屋所有权人的合法权益

在房屋征收过程中，房屋所有权人的合法权益包括（但不限于）：

1. 居住条件有所改善；

2. 生活水平不降低；

3. 房屋的货币补偿金额应按照市场价格进行评估确定；

4. 所得的补偿金能买到和被征收房屋的区位、用途、建筑结构、建筑面积、档次相同或相类似的住房；

5. 获得因搬迁、临时安置损失的补偿；

6. 获得因房屋被征收而导致的停产停业损失的补偿；

7. 拥有对房地产价格评估机构的选择权；

8. 拥有货币补偿和产权调换两种补偿方式或兼而有之的选择权；

9. 拥有回迁权；

10. 拥有制订房屋征收补偿方案和房屋征收评估办法的参与权；

11. 拥有行政救济权和司法救济权；

12. 获得补助和奖励的权利；

13. 其他依法依规应获得的权利。

保障被征收人实现以上权利是本条例的核心内容，因此，成为本条例的立法目的之一。

原《城市房屋拆迁管理条例》的立法目的有三个：一是加强对城市房屋拆迁的管理；二是维护拆迁当事人的合法权益；三是保障建设项目顺利进行。

可以看出，旧拆迁条例的立法目的中没有提及"公共利益"的概念。其所提及的"拆迁当事人"中，包括拆迁人、被拆迁人或房屋承租人。似乎政府不是拆迁当事人，是管理者。而在实践中的拆迁活动，政府一直参与其中。其实旧的拆迁条例的制度设计上就留下了政府是拆迁当事人的影子：由政府审核颁发拆迁许可证、由政府受理房屋拆迁补偿安置裁决申请、由政府在裁决程序中组织协商、协商不成的由政府作出行政裁决，最后政府可以组织行政强制拆迁。旧条例试图把政府放在"裁判员"的位置上，而实际上政府在拆迁活动中又是"运动员"。这种错位直接导致政府常常处于尴尬的境地，进而导致纠纷不断。

《征补条例》在立法目的上开明宗义地指出，为维护公共利益需要，由政府实施城市房屋征收并对被征收房屋所有权人进行补偿。毫无疑问，政府就是城市房屋征收补偿和搬迁的主体，是城市房屋征收法律关系中的当事人，应当直接面对被征收人，依法开展房屋征收活动，依法和被征收人进行协商，协商不成时可以作出征收补偿决定。被征收人不服征收补偿决定可以提起行政复议或行政诉讼，政府成为复议或诉讼当事人，将征收、补偿、搬迁程序都置于阳光之下，这不能不说是一种进步。因此，市、县级人民政府是房屋征收主体也就成了《征补条例》的一大亮点。

二、制定《征补条例》的依据

《征补条例》的立法依据主要是《宪法》、原《中华人民共和国物权法》（以下简称《物权法》）和《中华人民共和国城市房地产管理法》（以下简称《城市房地产管理法》）。其具体相关条文和内容是《宪法》第十三条第三款："国家为了公共利益的需要，可以依照法律规定对公民的私有财产实行征收或者征用并给予补偿。"原《物权法》第四十二条第一款："为了公共利益的需要，依照法律规定的权限和程序可以征收集体所有的土地和单位、个人的房屋及其他不动产。"[《中华人民共和国民法典》（以下简称《民法典》）第二百四十三条："为了公共利益的需要，依照法律规定的权限和程序可以征收集体所有的土地和组织、个人的房屋以及其他不动产。征收集体所有的土地，应当依法及时足额支付土地补偿费、安置补助费以及农村村民住宅、其他地上附着物和青苗等的补偿费用，并安排被征地农民的社会保障费用，保障被征地农民的生活，维护被征地农民的合法权益。征收组织、个人的房屋以及其他不动产，应当依法给予征收补偿，维护被征收人的合法权益；征收个人住宅的，还应当保障被征收人的居住条件。任何组织或者个人不得贪污、挪用、私分、截留、拖欠征收补偿费等费用。"]《城市房地产管理法》第六条："为了公共利益的需要，国家可以征收国有土地上单位和个人的房屋，并依法予以拆迁补偿，维护被征收人的合法权益；征收个人住宅的，还应当保障被征收人的居住条件。具体办法由国务院规定。"

第二节 《征补条例》的适用范围

一、征收不同性质土地上的房屋适用不同的法律和法规

《征补条例》规范的是国有土地上的房屋征收与补偿行为，其适用于征收国有土地上的单位、个人的房屋，不适用于集体土地上的房屋征收与补偿。

山东省高级人民法院2018年发布的七个征收拆迁典型案例的第一个案例是韩某某诉夏津县人民政府房屋行政征收案。法院在该案中指出，在集体土地未经依法征收、土地权属性质并未改变的情况下直接作出包含集体土地房屋征收决定，明显违反《中华人民共和国土地管理法》（以下简称《土地管理法》）的规定，此违法性并不因征收补偿到位或尚未引发争议而消除。因此，不能在同一征收程序中既征收国有土地上房屋，又征收集体土地上房屋。

《土地管理法》第四十八条规定："征收土地应当给予公平、合理的补偿，保障被征地农民原有生活水平不降低、长远生计有保障。征收土地应当依法及时足额支付土地补偿费、安置补助费以及农村村民住宅、其他地上附着物和青苗等的补偿费用，并安排被征地农民的社会保障费用……征收农用地以外的其他土地、地上附着物和青苗等的补偿标准，由省、自治区、直辖市制

定。对其中的农村村民住宅，应当按照先补偿后搬迁、居住条件有改善的原则，尊重农村村民意愿，采取重新安排宅基地建房、提供安置房或者货币补偿等方式给予公平、合理的补偿，并对因征收造成的搬迁、临时安置等费用予以补偿，保障农村村民居住的权利和合法的住房财产权益。县级以上地方人民政府应当将被征地农民纳入相应的养老等社会保障体系。被征地农民的社会保障费用主要用于符合条件的被征地农民的养老保险等社会保险缴费补贴。被征地农民社会保障费用的筹集、管理和使用办法，由省、自治区、直辖市制定。"由此可以看出，《土地管理法》对征收集体土地上的村民住宅在程序、补偿标准和补偿方式等方面均有其特殊的规定。

需要重点指出的是，集体土地上房屋的征收一般采取重置成本价进行补偿，实践中各地普遍根据房屋的性质、结构、使用期限等因素确定具体的补偿标准。国有土地上的房屋征收补偿则采取由评估机构评估的市场价格进行补偿。针对实践中遇到的土地征收已经完成但房屋补偿尚未解决的历史遗留问题，最高人民法院在2011年出台的《关于审理涉及农村集体土地行政案件若干问题的规定》第十二条第二款规定："征收农村集体土地时未就被征收土地上的房屋及其他不动产进行安置补偿，补偿安置时房屋所在地已纳入城市规划区，土地权利人请求参照执行国有土地上房屋征收补偿标准的，人民法院一般应予支持，但应当扣除已经取得的土地补偿费。"因此，如果土地征收结束时没有对房屋进行征收安置补偿或者未足额补偿的，且房屋所在地已纳入城市规划区内的，当事人可以请求按照国有土地上房屋征收的补偿标准进行补偿。

二、"城中村"的土地性质

"城中村"并非一个法律概念，从狭义上讲，"城中村"是指农村村落在城市化进程中，由于全部或大部分耕地被征用，农民转为居民后仍在原村落居住而演变成的居民区。从广义上讲，"城中村"是指在城市高速发展的进程中，游离于现代城市管理之外、生活水平较低下的居民区。

"城中村"的土地分为两种类型：一种是集体土地被划入城市规划区后就

已被征收，农民的户籍也已由农村户籍转为城市户籍，征收后因资金等问题，原集体土地上农民居住的房屋未被拆迁，长时间保留下来形成的"城中村"。此种土地的性质属于国家所有无可争议。另一种是农民居住房屋的周边土地相继被征收，农民的户籍仍保留农村户籍，个别地区逐步将农村户籍转为城市户籍，整个区域都已划入城市规划区，但农民居住的房屋始终未被征收，形成的"城中村"，这种土地的性质其实仍然属于集体所有。

有人认为，依据《土地管理法》第九条的规定："城市市区的土地属于国家所有。农村和城市郊区的土地，除由法律规定属于国家所有的以外，属于农民集体所有；宅基地和自留地、自留山，属于农民集体所有。"凡被划入城市规划区的农民集体所有土地自然而然就应转化为国有土地。这种认识是错误的，因为我国《宪法》第十条第三款和《土地管理法》第二条第四款均规定，国家为了公共利益的需要，可以依法对土地实行征收或者征用并给予补偿。《民法典》第二百四十三条亦规定："为了公共利益的需要，依照法律规定的权限和程序可以征收集体所有的土地和组织、个人的房屋以及其他不动产。征收集体所有的土地，应当依法及时足额支付土地补偿费、安置补助费以及农村村民住宅、其他地上附着物和青苗等的补偿费用，并安排被征地农民的社会保障费用，保障被征地农民的生活，维护被征地农民的合法权益。征收组织、个人的房屋以及其他不动产，应当依法给予征收补偿，维护被征收人的合法权益；征收个人住宅的，还应当保障被征收人的居住条件。任何组织或者个人不得贪污、挪用、私分、截留、拖欠征收补偿费等费用。"即改变土地所有权性质的前置程序必须是依法实施征收并补偿到位。

三、"农转非"或"村改居"后的土地性质

（一）2004年之前，可以通过"农转非""村改居"等方式将农民集体所有土地转为国有土地

2004年之前，很多地方都通过将农村居民转为城镇居民即"村改居"的方式将原农村集体所有土地转为国有土地。尤其是深圳，从1993年开始通过"村改居"的方式将集体所有的土地转为国家所有的土地，2004年深圳市将

全市户籍人口全部改为城市居民，深圳市的全部集体所有土地转为国有，成为中国首个无农村无农民的城市。

以"村改居"的方式将集体所有土地收归国有的依据是：

1. 原《中华人民共和国土地管理法实施条例》（以下简称《土地管理法实施条例》）第二条规定："下列土地属于全民所有即国家所有：（一）城市市区的土地；（二）农村和城市郊区中已经依法没收、征收、征购为国有的土地；（三）国家依法征收的土地；（四）依法不属于集体所有的林地、草地、荒地、滩涂及其他土地；（五）农村集体经济组织全部成员转为城镇居民的，原属于其成员集体所有的土地；（六）因国家组织移民、自然灾害等原因，农民成建制地集体迁移后不再使用的原属于迁移农民集体所有的土地。"

2. 1995年原国家土地管理局颁布的《确定土地所有权和使用权的若干规定》（〔1995〕国土〔籍〕字第26号）第十四条规定："因国家建设征用土地，农民集体建制被撤销或其人口全部转为非农业人口，其未经征用的土地，归国家所有。继续使用原有土地的原农民集体及其成员享有国有土地使用权。"

（二）2004年之后，应慎重认定"农转非""村改居"后的土地性质

2004年，《国务院关于深化改革严格土地管理的决定》明确规定："禁止擅自通过'村改居'等方式将农民集体所有土地转为国有土地。"《国务院法制办公室、国土资源部关于对〈中华人民共和国土地管理法实施条例〉第二条第（五）项的解释意见》（以下简称《意见》）指出："根据《行政法规制定程序条例》第三十一条的规定，经国务院批准，现对《中华人民共和国土地管理法实施条例》第二条第（五）项作如下解释：一、该项规定，是指农村集体经济组织土地被依法征收后，其成员随土地征收已经全部转为城镇居民，该农村集体经济组织剩余的少量集体土地可以依法征收为国家所有。二、本解释自公布之日起实施。"根据上述规定，农村集体经济组织土地只有被依法征收完成后，才能变为国有。所以，对已经履行征地程序的"城中村"房屋，由于其土地性质是国有，所以在征收该土地上的房屋时应当按照国有土地上的房屋征收程序进行。对尚未履行征地程序的"城中村"的房屋实施征收时，应依据土地管理法律、法规以及相关的地方性法规、规章开展工作。

因此，在城市建成区，即使绝大部分土地已被征收，且村民已成建制转为居民，剩余少量居民自用宅基地的土地权属性质仍然属于集体所有。

值得注意的是，最高人民法院于 2017 年 12 月 29 日作出的（2017）最高法行申 7098 号行政裁定书指出，在"农转非"情况下，相应的集体土地仍须经过征收程序方能在性质上转化为国有土地。但是，对于《意见》出台之前，一些没有经过征收而依据《土地管理法实施条例》第二条第五项的规定直接使用集体土地的行为，不宜简单认定为违法。理由在于，根据《中华人民共和国行政诉讼法》（以下简称《行政诉讼法》）第一条的规定，行政诉讼之于行政机关的作用主要在于"监督行政机关依法行使职权"，防止其不谨慎地适用法律。因此，如果特定行政行为的"违法"，是因为法律规定本身的冲突或歧义，超出了行政机关对依法行政所应尽到的谨慎注意义务，则对此类行为的处罚将显得极不合理，且与行政诉讼法的立法初衷不符。由于该"农转非"问题发生在《意见》公布实施之前，再审被申请人新郑市人民政府，以及二审法院认为在原北××街村民已转为城市居民后，集体土地也相应转化为国有土地，具有一定的法律依据，符合当时特定的历史背景，处理结果并无不当。

据此，笔者认为，根据"法不溯及既往"的原理，凡在《意见》出台之前以"农转非"或"村改居"方式直接将集体土地转为国有土地的均不违法。对上述土地上的房屋实施征收时可适用《征补条例》的规定。

第三节　征收的公平补偿

一、公平补偿的含义

根据《征补条例》的规定，征收国有土地上的房屋应对被征收人给予公平补偿，而公平补偿的基本含义应是《征补条例》第十九条规定的"对被征收房屋价值的补偿，不得低于房屋征收决定公告之日被征收房屋类似房地产的市场价格"。根据《国有土地上房屋征收评估办法》（以下简称《房屋征收评估办法》）第三十条的规定，所谓"被征收房屋的类似房地产"是指"与被征收房屋的区位、用途、权利性质、档次、新旧程度、规模、建筑结构等相同或者相似的房地产"。"被征收房屋类似房地产的市场价格"则是指"被征收房屋的类似房地产在评估时点的平均交易价格。确定被征收房屋类似房地产的市场价格，应当剔除偶然的和不正常的因素"。

二、公平补偿标准已有突破

2014年8月29日，最高人民法院公布了人民法院征收拆迁十大典型案例，其中第三个案例是孔某某诉泗水县人民政府房屋征收决定案，该案中，济宁市中级人民法院经审理认为，根据《征补条例》第二条、第十九条规定，征收国有土地上单位、个人的房屋，应当对被征收房屋所有权人给予公平补偿。对被征收房屋价值的补偿，不得低于房屋征收决定公告之日被征收房屋类似房地产的市场价格。根据立法精神，对被征收房屋的补偿，应参照就近区位新建商品房的价格，以被征收人在房屋被征收后居住条件、生活质量不降低为宜。

2014年11月27日，山东省第十二届人民代表大会常务委员会第十一次会议通过了《山东省国有土地上房屋征收与补偿条例》（2020年7月24日经山东省第十三届人民代表大会常务委员会第二十二次会议决定对此条例进行修正），其中第十九条规定："对被征收住宅房屋价值的补偿，按照房屋征收决定公告之日被征收房屋所处区位新建普通商品住房市场价格，由房地产价格评估机构评估确定。对被征收非住宅房屋价值的补偿，不得低于房屋征收决定公告之日被征收房屋所处区位类似房地产的市场价格，由房地产价格评估机构评估确定。被征收住宅房屋的最低补偿标准由设区的市人民政府确定，并向社会公布。"

2015年11月25日，内蒙古自治区第十二届人民代表大会常务委员会第十九次会议通过了《内蒙古自治区国有土地上房屋征收与补偿条例》，该条例自2016年3月1日起施行。其中第二十六条规定："征收个人住宅，被征收人选择货币补偿的，应当按照同等建筑面积、类似新建商品住宅市场价格予以补偿。被征收人有异议的，可以委托房地产价格评估机构对被征收房屋的价值进行评估。"显然，一些省的地方性法规已经突破了《征补条例》规定的对被征收房屋应给予公平补偿的标准。所以，我们在开展国有土地上房屋征收与补偿活动时应特别关注被征收房屋所在地的政府规范性文件的具体规定。

第四节　征收与住房保障制度

一、法律规定的住房保障原则

我国《民法典》第二百四十三条规定："为了公共利益的需要，依照法律规定的权限和程序可以征收集体所有的土地和组织、个人的房屋以及其他不动产。征收集体所有的土地，应当依法及时足额支付土地补偿费、安置补助费以及农村村民住宅、其他地上附着物和青苗等的补偿费用，并安排被征地农民的社会保障费用，保障被征地农民的生活，维护被征地农民的合法权益。征收组织、个人的房屋以及其他不动产，应当依法给予征收补偿，维护被征收人的合法权益；征收个人住宅的，还应当保障被征收人的居住条件。任何组织或者个人不得贪污、挪用、私分、截留、拖欠征收补偿费等费用。"

《城市房地产管理法》第六条规定："为了公共利益的需要，国家可以征收国有土地上单位和个人的房屋，并依法给予拆迁补偿，维护被征收人的合法权益；征收个人住宅的，还应当保障被征收人的居住条件。具体办法由国务院规定。"据此，作出房屋征收决定的市、县级人民政府在征收个人住宅时应依法保障被征收人的居住条件，不能单纯考虑货币补偿方式，凡被征收人符合住房保障条件的，应当优先给予住房保障。

二、法规规定的具体实施办法

为与国家的住房保障制度相衔接,《征补条例》规定政府在实施房屋征收时,也应保证中低收入住房困难家庭的住房权利,给符合住房保障条件的被征收人以住房保障。但究竟哪些人符合住房保障条件,由于各地经济发展情况、征收房屋规模、居民收入水平、房地产价格、住房保障水平情况都存在差异,所以,全国不宜作统一的标准规定,《征补条例》强调的是"具体办法由省、自治区、直辖市制定"。值得一提的是,《山东省国有土地上房屋征收与补偿条例》的规定颇具特色,其第二十五条和第二十六条分别规定:"征收个人住宅,被征收人只有一套住宅房屋,且该房屋建筑面积低于四十五平方米的,房屋征收部门应当对被征收人进行最低面积补偿,最低面积补偿标准不得少于四十五平方米建筑面积,具体标准由设区的市人民政府确定并向社会公布。按照最低面积进行补偿所增加的费用,由作出房屋征收决定的人民政府承担。房屋征收部门应当将符合本条第一款规定条件的被征收人,在房屋征收范围内进行公示。公示期限不得少于十日。""被征收人符合住房保障条件的,作出房屋征收决定的市、县级人民政府应当直接配租、配售保障性住房,不再轮候。被征收人符合住房保障条件,也符合享受最低面积补偿条件的,房屋征收部门应当征求被征收人意见,由被征收人选择住房保障或者享受最低面积补偿。"另外,值得借鉴的是内蒙古自治区鄂尔多斯市东胜区人民政府制定的《东胜区国有土地上房屋征收与补偿实施方案》(东政发〔2019〕15号)第四章"困难家庭征收保障措施"的政策。其中第二十六条和第二十七条分别规定:"房屋征收范围内东胜户籍房屋被征收人经城乡居民最低生活保障服务中心确认为低保户,在原有补偿政策基础上,每户给予1万元的补助。经民政部门和街道办事处确认为三无人员的,每户给予1万元的补助。""被征收人住房建筑面积低于50平方米且经不动产登记中心或有关部门认定为东胜区范围内唯一住房,选择指定区域房屋兑换凭证的,建筑面积按50平方米计算并按1∶1.1比例调换房屋兑换凭证,同时按50平方米的1.1倍给予500元/平方米的房屋装修奖励;选择非指定区域房屋兑换凭证的,建筑面积按50平方米计算并按 1∶1.3 比例调换房屋兑换凭证，同时按 50 平方米的 1.3 倍给予 500 元/平方米的房屋装修奖励。"

第五节　征收的基本原则

一、决策民主原则

决策民主是依法行政工作的重要内容。加快行政决策程序建设，健全重大行政决策规则，推进行政决策的科学化、民主化、法治化、程序化是《国务院关于加强法治政府建设的意见》（国发〔2010〕33 号）的要求。

2014 年 10 月 23 日，中国共产党第十八届中央委员会第四次全体会议通过了《中共中央关于全面推进依法治国若干重大问题的决定》。决定指出："健全依法决策机制。把公众参与、专家论证、风险评估、合法性审查、集体讨论决定确定为重大行政决策法定程序，确保决策制度科学、程序正当、过程公开、责任明确。建立行政机关内部重大决策合法性审查机制，未经合法性审查或经审查不合法的，不得提交讨论。"

2017 年 10 月 18 日，习近平代表第十八届中央委员会向中国共产党第十九次全国代表大会作的题为《决胜全面建成小康社会夺取新时代中国特色社会主义伟大胜利》的报告中指出："坚持党的领导、人民当家作主、依法治国有机统一……扩大人民有序政治参与，保证人民依法实行民主选举、民主协商、民主决策、民主管理、民主监督；维护国家法制统一、尊严、权威，加强人权法治保障，保证人民依法享有广泛权利和自由。巩固基层政权，完善基层民主制度，保障人民知情权、参与权、表达权、监督权。健全依法决策机制，构建决策科学、执行坚决、监督有力的权力运行机制。各级领导干部要增强民主意识，发扬民主作风，接受人民监督，当好人民公仆。"

各级人民政府在作出重大决策前，进行必要的调查研究，分析决策对社会诸方面的影响，履行公众参与、组织利益相关方听证、相关专家论证、社会稳定风险评估、合法性审查和集体讨论等程序，以此作为决策依据是决策民主的具体体现。

对城市房屋实行征收无疑是相关政府的一项重大决策，其应坚持决策民主的原则。《征补条例》在以下诸方面体现了这一原则：

1. 在房屋征收与补偿工作中，要求所有因公共利益需要，确需征收房屋的建设活动，应当符合国民经济和社会发展规划、土地利用总体规划、城乡规划和专项规划。

2. 保障性安居工程建设、旧城区改建，应当纳入市、县级国民经济和社会发展年度计划并经本级人民代表大会审议通过。

3. 制订国民经济和社会发展规划、土地利用总体规划、城乡规划和专项规划，应当广泛征求社会公众意见，经过科学论证。市、县级人民政府应当就征收补偿方案组织有关部门论证，并征求公众意见。

4. 因旧城区改建需要征收房屋，多数被征收人认为征收补偿方案不符合本条例规定的，市、县级人民政府应当组织由被征收人和公众代表参加的听证会，并根据听证会情况修改方案。

5. 市、县级人民政府作出房屋征收决定前，应当按照有关规定进行社会稳定风险评估；房屋征收决定涉及被征收人数量较多的，应当经政府常务会议讨论决定。

二、程序正当原则

所谓程序正当原则，是指拥有公权力的主体在作出对相对人或利益相关人不利的处理决定时，应当保持中立地位并听取受到不利影响的人的意见。按照我国《行政诉讼法》的规定，审查被诉行政行为是否合法的标准之一就是看其程序是否正当、合法。程序正当就是要求行政机关作出行政行为时要严格遵循法定程序，依法保障行政管理相对人或利害关系人对行政行为内容的知情权、对行政行为寻求行政救济（如行政监察、行政复议）或司法救济（行政诉讼）的权利以及对相关行政行为的民主决策参与权。程序正当还要求行政机关工作人员在履行职务时，要遵守回避制度，不得滥用职权。

《征补条例》在以下方面体现了程序正当原则：

1. 被征收人在征收补偿方案的制订与修改方面有知情权和参与权。

2. 被征收人在房屋征收评估办法的制定、房地产价格评估机构的选定有知情权与参与权。

3. 被征收人在补偿方式上有选择权和知情权。

4. 被征收人在房屋征收决定、补偿协议履行、补偿决定等程序中有行政救济权和司法救济权。

三、结果公开原则

结果公开是指在房屋征收与补偿工作中凡是涉及被征收人利益的结论性意见都应该公布，实行阳光操作，做到公开透明、公平公正。结果公开是公平补偿、决策民主、程序正当原则的具体体现。只有将补偿的标准、方式、程序公开，将决策民主的方式、程序公开，最终才能将结果也公开。只有实行结果公开才能确保房屋征收与补偿工作的顺利展开。

《征补条例》在以下几个方面体现了结果公开原则：

1. 公布房屋征收决定。

2. 公布对拟征收的房屋类型、面积、结构、用途、房屋所有权人基本情况等的调查结果。

3. 公布征收补偿方案征求意见稿。

4. 公布征收补偿方案征求意见情况和根据公众意见的修改情况。

5. 公布分户补偿情况。

6. 公布补偿决定。

7. 公布对补偿费用管理和使用情况的审计结果。

四、公平补偿原则

有观点认为，《征补条例》第二条规定的"为了公共利益的需要，征收国有土地上单位、个人的房屋，应当对被征收房屋所有权人（以下简称被征收人）给予公平补偿"中的公平补偿是补偿标准而非补偿原则，但更多专业人士认为，公平补偿应为征收补偿的一项重要原则，因为，在房屋征收补偿过程中对被征收人的补偿应坚守公平补偿的底线，且在任何时候都不能突破该底线，否则就侵犯了被征收人的合法财产权益。

在《征补条例》公布实施之后，不少省、自治区和直辖市在制定地方的国有土地上房屋征收与补偿条例或规章时都将公平补偿、决策民主、程序正当和结果公开并列为征收补偿的四大原则。如《山东省国有土地上房屋征收与补偿条例》第三条第一款、《内蒙古自治区国有土地上房屋征收与补偿条例》第三条和《天津市国有土地上房屋征收与补偿规定》的第三条均规定了房屋征收与补偿应当遵循决策民主、程序正当、补偿公平、结果公开的原则。可见在实践中，将公平补偿作为征收补偿的一项基本原则已达成共识。

第六节　征收工作主体

一、征收主体

在《城市房屋拆迁管理条例》（以下简称《拆迁条例》）时期，实施房屋拆迁的主体是拆迁人，即凡获得拆迁许可的单位均可以实施房屋拆迁。《征补条例》废止了这项制度并明确房屋征收与补偿工作的主体是市、县级人民政府。

市、县级人民政府是指：

1. 市级人民政府，主要包括除直辖市外的设区的市、直辖市所辖区、自治州人民政府等。

2. 县级人民政府，主要包括不设区的市、市辖区（直辖市所辖区除外）、县、自治县人民政府等。

按照《征补条例》的规定，设区的市及其所辖区的人民政府都有房屋征收权。区级人民政府行使房屋征收权的，设区的市人民政府应当明确市、区两级人民政府在房屋征收权方面的职责分工，并履行好监督职责。

二、征收部门

房屋征收与补偿是一件非常重要、复杂且十分艰难的工作。房屋征收决定、补偿决定、申请法院强制执行都以市、县级人民政府名义作出。这项工作必须有一个专门的部门去实施，《征补条例》规定，市、县级人民政府确定房屋征收部门具体负责房屋征收的组织实施工作。为和《拆迁条例》时代所确定的拆迁管理体制相衔接，可以采取两种方式设置房屋征收部门：

1. 由市、县级人民政府设立专门的房屋征收部门。如将原市、县级政府设立的城市房屋拆迁管理办公室直接更名为"房屋征收与补偿中心""房屋征收与补偿办公室""房屋征收办公室"等。

2. 在市、县级人民政府的相关部门中，确定一个机构作为房屋征收部门。在《拆迁条例》规制下，在各地存在由房屋管理部门和建设主管部门中设置拆迁管理办公室的做法。

《山东省国有土地上房屋征收与补偿条例》第四条第二款规定："市、县级人民政府住房和城乡建设、房地产主管部门或者市、县级人民政府确定的其他房屋征收部门（以下统称房屋征收部门）负责组织实施本行政区域内的房屋征收与补偿工作。"《济宁市国有土地上房屋征收与补偿办法》第四条第二款规定："市和任城区、兖州区住房和城乡建设主管部门为本级人民政府房屋征收部门（以下简称房屋征收部门）。"

值得注意的是，原拆迁管理部门的职能强化的是"管理"，即在拆迁许可、拆迁裁决和行政强制拆迁等方面着重履行的是行政监督管理职能，而在《征补条例》规制下，房屋征收部门的职能发生了根本性的转变，即由"管理"转为"实施"，其代表政府以征收人的名义直接面对被征收人开展房屋征收与补偿工作。

原拆迁管理部门与现房屋征收部门的职能区别：

（一）原拆迁管理办公室的职能

原拆迁办均称为"房屋拆迁管理办公室"，其有管理职能。《拆迁条例》

的第二章标题就是"拆迁管理"。

1. 原拆迁办具有行政许可职能

《拆迁条例》第七条规定:"申请领取房屋拆迁许可证的,应当向房屋所在地的市、县人民政府房屋拆迁管理部门提交下列资料……市、县人民政府房屋拆迁管理部门应当自收到申请之日起30日内,对申请事项进行审查;经审查,对符合条件的,颁发房屋拆迁许可证。"第九条规定:"拆迁人应当在房屋拆迁许可证确定的拆迁范围和拆迁期限内,实施房屋拆迁。需要延长拆迁期限的,拆迁人应当在拆迁期限届满15日前,向房屋拆迁管理部门提出延期拆迁申请;房屋拆迁管理部门应当自收到延期拆迁申请之日起10日内给予答复。"

2. 原拆迁办具有直接作出行政行为(裁决)的职能

《拆迁条例》第十六条规定:"拆迁人与被拆迁人或者拆迁人、被拆迁人与房屋承租人达不成拆迁补偿安置协议的,经当事人申请,由房屋拆迁管理部门裁决……"

3. 原拆迁办具有行政处罚职能

《拆迁条例》第三十四条规定:"违反本条例规定,未取得房屋拆迁许可证,擅自实施拆迁的,由房屋拆迁管理部门责令停止拆迁,给予警告,并处已经拆迁房屋建筑面积每平方米20元以上50元以下的罚款。"第三十五条规定:"拆迁人违反本条例的规定,以欺骗手段取得房屋拆迁许可证的,由房屋拆迁管理部门吊销房屋拆迁许可证,并处拆迁补偿安置资金1%以上3%以下的罚款。"第三十六条规定:"拆迁人违反本条例的规定,有下列行为之一的,由房屋拆迁管理部门责令停止拆迁,给予警告,可以并处拆迁补偿安置资金3%以下的罚款;情节严重的,吊销房屋拆迁许可证:(一)未按房屋拆迁许可证确定的拆迁范围实施房屋拆迁的;(二)委托不具有拆迁资格的单位实施拆迁的;(三)擅自延长拆迁期限的。"第三十七条规定:"接受委托的拆迁单位违反本条例的规定,转让拆迁业务的,由房屋拆迁管理部门责令改正,没收违法所得,并处合同约定的拆迁服务费25%以上50%以下的罚款。"

(二)现房屋征收部门的职责

现房屋征收部门(征收办公室、征收管理局、征收管理处等)是征收与补偿工作的组织实施部门。

《征补条例》明确规定房屋征收部门的职责是：

1. 委托征收实施单位并对其进行监管和承担法律责任（《征补条例》第五条）。

2. 接收群众举报并按照规定程序进行核实处理（《征补条例》第七条）。

3. 拟定征收补偿方案并报市、县级人民政府（《征补条例》第十条第一款）。

4. 做好房屋征收补偿的宣传解释工作（《征补条例》第十三条第二款）。

5. 对被征收房屋进行调查登记（《征补条例》第十五条）。

6. 书面通知有关部门暂时（一年期限）停止办理新建、改建、扩建和改变房屋用途等不当增加补偿费用的手续（《征补条例》第十六条第二款）。

7. 支付搬迁费、临时安置费或提供周转用房（《征补条例》第二十二条）。

8. 参与对未经登记的建筑物的调查认定和处理（《征补条例》第二十四条第二款）。

9. 与被征收人签订补偿协议（《征补条例》第二十五条第一款）。

10. 报请政府作出补偿决定（《征补条例》第二十六条第一款）。

11. 建立征收补偿档案并将分户补偿情况向被征收人公布（《征补条例》第二十九条）。

三、实施单位

《征补条例》第五条第一款规定："房屋征收部门可以委托房屋征收实施单位，承担房屋征收与补偿的具体工作。房屋征收实施单位不得以营利为目的。"因房屋征收部门的人员编制受限制、房屋征收与补偿工作量大、技术设备要求高等，制定该条规定。在《拆迁条例》时期，很多拆迁管理部门都成立有关联性的拆迁公司。这些公司长期从事拆迁工作，拥有充足的拆迁技术力量和丰富的拆迁实践经验。这些公司在《征补条例》的规制下，应继续发挥其作用，考虑到这些实际情况，立法者为这些公司的转制在制定条例时作了铺垫。

在具体实务操作过程中，对房屋征收部门委托房屋征收实施单位开展房屋征收补偿的具体工作应注意以下问题：

(一) 房屋征收实施单位的工作内容

房屋征收实施单位受房屋征收部门的委托完成房屋征收与补偿的具体工作。房屋征收实施单位的行为后果由房屋征收部门承担。以前的拆迁公司是受拆迁人的委托实施拆迁的，是一种民事行为。拆迁公司的行为后果由民事主体，即拆迁人承担。而在《征补条例》规制下，受托实施房屋征收的单位所实施的不再是典型意义上的民事行为。其所完成的工作性质属于行政行为的范畴，其受委托完成的工作内容包括（但不限于）：

1. 对被征收房屋的基本情况进行调查和登记。
2. 协助房屋征收部门编制征收补偿安置方案。
3. 组织被征收人选定房地产价格评估机构并协助进行房屋评估。
4. 协助房屋征收部门开展房屋征收与补偿政策的宣传、解释工作。
5. 对征收补偿方案征求意见、组织听证、论证，并进行公示等工作。
6. 与被征收人签订征收补偿协议。
7. 对达成协议的被征收人的房屋实施搬迁和拆除。
8. 在法院作出准予执行的裁定后协助征收人对被征收人实施强制搬迁或对房屋实施强制拆除。
9. 办理合法委托手续后参与行政复议或行政诉讼活动。
10. 从事其他委托的工作。

(二) 对房屋征收实施单位的限制

对国有土地上的房屋实施征收与补偿的前提是为了公共利益的需要。对被征收人房屋实施征收，是国家运用公权力依照法定程序开展的带有强制性的工作。如果委托以营利为目的的企业实施房屋征收，那么在利益的驱动下，这些企业很可能为追求利益最大化不择手段地开展工作。这样会损害被征收人的合法权益。鉴于此，《征补条例》规定，房屋征收实施单位不得以营利为目的开展征收工作。其所需要的经费应当由政府财政予以保障。

尽管条例没有规定房屋征收实施单位的性质，但根据实际情况，这些单位称为"公司"已经不妥当。因为公司就是经营性组织。如将其称为"某某房屋征收与补偿中心"会妥当些,该中心应是事业单位法人性质。

(三)对房屋征收实施单位的监管

房屋征收部门与征收实施单位之间是行政委托关系,被委托方应在委托的权限范围之内从事征收与补偿活动。房屋征收部门对征收实施单位的行为承担法律责任。正是基于此项法律特征,就要求委托方加强对被委托方的监督和管理。一方面,被委托方要加强自身的业务学习和行业自律,熟悉房屋征收与补偿方面的法律、法规、政策和规章及其他规范性文件的规定。另一方面,委托方要加强对被委托方的业务指导和工作监督,定期对被委托方的业务人员进行培训、考核、监督、检查。规范征收与补偿行为,减少社会矛盾和纠纷的发生。促使被委托方遵守职业道德并接受群众监督,保护被征收人的合法权益。

(四)房屋征收部门是法律责任主体

行政相对人对房屋征收部门组织实施房屋征收与补偿工作过程中作出的行政行为不服提起行政诉讼的,以房屋征收部门为被告。

《最高人民法院关于审理行政协议案件若干问题的规定》第四条规定:"因行政机关委托的组织订立的行政协议发生纠纷的,委托的行政机关是被告"。《最高人民法院关于适用〈中华人民共和国行政诉讼法〉的解释》第二十五条规定:"市、县级人民政府确定的房屋征收部门组织实施房屋征收与补偿工作过程中作出行政行为,被征收人不服提起诉讼的,以房屋征收部门为被告。征收实施单位受房屋征收部门委托,在委托范围内从事的行为,被征收人不服提起诉讼的,应当以房屋征收部门为被告。"

四、有关部门

房屋征收与补偿工作是一个庞大、复杂、艰难的系统工程。其工作展开之后涉及很多工作部门的职能交叉、协作、配合和监管。如对公共利益的确定涉及发展改革、财政等综合管理部门。土地使用权的收回手续涉及自然资源主管部门。停止新建、改建、扩建等手续的办理涉及规划、建设、房地产管理、工商、税务、公安户籍管理等部门。"住改非"的认定涉及房屋管理、建设、工商、税务管理部门。文物古迹保护涉及文物行政主管部门。宗教活动场所涉及宗教事务管理部门。因此,《征补条例》第四条第三款要求市、县级人民政府有关部门应当依照条例的规定和本级人民政府规定的职责分工,互相配合,保障房屋征收与补偿工作的顺利进行。

第七节 层级监管和业务指导

一、层级监管

《宪法》和《地方各级人民代表大会和地方各级人民政府组织法》规定了上级人民政府对下级人民政府的监管制度。县级以上的人民政府有权改变或者撤销下级人民政府不当的决定、命令。对房屋征收与补偿工作,上级人民政府应加强对下级人民政府的监督。具体监督的方式和方法包括(但不限于)以下几种:

1. 定期对下级人民政府房屋征收与补偿工作进行检查、考核。
2. 对下级人民政府房屋征收与补偿工作中发生的个案实施监督督察。

如广西壮族自治区政府制定有《广西壮族自治区行政执法监督办法》(2010年5月20日自治区十一届人民政府第59次常务会议审议通过,2010年8月1日起施行)。该办法规定:"县级以上人民政府及其所属部门对下级行政机关、法律法规授权组织的行政执法行为实施监督","对实施具体行政行为违法、不当的,责令限期改正。逾期不改正的,确认违法"。由此可以看出,县级以上人民政府发现下级人民政府在房屋征收行为或补偿决定行为中存在违法情形时,可以实施个案督察。必要时可以直接改变或者撤销市、县级人民政府作出的不适当的征收决定或者补偿决定。

又如《山东省行政程序规定》(山东省人民政府令第238号2011年6月22日公布,自2012年1月1日起施行)第一百二十七条和第一百二十八条分别规定:"公民、法人和其他组织认为行政机关的行政行为违反本规定的,可以向监察机关、上级行政机关或者本级人民政府法制机构投诉、举报。监察机关、上级行政机关、政府法制机构应当公布受理投诉、举报的承办机构和联系方式,对受理的投诉、举报进行调查,依照职权作出处理,并将处理结果告知投诉人、举报人。""行政机关违反本规定的,应当依职权或者依公民、法人和其他组织的申请自行纠正。监察机关、上级行政机关、政府法制机构对投诉、举报和监督检查中发现的违反本规定的行为,应当发出《行政监督通知书》,建议自行纠正,有关行政机关应当在 30 日内将处理结果向监督机关报告。有关行政机关不自行纠正的,由监督机关依照职权分别作出责令补正或者更正、责令履行法定职责、确认违法或者无效、撤销等处理。"

3. 对单位或个人就房屋征收与补偿工作中对相关工作人员的举报进行调查核实和处理。

4. 依法对相关行政复议案件进行处理。

二、业务指导

国务院住房和城乡建设主管部门和省、自治区、直辖市人民政府住房和城乡建设主管部门是房屋征收与补偿工作的"牵头"指导部门。同级财政、国土资源、发展改革等有关部门是房屋征收与补偿工作的"配合"指导部门。承担指导责任的"牵头"部门和"配合"部门应当全面了解管辖范围内房屋征收与补偿实施工作的情况,及时发现问题,并协调解决问题,督促市、县级人民政府房屋征收部门和其他有关部门依法定程序开展房屋征收与补偿工作。切实做到依法行政,公开、公平、公正地处理房屋征收与补偿工作中存在的问题。

第八节 信访举报

一、信访举报制度内容

《征补条例》要求建立房屋征收与补偿举报制度，该制度内容包括：

（一）受理举报的机关

1. 市、县级人民政府；

2. 市、县级财政、自然资源、发展改革等与房屋征收有关的部门；

3. 纪检、监察、审计部门；

4. 检察机关等专门的侦查机关。

（二）举报依据

1.《宪法》第四十一条规定，公民对于任何国家机关和国家工作人员的违法失职行为，有向有关国家机关提出申诉、控告或者检举的权利，但是不得捏造或者歪曲事实进行诬告陷害；对于公民的申诉、控告或者检举，有关国家机关必须查清事实、负责处理，任何人不得压制和打击报复。

2.《信访工作条例》第十七条规定："公民、法人或者其他组织可以采用信息网络、书信、电话、传真、走访等形式，向各级机关、单位反映情况，提出建议、意见或者投诉请求，有关机关、单位应当依规依法处理。采用前款规定的形式，反映情况，提出建议、意见或者投诉请求的公民、法人或者其他组织，称信访人。"

3. 其他相关法律、法规中关于举报的规定。

（三）举报人

包括被征收房屋所有权人，被征收房屋的抵押权人、近亲属，被征收房屋所有权人的债权人以及其他任何组织或个人。

（四）被举报人

包括房屋征收部门及其工作人员、房屋征收实施单位及其工作人员、房屋征收相关单位及其工作人员等。凡参与、指导、主管房屋征收的单位或个人在房屋征收与补偿活动中存在违法失职行为时都可能成为举报对象。

（五）被举报的行为

1. 违反规定划定公共利益范围；

2. 违反规定作出房屋征收决定；

3. 违反规定给予补偿；

4. 房屋征收有关工作人员不履行职责、滥用职权、玩忽职守、徇私舞弊、贪污、受贿、挪用、私分、截留或拖欠征收补偿费用等；

5. 被征收人违反《征补条例》规定，在房屋征收范围确定后在征收范围内实施新建、扩建、改建房屋或改变房屋用途等各种增加补偿费用的行为。

（六）对举报的处理

各受理举报的机关，应依照职权并按照法律、法规规定的程序对举报事项及时核实、处理。不得对举报人进行打击和报复，并对相关信息予以保密。

二、信访行为不可诉

《最高人民法院关于适用〈中华人民共和国行政诉讼法〉的解释》（以下简称《适用行诉法解释》）第一条第二款规定："下列行为不属于人民法院行政诉讼的受案范围……（九）行政机关针对信访事项作出的登记、受理、交办、转送、复查、复核意见等行为……"据此，任何组织和个人对违反《征补条例》规定的行为，都有权向有关人民政府、房屋征收部门和其他有关部门举报。但对受理举报的机关的核实、处理行为不服提起行政诉讼的，法院不予受理。

第九节 法律责任

一、侵占征收补偿费用的法律责任

在房屋征收补偿活动中,违法占有征收补偿费用的将要承担相应的法律责任。违法占有征收补偿费用的责任主体可能是市、县级人民政府和房屋征收部门及其工作人员,也可能是受委托的房屋征收实施单位及其工作人员。其违法行为的表现方式包括对征收补偿费用的贪污、挪用、私分、截留和拖欠。

实施贪污、挪用、私分、截留、拖欠征收补偿费用违法行为应承担的法律责任包括:

(1) 责令改正,追回有关款项,限期退还违法所得,对有关责任单位通报批评、给予警告。

(2) 造成损失的,依法承担赔偿责任。

(一) 行政赔偿责任

根据《国家赔偿法》第七条规定:"行政机关及其工作人员行使行政职权侵犯公民、法人和其他组织的合法权益造成损害的,该行政机关为赔偿义务机关。两个以上行政机关共同行使行政职权时侵犯公民、法人和其他组织的合法权益造成损害的,共同行使行政职权的行政机关为共同赔偿义务机关。法律、法规授权的组织在行使授予的行政权力时侵犯公民、法人和其他组织的合法权益造成损害的,被授权的组织为赔偿义务机关。受行政机关委托的组织或者个人在行使受委托的行政权力时侵犯公民、法人和其他组织的合法权益造成损害的,委托的行政机关为赔偿义务机关。赔偿义务机关被撤销的,继续行使其职权的行政机关为赔偿义务机关;没有继续行使其职权的行政机关的,撤销该赔偿义务机关的行政机关为赔偿义务机关。"据此,若市、县级人民政府或房屋征收部门以及与房屋征收补偿工作有关的部门及其工作人员在房屋征收与补偿工作中违反《征补条例》以及相关法律、法规和规章的规定，贪污、挪用、私分、截留、拖欠征收补偿费用，给行政相对人造成损失的，应依法承担行政赔偿责任。

(二) 民事赔偿责任

如因贪污、挪用、私分、截留、拖欠征收补偿费用而需由民事法律调整的，相关行政机关及其工作人员则应承担相应的民事赔偿责任。

(三) 刑事责任

实施贪污、挪用、私分、截留、拖欠征收补偿费用的违法行为有可能触犯刑律，构成的犯罪包括贪污罪、挪用公款罪和私分国有资产罪等。

1. 贪污罪

贪污罪，是指国家工作人员或者受国家机关、国有公司、企业、事业单位、人民团体委托管理、经营国有财产的人员，利用职务上的便利，侵吞、窃取、骗取或者以其他手段非法占有公共财物的行为。

《刑法》第三百八十二条规定："国家工作人员利用职务上的便利，侵吞、窃取、骗取或者以其他手段非法占有公共财物的，是贪污罪。受国家机关、国有公司、企业、事业单位、人民团体委托管理、经营国有财产的人员，利用职务上的便利，侵吞、窃取、骗取或者以其他手段非法占有国有财物的，以贪污论。与前两款所列人员勾结，伙同贪污的，以共犯论处。"第三百八十三条规定："对犯贪污罪的，根据情节轻重，分别依照下列规定处罚：(一) 贪污数额较大或者有其他较重情节的，处三年以下有期徒刑或者拘役，并处罚金。(二) 贪污数额巨大或者有其他严重情节的，处三年以上十年以下有期徒刑，并处罚金或者没收财产。(三) 贪污数额特别巨大或者有其他特别严重情节的，处十年以上有期徒刑或者无期徒刑，并处罚金或者没收财产；数额特别巨大，并使国家和人民利益遭受特别重大损失的，处无期徒刑或者死刑，并处没收财产。对多次贪污未经处理的，按照累计贪污数额处罚。犯第一款罪，在提起公诉前如实供述自己罪行、真诚悔罪、积极退赃，避免、减少损害结果的发生，有第一项规定情形的，可以从轻、减轻或者免除处罚；有第二项、第三项规定情形的，可以从轻处罚。犯第一款罪，有第三项规定情形被判处死刑缓期执行的，人民法院根据犯罪情节等情况可以同时决定在其死刑缓期执行二年期满依法减为无期徒刑后，终身监禁，不得减刑、假释。"

2. 挪用公款罪

挪用公款罪,是指国家工作人员利用职务上的便利,挪用公款归个人使用,进行非法活动的,或者挪用公款数额较大、进行营利活动的,或者挪用公款数额较大、超过 3 个月未还的行为。

《刑法》第三百八十四条规定:"国家工作人员利用职务上的便利,挪用公款归个人使用,进行非法活动的,或者挪用公款数额较大、进行营利活动的,或者挪用公款数额较大、超过三个月未还的,是挪用公款罪,处五年以下有期徒刑或者拘役;情节严重的,处五年以上有期徒刑。挪用公款数额巨大不退还的,处十年以上有期徒刑或者无期徒刑。挪用用于救灾、抢险、防汛、优抚、扶贫、移民、救济款物归个人使用的,从重处罚。"

3. 私分国有资产罪

私分国有资产罪,是指国家机关、国有公司、企业、事业单位、人民团体,违反国家规定,以单位名义将国有财产集体私分给个人,数额较大的行为。

《刑法》第三百九十六条规定:"国家机关、国有公司、企业、事业单位、人民团体,违反国家规定,以单位名义将国有资产集体私分给个人,数额较大的,对其直接负责的主管人员和其他直接责任人员,处三年以下有期徒刑或者拘役,并处或者单处罚金;数额巨大的,处三年以上七年以下有期徒刑,并处罚金。司法机关、行政执法机关违反国家规定,将应当上缴国家的罚没财物,以单位名义集体私分给个人的,依照前款的规定处罚。"

对尚未构成犯罪的,依法给予处分。《公务员法》第五十九条规定:"公务员应当遵守纪律,不得有下列行为:……(四)不担当,不作为,玩忽职守,贻误工作……(十)滥用职权,侵害公民、法人或者其他组织的合法权益……"第六十一条规定:"公务员因违纪违法应当承担纪律责任的,依照本法给予处分……"第六十二条规定:"处分分为:警告、记过、记大过、降级、撤职、开除。"

二、失职、渎职的法律责任

根据《征补条例》的规定,市、县级人民政府及房屋征收部门的工作人员在房屋征收与补偿工作中如存在渎职和其他违法行为的将要承担相应法律责任。

（一）法律责任的主体是市、县级人民政府以及房屋征收部门的工作人员

这些工作人员既包括市、县级人民政府的分管负责人，也包括房屋征收部门的工作人员，还包括房屋征收实施单位的工作人员以及如发展改革、财政、城乡规划、自然资源管理、住房建设、不动产登记、市场监督管理、户籍管理等与房屋征收补偿工作有关的政府部门的工作人员。

（二）违法行为的情形

1. 不履行法定职责行为

这里的法定职责是指《征补条例》为各部门及其工作人员所规定的职责。《征补条例》的第四条、第五条和第六条规定了市、县级人民政府以及房屋征收部门和房屋征收实施单位在房屋征收与补偿工作中的职能。在《征补条例》的第二章和第三章中，明确了有关部门的法定职责。如：第七条规定的是有关职能部门和工作人员对举报人举报案件的接收、核实、处理的职责；第八条和第九条规定的是政府及有关职能部门和工作人员对公共利益进行正确界定的职责；第十条、第十一条和第十二条规定的是有关职能部门和工作人员在房屋征收工作中应履行法定程序的职责；第二十四条规定的是市、县级人民政府和职能部门及工作人员在作出房屋征收决定前应对征收范围内的未经权属登记的建筑物进行调查、认定和处理的职责。如果责任主体不履行这些法定职责其将要承担相应的责任。

2. 滥用职权、玩忽职守、徇私舞弊行为

滥用职权、玩忽职守、徇私舞弊行为是指市、县级人民政府或房屋征收部门以及与房屋征收补偿工作有关部门的工作人员在房屋征收与补偿工作中，违反法律、法规规定的权限和程序，不认真履行职务范围内的权力或过度运用职务范围内的权力，或严重不负责任，不履行或者不认真履行职责或不依法律规定办事而照顾、维护私人关系及其利益，致使公共财产、国家和人民利益遭受重大损失的行为。

（三）承担法律责任的形式

1. 行政责任

市、县级人民政府及与房屋征收补偿工作有关的工作人员，在房屋征收与补偿工作中不履行《征补条例》规定的职责，滥用职权、玩忽职守、徇私舞弊的，由上级人民政府或者本级人民政府责令其改正，通报批评，对直接负责的主管人员和其他直接责任人员，依照《公务员法》《监察法》和《行政机关公务员处分条例》等法律、法规的规定给予行政处分。

2. 国家赔偿责任

市、县级人民政府及与房屋征收补偿工作有关的部门和工作人员，在房屋征收与补偿工作中不履行《征补条例》规定的职责，滥用职权、玩忽职守、徇私舞弊，给行政相对人或利益相关人的合法权益造成损失的，依照《国家赔偿法》的有关规定，由市、县级人民政府或房屋征收部门承担行政赔偿责任。

3. 刑事责任

市、县级人民政府或房屋征收部门以及与房屋征收补偿工作有关的工作人员在房屋征收与补偿工作中，违反法律、法规规定的权限和程序，不认真履行职务范围内的权力或过度运用职务范围内的权力，或严重不负责任，不履行或者不认真履行职责或不依法律规定办事而照顾、维护私人关系及其利益，致使公共财产、国家和人民利益遭受重大损失，构成犯罪的，依法追究刑事责任。我国《刑法》第三百九十七条规定："国家机关工作人员滥用职权或者玩忽职守，致使公共财产、国家和人民利益遭受重大损失的，处三年以下有期徒刑或者拘役；情节特别严重的，处三年以上七年以下有期徒刑。本法另有规定的，依照规定。国家机关工作人员徇私舞弊，犯前款罪的，处五年以下有期徒刑或者拘役；情节特别严重的，处五年以上十年以下有期徒刑。本法另有规定的，依照规定。"

第二章
征收前提与公共利益

政府对国有土地上单位或个人的房屋实施征收及对农村集体土地的征收的前提条件均是为公共利益所需。规定该前提条件的主要依据是《宪法》第十三条第三款:"国家为了公共利益的需要,可以依照法律规定对公民的私有财产实行征收或者征用并给予补偿。"《民法典》第二百四十三条:"为了公共利益的需要,依照法律规定的权限和程序可以征收集体所有的土地和组织、个人的房屋以及其他不动产。征收集体所有的土地,应当依法及时足额支付土地补偿费、安置补助费以及农村村民住宅、其他地上附着物和青苗等的补偿费用,并安排被征地农民的社会保障费用,保障被征地农民的生活,维护被征地农民的合法权益。征收组织、个人的房屋以及其他不动产,应当依法给予征收补偿,维护被征收人的合法权益;征收个人住宅的,还应当保障被征收人的居住条件。任何组织或者个人不得贪污、挪用、私分、截留、拖欠征收补偿费等费用。"《城市房地产管理法》第六条:"为了公共利益的需要,国家可以征收国有土地上单位和个人的房屋,并依法予以拆迁补偿,维护被征收人的合法权益;征收个人住宅的,还应当保障被征收人的居住条件。具体办法由国务院规定。"

笔者在本章详细阐释公共利益的概念以及征收集体土地和国有土地上房屋的前提条件,同时释解棚户区改造建设项目房屋征收相关问题,后附相关判例供读者在实务操作中参考使用。

第一节 公共利益的法律渊源

一、我国"公共利益"的法律规定

在我国1954年颁布的《宪法》中,首次出现"公共利益"的概念,其第十三条规定:"国家为了公共利益的需要,可以依照法律规定的条件,对城乡土地和其他生产资料实行征购、征用或者收归国有。"1982年修正后的《宪法》第十条第三款规定:"国家为了公共利益的需要,可以依照法律规定对土地实行征用。"2004年修正后的《宪法》第十三条第三款规定:"国家为了公共利益的需要,可以依照法律规定对公民的私有财产实行征收或者征用并给予补偿。"《民法典》第二百四十三条第一款(原《物权法》第四十二条)规定:"为了公共利益的需要,依照法律规定的权限和程序可以征收集体所有的土地和组织、个人的房屋以及其他不动产。"《城市房地产管理法》第六条规定:"为了公共利益的需要,国家可以征收国有土地上单位和个人的房屋,并依法予以拆迁补偿,维护被征收人的合法权益;征收个人住宅的,还应当保障被征收人的居住条件。具体办法由国务院规定。"

2011年1月21日公布实施的《征补条例》第八条规定:"为了保障国家安全、促进国民经济和社会发展等公共利益的需要,有下列情形之一,确需征收房屋的,由市、县级人民政府作出房屋征收决定……"《土地管理法》第四十五条规定:"为了公共利益的需要,有下列情形之一,确需征收农民集体所有的土地的,可以依法实施征收:(一)军事和外交需要用地的;(二)由政府组织实施的能源、交通、水利、通信、邮政等基础设施建设需要用地的;(三)由政府组织实施的科技、教育、文化、卫生、体育、生态环境和资源保护、防灾减灾、文物保护、社区综合服务、社会福利、市政公用、优抚安置、英烈保护等公共事业需要用地的;(四)由政府组织实施的扶贫搬迁、保障性安居工程建设需要用地的;(五)在土地利用总体规划确定的城镇建设用地范围内，经省级以上人民政府批准由县级以上地方人民政府组织实施的成片开发建设需要用地的；（六）法律规定为公共利益需要可以征收农民集体所有的土地的其他情形。前款规定的建设活动，应当符合国民经济和社会发展规划、土地利用总体规划、城乡规划和专项规划；第（四）项、第（五）项规定的建设活动，还应当纳入国民经济和社会发展年度计划；第（五）项规定的成片开发并应当符合国务院自然资源主管部门规定的标准。"

在我国，关于公共利益的法律概念的形成及细化可谓"由来已久"，但真正以立法的形式将"公共利益"界定并固定下来，还应属于《征补条例》的"功劳"。该条例首次界定了公共利益，明确将因国防和外交的需要；由政府组织实施的能源、交通、水利、教科文卫体、资源环保、防灾减灾、文物保护、社会福利、市政公用等公共事业以及保障性安居工程建设、旧城区改建等建设纳入"公共利益"的范畴。

二、界定公共利益的方式

世界上不同国家和地区对公共利益的界定方式有所不同，大致分为三种类型：

第一类是概括式规定，是指在法律中概括性的规定只有出于公共利益的需要，方可动用国家征收权，对土地、房屋或其他不动产实施征收。采用概括性规定的国家，其司法机关对政府滥用职权的行为能够独立地进行制约和监督，多以判例的形式使模糊的法律概念在具体的个案中得以明确。这样就使得公共利益的"概括性"在实际案件中具体化。采用概括式的国家保护私有财产的法律和法规都比较健全，也就是说，尽管在公共利益的界定上是概括性的，但在实际操作中却是具体而易行的。采用这种方式的国家主要包括美国、法国、澳大利亚、德国、加拿大、菲律宾等。

第二类是列举式规定，是指在法律中将公共利益的范围列举出来。但由于列举的"边界"不同，又使得列举分为两种情况，一是在相关征收征用法律中把所有的"公益事业"都穷尽式地列举出，最具代表性的是日本；二是在相关征收征用法律中列举出若干可以实施征收的事项，但未能穷尽列举，有但书规定或兜底条款规定，最具代表性的是我国台湾地区。

采用列举式规定的主要是成文法国家或地区。这些国家在立法上尽量减少法律的模糊性，追求法律的易操作性，进而限制和约束政府征收不动产的权力。之所以要加上但书或兜底性条款，目的在于当列举的事项未能穷尽所有公益情形时，其可以起到弥补的作用。

第三类是不作规定，是指在法律上对公共利益没有明确的界定，其他相应法律也没有相关规定予以支持，政府有权根据实际情况对公共利益进行决定。具有代表性的国家有俄罗斯、吉尔吉斯斯坦等。

通过对以上三种界定方式的分析不难看出，界定"公共利益"的范围是一件比较复杂的事情，必须结合一个国家的体制、历史发展阶段和立法制度，并用发展的眼光来看待和界定"公共利益"。"公共利益"概念在不同的国家或同一国家的不同历史时期是不断发展和变化的。而且，非"公共利益"在一定条件下还可以转化为"公共利益"。如商业利益在一定条件下就可以转化为公共利益。鉴于此，我国的《征补条例》采用的是概括加列举的方式来界定"公共利益"的范围。

其概括性的规定是：为了保障国家安全、促进国民经济和社会发展等公共利益的需要。

其列举性规定是：国防和外交的需要；由政府组织实施的能源、交通、水利等基础设施建设的需要；由政府组织实施的科技、教育、文化、卫生、体育、环境和资源保护、防灾减灾、文物保护、社会福利、市政公用等公共事业的需要；由政府组织实施的保障性安居工程建设的需要；由政府依照城乡规划法有关规定组织实施的对危房集中、基础设施落后等地段进行旧城区改建的需要；法律、行政法规规定的其他公共利益的需要。

新《土地管理法》基本上沿用《征补条例》第八条规定的概括加列举的方式界定"公共利益"的范围。

三、《征补条例》列举的六项公共利益的情形

（一）国防和外交的需要

国防是国家为防备和抵御外来侵略，制止武装颠覆，保卫国家的主权统一、领土完整和安全所进行的军事活动，以及与军事有关的政治、经济、外交、科技、教育等方面的活动，国防是国家生存与发展的安全保障。

外交是一个国家为自身的生存和发展，以国家的名义按照国际法以及国际惯例与世界其他各国开展国际关系活动的国家行为。毋庸置疑，国防和外交都必然属于公共利益。此处的国防和外交的需要主要是指国防、军事设施建设以及使领馆设施建设的需要。

（二）由政府组织实施的能源、交通、水利等基础设施建设的需要

究竟哪些基础设施属于能源、交通、水利基础设施？可供参考的依据是原国土资源部公布的《划拨用地目录》，该目录中指出，能源、交通、水利等基础设施包括石油天然气设施、煤炭设施、电力设施、水利设施、铁路交通设施、公路交通设施、水路交通设施、民用机场设施等。值得注意的是，由政府组织实施的能源、交通、水利设施项目并不限于政府直接实施或者独立投资的项目，也包括政府主导、市场化运作的项目，如吸收外资建设的电厂、高速公路等。

（三）由政府组织实施的科技、教育、文化、卫生、体育、环境和资源保护、防灾减灾、文物保护、社会福利、市政公用等公共事业的需要

公共事业是指在政府组织、指导下，面向社会，以满足社会公共需要为基本目标，直接或者间接提供公共服务的社会活动。

（四）由政府组织实施的保障性安居工程建设的需要

根据《国务院关于同意成立保障性安居工程协调小组的批复》，保障性安居工程包括三类，第一类是城市和国有工矿棚户区改造以及林区、垦区棚户区改造；第二类是廉租住房、经济适用住房、限价商品住房、公共租赁住房等；第三类是农村危房改造。依据《廉租住房保障办法》第十三条规定，廉

租住房建设用地，应当在土地供应计划中优先安排，并在申报年度用地指标时单独列出，采用划拨方式，保证供应。无疑，保障性安居工程建设具有公益性，属于公共利益的需要。

（五）由政府依照城乡规划法有关规定组织实施的对危房集中、基础设施落后等地段进行旧城区改建的需要

《城乡规划法》第三十一条规定："旧城区的改建，应当保护历史文化遗产和传统风貌，合理确定拆迁和建设规模，有计划地对危房集中、基础设施落后等地段进行改建。历史文化名城、名镇、名村的保护以及受保护建筑物的维护和使用，应当遵守有关法律、行政法规和国务院的规定。"《征补条例》明确将"由政府依照城乡规划法有关规定组织实施的对危房集中、基础设施落后等地段进行旧城区改建"的需要列入公共利益的范围。

（六）法律、行政法规规定的其他公共利益的需要

这一兜底性条款的目的在于弥补前五项规定中未尽的公共利益情形，也为今后法律、行政法规规定公共利益范围留下立法空间。

四、征收农民集体所有土地的前提条件

新《土地管理法》第四十五条规定："为了公共利益的需要，有下列情形之一，确需征收农民集体所有的土地的，可以依法实施征收：（一）军事和外交需要用地的；（二）由政府组织实施的能源、交通、水利、通信、邮政等基础设施建设需要用地的；（三）由政府组织实施的科技、教育、文化、卫生、体育、生态环境和资源保护、防灾减灾、文物保护、社区综合服务、社会福利、市政公用、优抚安置、英烈保护等公共事业需要用地的；（四）由政府组织实施的扶贫搬迁、保障性安居工程建设需要用地的；（五）在土地利用总体规划确定的城镇建设用地范围内，经省级以上人民政府批准由县级以上地方人民政府组织实施的成片开发建设需要用地的；（六）法律规定为公共利益需要可以征收农民集体所有的土地的其他情形。前款规定的建设活动，应当符合国民经济和社会发展规划、土地利用总体规划、城乡规划和专项规划；第（四）项、

第（五）项规定的建设活动，还应当纳入国民经济和社会发展年度计划；第（五）项规定的成片开发并应当符合国务院自然资源主管部门规定的标准。"

显然，该法条是采取列举的方式界定公共利益范围的，不难看出，其大部分内容是复制了《征补条例》第八条所列举的公共利益的情形。当然，也有一些调整、修改和补充。具体不同之处是：将《征补条例》第八条第（一）项"国防和外交的需要"的公共利益情形修改为"军事和外交需要"；将《征补条例》第八条第（二）项"由政府组织实施的能源、交通、水利等基础设施建设的需要"的公共利益情形补充为"由政府组织实施的能源、交通、水利、通信、邮政等基础设施建设需要"；将《征补条例》第八条第（三）项"由政府组织实施的科技、教育、文化、卫生、体育、环境和资源保护、防灾减灾、文物保护、社会福利、市政公用等公共事业的需要"的公共利益情形增补细化为"由政府组织实施的科技、教育、文化、卫生、体育、生态环境和资源保护、防灾减灾、文物保护、社区综合服务、社会福利、市政公用、优抚安置、英烈保护等公共事业需要"；将《征补条例》第八条第（四）项"由政府组织实施的保障性安居工程建设的需要"的公共利益情形补充修改为"由政府组织实施的扶贫搬迁、保障性安居工程建设需要"；将《征补条例》第八条第（五）项"由政府依照城乡规划法有关规定组织实施的对危房集中、基础设施落后等地段进行旧城区改建的需要"的公共利益情形改为"在土地利用总体规划确定的城镇建设用地范围内，经省级以上人民政府批准由县级以上地方人民政府组织实施的成片开发建设需要"；将《征补条例》第八条第（六）项"法律、行政法规规定的其他公共利益的需要"的兜底性条款限定为"法律规定为公共利益需要可以征收农民集体所有的土地的其他情形"。

需要特别指出的是，新《土地管理法》第四十五条第二款规定，"成片开发并应当符合国务院自然资源主管部门规定的标准"。自然资源部于2020年11月5日印发《土地征收成片开发标准（试行）》（自然资规〔2020〕5号），该标准的具体内容是："一、根据《土地管理法》第45条的规定，制定本标准。本标准所称成片开发，是指在国土空间规划确定的城镇开发边界内的集中建设区，由县级以上地方人民政府组织的对一定范围的土地进行的综合性开发建设活动。二、土地征收成片开发应当坚持新发展理念，以人民为中心，注重保护耕地，注重维护农民合法权益，注重节约集约用地，注重生态环境保护，促进当地经济社会可持续发展。三、县级以上地方人民政府应当按照《土地管理法》第四十五条规定，依据当地国民经济和社会发展规划、国土空间规划，组织编制土地征收成片开发方案，纳入当地国民经济和社会发展年度计划，并报省级人民政府批准。土地征收成片开发方案应当包括下列内容：（一）成片开发的位置、面积、范围和基础设施条件等基本情况；（二）成片开发的必要性、主要用途和实现的功能；（三）成片开发拟安排的建设项目、开发时序和年度实施计划；（四）依据国土空间规划确定的一个完整的土地征收成片开发范围内基础设施、公共服务设施以及其他公益性用地比例；（五）成片开发的土地利用效益以及经济、社会、生态效益评估。前款第（四）项规定的比例一般不低于40%，各市县的具体比例由省级人民政府根据各地情况差异确定。县级以上地方人民政府编制土地征收成片开发方案时，应当充分听取人大代表、政协委员、社会公众和有关专家学者的意见。四、土地征收成片开发方案应当充分征求成片开发范围内农村集体经济组织和农民的意见，并经集体经济组织成员的村民会议三分之二以上成员或者三分之二以上村民代表同意。未经集体经济组织的村民会议三分之二以上成员或者三分之二以上村民代表同意，不得申请土地征收成片开发。五、省级人民政府应当组织人大代表、政协委员和土地、规划、经济、法律、环保、产业等方面的专家组成专家委员会，对土地征收成片开发方案的科学性、必要性进行论证。论证结论应当作为批准土地征收成片开发方案的重要依据。国家自然资源督察机构、自然资源部、省级人民政府应当加强对土地征收成片开发工作的监管。六、有下列情形之一的，不得批准土地征收成片开发方案：（一）涉及占用永久基本农田的；（二）市县区域内存在大量批而未供或者闲置土地的；（三）各类开发区、城市新区土地利用效率低下的；（四）已批准实施的土地征收成片开发连续两年未完成方案安排的年度实施计划的。七、本标准自公布之日施行，有效期三年。"

总之，无论是征收国有土地上的房屋还是征收农民集体所有的土地，其征收的前提必须是为公共利益所需，否则就不得实施土地、房屋征收。新《土地管理法》详尽界定了公共利益范围的主要作用在于严格限制征地范围。

其对加强土地管理，保护、开发土地资源，合理利用土地，切实保护耕地，促进社会经济的可持续发展具有重要意义。

第二节　棚户区改造建设项目的房屋征收

一、棚户区改造建设项目属于公共利益的范畴

2009年7月14日《国务院关于同意成立保障性安居工程协调小组的批复》（国函〔2009〕84号）中规定："一、协调小组主要职能（一）贯彻落实党中央、国务院关于保障性安居工程工作的决策部署，研究提出廉租住房建设、棚户区改造和农村危房改造试点的政策措施，协调有关事项。（二）研究制定廉租住房保障、棚户区改造以及农村危房改造试点规划和年度工作计划，并组织实施。""协调小组各成员单位职责：（一）住房和城乡建设部：会同有关部门提出廉租住房保障、棚户区改造和农村危房改造的规划和工作计划，根据工作计划提出中央补助投资（资金）需求规模的建议，制定农村危房鉴定标准，组织实施廉租住房建设、城市棚户区改造、国有工矿棚户区（林区、垦区、煤矿除外）改造和农村危房改造试点，监管建设工程质量，组织实施保障性安居工程建筑节能示范项目，监督检查规划和计划执行情况，汇总统计城市保障性住房建设、棚户区改造、农村危房改造试点工作情况。"据此批复，保障性安居工程包括城市和国有工矿棚户区改造以及林区、垦区棚户区改造。

《国务院办公厅关于促进房地产市场平稳健康发展的通知》（国办发〔2010〕4号）中指出："加快推进保障性安居工程建设……力争到2012年末，基本解决1540万户低收入住房困难家庭的住房问题。各地要通过城市棚户区改造和新建、改建、政府购置等方式增加廉租住房及经济适用住房房源，着力解决城市低收入家庭的住房困难。要加快建设限价商品住房、公共租赁住房，解决中等偏下收入家庭的住房困难。全面启动城市和国有工矿棚户区改造工作，继续推进林区、垦区棚户区改造。同时，加大农村危房改造力度，

适当增加试点户数。"

《国务院关于加快棚户区改造工作的意见》（国发〔2013〕25号）进一步明确指出："棚户区改造是重大的民生工程和发展工程。2008年以来，各地区、各有关部门贯彻落实党中央、国务院决策部署，将棚户区改造纳入城镇保障性安居工程，大规模推进实施。"

综上，棚户区改造建设工程属于保障性安居工程建设的一种，符合《征补条例》第八条第四项列举的"由政府组织实施的保障性安居工程建设的需要"公共利益情形。

二、棚户区的定义、种类、特征

（一）棚户区改造的定义

相关文件对棚户区的定义基本相似，但范围在不断扩大。住房和城乡建设部在《关于做好城市和国有工矿棚户区改造规划编制工作的通知》（建保〔2010〕58号）中指出，城市和国有工矿棚户区是指国有土地上集中连片简易结构房屋较多、建筑密度较大、基础设施简陋、房屋建成年限较长、使用功能不全、安全隐患突出的居住区域。城市棚户区为城市规划区内的棚户区，国有工矿棚户区为城市规划区外的独立工矿棚户区。省级人民政府应结合实际情况，区分轻重缓急，合理确定城市和国有工矿棚户区改造范围、规模和标准等，以便于规划编制和实施。

由住房和城乡建设部、国家发展和改革委员会、财政部、农业部、国家林业局、国务院侨务办公室、全国总工会七部委联合发布的《关于加快推进棚户区（危旧房）改造的通知》（建保〔2012〕190号）规定，城市棚户区（危旧房）指城市规划区范围内，简易结构房屋较多、建筑密度较大，使用年限久，房屋质量差，建筑安全隐患多，使用功能不完善，配套设施不健全的区域。"十二五"期间，各地要按照《国家基本公共服务体系"十二五"规划》要求，加快推进非成片棚户区（危旧房）改造、城中村改造和城镇旧住宅区综合整治。城市棚户区（危旧房）改造具体范围由市县人民政府结合当地实际情况确定。

棚户区的范围不断扩大：逐步将非成片棚户区（危旧房）、城中村改造、旧住宅小区综合整治，以及铁路、钢铁、有色、黄金等行业棚户区纳入改造范围。禁止将因城市道路拓展、历史街区保护、文物修缮等带来的房屋拆迁改造项目纳入城市棚户区改造范围。

（二）棚户区的种类

根据上述国务院和部委文件可以将棚户区作以下分类：

（1）城市棚户区，包括集中成片棚户区（危旧房）、非集中成片棚户区（危旧房）、城中村、旧住宅区综合整治；（2）国有工矿棚户区；（3）国有林区棚户区；（4）国有垦区危房改造；（5）中央下放地方煤矿棚户区。

（三）棚户区的特征

棚户区所在区域属于城市市区内或城市建成区内，包括城镇、国有农场和国有垦区等国有土地之上。其建筑结构的特征是砖混结构、砖木结构居多，绝大多数是破旧简易平房，也包括部分简易的楼房，混杂大量的私搭滥建的违章建筑。棚户区内的建筑密度较大、房屋低矮质量差，有些已是危房。棚户区的房屋使用年限超过20年的居多。棚户区内存在一定安全隐患，部分屋顶、阳台有安全隐患，电器及电路老化，缺乏消防设施。棚户区的房屋面积较小，使用功能不完备，部分无独立厨房、卫生间。棚户区内的市政设施不完善或年久失修，道路破损严重，无绿化或绿化较少，无法集中供暖或供水。

第三节 征收应遵循行政比例原则

一、行政比例原则概述

行政比例原则是行政法的重要原则之一，是指行政主体在行使国家公权力时，行政行为应权衡和兼顾行政目标的实现和保护行政相对人的权益，如果行政目标的实现可能对相对人的权益造成不利影响或构成损害并且无其他方法能够替代，那么这种不利影响或损害应被限制在尽可能小的范围和限度之内，二者应有适当的比例，不能失衡。

学界认为比例原则包含适当性原则、必要性原则和狭义比例原则三个子原则：

适当性原则，又称妥当性原则、妥适性原则、适合性原则，是指所采行的措施必须能够实现行政目的或至少有助于行政目的实现并且其所采行的措施是正确的手段。必要性原则，又称最少侵害原则、最温和方式原则、不可替代性原则。其是指在前述"适当性"原则已获肯定后，在能达成法律目的的诸方式中，应选择对相对人最小侵害的方式。狭义比例原则，又称比例性原则、相称性原则、均衡原则。即行政权力所采取的措施与其所达到的目的之间必须符合比例或相称。要求行政主体执行职务时，面对多数可能选择之处置，应就方法与目的的关系权衡更有利者而为之。

总之，适当性原则要求手段有助于目的实现，必要性原则要求实现目的的手段是最小侵害的，而狭义比例原则是通过对手段负面影响的考量，要求目的本身的适当、不过分、行为与损害之间成比例。

尽管比例原则是一个行政法上的概念或原理，而且在我国已有的法律规范中尚未以比例原则的字眼出现过，但是，在我国已有的一些法律规范中却已经体现出了比例原则的精神内涵。如 1958 年 1 月 6 日国务院公布实施的《国家建设征用土地办法》（该法规已于 1987 年 11 月 24 日废止）中第三条就规定："国家建设征用土地，必须贯彻节约用地的原则。一切目前可以不举办的工程，都不应该举办；需要举办的工程，在征用土地的时候，必须精打细算，严格掌握设计定额，控制建筑密度，防止多征、早征，杜绝浪费土地。凡有荒地、劣地、空地可以利用的，应该尽量利用；尽可能不征用或者少征用耕地良田，不拆或少拆房屋。"

又如《山东省行政程序规定》第五条规定："行政机关应当公正行使行政权力，平等对待公民、法人和其他组织。行政机关行使行政裁量权应当符合立法目的，采取的措施和手段应当必要、适当；实施行政管理可以采取多种方式实现行政目的的，应当选择最有利于保护公民、法人和其他组织合法权益的方式。"显然，该地方政府规章明确将比例原则纳入行政机关依法行政的原则之中，令人欣喜和点赞。

二、房屋征收应把握行政比例原则

笔者认为,《征补条例》在以下几个方面体现了行政法的行政比例原则:

(一) 在立法目的上体现了比例原则

第一条规定:"为了规范国有土地上房屋征收与补偿活动,维护公共利益,保障被征收房屋所有权人的合法权益,制定本条例。"该条说明,实施房屋强制征收的目的是维护公共利益,其目的是正当的。在维护公共利益的同时,要保障被征收房屋所有权人的合法权益。

(二) 在确定补偿原则时,体现了比例原则

第二条和第三条规定:"为了公共利益的需要,征收国有土地上单位、个人的房屋,应当对被征收房屋所有权人给予公平补偿。""房屋征收与补偿应当遵循决策民主、程序正当、结果公开的原则。"这两条说明,在实施房屋强制征收时,应采取必要的措施,尽量减少对行政相对人的损害,要坚持公平补偿、决策民主、程序正当和结果公开的原则,使得政府实现征收的目的与对被征收人进行补偿结果之间成比例、相对称。

(三) 在界定公共利益范围时,体现了比例原则

第八条规定:"为了保障国家安全、促进国民经济和社会发展等公共利益的需要,有下列情形之一,确需征收房屋的,由市、县级人民政府作出房屋征收决定……"该条中的"确需",就体现了比例原则中的子原则"必要性原则"。即政府为实现公共利益的需要,在没有其他方式或方法替代,不得已必须或"确实需要"征收房屋时,方可作出房屋征收决定。换言之,房屋征收要尽量减少对房屋产权人的侵害,不是必要的征收就不能实施强制征收,不能瞎折腾,如果拆和不拆结果是一样的,甚至生活水平非但没有提高反而降低了,那这就不符合比例原则。"确需"两字彰显了行政法中比例原则的丰富内涵。

(四) 在补偿方式和方法上体现了比例原则

第十七条规定:"作出房屋征收决定的市、县级人民政府对被征收人给予的补偿包括:(一) 被征收房屋价值的补偿;(二) 因征收房屋造成的搬迁、

临时安置的补偿；（三）因征收房屋造成的停产停业损失的补偿。市、县级人民政府应当制定补助和奖励办法，对被征收人给予补助和奖励。"第十八条规定："征收个人住宅，被征收人符合住房保障条件的，作出房屋征收决定的市、县级人民政府应当优先给予住房保障。具体办法由省、自治区、直辖市制定。"第十九条第一款规定："对被征收房屋价值的补偿，不得低于房屋征收决定公告之日被征收房屋类似房地产的市场价格。被征收房屋的价值，由具有相应资质的房地产价格评估机构按照房屋征收评估办法评估确定。"第二十一条规定："被征收人可以选择货币补偿，也可以选择房屋产权调换。被征收人选择房屋产权调换的，市、县级人民政府应当提供用于产权调换的房屋，并与被征收人计算、结清被征收房屋价值与用于产权调换房屋价值的差价。因旧城区改建征收个人住宅，被征收人选择在改建地段进行房屋产权调换的，作出房屋征收决定的市、县级人民政府应当提供改建地段或者就近地段的房屋。"以上这些条款说明，对房屋征收的补偿要成比例，补偿的方式要多样化且能供被征收人选择。补偿标准要合理、公平公开。不能因为政府实施房屋征收而使被征收人利益蒙受重大损失，被征收人不能因房屋被政府征收而降低生活标准。

第四节 法院判例及其对实务操作的启示

一、结合实际认定征收是否符合公共利益需要
——郭某某诉宁波市鄞州区人民政府房屋行政征收案

【裁判文书号】 最高人民法院（2017）最高法行申4693号行政裁定书

【裁判要旨】 国有土地上房屋征收决定影响众多被征收人合法权益，事关建设项目的顺利推进和社会和谐稳定，人民法院对征收决定的审查，应当按照《征补条例》的规定依法进行。人民法院一般应审查建设项目是否基于公共利益的需要，建设活动是否符合一系列规划，征收补偿方案是否已经公布

并根据公众意见修改公布,是否已进行社会稳定风险评估,征收补偿费用是否已经足额到位、专户存储、专款专用。由于公共利益属于典型的不确定法律概念,建设项目是否符合公共利益的需要,一方面,应主要由立法判断,即只有立法明确列举的建设项目才属于公共利益的需要;另一方面,对于立法规定不明确或者可能认识有分歧的,则宜尊重通过正当程序而形成的判断,地方人大及其常委会、绝大多数被征收居民同意的建设项目,应当认为属于公共利益的需要。尤其是以征收形式进行的旧城区改建,既有公共利益与商业开发,也涉及旧城保护与都市更新,更应尊重拟征收范围内被征收人的改建意愿;大多数或者绝大多数被征收人同意改建方案的,可以认为建设项目符合公共利益的需要。

【实务操作启示】公共利益可按照《征补条例》第八条规定的情形进行界定,宜尊重通过正当程序而形成的判断。大多数或者绝大多数被征收人同意改建方案的,即可以认为建设项目符合公共利益的需要。

二、城市棚户区的认定标准
——周某诉景德镇市珠山区人民政府房屋征收案

【裁判文书号】最高人民法院(2018)最高法行申 10865 号行政裁定书

【裁判要旨】《住房和城乡建设部、国家发展和改革委员会、财政部、农业部、国家林业局、国务院侨务办公室、中华全国总工会关于加快推进棚户区(危旧房)改造的通知》(建保〔2012〕190号)第二条规定,城市棚户区(危旧房),指城市规划区范围内,简易结构房屋较多、建筑密度较大,使用年限久,房屋质量差,建筑安全隐患多,使用功能不完善,配套设施不健全的区域;城市棚户区(危旧房)改造具体范围由市县人民政府结合当地实际情况确定。参照该通知,棚户区指向的是具有简易结构房屋较多等特征的区域,即一定区域如满足简易结构房屋较多等特征,即符合城市棚户区的标准,而并不要求该区域内任一具体房屋均符合棚户区的全部特征。

【实务操作启示】一定区域如满足简易结构房屋较多等特征,即符合城市棚户区的标准,棚改建设项目属于公共利益,政府可以启动房屋征收程序。

三、正确理解和全面把握公共利益

——最高人民法院于 2014 年 8 月 29 日公布的第一批（十个）征收拆迁典型案例之：杨某某诉株洲市人民政府房屋征收决定案

【基本案情】2007 年 10 月 16 日，株洲市房产管理局向湖南冶金职业技术学院作出株房拆迁字［2007］第 19 号《房屋拆迁许可证》，杨某某的部分房屋在拆迁范围内，在拆迁许可期内未能拆迁。2010 年，株洲市人民政府启动神农大道建设项目。2010 年 7 月 25 日，株洲市发展改革委员会批准立项。2011 年 7 月 14 日，株洲市规划局颁发了株规用［2011］0066 号《建设用地规划许可证》。杨某某的房屋位于泰山路与规划的神农大道交会处，占地面积 418 平方米，建筑面积 582.12 平方米，房屋地面高于神农大道地面 10 余米，部分房屋在神农大道建设项目用地红线范围内。2011 年 7 月 15 日，株洲市人民政府经论证公布了《神农大道项目建设国有土地上房屋征收补偿方案》征求公众意见。2011 年 9 月 15 日，经社会稳定风险评估为 C 级。2011 年 9 月 30 日，株洲市人民政府发布了修改后的补偿方案，并作出了［2011］第 1 号《株洲市人民政府国有土地上房屋征收决定》（以下简称《征收决定》），征收杨某某的整栋房屋，并给予合理补偿。

杨某某不服，以"申请人的房屋在湖南冶金职业技术学院新校区项目建设拆迁许可范围内，被申请人作出征收决定征收申请人的房屋，该行为与原已生效的房屋拆迁许可证冲突"和"原项目拆迁方和被申请人均未能向申请人提供合理的安置补偿方案"为由向湖南省人民政府申请行政复议。复议机关认为，原拆迁人湖南冶金职业技术学院取得的《房屋拆迁许可证》已过期，被申请人依据《征补条例》的规定征收申请人的房屋并不违反法律规定。申请人的部分房屋在神农大道项目用地红线范围内，且房屋地平面高于神农大道地平面 10 余米，房屋不整体拆除将存在严重安全隐患，属于确需拆除的情形，《征收决定》内容适当，且作出前也履行了相关法律程序，故复议机关作出复议决定维持了《征收决定》。杨某某其后以株州市人民政府为被告提起行政诉讼，请求撤销《征收决定》。

【裁判结果】株洲市天元区人民法院一审认为，关于杨某某提出株洲市人民政府作出的《征收决定》与株洲市房产管理局作出的株房拆迁字［2007］第19号《房屋拆迁许可证》主体和内容均相冲突的诉讼理由，因［2007］第19号《房屋拆迁许可证》已失效，神农大道属于新启动项目，两份文件并不存在冲突。关于杨某某提出征收其红线范围外的房屋违法之主张，因其部分房屋在神农大道项目用地红线范围内，征收系出于公共利益需要，且房屋地面高于神农大道地面10余米，不整体拆除将产生严重安全隐患，整体征收拆除符合实际。杨某某认为神农大道建设项目没有取得建设用地批准书。2011年7月14日，株洲市规划局为神农大道建设项目颁发了株规用［2011］0066号《建设用地规划许可证》。杨某某认为株洲市规划局在复议程序中出具的说明不能作为超范围征收的依据。株洲市规划局在复议程序中出具的说明系另一法律关系，非本案审理范围。株洲市人民政府作出的《征收决定》事实清楚，程序合法，适用法律、法规正确，维持判决。

株洲市中级人民法院二审认为，本案争议焦点为株洲市人民政府作出的《征收决定》是否合法。2010年，株洲市人民政府启动神农大道建设项目，株洲市规划局于2011年7月14日颁发了株规用［2011］0066号《建设用地规划许可证》。杨某某的部分房屋在神农大道建设项目用地红线范围内，虽然征收杨某某整栋房屋超出了神农大道的专项规划，但征收其房屋系公共利益需要，且房屋地面高于神农大道地面10余米，如果只拆除规划红线范围内部分房屋，未拆除的规划红线范围外的部分房屋将人为变成危房，失去了房屋应有的价值和作用，整体征收杨某某的房屋，并给予合理补偿符合实际情况，也是人民政府对人民群众生命财产安全担当责任的表现。判决驳回上诉，维持原判。

【典型意义】在房屋征收过程中，如果因规划不合理，致使整幢建筑的一部分未纳入规划红线范围内，则政府出于实用性、居住安全性等因素考虑，将未纳入规划的部分一并征收，该行为体现了以人为本，有利于征收工作顺利推进。人民法院认可相关征收决定的合法性，不赞成过于片面、机械地理解法律。

第三章
征收流程与补偿限制

根据《行政诉讼法》第六十九条的规定，法院审查一个被诉行政行为是否合法的标准有三：一是看行政行为的证据是否确凿；二是看行政行为适用的法律、法规是否正确；三是看行政行为是否符合法定程序。

笔者在本章中将着重阐述征收程序的合法性问题，根据《土地管理法》及其相关法规、规章的规定以及《征补条例》的规定，笔者梳理出集体土地征收与补偿程序和国有土地上房屋征收与补偿的程序，供大家在实践中参考使用以确保征收行为符合法定程序。

另外，在征收过程中，很多被征收人都会想方设法加大补偿"砝码"，为实现其高额补偿欲望会突击实施新建、改建、扩建以及装饰装修等不当增加补偿费用的行为。为遏制这些行为的发生，相关法律、法规作出了明确的规定，笔者在本章中也会对此问题进行深度解析，并附带相关文书的范本供读者在实务操作中使用。

第一节 集体土地征收补偿程序（流程）概述

农村集体土地征收是指国家为公共利益的需要，通过法定程序，将原属于农民集体所有的土地征为国有的行为。笔者梳理的集体土地征收程序分两部分：一是根据原《土地管理法》和原《土地管理法实施条例》等相关法律法规及规章的规定，梳理出的集体土地征收程序（流程）；二是根据新《土地管理法》及新《土地管理法实施条例》等相关法律法规和规章的规定，梳理出的集体土地征收程序（流程）。通过这两部分的程序梳理我们可以更好地掌握集体土地的征收程序流程，并可与国有土地的房屋征收程序进行对比，使我们深入全面地把握土地房屋征收的全流程。

一、原《土地管理法》规制下的集体土地征收与补偿程序（流程）

（一）发布拟征地公告

由征收部门在被征收土地所在地的村、组等集体经济组织范围内发布拟征地公告，公告内容包括征地范围、位置、补偿方式、补偿标准、安置途径以及征地用途等。公告后凡抢栽、抢种的农作物或者抢建的建筑物不列入补偿范围。

（二）被征土地的情况调查和结果认定

征收部门应委托相应资质的勘测单位，或者会同被征收土地的所有权人、使用权人实地调查被征土地的四至边界、土地用途、土地面积，地上附着物种类、数量、规格等，调查结果应与被征地农村集体经济组织、农户和地上附着物产权人共同确认。

（三）组织听证

在征地依法报批前，征收部门应告知被征地农村集体经济组织及其成员，对拟征土地的补偿标准、安置途径等有申请听证的权利。权利人申请听证的，应按照《国土资源听证规定》规定的程序和有关要求组织听证。

（四）拟订"一书四方案"并上报审批

由征收部门根据前述程序，按照《建设用地审批管理办法》对报批材料的要求拟订"一书四方案"（建设用地说明书、农用地转用方案、补充耕地方案、征收土地方案、供应土地方案）并组卷向有批准权的机关报批。

（五）发布土地征收公告

征收土地的市、县人民政府应当在收到省级行政机关或国务院征地批复文件之日起十个工作日内在被征地所在地的乡（镇）村、组发布土地征收公告。

公告内容包括征地批准机关、批准文号、批准时间和批准用途，征收土地的所有权人、位置、地类和面积，征地补偿标准和农业人员安置途径，办理征地补偿登记的期限、地点等事项。

（六）征地补偿登记

被征地的所有权人、使用权人应当在征收土地公告规定的期限内，持土地权属证书到公告指定地点、部门办理征地补偿登记手续。被征地农村集体经济组织、农村村民或者其他权利人未如期办理征地补偿登记手续的，其补偿内容以调查结果为准。

（七）拟订征地补偿安置方案并公告

1. 拟订、修改和报批方案

征收部门根据省或国务院征地批复批准的征收土地方案结合地方规定的标准，拟订征地补偿安置方案，在被征收土地所在地的乡（镇）、村予以公告，听取被征收土地的农村集体经济组织及其成员的意见，修改完善后报市、县人民政府批准，之后再组织实施。公告内容一般包括：（1）被征收土地的位置、地类、面积；（2）地上附着物和青苗的种类、数量；（3）需要安置的农业人口的数量；（4）土地补偿费的标准、数额、支付对象和支付方式；（5）安置补助费的标准、数额、支付对象和支付方式；（6）地上附着物和青苗的补偿标准和支付方式；（7）农业人员的具体安置途径；（8）其他有关征地补偿、安置的具体措施。

2. 修改方案并公告

被征地农村集体经济组织、农村村民或者其他权利人对征地补偿、安置方案有不同意见的或者要求举行听证的，土地行政主管部门应当研究对征地补偿、安置方案的不同意见，根据实际情况组织听证。确需修改征地补偿安置方案的，应当依照有关法律、法规和批准的征收土地方案进行修改并公告。

3. 对补偿标准有异议的处理

被征收人对补偿标准有争议的，由批准征地补偿、安置方案的市、县人民政府组织协调；协调不成的，由批准征收土地征地补偿、安置方案的上一级人民政府复议（裁决）。

（八）落实征地补偿安置费用

征收部门按规定在拟征地补偿安置方案批准之日起三个月内全额支付征

地补偿、安置以及社保费等各项费用。

（九）签订征地补偿安置协议或作出征地补偿安置决定

根据征地补偿安置方案确定的补偿标准，由被征收人与征收部门签订补偿安置协议，亦可在拟征收阶段签订补偿安置协议。个别未能达成协议的，市、县人民政府应当依据征地补偿安置方案、评估报告及其他人签订的补偿安置协议等内容及时作出征收补偿决定并送达。

（十）交出土地、地表清除等行政强制行为

1. 责令交出土地

被征收人在征收补偿行为作出后应当如期交付土地，违反土地管理法律、法规规定，阻挠国家建设征收土地的，由县级以上政府土地行政主管部门依照《土地管理法实施条例》的规定责令交出土地。

2. 地表清除行为

如果被征收人对征收补偿行为、责令交地行为不提起行政复议或者行政诉讼，拒不交出土地的，征收部门可申请人民法院强制执行。根据法院准予执行裁定，实施地表清理和房屋拆除，相关强制行为不得扩大强制清理的范围或者使用违法手段扩大被征收人的财产损失。

二、新《土地管理法》规制下的集体土地征收与补偿程序（流程）

（一）发布征收土地预公告

县级以上地方人民政府拟申请征收土地的，应当根据新《土地管理法》第四十五条之规定，核查实施征收的情形是否为了公共利益的需要。县级以上地方人民政府认为符合新《土地管理法》第四十五条规定的，应当发布征收土地预公告，启动土地征收。

征收土地预公告应当包括征收范围、征收目的、开展土地现状调查的安排等内容。征收土地预公告应当采用有利于社会公众知晓的方式，在拟征收土地所在的乡（镇）和村、村民小组范围内发布，预公告时间不少于十个工作日。自征收土地预公告发布之日起，任何单位和个人不得在拟征收范围内抢栽抢建；违反规定抢栽抢建的，对抢栽抢建部分不予补偿。

（二）开展土地现状调查

县级以上地方人民政府对拟征收土地开展土地现状调查，应当查明土地的位置、权属、地类、面积，以及农村村民住宅、其他地上附着物和青苗等的权属、种类、数量等情况。行政机关应当对土地现状做好调查登记，并与当地农村集体经济组织、农户、地上物产权人共同进行确认。调查结果通常在征收范围内公布。

（三）开展社会稳定风险评估

县级以上地方人民政府对拟征收土地开展社会稳定风险评估，应当对征收土地的社会稳定风险状况进行综合研判，确定风险点，提出风险防范措施和处置预案。社会稳定风险评估应当有被征地的农村集体经济组织及其成员、村民委员会和其他利害关系人参加，评估结果是申请征收土地的重要依据。

（四）拟订征地补偿安置方案

县级以上地方人民政府应当依据社会稳定风险评估结果，结合土地现状调查情况，组织自然资源、财政、农业农村、人力资源和社会保障等有关部门拟订征地补偿安置方案。征地补偿安置方案应当包括征收范围、土地现状、征收目的、补偿方式和标准、安置对象、安置方式、社会保障等内容，保障被征地农民原有生活水平不降低、长远生计有保障。

1. 征收农用地的土地补偿费、安置补助费标准由省、自治区、直辖市通过制定公布区片综合地价确定。制定区片综合地价应当综合考虑土地原用途、土地资源条件、土地产值、土地区位、土地供求关系、人口以及经济社会发展水平等因素，并至少每三年调整或者重新公布一次。

2. 征收农用地以外的其他土地、地上附着物和青苗等的补偿标准，由省、自治区、直辖市制定。地上附着物和青苗等的补偿费用，归其所有权人所有。

3. 对其中的农村村民住宅，应当按照先补偿后搬迁、居住条件有改善的原则，尊重农村村民意愿，采取重新安排宅基地建房、提供安置房或者货币补偿等方式给予公平、合理的补偿，并对因征收造成的搬迁、临时安置等费用予以补偿，保障农村村民居住的权利和合法的住房财产权益。

4. 县级以上地方人民政府应当将被征地农民纳入相应的养老等社会保障体系。被征地农民社会保障费用的筹集、管理和使用办法，由省、自治区、直辖市制定。社会保障费用主要用于符合条件的被征地农民的养老保险等社会保险缴费补贴，按照省、自治区、直辖市的规定单独列支。

（五）发布征地补偿安置方案公告

征地补偿安置方案拟定后，县级以上地方人民政府应当在拟征收土地所在的乡（镇）和村、村民小组范围内予以公告，听取被征地的农村集体经济组织及其成员、村民委员会和其他利害关系人的意见，公告时间不少于三十日。征地补偿安置公告应当同时载明办理补偿登记的方式和期限、异议反馈渠道等内容。

（六）组织听证

多数被征地的农村集体经济组织成员认为拟订的征地补偿安置方案不符合法律、法规规定的，县级以上地方人民政府应当组织听证，并根据法律、法规的规定和听证会情况修改安置补偿方案。

（七）办理征地补偿登记

拟征收土地的所有权人、使用权人应当在公告规定期限内，持不动产权属证明材料办理补偿登记。未如期办理征地补偿登记手续的，其补偿内容一般以前期调查结果为准。

（八）签订征地补偿安置协议

县级以上地方人民政府根据法律、法规规定和听证会等情况确定征地补偿安置方案后，应当组织有关部门与拟征收土地的所有权人、使用权人签订征地补偿安置协议。对个别确实难以达成征地补偿安置协议的，县级以上地方人民政府应当在申请征收土地时如实说明。

（九）征收补偿资金到位

县级以上地方人民政府应当及时落实土地补偿费、安置补助费、农村村民住宅以及其他地上附着物和青苗等的补偿费用、社会保障费用等，并保证足额到位，专款专用。有关费用未足额到位的，不得批准征收土地。

(十) 申请土地征收审批

县级以上人民政府完成相关征地前期工作后，方可申请征收土地，依照《土地管理法》第四十六条的规定报有批准权的人民政府批准。

有批准权的人民政府应当对征收土地的必要性、合理性、是否符合《土地管理法》第四十五条规定的为了公共利益确需征收土地的情形以及是否符合法定程序进行审查。有批准权的人民政府批准后，下达征地批准文件。

需要注意的是，依据《最高人民法院关于适用〈中华人民共和国行政复议法〉第三十条第二款有关问题的答复》（〔2005〕行他字第23号）和《最高人民法院关于因征地批复行为起诉省级人民政府不履行行政复议职责类案件是否属于行政诉讼受案范围问题的答复》（〔2015〕行立他字第2号）的规定，省级人民政府作出的征收土地批复以及对征用土地决定作出实体处理的行政复议决定，属于法律规定的最终裁决行为，不属于行政诉讼的受案范围。但是，省级人民政府未在法定期限内作出复议决定，或者以复议申请不符合受理条件为由作出的不予受理、驳回复议申请决定，不属于法律规定的最终裁决行为。

还需注意的是，新《土地管理法》第四十六条规定了征收土地和办理农用地转用审批的权限在国务院或省、自治区、直辖市人民政府。但在2020年3月1日，国务院又作出了《关于授权和委托用地审批权的决定》（国发〔2020〕4号），其中规定："一、将国务院可以授权的永久基本农田以外的农用地转为建设用地审批事项授权各省、自治区、直辖市人民政府批准。自本决定发布之日起，按照《中华人民共和国土地管理法》第四十四条第三款规定，对国务院批准土地利用总体规划的城市在建设用地规模范围内，按土地利用年度计划分批次将永久基本农田以外的农用地转为建设用地的，国务院授权各省、自治区、直辖市人民政府批准；按照《中华人民共和国土地管理法》第四十四条第四款规定，对在土地利用总体规划确定的城市和村庄、集镇建设用地规模范围外，将永久基本农田以外的农用地转为建设用地的，国务院授权各省、自治区、直辖市人民政府批准。二、试点将永久基本农田转为建设用地和国务院批准土地征收审批事项委托部分省、自治区、直辖市人民政府批准。自本决定发布之日起，对《中华人民共和国土地管理法》第四十四条第二款规定的永久基本农田转为建设用地审批事项，以及第四十六条第一款规定的永久基本农田、永久基本农田以外的耕地超过三十五公顷的、其他土地超过七十公顷的土地征收审批事项，国务院委托部分试点省、自治区、直辖市人民政府批准。首批试点省份为北京、天津、上海、江苏、浙江、安徽、广东、重庆，试点期限 1 年，具体实施方案由试点省份人民政府制订并报自然资源部备案。国务院将建立健全省级人民政府用地审批工作评价机制，根据各省、自治区、直辖市的土地管理水平综合评估结果，对试点省份进行动态调整，对连续排名靠后或考核不合格的试点省份，国务院将收回委托。"紧接着，自然资源部于 2020 年 3 月 6 日发布《关于贯彻落实〈国务院关于授权和委托用地审批权的决定〉的通知》，该通知的主要内容是："一、委托试点省份省级自然资源主管部门要抓紧拟订实施方案，按照国发〔2020〕4 号文件由省级人民政府报部备案。二、对应国务院授权和委托的用地审批权，将部的用地预审权同步下放省级自然资源主管部门；将先行用地批准权委托给试点省份省级自然资源主管部门。其中委托用地预审和先行用地批准权的期限与试点时间相同。上述实施方案应包括用地预审和先行用地批准内容。三、委托试点省份自然资源主管部门必须遵循严格保护耕地、节约集约用地的原则，按照法律政策规定及审查标准规范进行用地审查。对涉及占用生态保护红线的，应当符合中办、国办《关于在国土空间规划中统筹划定落实三条控制线的指导意见》规定，属于允许占用生态保护红线的国家重大战略项目，以及其他对生态功能不造成破坏的有限人为活动的建设项目范围。要按照中央文件规定组织论证。对涉及占用永久基本农田的，应当符合中央文件和部文件规定可以占用永久基本农田的重大项目范围。在办理委托事项时，批复文件开头要有'受××机关委托××权'的意思表达。四、部将按照省级人民政府用地审批工作评价机制，通过'双随机、一公开'等方式进行严格检查，根据各地土地管理水平综合评估结果，及时提请国务院动态调整委托试点省份。本文件有效期 5 年。"

（十一）发布土地征收公告

征收土地申请经依法批准后，县级以上地方人民政府应当自收到批准文件之日起十五个工作日内在拟征收土地所在的乡（镇）和村、村民小组范围内发布征收土地公告，公布征收范围、征收时间等具体工作安排。

实践中，对如何认定被征地农民"知道"征收土地决定问题把握标准不一致，对此，原国务院法制办公室在2014年7月10日作出过《关于认定被征地农民"知道"征收土地决定有关问题的意见》（国法〔2014〕40号），该意见指出："一、申请人对行政机关已经发布征收土地公告的主张提出异议，行政机关不能提供证据的，不能认定申请人知道征收土地决定。二、行政机关能够提供下列证据之一，经查证属实的，可以作为认定依法发布了征收土地公告的证据：（一）行政机关出具的在被征收土地所在地的村、组内张贴公告的书面证明及视听资料；征收乡（镇）农民集体所有土地的，出具的在乡（镇）人民政府所在地张贴公告的书面证明及视听资料；（二）被征地农民出具的证实其被征收土地已张贴公告的证言等证据。征收土地公告有确定期限的，可以认定申请人自公告确定的期限届满之日起知道征收土地决定；征收土地公告没有确定期限的，可以认定申请人自公告张贴之日起满10个工作日起知道征收土地决定。三、行政机关不能提供发布征收土地公告的相关证据，但是能够举证证明已经按照法律法规和规章的规定发布了征收土地补偿安置公告，且在公告中载明了征收土地决定的主要内容，经查证属实的，可以视为申请人自公告确定的期限届满之日起知道征收土地决定；公告没有确定期限的，可以视为申请人自公告张贴之日起满10个工作日起知道征收土地决定。四、行政机关不能提供发布征收土地公告或者征收土地补偿安置公告的证据，但是能够举证证明申请人在征收土地决定作出后有下列行为之一，经查证属实的，可以视为申请人自该行为发生之日起知道征收土地决定：（一）已经办理征收土地补偿登记的，自申请人办理征收土地补偿登记之日起；（二）已经签订征收土地补偿协议的，自申请人签订征收土地补偿协议之日起；（三）已经领取征收土地补偿款或者收到征收土地补偿款提存通知的，自申请人领取征收土地补偿款或者收到征收土地补偿款的提存通知之日起；（四）已经签订房屋拆迁协议的，自申请人签订房屋拆迁协议之日起；（五）对补偿标准存有争议，已经申请县级以上地方人民政府进行协调的，自申请人申请协调之日起。同时存在上述两种或者两种以上行为的，以最早可以认定的知道征收土地决定的时间为准。五、行政机关不能证明有本意见第二条至第四条情形,但是能够举证证明申请人通过行政复议、政府信息公开、信访、诉讼等其他途径知道征收土地决定主要内容,经查证属实的,可以认定申请人自有证据证明之日起知道征收土地决定。"

(十二)作出征地补偿安置决定

对个别未达成征地补偿安置协议的,县级以上地方人民政府可以依据征地补偿安置方案、补偿登记结果、当地补偿政策以及其他被征收人签订的补偿协议等内容及时作出征地补偿安置决定,并依法组织实施。

(十三)责令交出土地

违反土地管理法律、法规规定,阻挠国家建设征收土地的,由县级以上地方人民政府作出责令交出土地的决定,责令被征地人交出土地。

(十四)申请法院强制执行

县级以上地方人民政府作出责令交出土地的决定,被征地人在法定期限内不申请行政复议或者提起行政诉讼,仍拒不交出土地的,县级以上人民政府可以自期限届满之日起三个月内申请人民法院强制执行。

第二节 国有土地上房屋征收与补偿程序(流程)概述

根据《征补条例》和《国有土地上房屋征收评估办法》的规定,笔者梳理出国有土地上房屋征收程序(流程)如下:

一、编制房屋征收年度计划

市、县级人民政府确定的房屋征收部门可根据上一级房屋征收部门的要求,编制、上报国有土地上房屋征收的年度计划。上报的年度计划内容包括:项目名称;项目地点;项目用途;征收非住宅建筑面积及户数;征收住宅建筑面积及户数;征收补偿资金;提供住宅和非住宅产权调换房屋面积等。

建设项目是保障性安居工程建设、旧城区改建的，在每年召开同级人民代表大会前，应当将保障性安居工程建设、旧城区改建纳入国民经济和社会发展计划，报同级人民代表大会批准。

二、启动房屋征收

（一）确需征收房屋的建设活动应当符合"四规划、一计划"的要求

征收房屋的建设活动应符合"四规划"（国民经济和社会发展规划、土地利用总体规划、城乡规划和专项规划）和"一计划"（保障性安居工程建设、旧城区改建，应当纳入市、县级国民经济和社会发展年度计划）的要求。国民经济和社会发展规划、土地利用总体规划和城乡规划是综合性规划。而专项规划是针对具有特殊性的建设项目所制订的规划，如城市绿化工程建设规划、地铁建设工程规划、市中心广场建设规划等。我国《宪法》《地方各级人民代表大会和地方各级人民政府组织法》《土地管理法》和《城乡规划法》及相关的法律、法规和规章对以上这些规划的制定依据、制定程序、规划修改、公众参与、规划的完善和公布都作了详尽的规定。《征补条例》强调的是政府为公共利益需要开展建设活动动用房屋强制征收权时，必须符合相关规划的要求，而且，这些规划必须是合法的。

2015年《地方各级人民代表大会和地方各级人民政府组织法》第八条规定，县级以上的地方各级人民代表大会审查和批准本行政区域内的国民经济和社会发展计划、预算以及它们执行情况的报告。由此可见，保障性安居工程建设活动和旧城区改建活动应当经县级人民代表大会审议通过后，政府方可组织实施房屋征收活动。之所以要通过地方人大的审议和批准，是要把关系广大民众利益的建设活动纳入代表民意机关的审查程序中去，使该建设活动和房屋征收活动能够充分地体现出公共利益的属性。

（二）征收房屋符合相关规划和计划的要求即完成房屋征收的准备程序

所谓"房屋征收的准备程序"，是指房屋征收前各项规划的公众参与程序

及纳入国民经济和社会发展年度计划的保障性安居工程建设、旧城区改建活动的人大批准程序。该程序属于房屋征收决定前的条件性程序，这些条件是在作出房屋征收决定前就已经成就过了。房屋征收部门在启动房屋征收程序前已经取得了这些规划许可性文件。房屋征收部门在向市、县级人民政府递交申请启动征收程序时附有这些文件。包括国民经济和社会发展规划、土地利用总体规划、城乡规划和专项规划以及人大批准的国民经济和社会发展年度计划等。

（三）依地方性法规、规章或其他规范性文件的规定启动房屋征收程序

《征补条例》没有规定房屋征收的启动程序，实践中依据地方性法规，主要有两种启动方式：

一是由房屋征收部门启动房屋征收程序。如《内蒙古自治区国有土地上房屋征收与补偿条例》第九条规定："作出房屋征收决定前，由房屋征收部门提出拟征收房屋范围，说明符合公共利益的具体情形，报设区的市人民政府、旗县级人民政府审核后予以公布。确需征收房屋的各项建设活动，应当符合国民经济和社会发展规划、土地利用总体规划、城乡规划和专项规划。保障性安居工程建设、旧城区改建，应当纳入设区的市、旗县级国民经济和社会发展年度计划。"《四川省国有土地上房屋征收与补偿条例》第九条规定："确需征收房屋的，由房屋征收部门提出拟征收房屋范围，说明所根据的公共利益的具体情形，报市、县级人民政府。市、县级人民政府经审定认为确属公共利益需要征收房屋的，根据规划用地范围和房屋实际状况确定房屋征收范围，并予以公布。"

二是应由建设项目组织实施单位申请启动房屋征收程序。如《山东省国有土地上房屋征收与补偿条例》第十条规定："依照本条例第九条规定征收房屋的，由政府确定的建设项目组织实施单位向房屋征收部门提出启动房屋征收程序，说明房屋征收范围和符合公共利益的具体情形，并提交发展改革、国土资源、城乡规划等部门出具的建设项目符合国民经济和社会发展规划、土地利用总体规划、城乡规划和专项规划的证明文件。因保障性安居工程建设、旧城区改建需要征收房屋的，建设项目组织实施单位除提交前款规定的

证明文件外,还应当提交发展改革部门出具的建设项目纳入国民经济和社会发展年度计划的证明文件。房屋征收部门经审查,对房屋征收事项符合法定条件的,应当提出审查意见,报市、县级人民政府。市、县级人民政府决定启动房屋征收程序的,应当合理确定房屋征收范围。"《浙江省国有土地上房屋征收与补偿条例》第七条规定:"符合国务院房屋征收补偿条例规定的公共利益情形,确需征收房屋的,由建设活动组织实施单位向房屋征收部门提出拟征收房屋范围,说明符合公共利益的具体情形。发展和改革、国土资源、城乡规划主管部门应当向房屋征收部门提供建设活动符合国民经济和社会发展规划、土地利用总体规划、城乡规划和专项规划的证明文件。因保障性安居工程建设、旧城区改建需要征收房屋的,发展和改革主管部门还应当提供建设活动符合国民经济和社会发展年度计划的证明文件。房屋征收部门经审查认为房屋征收符合法律、法规规定的,报设区的市、县(市、区)人民政府。设区的市、县(市、区)人民政府认为符合公共利益、确需征收房屋的,应当根据规划用地范围和房屋实际状况确定房屋征收范围,并予以公布。"

(四)有些地方性法规规定对旧城区进行改建前要征求被征收房屋所有权人的意见且绝大多数同意后方可启动房屋征收程序

旧城改建涉及被征收人的切身利益,为充分体现《征补条例》第三条规定的房屋征收与补偿应当遵循决策民主的原则,不少省份的国有土地上房屋征收与补偿条例都规定实施旧城区改建应广泛征求被征收房屋所有权人的意见,只有同意改建的户数达到一定数量后方可启动房屋征收程序。如《四川省国有土地上房屋征收与补偿条例》第十条规定:"实行旧城区改建,应当尊重房屋所有权人的意愿。启动房屋征收程序前,房屋征收部门应当组织征求房屋所有权人的意见,进行先行协商。房屋所有权总面积过三分之二且总户数过三分之二的房屋所有权人明确同意改建的,方可纳入旧城区改建范围,并按照前条规定启动房屋征收程序。"又如《浙江省国有土地上房屋征收与补偿条例》第八条规定:"因旧城区改建需要征收房屋的,房屋征收范围确定后,房屋征收部门应当组织征询被征收人的改建意愿;百分之九十以上被征收人同意改建的,方可进行旧城区改建。"

三、审查资料

房屋征收部门收到项目建设单位提交的征收申请及材料后进行全面审查，出具是否符合《国有土地上房屋征收补偿条例》第八条规定的审查意见，报同级人民政府审查并确定房屋征收范围。

四、补偿限制

市、县级人民政府审查房屋征收部门报请资料后即确定房屋征收范围，并在房屋征收范围内发布确定房屋征收范围的公告，明确房屋征收范围四至。同时，要立即实施限制增加补偿费用的行为，包括禁止新建、扩建、改建房屋；改变房屋用途；办理房屋所有权、国有土地使用权买卖、交换、赠予、租赁、抵押、析产等手续；办理工商登记、事业单位登记、社会团体登记等。公告应抄送同级民政部门、自然资源部门、住建部门、事业单位登记部门、市场监管部门、不动产登记中心等。房屋征收部门应当及时通知有关部门暂停办理相关手续，暂停期限不超过一年，通知内容与公告一致。

由于此内容在实务中比较重要，故笔者在本章下节作进一步阐述。

五、委托房屋征收实施单位

房屋征收部门与房屋征收实施单位签订房屋征收委托协议。房屋征收实施单位根据委托事项参与房屋征收与补偿的有关活动。房屋征收实施单位不得以营利为目的。

六、房屋和土地情况的调查登记

房屋征收部门或房屋征收实施单位对房屋征收范围内房屋的权属、区位、用途、建筑面积、租赁等情况进行摸底，并查阅房屋权属登记资料。房屋征收部门汇总房屋、土地调查摸底情况,将调查结果在房屋征收范围内公布。

七、补偿事项认定

自然资源部门对房屋征收范围内的土地权属、面积、用途等情况进行调查摸底,并会同城建规划主管部门、城管部门等对房屋征收范围内未经登记的建筑进行调查、认定和处理,并出具处理意见,进而确定可补偿事项。

八、征收补偿费用预算和划拨

房屋征收部门委托房地产估价机构对被征收房屋和土地调查结果进行预评估,取得预评估结果报告,进而对房屋征收补偿费用编制预算,还需会同建设单位落实房屋产权调换房源,根据需要提请市、区县政府与建设单位签订产权调换房屋建设合同。财政部门对房屋征收补偿相关费用预算进行审核后,将费用足额汇入银行专户存储。

九、制订征收补偿方案

1. 房屋征收部门拟定征收补偿方案,上报同级人民政府,政府组织有关部门对方案进行论证和修改。
2. 房屋征收部门将经政府组织讨论和修改的房屋征收补偿方案在房屋征收范围内公布,公开征求公众意见,征求意见的期限不得少于 30 日。
3. 因旧城区改建项目超过 50% 的被征收人认为征收补偿方案不符合《国有土地上房屋征收与补偿条例》规定的,市、县级人民政府应当组织由被征收人和公众代表参加的听证会。听证会由人民政府组织,由房屋征收部门、街道办事处、被征收人代表、公众代表(人大代表、政协委员、专家以及其他公民)参加。
4. 房屋征收部门应当根据听证会情况修改征收补偿方案。
5. 公布征求意见情况及根据征求意见情况修改方案的情况。征求意见期限届满后,房屋征收部门应当将征求意见情况和根据公众意见修改的情况及时进行汇总整理,上报同级人民政府及时公布。

十、社会稳定风险评估

按照《征补条例》第十二条的规定,市、县级人民政府作出房屋征收决定前应按照有关规定进行社会稳定风险评估。评估的主要内容包括建设项目房屋征收的合法性、合理性、可行性和可控性(安全性)以及征收补偿费用保障等方面。另外,还需对风险评估中发现的风险问题及化解措施、突发群体性事件应急处理制订相应的预案。评估结论包括实施房屋征收意见、暂缓实施征收意见和不予实施征收意见。

十一、政府常务会议讨论

与该程序对应的法条是《征补条例》第十二条规定的内容,即"房屋征收决定涉及被征收人数量较多的,应当经政府常务会议讨论决定"。这里的"被征收人数量较多"要看地方性法规或规章的具体规定。

十二、公告房屋征收决定做好宣传解释工作

在履行前述房屋征收的法定程序后,由市、县级人民政府作出房屋征收决定,并收回国有土地使用权。房屋征收决定应当在同级人民政府网站上发布或以其他方式进行公告。公告应载明房屋征收补偿方案、征收红线图的内容。还要明确,被征收人对房屋征收决定不服的,可以自公告发布之日起六十日内向上一级人民政府申请行政复议,也可以自公告发布之日起六个月内向人民法院提起行政诉讼。房屋征收部门应当通过明白纸、召开动员会、咨询会、答疑会等形式做好征收补偿方案的宣传和讲解工作。

十三、选定、决定或确定房地产价格评估机构

与该程序对应的法条是《征补条例》第二十条规定的内容,即"房地产价格评估机构由被征收人协商选定;协商不成的,通过多数决定、随机选定等方式确定,具体办法由省、自治区、直辖市制定。房地产价格评估机构应当独立、客观、公正地开展房屋征收评估工作,任何单位和个人不得干预"。

十四、对被征收房屋的价值进行评估

房地产价格评估机构对被征收房屋的价值进行评估。被征收人或房屋征收部门有异议的,可以申请复核评估。对复核结果有异议的,可以申请专家鉴定。与该程序对应的法条是《征补条例》第十九条规定的内容,即"对被征收房屋价值的补偿,不得低于房屋征收决定公告之日被征收房屋类似房地产的市场价格。被征收房屋的价值,由具有相应资质的房地产价格评估机构按照房屋征收评估办法评估确定。对评估确定的被征收房屋价值有异议的,可以向房地产价格评估机构申请复核评估。对复核结果有异议的,可以向房地产价格评估专家委员会申请鉴定。房屋征收评估办法由国务院住房和城乡建设主管部门制定,制定过程中,应当向社会公开征求意见"。

十五、选择补偿方式及原地回迁

房屋征收补偿由被征收人选择补偿方式,可以是货币补偿,也可以是房屋产权调换。与该程序对应的法条是《征补条例》第二十一条规定的内容,即"被征收人可以选择货币补偿,也可以选择房屋产权调换。被征收人选择房屋产权调换的,市、县级人民政府应当提供用于产权调换的房屋,并与被征收人计算、结清被征收房屋价值与用于产权调换房屋价值的差价。因旧城区改建征收个人住宅,被征收人选择在改建地段进行房屋产权调换的,作出房屋征收决定的市、县级人民政府应当提供改建地段或者就近地段的房屋"。

十六、支付各项补偿费提供周转房兑现奖励

房屋征收部门向被征收人支付被征收房屋价值的补偿费、搬迁费、临时安置费或提供周转用房，造成停产停业损失的支付停产停业损失补偿费，对符合条件的被征收人给予补助和奖励。与该程序对应的法条是《征补条例》第十七条、第二十二条和第二十三条规定的内容，即第十七条"作出房屋征收决定的市、县级人民政府对被征收人给予的补偿包括：（一）被征收房屋价值的补偿；（二）因征收房屋造成的搬迁、临时安置的补偿；（三）因征收房屋造成的停产停业损失的补偿。市、县级人民政府应当制定补助和奖励办法，对被征收人给予补助和奖励。"第二十二条"因征收房屋造成搬迁的，房屋征收部门应当向被征收人支付搬迁费；选择房屋产权调换的，产权调换房屋交付前，房屋征收部门应当向被征收人支付临时安置费或者提供周转用房。"第二十三条"对因征收房屋造成停产停业损失的补偿，根据房屋被征收前的效益、停产停业期限等因素确定。具体办法由省、自治区、直辖市制定。"

十七、订立房屋征收补偿协议

房屋征收部门与被征收人按照条例和征收补偿方案的规定订立补偿协议。与该程序对应的法条是《征补条例》第二十五条规定的内容，即"房屋征收部门与被征收人依照本条例的规定，就补偿方式、补偿金额和支付期限、用于产权调换房屋的地点和面积、搬迁费、临时安置费或者周转用房、停产停业损失、搬迁期限、过渡方式和过渡期限等事项，订立补偿协议。补偿协议订立后，一方当事人不履行补偿协议约定的义务的，另一方当事人可以依法提起诉讼。"

十八、作出房屋征收补偿决定

房屋征收补偿的途径有二，一是订立房屋征收补偿协议；二是作出房屋

征收补偿决定。当房屋征收部门不能通过订立协议的方式对被征收人进行补偿时，则应通过报请市、县级人民政府作出补偿决定的途径对被征收人实施补偿。与该程序对应的法条是《征补条例》第二十六条规定的内容，即"房屋征收部门与被征收人在征收补偿方案确定的签约期限内达不成补偿协议，或者被征收房屋所有权人不明确的，由房屋征收部门报请作出房屋征收决定的市、县级人民政府依照本条例的规定，按照征收补偿方案作出补偿决定，并在房屋征收范围内予以公告。补偿决定应当公平，包括本条例第二十五条第一款规定的有关补偿协议的事项。被征收人对补偿决定不服的，可以依法申请行政复议，也可以依法提起行政诉讼。"

十九、拆除被征收房屋及其附属物

房屋征收部门委托具有相应资质等级的施工单位承担被征收房屋及其附属物的拆除工作，双方依法签署委托协议，施工单位按时拆除被征收房屋及其附属物，并落实安全生产措施和扬尘防治措施。

二十、强制执行

如房屋征收部门或委托的房屋征收实施单位与被征收人达不成征收补偿协议或者房屋所有权人不明确的，由房屋征收部门报请同级人民政府作出征收补偿决定。补偿决定应当说明货币补偿的项目及明细、产权调换房屋的情况，由被征收人在限定期限内以书面方式选择。还应责令被征收人限期搬迁、交付房屋，告知被征收人可以自决定送达之日起 60 日内申请行政复议，也可以自送达之日起六个月内提起行政诉讼，逾期不申请复议，也不提起诉讼的，又不在规定期限内搬迁的，政府申请人民法院强制执行。房屋征收补偿决定应当送达被征收人，并在房屋征收范围内公告。

二十一、公布分户补偿信息，建立补偿档案

被征收人全部签订征收补偿协议或者同级人民政府作出征收补偿决定后，房屋征收部门在房屋征收范围内应向被征收人公布分户补偿情况，包括房屋货币补偿分户数据和房屋产权调换补偿分户数据。房屋征收部门应当依法建立房屋征收补偿档案，对征收活动全过程形成的所有纸质载体、电子载体及时归档。

二十二、审计与决算

房屋征收项目完成后，房屋征收部门向审计机关提交房屋征收补偿费管理使用情况的文件资料，审计机关对征收补偿费管理和使用情况进行审计，公布审计结果。审计部门审计后在一定期限内房屋征收部门会同项目建设单位向财政部门申请项目结算。

二十三、产权调换房屋建设与交付

房屋征收部门负责协调产权调换房屋建设，保障建设资金到位，督促建设单位按时开工，保障进度，按时完工，并在房屋竣工验收后，根据协议约定向被征收人交付产权调换房屋，计算结清所有费用，协助被征收人办理产权调换房屋权属证书。

第三节　启动房屋征收程序文书范本

文书一、关于出具_____建设项目是否符合_____区（县）国民经济和社会发展规划证明文件的函

区（县）发展改革局：

　　我单位拟启动_____建设项目（北起_____，南至_____；西起_____，东至_____）房屋征收程序。按照相关规定，请贵局出具建设项目是否符合_____区（县）国民经济和社会发展规划的证明文件。

　　请予回复。

区（县）房屋征收补偿办公室
（或_____建设项目实施单位）
_____年_____月_____日

文书二、关于出具_____建设项目是否符合_____区（县）土地利用总体规划、城乡规划和专项规划（或国土空间规划）证明文件的函

区（县）自然资源和规划局：

　　按照相关规定，请贵局出具_____建设项目是否符合_____区（县）土地利用总体规划、城乡规划和专项规划（或国土空间规划）的证明文件。

　　请予以回复。

区（县）房屋征收补偿办公室
（或_____建设项目实施单位）
_____年_____月_____日

文书三、旧城区改建项目房屋征收意愿征询意见书

拟被征收人（房屋所有权人或共有权人）：_____
联系电话：_____
拟被征收房屋坐落：_____
本人已经知悉_____旧城区改建项目并知悉本人房屋在拟征收范围之内，对于本项目的房屋征收，我户的意见是：
□同意征收。我户选择的补偿方式是：□货币补偿 □产权调换
□不同意征收。不同意征收的主要理由是：
_____
_____

填写说明：请将自己的意愿填写在□内，同意在□内打√，不同意在□内打×。不打√或×，或都打√或×的，视为不同意征收。

注：请于____年____月____日前将本意见书交于房屋征收部门或房屋征收实施单位。联系地址：_____，联系电话：_____。

房屋所有权人（共有权人）：_____
____年____月____日

文书四、关于公布_____旧城区改建项目房屋征收意愿征询结果的通知

本单位自____年____月____日至____年____月____日对_____旧城区改建项目房屋征收意愿进行征询，现将征询意见结果公布如下：
本项目共发放《房屋征收意愿征询意见书》____份，截止到____年____月____日共收回意见书____份，其中，同意房屋征收的意见书____份，不同意房屋征收的意见书____份。同意房屋征收的意见书份数为总份数的____%。符合《_____省国有土地上房屋征收与补偿条例》第

_____条的规定，将启动下一步房屋征收程序。（如不符合《_____省国有土地上房屋征收与补偿条例》第_____条的规定，终止房屋征收程序）

特此通知。

房屋征收意愿征询结果汇总表

被征收人	发出征询意见书份数	同意"房屋征收"意见书份数	不同意"房屋征收"意见书份数	同意"房屋征收"意见书份数占总意见书份数的百分比
个人				
单位				
公房承租人				
备注：				

房屋征收部门（房屋征收实施单位）
_____年_____月_____日

文书五、关于申请对_____建设项目国有土地上房屋实施征收的报告

_____人民政府：

因公共利益项目建设需要对_____项目范围内国有土地上的房屋及附属物实施征收。该项目房屋征收活动符合国务院《征补条例》第八条第_____项和《_____省国有土地上房屋征收与补偿条例》第_____条第_____项及《_____市国有土地上房屋征收与补偿办法》第_____条第_____项规定的公共利益情形。现报请对该项目征收红线范围内的房屋及附属物实施征收。

特此报告。

附件：

1. 拟征收房屋范围。

2. 发展改革部门出具的建设项目符合国民经济和社会发展规划的证明文件。

3. 国土资源管理（或自然资源与规划管理）部门出具的建设项目符合土地利用总体规划的证明文件。

4. 城乡规划管理部门（或自然资源与规划管理）出具的建设项目符合城乡规划和专项规划的证明文件。

5. 如因保障性安居工程建设、旧城区改建需要征收房屋的，提交发展改革部门出具的建设项目纳入国民经济和社会发展年度计划的证明文件。

6. 旧城区改建房屋征收意愿征询结果汇总表。

7. 安置用房落实情况说明。

8. 其他材料。

<u>人民政府房屋征收部门（建设项目组织实施单位）</u>
_____年_____月_____日

第四节　对不当增加补偿费用行为的限制

一、不当增加补偿费用的行为

（一）确定房屋征收范围的时间和方式

前述国有土地上房屋征收与补偿程序（流程）中指出，房屋征收部门启动征收程序时向市、县级人民政府提出征收申请，政府审核之后对符合征收条件的要作出批复，该批复确定征收范围，此后就应立即启动补偿限制程序。

（二）禁止新建、改建和扩建房屋等活动

对被征收房屋的补偿主要应考虑的因素是房屋的建筑面积、朝向、新旧程度、建筑结构、装饰装修等情况。无论是新建房屋还是改建房屋抑或扩建房屋，其都会改变和影响对被征收房屋的补偿标准的确定，加大政府对所征收房屋的补偿成本，所以一旦房屋征收范围确定下来，就应禁止被征收人或其他利益相关人从事这些建设性活动。

（三）禁止改变房屋用途

根据《征补条例》第十七条和第二十三条的规定，营业性用房被征收时必然涉及停产停业的损失补偿，如果某套房屋原本属于住宅用房而在其被划定到征收范围之后又被改变性质为营业性用房时，就会加大补偿数额，对此行为如不加以制止，就会造成征收补偿秩序混乱，而且对其他被征收人来说也不公平。所以，对申请改变征收范围内的房屋用途的要制止。

（四）禁止其他不当增加补偿费用的行为

实践中，不当增加补偿费用的行为有：突击对室内进行装饰装修并蓄意索取高额装修费用单据意图将来虚报补偿费用的；突击办理虚假离婚手续进行分户，意图将来在实行产权调换时多得套房的；违反有关规定突击办理户口迁入手续意图将来多得房屋补偿金或多得产权调换房屋面积的，等等。这些行为都会增加补偿费用，影响公共利益的实现，应予禁止。

值得借鉴的是《沈阳市国有土地上房屋征收与补偿办法》（经2014年12月5日沈阳市人民政府第17次常务会议讨论通过，自2015年2月1日起施行），其第七条规定："房屋征收范围确定后，征收范围内的单位和个人不得进行下列不当增加补偿费用的行为，违反规定实施的，不予补偿：（一）新建、改建和扩建房屋及附属物；（二）改变房屋和土地用途；（三）房屋租赁；（四）企业工商登记；（五）其他不当增加补偿费用的行为。"

二、向有关部门出具停办手续

房屋征收范围确定之后，政府的房屋征收部门应当立即通知城乡规划、自然资源管理、住建、不动产登记机构、市场监管、户籍管理、税务管理等部门暂停办理房屋的新建、扩建、改建和改变房屋用途等的批准手续。尤其是市场监管部门，在审核新的企业或营业性机构的登记申请时，对营业场所在房屋征收范围内的应暂时停止办理工商营业执照手续。

房屋征收部门给有关部门所出具的暂停办理相关手续的通知必须是书面的，而且该书面通知还应载明房屋征收的范围和暂停办理相关手续的期限（暂停期限最长不得超过1年）。

三、发布限制公告

房屋征收部门自收到市、县级人民政府同意房屋征收的意见批文后的 5 个工作日内,要在征收范围内发布暂停公告,告知被征收人不得在房屋征收范围内实施新建、扩建、改建房屋和改变房屋用途、变更房屋权属登记等不当增加补偿费用的行为。违反规定实施的,不当增加部分不予补偿。

第五节 限制补偿文书范本

文书一、建设项目房屋征收范围及禁止事项通告

根据《征补条例》第十六条、《_____国有土地上房屋征收与补偿条例》第_____条及《_____市国有土地上房屋征收与补偿办法》第_____条的有关规定,经_____人民政府批准,现就_____项目房屋征收范围通告及禁止事项如下:

一、征收范围

东起_____西至_____;南起_____北至_____。

二、禁止事项

自房屋征收范围公布之日起,房屋征收范围内的单位和个人不得实施下列行为,违反规定实施的,不予补偿:

(一)新建、改建、扩建、装饰、装修房屋及附属物;

(二)改变房屋或土地用途;

(三)建立新的土地或房屋租赁关系;

(四)进行土地或房屋的转让、买卖、析产、抵押及申请办理相关不动产登记;

(五)迁入户口或者分户(因婚姻、出生、回国、大中专生毕业、军人退

伍转业、刑满释放、解除劳动教养等原因迁入户口的除外）；

（六）以被征收房屋为注册地址（经营场所或办公地址）办理工商注册登记和事业单位、社会团体登记；

（七）其他涉及不当增加补偿费用的行为。

三、入户调查登记时间

征收工作人员于_____年_____月_____日开始对征收范围内房屋等基本情况入户调查登记，被征收人应当予以配合，并有义务提供被征收房屋的相关证件。

特此公告。

_____人民政府或房屋征收部门
_____年_____月_____日

文书二、关于暂停办理_____建设项目房屋征收范围内相关手续的通知

自然资源、规划、公安、市场监管、不动产登记等主管部门：

经_____人民政府批准确定_____项目征收范围为东起_____，西至_____；南起_____，北至_____。依照《国有土地上房屋征收与补偿办法》第十六条、《_____省国有土地上房屋征收与补偿条例》第_____条及《_____市国有土地上房屋征收与补偿办法》第_____条的规定，请贵单位暂停办理上述征收范围内下列有关手续。

一、新建、扩建、改建、装饰、装修房屋及附属物；

二、改变房屋或土地用途；

三、建立新的土地或房屋租赁关系；

四、涉及土地或房屋的转让、买卖、析产、抵押等不动产登记；

五、迁入户口或者分户（因婚姻、出生、回国、大中专生毕业、军人退伍转业、刑满释放、解除劳动教养等原因迁入的除外）；

六、以被征收房屋为注册地址（经营或办公场所）办理工商注册登记和事业单位、社会团体登记；

七、其他涉及不当增加补偿费用的事项。

暂停期限为_____年_____月_____日至_____年_____月_____日。

特此通知。

_____房屋征收部门

_____年_____月_____日

第四章
调查登记与补偿认定

新《土地管理法实施条例》第二十六条规定："需要征收土地，县级以上地方人民政府认为符合《土地管理法》第四十五条规定的，应当发布征收土地预公告，并开展拟征收土地现状调查和社会稳定风险评估……土地现状调查应当查明土地的位置、权属、地类、面积，以及农村村民住宅、其他地上附着物和青苗等的权属、种类、数量等情况……"《征补条例》第十五条规定："房屋征收部门应当对房屋征收范围内房屋的权属、区位、用途、建筑面积等情况组织调查登记，被征收人应当予以配合。调查结果应当在房屋征收范围内向被征收人公布。"由此可见，对土地和房屋的征收调查登记是一项重要的法律制度，是征收补偿工作的重要环节，它为征收当事人之间签订征收补偿协议和政府单方作出补偿决定奠定了坚实的基础。

另外，在征收过程中，常会遇到土地或房屋没有进行产权登记的情况。对无证土地或房屋并非一概作不予补偿的处理，而是要根据情况区别对待，在依法作出是否可补偿认定后，按不同标准进行分类补偿或不予补偿。

笔者将在本章中对房屋征收的调查登记制度和补偿项目的认定程序进行详细的阐述解析。

第一节　征收调查登记

一、房屋征收调查登记制度

《征补条例》规定了对被征收房屋实行调查登记的制度，该制度的主要内容有：

(一) 开展征收房屋调查登记工作的主体和相关单位

组织开展征收房屋调查登记工作的主体是房屋征收部门，参与或配合开展调查登记工作的单位有不动产登记机构、房屋征收范围内的街道办事处、居民委员会、受委托的房屋征收实施单位、受委托的社会稳定风险评估机构和受委托的房地产价格评估机构。

(二) 开展房屋调查登记工作的时间及调查登记的意义

开展房屋调查登记工作的时间是在作出房屋征收决定前，调查登记工作的意义在于为制订房屋征收补偿方案、进行社会稳定风险评估、对被征收房屋进行房地产价格评估、与被征收人签订房屋征收补偿协议、对被征收人作出房屋征收补偿决定以及申请人民法院强制执行打下坚实的基础。

(三) 房屋调查登记的内容

1. 房屋征收部门或房屋征收实施单位开展调查登记的主要内容

房屋征收部门或房屋征收实施单位开展调查登记的主要内容包括：被征收房屋的权属、区位、用途、建筑面积、建筑结构等。其中，房屋权属的调查应关注产权人的详细情况，如房屋是否为共有，共有权人是谁。如果该产权人已经离世，还应调查清楚该产权人的房屋是否已经发生继承，以及继承人的范围和将房屋作为遗产时是如何进行分割继承的等情况。

2. 受委托的社会稳定风险评估机构在参与调查时应着重调查的内容

(1) 被征收人的户数、人数、年龄、性别、受教育程度等基本情况；

(2) 有固定工作并有固定收入的被征收人人数以及其所在单位、岗位情况；

(3) 下岗、待岗的被征收人人数、无收入的被征收人人数；

(4) 享受最低生活保障的被征收人人数；

(5) 患有精神性疾病的被征收人及共同居住的人员情况，包括性别、年龄、所患精神疾病的类别、程度并应查明其监护人情况；

(6) 被征收人或与其共同居住的人曾经被劳改释放的人员情况，包括其年龄、释放时间、释放后表现、婚姻状况以及就业情况等；

（7）存在暴力倾向的被征收人情况。

3. 房地产价格评估机构参与房屋调查登记的主要内容

房屋征收建设项目的名称，房屋征收建设项目的坐落，涉及的土地总面积，土地的四至、周围环境、景观，基础设施完备程度，地势等。

拟被征收的房屋产权人姓名，房屋坐落，面积，层数，建筑结构，装修，设施设备，平面布置，工程质量，建成年月，维护、保养、使用情况，地基的稳定性，公共配套设施完备程度，利用现状，权属状况等。

（四）将调查结果向被征收人公布

结果公开是《征补条例》所确定的房屋征收与补偿的工作原则之一。将被征收的房屋调查登记结果公布，为下一步公平补偿，避免暗箱操作打下良好基础。将调查结果向被征收人公布是程序性要求，房屋征收部门必须履行该法定义务，否则当属于行政行为程序违法的情形。将来一旦房屋征收工作出现问题进行责任倒查时，该环节将是一个必查情节。将调查登记结果向被征收人公布环节不可忽视。

二、可供借鉴的《山西省国有土地上房屋征收与补偿条例》规定的调查登记制度

《征补条例》第十五条规定的调查登记制度内容比较原则，其仅规定"房屋征收部门应当对房屋征收范围内房屋的权属、区位、用途、建筑面积等情况组织调查登记，被征收人应当予以配合。调查结果应当在房屋征收范围内向被征收人公布。"而有些省的地方条例规定就比较详细，可供借鉴。如《山西省国有土地上房屋征收与补偿条例》第十一条规定："房屋征收部门应当在设区的市、县（市、区）人民政府作出房屋征收决定前，对房屋征收范围内房屋的权属、区位、用途、建筑面积、家庭成员状况等情况组织调查登记。对未经产权登记或者权属不明确的房屋，设区的市、县（市、区）人民政府应当组织有关部门依法进行调查认定。调查结果在房屋征收范围内公布，公布期限不少于七日。对调查结果有异议的，应当在公布期限内向房屋征收部门提出书面核实申请，房屋征收部门在受理申请后十五日内予以核实并告知

申请人。被征收人应当配合入户调查登记工作。对拒绝配合的，已在不动产登记簿上登记的房屋，以不动产登记簿记载的内容为准；未在不动产登记簿上登记的房屋，以外围测量为准。被征收人家庭成员状况，以公安机关登记的信息为准。"山西省的条例不但明确了房屋调查登记的工作主体、调查登记的内容和调查结果的公示制度，而且对公示的期限、异议的提出与核实以及对拒不配合调查登记的处置方法进行了详细规定，为具体的房屋征收补偿工作提供了实际操作的依据，其他省份可以借鉴使用。

三、房屋调查登记的方式、方法、步骤

调查登记工作从向不动产登记机构收集被征收房屋的权属登记档案资料入手，将每一房产权证、土地使用权证的登记簿上所记载的权属、用途、面积等事项逐一进行登记。同时要将复制的每一户的权属登记资料装订成册。

调查人员选择合适时间，逐门逐户进行入户核实调查登记，入户登记时要向被征收人出示工作证件，做好解释说明工作。被征收人和共同居住人员有责任予以配合。调查人员入户调查登记的内容根据不同目的（如房屋征收补偿方案的制订、社会稳定风险评估、房地产价格评估）和要求进行。

调查人员对房屋的位置、坐落、朝向、建筑结构、房屋新旧程度、装饰装修情况进行拍照、录像、编号，之后建立档案，做到一户一档。

共同参与房屋调查工作的人员和被征收人要对每一户的现场调查记录、表格和房屋登记档案复制件进行核对，确认无误后签字认可。

四、告知被征收人不予配合的风险

如果在房屋调查程序中，被征收人不予配合，那么在行政诉讼时将面临举证不利的后果。

《适用行诉法解释》第四十五条规定："被告有证据证明其在行政程序中依照法定程序要求原告或者第三人提供证据，原告或者第三人依法应当提供而没有提供，在诉讼程序中提供的证据，人民法院一般不予采纳。"房屋征收

部门对房屋征收范围内的房屋的权属、区位、用途、建筑面积等自然情况组织调查登记实际上就是法律意义上的收集证据的行为，属于行政程序中的一个法定程序。被征收人应当向房屋征收部门提供相应的房屋证据材料，该证据是政府作出房屋征收决定和补偿决定的一个重要依据。如果被征收人在房屋调查程序中不配合也不提供相应的材料，那么其在之后的相应的行政诉讼程序中再提交相关材料将有可能不被人民法院采纳，面临的是举证不能的不利后果。

实践中的具体做法是：将该不予配合的风险在调查程序中以现场笔录或通知的形式告知被征收人或利益相关人，并由两名以上的房屋征收部门的调查人员和被调查人签字，被调查人拒绝签字的，由两名以上的调查人员签字，如有配合工作的街道办事处、居民委员会或社区工作人员在场应让这些第三人签字。

第二节 法院判例及其对实务操作的启示

一、未履行房屋调查登记程序导致房屋征收补偿协议无效
——陈某诉呼伦贝尔市海拉尔区房屋征收安置管理局行政补偿纠纷案

【裁判文书号】内蒙古自治区呼伦贝尔市牙克石市人民法院（2017）内0782行初32号行政判决书

【裁判要旨】征收人未按《征补条例》第十五条的规定对案涉房屋的权属进行调查核实及将调查结果在征收范围内公布，在被征收房屋权属不明确的情况下与第三人签订的房屋征收补偿安置协议，不仅违反《征补条例》第二条及第二十六条的相关强制性规定，同时也损害了房屋实际居住人原告及第三人应当获得的补偿利益。案涉征收补偿协议应属无效协议。

【实务操作启示】房屋调查登记是奠定房屋征收部门之后对被征收人进行

补偿的基础性工作，更是房屋征收部门与被征收人签订征收补偿协议的证据。如果该证据不客观真实，则属于行政行为"证据不足"的违法情形，必然导致征收补偿协议被确认违法无效。所以，实务工作中必须将被征收人的房屋调查认定清楚，并作出正确处理。

二 "一户一基"是认定分户补偿安置的重要依据

——张某某等三人诉长沙市望城区人民政府、长沙市自然资源和规划局望城分局不履行补偿安置职责案

【裁判文书号】最高人民法院（2020）最高法行申12188号行政裁定书

【裁判要旨】《土地管理法》《土地管理法实施条例》等对"户"的认定并没有明确规定。实践中，通常以被征拆房屋是否符合"一户一基"作为重要依据。当事人虽在公安户籍管理登记为多个公安户，但公安户并非征拆程序中的农村家庭自然户，且现有证据不能证明另外存在以个人名义单独申请的宅基地及建造的房屋，故行政机关将其作为一户进行征收补偿安置，并不违反法律规定，也未侵犯其合法权益。

【实务操作启示】征收农村集体土地上的房屋（包括城中村改造房屋）时，应以"一户一基"作为重要的认定补偿依据，户籍登记资料可作为参考，并根据土地管理法律法规以及村民自治的法律规定，妥善认定征收补偿对象。

第三节 房屋调查登记文书范本

文书一、关于对_____建设项目房屋征收范围内房屋调查登记的通知

各被征收人：

为全面保护被征收人的合法权益，根据《征补条例》第十五条、《____省国有土地上房屋征收与补偿条例》第_____条及《_____市国有土地上房屋

征收与补偿办法》第_____条等规定，需对征收范围内的房屋进行调查登记，现将有关事项通知如下：

一、调查登记范围

东起：_____，西至：_____；北起：_____，南至：_____。具体以房屋征收范围红线图为准。

二、参与调查登记单位

（一）房屋征收部门：_____

（二）房屋征收实施单位：_____

（三）房地产价格评估机构：_____

（四）其他单位：（如：社会稳定风险评估机构等）

三、调查登记时间

_____年_____月_____日至_____年_____月_____日。

四、调查登记事项

（见：住宅用房与非住宅用房调查登记表）

五、特别告知事项

对征收范围内的房屋进行调查登记是行政机关依据有关法规规定履行的法定行政程序，被征收人有配合的义务。在此程序中，如被征收人不提供其应提供的材料，那么在后续的征收补偿或司法裁判程序中，由被征收人承担其因不配合调查登记所带来的不利后果。

六、调查登记要求

房屋调查登记期间，征收范围内的公民、法人或其他组织应予以积极配合，并及时提供房屋、土地、户籍等登记资料，如存在租赁、抵押、继承等法律关系，应提供相关有效的合法证明材料。调查登记工作人员应按照有关规定认真、细致、准确地开展调查登记工作，确保调查登记情况真实、有效。

现场办公地点：_____办公时间：_____

工作人员及其联系电话：_____

特此通知。

<u>房屋征收部门（或房屋征收实施单位）</u>

_____年_____月_____日

文书二、征收住宅用房调查登记表

项目名称：_____　编号：_____

<table>
<tr><td colspan="2">被征收人（产权人）</td><td></td><td>联系电话</td><td></td></tr>
<tr><td colspan="2">公房承租人</td><td></td><td>联系电话</td><td></td></tr>
<tr><td rowspan="6">房屋基本情况</td><td>房屋坐落</td><td></td><td>登记用途</td><td></td></tr>
<tr><td>房产权证号
（公房租赁协议）</td><td></td><td>房产权证记载面积
（协议记载建筑面积）</td><td></td></tr>
<tr><td>使用状况</td><td></td><td>所在层/总层数</td><td></td></tr>
<tr><td>房屋结构</td><td></td><td>房屋朝向</td><td></td></tr>
<tr><td>土地使用证号</td><td></td><td>土地证记载面积</td><td></td></tr>
<tr><td rowspan="4">未登记建筑</td><td>建造时间</td><td colspan="2">建筑面积</td><td></td></tr>
<tr><td></td><td colspan="3"></td></tr>
<tr><td></td><td colspan="3"></td></tr>
<tr><td></td><td colspan="3"></td></tr>
<tr><td rowspan="4">家庭情况</td><td>称谓</td><td>姓名</td><td>性别</td><td>工作单位</td><td>身份证号</td><td>联系电话</td><td>户口所在地</td><td>其他住房情况</td></tr>
<tr><td></td><td></td><td></td><td></td><td></td><td></td><td></td><td></td></tr>
<tr><td></td><td></td><td></td><td></td><td></td><td></td><td></td><td></td></tr>
<tr><td></td><td></td><td></td><td></td><td></td><td></td><td></td><td></td></tr>
<tr><td colspan="9">备注（产权抵押、查封、租赁、共有、继承等情况）</td></tr>
</table>

调查人：_____、_____　被调查人：_____　见证人：_____
调查日期：_____年_____月_____日

文书三、征收非住宅用房调查登记表

项目名称：_____　　编号：_____

被征收人（产权人）			房屋坐落	
法定代表人			联系电话	
组织机构代码证号			承租人	
房屋基本情况	房屋所有权人		登记用途	
	房产权证号		证载建筑面积	
	土地使用证号		证载面积	
	商业用房		建筑面积	
	办公用房		建筑面积	
	工业用房		建筑面积	
	其他用房		建筑面积	
	建造时间	建筑面积	区位	用途
未登记建筑	未登记情况说明			
备注	产权抵押、查封、租赁、共有、继承等情况			

调查人：_____、_____　被调查人：_____　见证人：_____、_____
调查日期：_____年_____月_____日

文书四、关于公布_____建设项目房屋征收范围内房屋调查登记结果的通知

各被征收人：

根据《征补条例》第十五条、《_____省国有土地上房屋征收与补偿条例》第_____条及《_____市国有土地上房屋征收与补偿办法》第_____条的规定，房屋征收部门已对_____项目征收范围内的房屋情况进行了调查登记，现将调查登记结果予以公布（见附件）。

公布期限：_____年_____月_____日至_____年_____月_____日。

在公布期限内，被征收人如对调查结果有异议的，应以书面形式向本单位说明情况，并提供有关证明材料，逾期则视为无异议。

特此公告。

附件：_____住宅（非住宅）房屋调查登记汇总表

<u>房屋征收部门（或房屋征收实施单位）</u>

_____年_____月_____日

文书五、住宅房屋调查登记汇总表（自然人）

项目名称：_____　　编号：_____

序号	被征收人姓名（产权人包括共有权人）	房产权证号/证载面积	房屋坐落、结构	土地使用权证号/证载面积	空地面积	实际勘测面积/（标注"住改非"面积）	认定可补偿面积/（标注可补偿的"住改非"面积）	备注
1								
2								
3								
4								
5								

<u>房屋征收部门或征收实施单位（公章）</u>
　　　年　　　月　　　日

文书六、非住宅房屋调查登记汇总表（法人或其他组织）

项目名称：_____ 编号：_____

序号	被征收人单位名称（产权人包括共有权人）/组织机构代码证号	房产权证号／证载面积	房屋坐落／房屋用途、结构	土地使用权证号／证载面积	空地面积	实际勘测面积	认定可补偿面积	备注
1								
2								
3								

房屋征收部门或征收实施单位（公章）
_____年_____月_____日

第四节　补偿事项认定与违建拆除

《征补条例》第十五条设定的是房屋征收前的调查登记制度，在该制度中就要求对被征收的房屋进行调查登记，而登记的内容实际上就包括对有建设批准手续的房屋的登记和无建设批准手续的房屋的登记。对有合法手续的应当依法予以补偿，对无合法手续的则要区别对待，在作出其是否为违法建筑的认定后，决定是否给予补偿。

一、对违法建筑的认定、处理与补偿

根据《城乡规划法》以及相关法律、法规的规定，违法建筑是指在城市规划区内，未取得建设工程规划许可证或者违反建设工程规划许可证的规定建设，严重影响城市规划的建筑。包括以下情形：

1. 未申请或虽申请但未获得批准，未取得建设用地规划许可证和建设工程规划许可证而建成的建筑物；
2. 虽然取得了建设工程规划许可证但未经批准改变其内容建成的建筑物；
3. 擅自改变使用性质建成的建筑物；
4. 擅自将临时建筑建设成为永久性的建筑物。

对违法建筑分不同的情况进行处理：

第一种情况：对于严重影响城市规划的，责令限期拆除或者予以没收。

第二种情况：对于一般影响城市规划，尚可采取改正措施的，责令限期改正并处罚款。如已按照《城乡规划法》及相关法律、法规的规定补办了相关手续并缴纳了罚款的，在政府实施房屋征收时可以视为合法建筑予以补偿。

二、对于临时建筑的认定、处理和补偿

临时建筑分为超过批准期限的临时建筑和未超过批准期限的临时建筑。对于超过批准期限的临时建筑，应当由建设方在限期内拆除，在房屋征收时不予补偿。对于未超过批准期限的临时建筑，属于合法建筑。如果遇到房屋征收时，提前拆除该建筑物会给该建筑物的所有人造成一定的损失，政府应当给予适当补偿。其补偿标准应按照已使用期限的剩余价值参考剩余使用期限确定。

三、征收房屋时对未登记的房屋的处理原则

未经登记的房屋不等于违法建筑，在房屋征收时应区别不同情况进行分

类后，先认定，后补偿。

　　实践中，未登记的房屋情况比较复杂，认定难度比较大。有的城市以《城乡规划法》的实施时间作为认定的节点，《城乡规划法》实施以前已建成的房屋，均可认定为合法房屋。《城乡规划法》实施以后建成的房屋，应先处罚，后补偿。有的城市以某个年代的航拍图进行认定，有的城市以政府发布某文件的时间认定，还有的城市以建设成本价补偿。对于一般影响规划且依法补办相关手续和缴纳罚款的，可视为合法建筑补偿。政府已经发布通知禁止建设仍建成的，应视为违法建筑，不予补偿。总之，处理方式要灵活，补偿的原则基本是既要合法又要合情还要合理。如太原市《关于进一步规范城中村改造的若干意见》规定："……城中村宅基地上的房屋，二层及二层以下为合法建筑，三层及三层以上为违法建筑。非宅基地上的合法建筑给予补偿，过期临时建筑和违法建筑不予补偿。二、对违法建筑的货币补偿补贴：2012年1月1日前，合法宅基地上二层及二层以下建筑为合法建筑，三层以上为违法建筑。考虑到历史因素，三层、四层、五层分别按2007年建设成本价（800元/平方米）的90%、70%、40%给予货币补贴；六层及六层以上不予补贴。2012年1月1日后新建的三层及三层以上部分不予补贴。不执行此规定者，依法拆除。三层及三层以上违法建筑不予补偿。"又如《乌鲁木齐市国有土地上棚户区改造房屋征收与补偿安置实施细则》规定："有下列情形之一的，不予补偿：（一）征收公告发布前，已被有关部门认定为违法建筑，作出并送达拆除和没收决定的房屋；（二）未经相关部门批准，违法建设行为未超过两年时间，被有关部门认定为违法建筑的房屋；（三）房屋征收部门开展征收调查登记后的违法建设的房屋。有以下情形的，应当认定财产权利，按实际情况区别对待，给予适当补偿：（一）建筑房屋时间超过两年，有关部门未作出和送达应予拆除和没收决定的房屋；（二）由于历史原因未取得房屋所有权证，具有部分建筑手续，但手续不完备的。"再如山东省《济宁市任城区国有土地上房屋征收补偿安置标准暂行办法》第八条第（二）项规定："被征收住宅房屋的产权所有人选择房屋产权调换补偿安置的，有证房屋按照《房屋所有权证》记载建筑面积1∶1.3调换；城中村房屋按照宅基地范围内主房（北屋）每个开间44平方米调换（开间不少于3—3.3米，院落南北12.5—14

米），其中：主房（北屋）为平房的，按照实际开间数调换；经规划部门批准建设的二层楼房，原则上上下各两间的房屋按照四间调换，上下各三间的按照五间调换，上下各四间的按照六间调换，上下各五间的按照七间调换；上下超过各五间以上的，超过部分按照房屋重置价给予货币补偿。楼房三层（含三层）以上的部分按照房屋重置价给予货币补偿。城中村房屋《土地使用证》标明的宅基地南北长度超过 14 米的，长度每增加 1 米，按主房（北屋）一层的间数，每间增加补偿面积 3—3.33 平方米"。总之，对未经登记的建筑物的补偿要考察其形成的历史原因、法律规定的认定标准以及征收范围内类似房屋的整体情况，坚持公平补偿的原则，合法、合情、合理地去认定补偿面积。

四、征收时对违建的拆除

《最高人民法院关于违法的建筑物、构筑物、设施等强制拆除问题的批复》（法释〔2013〕5 号）指出："根据行政强制法和城乡规划法有关规定精神，对涉及违反城乡规划法的违法建筑物、构筑物、设施等的强制拆除，法律已经授予行政机关强制执行权，人民法院不受理行政机关提出的非诉行政执行申请。"

该批复涉及以下内容：

针对实践中对城乡建设规划领域的拆违主体认识不一问题，最高人民法院作出该批复。对于城乡建设规划领域的拆违主体，特别是当事人不申请复议、不提起诉讼又不履行限期拆除行政决定的，实践中存在两种不同认识。一种认为既可以由行政机关强制拆除，也可以启动非诉行政执行程序申请人民法院强制拆除；另一种认为人民法院依法不应受理相关非诉行政执行案件。上述观点在一些行政机关与法院之间存在争议，这也是地方法院迫切要求厘清的法律适用问题，因此，最高人民法院作出上述批复。

该批复之所以强调"对涉及违反城乡规划法的违法建筑物、构筑物、设施等的强制拆除"，主要是因为《城乡规划法》的第六十五条和第六十八条对此作出明确规定，所以，批复重在解决城乡建设规划领域的相关问题。

1. 乡镇人民政府拥有拆违权

《城乡规划法》第六十五条规定："在乡、村庄规划区内未依法取得乡村建设规划许可证或者未按照乡村建设规划许可证的规定进行建设的，由乡、镇人民政府责令停止建设、限期改正；逾期不改正的，可以拆除。"

该条规定的要旨在于：乡、镇人民政府既是作出责令停止建设、限期改正等行政决定的主体，也是直接实施强制拆除活动的主体。

2. 县级以上地方政府拥有拆违权

《城乡规划法》第六十八条规定："城乡规划主管部门作出责令停止建设或者限期拆除的决定后，当事人不停止建设或者逾期不拆除的，建设工程所在地县级以上地方人民政府可以责成有关部门采取查封施工现场、强制拆除等措施。"

该条规定要旨在于：城乡规划主管部门只是作出责令停止建设、限期拆除等行政决定的主体，而对于直接实施强制拆除活动的主体，须由县级以上地方人民政府"责成有关部门"组织实施。此处"有关部门"在实践中有各种情形，如城市管理局、综合执法局、城建部门所属执法大队乃至少数地方公安部门参与共同组织实施；此处的"责成"程序在实践中也各有不同，有的以规范性文件加以明确，有的就个案作出责成决定，有的表现为内部行政程序，有的同时产生外化效果，有的直接以政府名义催告当事人或者作出带有责成内容的强制执行决定，等等。

五、依《行政强制法》实施拆违

《城乡规划法》第六十八条规定："城乡规划主管部门作出责令停止建设或者限期拆除的决定后，当事人不停止建设或者逾期不拆除的，建设工程所在地县级以上地方人民政府可以责成有关部门采取查封施工现场、强制拆除等措施。"《行政强制法》第四十四条规定："对违法的建筑物、构筑物、设施等需要强制拆除的，应当由行政机关予以公告，限期当事人自行拆除。当事人在法定期限内不申请行政复议或者提起行政诉讼，又不拆除的，行政机关可以依法强制拆除。"

《城乡规划法》第六十八条规定的对违法的建筑物、构筑物、设施的拆除包含两种情形，一种情形是，规划部门对已建成的违法建筑物、构筑物、设施等作出限期拆除决定，县级以上地方人民政府可以责成有关部门强制拆除。结合《行政强制法》第四十四条的规定，作出限期拆除决定的规划部门应当对强制拆除决定予以公告，限期当事人自行拆除。逾期不自行拆除，且对规划部门作出的限期拆除决定申请行政复议或提起行政诉讼的法定期限届满后，县级以上人民政府责成的具有强制执行权的行政机关，有权依照《行政强制法》的规定，自行强制执行。另一种情形是，规划部门对在建的违法建筑物、构筑物、设施作出责令停止建设或限期拆除的决定。逾期不自行拆除，县级以上人民政府责成的有关部门有权采取查封施工现场、强制拆除在建违法建筑物、构筑物、设施等行政强制措施。有关部门对在建违法建筑物、构筑物、设施等采取查封或强制拆除等行政强制措施的，不受《行政强制法》第四十四条规定的复议或起诉期限届满的限制。

第五节　法院判例及其对实务操作的启示

一、分别对在建或已建违法建设行为进行认定和处理
——蒋某某诉南通市崇川区城市管理行政执法局行政强制及行政赔偿案

【裁判文书号】江苏省南通市中级人民法院（2018）苏06行终192号行政判决书

【裁判要旨】未经规划许可擅自在设备平台实施建设或者封闭设备平台，属于违法建设行为，如不属于尚可采取改正措施消除影响的情形，应当依法予以拆除。

对在建违法建设的处理可以依照《城乡规划法》第六十八条的规定，不受《行政强制法》规定的强制执行程序的限制。判断违法建设是否正在进行，

不能仅局限于行政机关实施强制拆除时违法建设行为正在进行，还应当包括行为人不听行政机关劝阻继续实施并完成的建设，以及行政机关在合理时间内发现行为人已经完成的建设。

《行政强制法》是程序法和一般法，《城乡规划法》是实体法和特别法。对于违法建筑物、构筑物实施强制拆除的程序《行政强制法》和《城乡规划法》分别作出了规定。两者相比而言，《行政强制法》是程序法和一般法，《城乡规划法》是实体法和特别法。《行政强制法》对行政强制执行程序作了一般性规定，其中，第三十五条至第四十三条对行政机关依法作出行政决定后，实施行政强制执行行为应当履行的程序作出了规定。第四十四条对违法的建筑物、构筑物、设施等强制拆除的程序作了特别规定。行政机关应履行催告、听取陈述申辩、作出强拆决定等程序。实施强制拆除前，还要进行公告，并等待相对人复议、诉讼期限届满后方可实施。

《城乡规划法》第六十八条规定，城乡规划主管部门作出责令停止建设或者限期拆除的决定后，当事人不停止建设或者逾期不拆除的，建设工程所在地县级以上地方人民政府可以责成有关部门采取查封施工现场、强制拆除等措施。从"责令停止建设"的规定内容看，该条针对的主要是正在进行中的违法建设行为，因为对于早已完工的历史建筑而言，作出责令停止建设的规定实无意义和必要。作为即时强制的强制拆除，与作为行政强制执行的强制拆除有着明显的不同，一般而言，针对正在进行的违法建设所采取的强制拆除，多为行政强制措施，对已经完成的违法建设采取的强制拆除，则属于行政强制执行。

根据特别法优先普通法的法律适用原则，对在建建筑的处理应当依照《城乡规划法》第六十八条的规定，对不听制止而继续建设的行为要进行及时处理，采取查封施工现场或者强制拆除等即时措施，不受《行政强制法》规定的强制执行程序的限制。

【实务操作启示】 对在建违法建设的行为可以采取查封施工现场或者强制拆除等即时强制措施，不受《行政强制法》规定的强制执行程序的限制。

二、街道办可以强拆违法建筑
——杨某某诉河北省安国市人民政府房屋行政强制案

【**裁判文书号**】最高人民法院（2019）最高法行申 12822 号行政裁定书

【**裁判要旨**】根据《城乡规划法》第六十五条的规定，在乡、村规划区内对未取得乡、村建设规划许可证进行建设的，乡镇人民政府有强制拆除权。街道办按照县级政府的要求，有权要求当事人自行拆除并限期拆除违法建筑，当事人仍未将违法建筑拆除，街道办遂将当事人违法自建房屋拆除，程序合法。

【**实务操作启示**】实务中，街道办要拆除违法建筑，必须具备两个条件：一是要有县级以上政府专项行动方案的授权或同意；二是必须履行合法程序，其不但要符合《城乡规划法》的要求，同时要遵守《行政强制法》的规定及要符合地方性规范性文件的规定。

三、强制拆除违法建筑必须符合法定程序
——最高人民法院于 2014 年 8 月 29 日公布的第一批（十个）征收拆迁典型案例之：叶某甲、叶某乙、叶某丙诉仁化县人民政府房屋行政强制案

【**基本案情**】2009 年间，仁化县人民政府（以下简称仁化县政府）规划建设仁化县有色金属循环经济产业基地，需要征收广东省仁化县周田镇新庄村民委员会新围村民小组的部分土地。叶某甲、叶某乙、叶某丙（以下简称叶某甲等三人）的房屋所占土地在被征收土地范围内，属于未经乡镇规划批准和领取土地使用证的"两违"建筑物。2009 年 8 月至 2013 年 7 月，仁化县政府先后在被征收土地的村民委员会、村民小组张贴《关于禁止抢种抢建的通告》《征地通告》《征地预公告》《致广大村民的一封信》《关于责令停止一切违建行为的告知书》等文书，以调查笔录等形式告知叶某甲等三人房屋所占土地是违法用地。2009 年 10 月、2013 年 6 月，仁化县国土资源局分别发出两份通知，要求叶某丙停止土地违法行为。2013 年 7 月 12 日凌晨 5 时许，在

未发强行拆除通知、未予公告的情况下，仁化县政府组织人员对叶某甲等三人的房屋实施强制拆除。叶某甲等三人遂向广东省韶关市中级人民法院提起行政诉讼，请求确认仁化县政府强制拆除行为违法。

【裁判结果】广东省韶关市中级人民法院认为，虽然叶某甲等三人使用农村集体土地建房未经政府批准属于违法建筑，但仁化县政府在2013年7月12日凌晨对叶某甲等三人所建的房屋进行强制拆除，程序上存在严重瑕疵，即采取强制拆除前未向叶某甲等三人发出强制拆除通知，未向强拆房屋所在地的村民委员会、村民小组张贴公告限期自行拆除，违反了《行政强制法》第三十四条、第四十四条的规定。而且，仁化县政府在夜间实施行政强制执行，不符合《行政强制法》第四十三条第一款有关"行政机关不得在夜间或者法定节假日实行强制执行"的规定。据此，依照《最高人民法院关于执行〈中华人民共和国行政诉讼法〉若干问题的解释》第五十七条的规定，判决：确认仁化县政府于2013年7月12日对叶某甲等三人房屋实施行政强制拆除的具体行政行为违法。宣判后，各方当事人均未提出上诉。

【典型意义】本案的典型意义在于充分体现了行政审判监督政府依法行政、保障公民基本权益的重要职能。即使对于违法建筑的强制拆除，也要严格遵循《行政强制法》的程序性规定，拆除前应当先通知相对人自行拆除，在当地张贴公告且不得在夜间拆除。本案被告未遵循这些程序要求，被人民法院判决确认违法。《行政强制法》自2012年1月1日起至今施行不久，本案判决有助于推动该法在行政审判中的正确适用。

四、不履行拆除违法建筑法定职责应承担行政不作为责任

——最高人民法院于2014年8月29日公布的第一批（十个）征收拆迁典型案例之：叶某某诉湖南省株洲市规划局、株洲市石峰区人民政府不履行拆除违法建筑法定职责案

【基本案情】2010年7月，株洲市石峰区田心街道东门社区民主村小东门散户111号户主沈某某，在未经被告株洲市规划局等有关单位批准的情况下，将其父沈某如遗留旧房拆除，新建和扩建新房，严重影响了原告叶某某

的通行和采光。原告于 2010 年 7 月 9 日向被告株洲市规划局举报。该局于 2010 年 10 月对沈某某新建扩建房屋进行调查、勘验，于 2010 年 10 月 23 日，对沈某某作出了株规罚告（石峰）字（2010）第（462）行政处罚告知书，告知其建房行为违反《城乡规划法》第四十条规定，属违法建设。依据《城乡规划法》第六十八条之规定，限接到告知书之日起，五天内自行无偿拆除，限期不拆除的，将由株洲市石峰区人民政府组织拆除。该告知书送达沈某某本人，其未能拆除。原告叶某某于 2010 年至 2013 年通过向株洲市石峰区田心街道东门社区委员会、株洲市规划局、株洲市石峰区人民政府举报和请求依法履行强制拆除沈某某违法建筑行政义务，采取申请书等请求形式未能及时解决。2013 年 3 月 8 日，被告株洲市规划局以株规罚字（石2013）字第 6021 号对沈某某作出行政处罚决定书。认定沈某某的建房行为违反《城乡规划法》第四十条和《湖南省实施〈中华人民共和国城乡规划法〉办法》第二十五条之规定，属违法建设。依据《城乡规划法》第六十四条和《湖南省实施〈中华人民共和国城乡规划法〉办法》第五十一条之规定，限沈某某接到决定书之日起，三日内自行无偿拆除。如限期不自行履行本决定，依据《中华人民共和国城乡规划法》第六十八条和《湖南省实施〈中华人民共和国城乡规划法〉办法》第五十四条及株政发（2008）36 号文件规定，将由石峰区人民政府组织实施强制拆除。由于被告株洲市规划局、株洲市石峰区人民政府未能完全履行拆除违法建筑法定职责，原告于 2013 年 6 月 5 日向法院提起行政诉讼。

【裁判结果】株洲市荷塘区人民法院认为，被告株洲市石峰区人民政府于 2010 年 12 月接到株洲市规划局对沈某某株规罚告字（2010）第 004 号行政处罚告知书和株规罚字（石2013）第 0021 号行政处罚决定书后，应按照株洲市规划局的授权积极履行法定职责，组织实施强制拆除违法建设。虽然被告株洲市石峰区人民政府在履行职责中对沈某某违法建设进行协调等工作，但未积极采取措施，其拆除违法建设工作未到位，属于不完全履行拆除违法建筑的法定职责。根据《城乡规划法》第六十八条、《行政诉讼法》第五十四条第三款的规定，判决被告株洲市石峰区人民政府在三个月内履行拆除沈某某违法建设法定职责的行政行为。宣判后，各方当事人均未提出上诉。

【典型意义】本案典型意义在于：以违法建设相邻权人提起的行政不作为

诉讼为载体，有效发挥司法能动性，督促行政机关切实充分地履行拆除违建、保障民生的法定职责。针对各地违法建设数量庞大，局部地区有所蔓延的态势，虽然《城乡规划法》规定了县级以上人民政府对违反城市规划、乡镇人民政府对违反乡村规划的违法建设有权强制拆除，但实际情况不甚理想。违法建设侵犯相邻权人合法权益难以救济成为一种普遍现象和薄弱环节，本案判决在这一问题上表明法院应有态度，即使行政机关对违建采取过一定查处措施，但如果不到位仍构成不完全履行法定职责，法院有权要求行政机关进一步履行到位。这方面审判力度需要不断加强。

第六节　补偿事项认定处理文书范本

文书一、关于对未经登记建筑和临时建筑认定的征询函

规划（分）局（或综合执法局）：

根据《征补条例》《_____省国有土地上房屋征收与补偿条例》及《_____市国有土地上房屋征收与补偿办法》的有关规定，房屋征收部门（或房屋征收实施单位）已对_____项目房屋征收范围（东起_____，西至_____；南起_____，北至_____）内的房屋进行了调查登记。因征收范围内存在未经登记的建筑和临时建筑需认定，特向贵局进行征询。望贵局尽快组织相关部门依据各自的职能依法进行调查、认定和处理，15日内将认定报告反馈我单位。

联系人：_____

联系电话：_____

附件：未经登记的建筑和临时建筑一览表（包括房屋的使用人、区位、用途、建筑面积等情况）

<u>房屋征收部门（或房屋征收实施单位）</u>

_____年_____月_____日

文书二、对_____建设项目房屋征收范围内未经登记建筑物的调查、认定和处理结果公示

按照国务院《征补条例》《_____省国有土地上房屋征收与补偿条例》及《_____市国有土地上房屋征收与补偿办法》的有关规定，现对_____项目房屋征收范围内的未经登记的建筑物进行调查登记、认定和处理结果进行公示。被征收人或其他利益相关人如有异议可向房屋征收部门（或房屋征收实施单位）书面提出复核申请，_____政府将组织有关部门及时对异议进行复核和处理。

建筑物（房屋）占有人	未经权属登记的建筑物（房屋）面积	认定可补偿面积	补偿标准
备注：			

提出异议的时间：_____年___月___日至_____年___月___日
提出异议的接待地点：_____ 工作人员联系电话：

<u>房屋征收部门（房屋征收实施单位）</u>
_____年_____月_____日

第五章
补偿方案与资金保障

无论是征收集体土地还是征收国有土地上的房屋,均应依法制定征收补偿安置方案。征收补偿安置方案是开展土地与房屋征收的重要法律文件,是征收人与被征收人签订征收补偿协议和征收人作出补偿决定的重要依据。征收补偿安置方案涉及被征收人的切身利益,制订征收补偿安置方案是征收的重要环节,必须依照法定程序开展此项工作。另外,征收补偿工作强调"有征收必有补偿,无补偿则无征收"和"先补偿后搬迁"的原则,所以,在征收前必须有资金保障,否则不可以作出征收决定。

笔者在本章中重点介绍国有土地上的房屋征收补偿方案的制订程序、补偿方案的内容以及征收补偿资金的保障和操作问题。

第一节 制定房屋征收补偿方案的五大程序

一、房屋征收部门拟订征收补偿方案

《征补条例》规定,房屋征收补偿方案由政府所确定的房屋征收部门拟订。该规定改变了《拆迁条例》所规定的由拆迁人拟订"拆迁计划和补偿安置方案"的规定,将补偿安置的任务直接交由政府来完成,从而加大了政府的责任压力,促使政府审慎对待补偿安置问题。

房屋征收补偿方案应考虑以下因素:

（一）补偿方案所涉及的内容应全面

补偿方案的内容应全面，应体现《征补条例》第十七条所列的内容，即对被征收人给予的补偿内容是"三加一"：被征收房屋价值的补偿；因征收房屋造成的搬迁、临时安置的补偿；因征收房屋造成的停产停业损失的补偿；补助和奖励。

（二）补偿方案内容应合法

补偿方案的内容不但要符合《征补条例》的规定，还要符合部门规章等规范性文件的规定，如应符合《国有土地上房屋征收评估办法》等。另外，如果被征收房屋所在地制定有地方性法规或地方政府规章以及其他规范性文件，也应遵守其规定。

如《内蒙古自治区国有土地上房屋征收与补偿条例》第十三条第二款规定："征收补偿方案应当包括以下内容：（一）房屋征收的目的、依据、范围；（二）房屋征收补偿方式、补偿标准、安置地点、搬迁过渡方式、奖励办法等事项；（三）搬迁期限、临时过渡期限和征收补偿签约期限；（四）其他应当纳入补偿方案的内容。房屋征收部门应当做好房屋征收与补偿的宣传、解释工作。"《四川省国有土地上房屋征收与补偿条例》第十六条第一款规定："房屋征收部门拟定征收补偿方案，报市、县级人民政府。房屋征收补偿方案应当包括以下内容：（一）房屋征收目的；（二）房屋征收范围和被征收房屋的基本情况；（三）补偿方式和补偿标准；（四）用于产权调换房屋的基本情况和交付时间；（五）停产停业损失补偿标准；（六）征收补偿协议的签订期限；（七）搬迁期限和搬迁过渡方式、过渡期限；（八）补助和奖励标准；（九）其他事项。"这些都应写进征收补偿方案。

（三）补偿方案应合理

补偿方案要根据原被征收房屋的实际情况，制订切实可行的方案，如采取产权调换方式时，就要考虑被征收房屋和被调换房屋的区位问题，还要考虑是否适合被征收人的生活习惯问题。

（四）补偿方案应可操作

补偿方案应是易于实现的方案，是可操作的方案。补偿方案不能过于复杂、抽象。文字表达不能引起歧义，否则将来出现纠纷不利于解决。

二、市、县级人民政府组织论证征收补偿方案

房屋征收部门拟订补偿安置方案之后，报市、县级人民政府。市、县级人民政府收到补偿方案后，应当组织包括人大、发展改革、城乡规划、自然资源、环境资源保护、文物保护、财政、消防、人防、综合执法等有关部门的人员对征收补偿方案是否符合相关法律、法规或规章的规定进行论证。论证内容包括确需征收房屋的建设项目是否符合国民经济和社会发展规划、土地利用总体规划、城乡规划和专项规划，是否符合《环境资源保护法》和《循环经济保护法》《文物保护法》等特别法律、法规等的规定，征收补偿方案是否符合行政比例原则，是否公平、合理、可行等。论证后的补偿方案经修改完善后应进行公布，广泛征求公众意见。

三、公开征求公众意见

如前所述，市、县级人民政府要对房屋征收部门拟订的补偿方案组织有关部门进行论证，对论证后的补偿方案修改完善后，予以公布。公布的目的是征求公众的意见。征求公众意见的目的是贯彻决策民主、程序正当、结果公开的征收补偿原则，确保公众的知情权、参与权和建议权，进而规范政府征收房屋的行为。

将经论证后的征收补偿方案向社会公布，并征求公众意见是责任政府依法行政的具体工作体现，旨在确保房屋征收过程的公开、公正、透明和民主，同时也可获得被征收人的理解和支持，为下一步顺利开展房屋征收工作打下良好的基础。

《征补条例》严格要求征求意见的期限不得少于30日。如果没有达到这个期限，当属于"违反法定程序"的情形。

笔者认为在实践中征求公众意见时应关注以下三个问题：

1. 要广泛征求公众和有关部门的意见。

广泛听取各个方面的意见，涉及特殊利益保护问题时，还应征求相关主管部门的意见，如涉及对文物保护单位的房屋征收时，应考虑《文物保护法》的相关规定，如："县级以上人民政府应当将文物保护事业纳入本级国民经济和社会发展规划，所需经费列入本级财政预算""各级人民政府制定城乡建设规划，应当根据文物保护的需要，事先由城乡建设规划部门会同文物行政部门商定对本行政区域内各级文物保护单位的保护措施，并纳入规划"；对文物保护单位"无法实施原址保护，必须迁移异地保护或者拆除的，应当报省、自治区、直辖市人民政府批准；迁移或者拆除省级文物保护单位的，批准前须征得国务院文物行政部门同意。全国重点文物保护单位不得拆除；需要迁移的，须由省、自治区、直辖市人民政府报国务院批准"。

如涉及对宗教活动场所的房屋征收时，应考虑《宗教事务条例》以及相关政策的规定，如："因城市规划或者重点工程建设需要拆迁宗教团体或者宗教活动场所的房屋、构筑物的，拆迁人应当与该宗教团体或者宗教活动场所协商，并征求有关宗教事务部门的意见。经各方协商同意拆迁的，拆迁人应当对被拆迁的房屋、构筑物予以重建，或者根据国家有关规定，按照被拆迁房屋、构筑物的市场评估价格予以补偿。"《国务院宗教事务局、建设部关于城市建设中拆迁教堂、寺庙等房屋问题处理意见的通知》（国宗发〔1993〕21号）规定："因城市建设需要拆迁教堂、寺庙等房屋时，应根据《条例》和中央、国务院的宗教政策以及有关规定，征询当地政府宗教事务部门意见，并与产权当事人协商，合理补偿，适当照顾，妥善处理。""对教堂、寺庙等房屋，除因城市整体规划和成片开发必须拆迁外，一般应尽量避免拆迁。必须拆迁时，在安置工作中要考虑到便利信教群众过宗教生活的需要。""需拆迁的教堂、寺庙等房屋，如属文物古迹，按国家关于文物保护的法律、法规处理。"

如涉及对非物质文化遗产的房屋征收时，应考虑《非物质文化遗产法》的相关规定，如："县级以上人民政府应当将非物质文化遗产保护、保存工作纳入本级国民经济和社会发展规划，并将保护、保存经费列入本级财政预算""国家鼓励和支持公民、法人和其他组织参与非物质文化遗产保护工作""县级以上人民政府文化主管部门根据需要，采取下列措施，支持非物质文化遗产代表性项目的代表性传承人开展传承、传播活动：（一）提供必要的传承场所……"

2. 征求公众意见的渠道应畅通，最好是采取问卷方式。

3. 注意对公众意见的保留。保留这些意见的意义在于能够证明政府已经履行该法定程序。

四、将征求意见情况和修改情况公布

征求公众的意见后将征求意见情况和根据公众意见修改的情况予以公布是对公众参与程序更加严格的要求。这样做的目的是把公众关心的问题予以充分反馈，让广大被征收人明白焦点问题和普遍关心的问题所在以及对这些问题的处理结果，进而规范政府的征收行为，进一步保护被征收人的合法权益。

五、召开听证会

由于旧城区改建涉及面广、人数多、征收补偿情况复杂，因此《征补条例》从征收程序上作出了特别限制。举行听证会应同时具备以下两个条件：

一是征收房屋是因旧城区的改建而为之。按照《征补条例》第九条第一款的规定，旧城区的改建应纳入市、县级国民经济和社会发展年度计划。因此，该旧城区的改建活动是否被纳入经同级人大批准的国民经济和社会发展年度计划是召开听证会时应考虑的内容。

二是多数被征收人认为征收补偿方案不符合《征补条例》的规定。这里的"多数人"基本上是指被征收人总数一半以上的人。《沈阳市国有土地上房屋征收与补偿办法》（经 2014 年 12 月 5 日沈阳市人民政府第 17 次常务会议讨论通过，自 2015 年 2 月 1 日起施行）第十条第二款规定："因旧城区改建需要征收房屋，半数以上被征收人认为征收补偿方案不符合征收法规、规章规定的，区、县（市）人民政府应当组织由被征收人和公众代表参加的听证会，并根据听证会情况修改方案。"《内蒙古自治区国有土地上房屋征收与补偿条例》第十四条第一款规定："因旧城区改建需要征收房屋的，超过半数的被征收人认为征收补偿方案不符合本条例规定的，设区的市人民政府、旗县级人民政府应当组织由被征收人和公众代表参加的听证会，并根据听证会的情况修改方案。"

召开听证会时应注意的问题：

1. 听证会应由组织实施房屋征收的市、县级人民政府组织召开。

2. 听证会应由被征收人和公众代表参加。这里的公众代表应包括社会各界公众代表。

召开旧城改建房屋征收补偿方案听证会时，建议邀请党代会代表、人大代表和政协委员参加，这样有利于对政府的行为进行监督。当旧城区改建涉及文物保护、宗教活动场所保护以及非物质文化保护问题时应通知相关主管部门参加。

3. 听证会的主持、发言、记录应严格按照行政听证程序的规定进行。并注意保留好听证签到表和听证会笔录以及录音录像资料。

第二节　棚户区改造建设项目房屋征收补偿政策

一、全面理解和把握棚户区改造政策内容

2013 年《国务院关于加快棚户区改造工作的意见》（国发〔2013〕25号）指出："棚户区改造实行实物安置和货币补偿相结合，由棚户区居民自愿选择。各地区要按国家有关规定制定具体安置补偿办法，禁止强拆强迁，依法维护群众合法权益。对经济困难、无力购买安置住房的棚户区居民，可以通过提供租赁型保障房等方式满足其基本居住需求，或在符合有关政策规定的条件下，纳入当地住房保障体系统筹解决。"

据此，在制订棚户区改造建设项目房屋征收补偿方案时应注意：

（1）"棚户区改造实行实物安置和货币补偿相结合，由棚户区居民自愿选择"表明《征补条例》中所规定的作为征收人的政府应提供两种补偿方式供被征收人选择，尊重被征收人补偿方式的选择权。

（2）"各地区要按国家有关规定制定具体安置补偿办法，禁止强拆强迁，依法维护群众合法权益"表明应充分尊重被征收人的意见，加大政府工作力度，实现协议拆迁。

（3）"对经济困难、无力购买安置住房的棚户区居民，可以通过提供租赁型保障房等方式满足其基本居住需求，或在符合有关政策规定的条件下，纳入当地住房保障体系筹解决"体现了《城市房地产管理法》第六条的精神："征收个人住宅的，还应当保障被征收人的居住条件。"

二、实物安置与货币化安置

（一）实物安置与货币化安置的内涵

实物安置，就是政府主持新建一批安置房，然后根据棚改被征收房屋确权面积确定安置房对接面积后，上靠标准房型对被征收人进行安置的方式。一般的面积对接原则是在原地段提供与被征收房屋等面积的安置房，或者在其他地段提供与被征收房屋等市价的安置房。

货币化安置，是指在征收棚户区住宅房屋时，征收人将应当用以安置的房屋按规定折算成安置款，由被征收人选购住宅房屋自行安置的方式。实践中的货币化安置方式主要有三种：一是被征收人自行购买。政府搭建平台，在市场中组织房源并确定指导价，引导房地产开发企业将库存商品房转化为安置房，供棚户区改造居民自行选择购买。二是政府直接购置。政府通过采购的方式集中购买普通商品房，用于棚户区改造安置，房屋购买价格一般不高于相应区域内同类商品房的平均市价。三是货币直接补偿。对已有住房保障而不需要安置住房且本人自愿的棚户区改造居民，直接给予货币补偿。

（二）货币化安置的优点

棚户区改造的货币化安置就是变实物分房为货币分房，在政府引导、居民决策、市场运作的原则下，被征收人根据自身需要，用货币化安置款自主选购住房。与实物安置相比，货币化安置的优点主要集中在两方面，一方面，可以节约过渡安置的费用，缩短安置周期。棚改的实物安置从房屋的征收与搬迁到安置房与配套基础设施的建设，再到被征收人成功入住，需要两年到三年的时间。而货币化安置强调对存量房的利用，可以让被征收人尽快入住新居，缩短了安置周期，从而节约了过渡安置的费用。另一方面，对存量房的利用能够满足被征收人多样化的住房需求。实物安置通常由安置房承建方根据被征收房屋群的面积统一设计若干标准户型，被征收人选择安置房时一般根据被征收房屋的面积上靠标准户型。而选择货币安置的被征收人在获得货币安置款后，可以在市场上选择区位、面积、设计等更加贴近自身需求的住房。

第三节 《民法典》居住权的适用及征收补偿资金保障

一、《民法典》规定的居住权

《民法典》物权编中设置的居住权是在房屋所有权和土地使用权之外新增的一项权利。居住权是用益物权的一种。《民法典》第三百六十六条规定："居住权人有权按照合同约定，对他人的住宅享有占有、使用的用益物权，以满足生活居住的需要。"

《民法典》第三百六十七条到第三百七十条对当事人取得和行使居住权进行了规定。居住权的取得方式是通过当事人书面合同约定，并进行登记。约定内容一般包括，当事人的姓名和住所；住宅的位置；居住的条件和要求；居住权期间（期限）；解决争议的方法。原则上居住权是无偿设立的，但是在当事人双方另有约定的情况下，允许有偿设立。并且，设立居住权应当在相应的登记机构登记，居住权自登记时设立。原则上设立居住权的住宅不得出租，但当事人另有约定的除外。居住权只能保障居住权人自身的居住权利，该权利不得转让和继承。居住权的有效期限，可以由当事人双方共同约定，可以终生有效。居住权期间届满或者居住权人死亡的，居住权消灭。居住权消失的，应当办理注销登记。需要强调的是，无论居住权期间有多长，只要居住权人死亡的，该居住权自动消灭。

二、为特殊安置对象设立居住权

在房屋征收实践中，对一些特殊的安置对象可赋予其享有房屋居住权，以解决房屋征收补偿中的一些安置难题。

笔者在为某地方政府提供房屋征收专项法律服务时遇到一种特殊情况，即某县粮食局下属有一国有控股公司，该公司主要负责粮库的经营管理。早在20世纪80年代初期，粮库为解决职工子女多住房难问题，将粮库的一些办公用房，分配给每个职工两间到三间居住，并将房前屋后的空地形成院落供职工无偿使用，职工只需每月交纳一定的水电费。2020年年底，县政府要对粮库进行综合改造，需对房屋实施征收。在制定房屋征收补偿方案时对这些职工的补偿安置成为一个难题。因为，这些职工对其居住的房屋没有所有权，其不是被征收人。粮食局无法对这些房屋实施房改，很多职工在当地也没有其他住房，将他们现有住房征收拆除后，他们没有住所。而且，大多数职工都已七八十岁，身患多种疾病，有些还做过心脏搭桥手术，如何对其进行安置是个头疼事，按货币补偿行不通，产权调换又不具备条件。笔者提出的安置意见是，赋予这部分职工享有《民法典》规定的房屋居住权，粮库控股公司是被征收人，对该公司实施征收补偿时为其提供一定数量的面积不等的住宅用房进行产权调换。由公司与职工依照《民法典》的规定签订房屋居住合同，为这些职工设立房屋居住权，约定低廉的有偿使用价格和使用条件等权利义务，并进行登记。这样就能妥善地解决高龄多病无房国企职工住房难问题。

三、征收补偿资金的保障

《征补条例》第十二条第二款规定："作出房屋征收决定前，征收补偿费用应当足额到位、专户存储、专款专用。"

（一）征收补偿费用的组成

《征补条例》第十七条规定："作出房屋征收决定的市、县级人民政府对被征收人给予的补偿包括：（一）被征收房屋价值的补偿；（二）因征收房屋造成的搬迁、临时安置的补偿；（三）因征收房屋造成的停产停业损失的补偿。市、县级人民政府应当制定补助和奖励办法，对被征收人给予补助和奖励。"据此，征收补偿费用应当包括：

1. 被征收人依法应获得的房屋价值的货币补偿费、搬迁费、临时安置费、装饰装修费、停产停业损失费、补助和奖励费用；

2. 政府用于产权调换房屋的建安成本；

3. 征收部门依法支付给征收实施单位的委托费用或工作经费。

《武汉市国有土地上房屋征收与补偿操作指引》规定："房屋征收补偿费用是指货币补偿资金和安置房源价值的总和。"

（二）房屋征收补偿费用的到位时间

房屋征收补偿费用是在作出房屋征收决定前就应到位的，即要求先有补偿费用，后有房屋征收决定。

（三）房屋征收补偿费用"足额"到位

房屋征收补偿费用是"足额"到位，不得一半到位或部分到位，或"边征收，边到位。"房屋征收补偿费用包括货币和实物（如房屋）两部分，这些货币或实物的数量必须能够保证被征收人得到依法补偿和妥善安置。

实践中的"足额"一般是指在入户调查的基础上，对拟被征收房屋进行预评估，以预评估结果匡算征收补偿总额度。如《武汉市国有土地上房屋征收与补偿操作指引》规定："足额到位是指货币补偿资金和安置房源价值总和不低于房屋征收补偿资金测算总费用。货币补偿资金应提交银行出具的资金证明或授信证明，用于房屋征收；安置房源价值是指征收补偿方案中已向被征收人公布的拟安置房源价值。"又如《山西省国有土地上房屋征收与补偿条例》第十三条第二款规定："采用房屋产权调换方式补偿被征收人的，产权调换房屋的价值应当计入征收补偿费用总额。"

（四）专户

有专家指出，这里的"专户"不是指政府账户，也不是财政账户，不是征收办账户，更不是征收实施单位账户，而是指建设单位账户。其理由是：政府是征收主体，征收办是负责量房子签协议的，而发钱是建设单位的事。

如有些政府设立的棚户区改造办公室就是建设单位,这种观点应予重视,应进一步得到相关规范性文件的支持。

(五) 房屋征收补偿费用应做到"专户储存""专款专用"

房屋征收补偿费用应做到"专户储存""专款专用"。在《拆迁条例》施行时期,有些省份在拆迁规章中规定拆迁补偿安置费用应做到"三监管",即,将拆迁补偿安置费用存入办理存款业务的金融机构后,由拆迁人、拆迁管理部门和金融机构共同签订专项资金监管使用协议,金融机构不见拆迁人和拆迁管理部门共同的签章,不得支付拆迁补偿安置专项资金。实行房屋征收制度之后,可以继续使用这种方法,在银行设立专门账户进行储存管理并实施监管,规定征收补偿费用只能用于发放征收补偿,不得挪作他用,严格做到"专户储存""专款专用"。如《武汉市国有土地上房屋征收与补偿操作指引》规定,银行专户系指房屋征收部门或融资主体应就房屋征收资金在银行开设房屋征收项目专户,房屋征收资金在专户存储。房屋征收部门在银行账户中的资金应当专款专用。融资主体在银行存储的房屋征收资金,房屋征收部门应组织银行、融资主体签订三方协议监管账户资金。

值得注意的是,在涉及房屋征收决定和补偿决定的行政诉讼实践活动中,有些政府向法院出具银行的"存款余额证明"用以证明其已经履行的"资金到位,专户存储、专款专用"的程序,这种做法是极不规范的,因为"存款余额"是经常变动的,不符合"足额到位,专款专用"的要求。

综上,《征补条例》第十二条第二款规定的这一内容是政府作出房屋征收决定的前置程序,是审查房屋征收决定这一行政行为是否合法的事实根据。《征补条例》的第十四条规定了被征收人对征收决定不服时可以寻求行政或司法救济的权利。那么复议机关或人民法院在审查被告所作出的房屋征收决定时就要严格审查政府在作出房屋征收决定前是否做到了征收补偿费用足额到位、专户存储、专款专用。如果政府对此没有作为或作为不到位,就将要面临房屋征收决定被依法撤销或被判认定为违法的败诉后果。

最高人民法院在审理的汪某某诉青岛市市北区人民政府房屋征收行政复议再审案〔最高人民法院(2020)最高法行申 1455 号行政裁定书〕中指出:专户专储是指征收补偿款应当存入专门用于征收补偿费用的存储账户上,不得存入市、县人民政府的基本账户或其他账户。行政机关虽提交了银行出具的单位账户存款证明，但未明确该账户的性质，无法充分证实该账户符合"专户专储、专款专用"的要求，故二审法院对该问题予以指正并要求市北区政府在以后的征收项目中予以改进完善。该判例给我们带来的实务操作启示是，征收补偿资金必须存入征收补偿的专有账户，并做到专款专用，不可用其他账户替代，否则有被人民法院判决确认违法的风险。

新《土地管理法实施条例》第三十二条规定："申请征收土地的县级以上地方人民政府应当及时落实土地补偿费、安置补助费、农村村民住宅以及其他地上附着物和青苗等的补偿费用、社会保障费用等，并保证足额到位，专款专用。有关费用未足额到位的，不得批准征收土地。"由此可见，在集体土地征收补偿中，征收补偿资金的足额到位和专款专用与国有土地上的房屋征收补偿的资金保障具有同等重要的意义。

第四节　房屋征收补偿方案及征收补偿资金保障文书范本

文书一、《＿＿＿＿建设项目房屋征收补偿方案》主要内容提示

因公共利益建设需要，切实做好＿＿＿＿项目国有土地上房屋征收补偿工作，保障被征收人的合法权益，根据国务院《征补条例》《＿＿＿＿省国有土地上房屋征收与补偿条例》及《＿＿＿＿市国有土地上房屋征收与补偿办法》的有关规定，结合本区域实际，特制订本项目房屋征收补偿方案。

一、房屋征收范围

东起＿＿＿＿西至＿＿＿＿，南起＿＿＿＿北至＿＿＿＿，＿＿＿＿区域内的国有土地上房屋及其他附属设施。

二、征收当事人

（一）征收人：＿＿＿＿人民政府。

（二）被征收人：本方案征收范围内的房屋所有权人。

（三）房屋征收部门：房屋征收办公室、住房和城乡建设局或其他单位。

（四）房屋征收实施单位：街道办事处、乡镇人民政府、居委会。

三、评估机构

根据《征补条例》《国有土地上房屋征收评估办法》《_____省国有土地上房屋征收与补偿条例》及《_____市国有土地上房屋征收与补偿办法》的规定选定或确定评估机构。

四、房屋征收实施时间、签约期限、搬迁期限

（一）征收实施时间：自房屋征收决定公告之日起实施。

（二）签订补偿协议期限：自_____年_____月_____日至_____年_____月_____日。

（三）搬迁期限：自_____年_____月_____日至_____年_____月_____日。

五、收回国有土地使用权

征收范围内的房屋及其附属物被依法征收的，国有土地使用权同时收回。

六、征收补偿方式

实行货币补偿和房屋产权调换两种方式，被征收人可以选择货币补偿也可以选择产权调换。

（一）货币补偿

1. 被征收房屋价值的补偿：由具有相应资质的房地产价格评估机构按照房屋征收评估办法评估确定。

2. 搬迁费：

3. 临时安置费：

4. 停产停业损失费（非住宅房屋及"住改非"）：

5. 附属设施迁移及其他补偿费：

6. 补助：

7. 奖励：

8. 补偿费支付：

9. 其他：

（二）产权调换

1. 产权调换房屋位置：

2. 产权调换房屋房型：

3. 建筑配套及装修标准：

4. 产权调换房屋价格：

5. 被征收房屋价格：

由具有相应资质的房地产价格评估机构按照房屋征收评估办法评估确定。

6. 临时过渡方式：

7. 差价结算：

8. 选房原则和程序：

9. 产权调换房屋所有权证办理：

10. 搬迁费：

11. 临时安置费：

12. 停产停业损失费（非住宅房屋及"住改非"）：

13. 附属设施迁移补偿费：

14. 补助：

15. 奖励：

16. 其他：

七、签订征收补偿协议事宜

征收补偿协议订立后，房屋征收部门（或房屋征收实施单位）不履行补偿协议约定的义务的，被征收人可以依法提起行政诉讼。被征收人不履行补偿协议的，房屋征收部门（或房屋征收实施单位）依法解决。

八、作出补偿决定及申请法院强制执行

房屋征收部门（或房屋征收实施单位）和被征收人在本决定规定的签约期限内达不成补偿协议或者被征收房屋所有权人不明确的，由_____人民政府按照《征补条例》等的规定和本项目房屋征收补偿方案的规定作出补偿决定。被征收人对补偿决定不服的，可以依法申请行政复议，也可以依法提起行政诉讼。被征收人在法定期限内不申请行政复议或者不提起行政诉讼，在补偿决定规定的期限内又不搬迁的，由_____人民政府依法申请人民法院强制执行。

九、有关法律责任

（一）房屋征收工作人员在房屋征收与补偿工作中滥用职权、玩忽职守、徇私舞弊的，将责令改正，通报批评；造成损失的，依法承担赔偿责任；对直接负责的主管人员和其他直接责任人员，依法给予处分；构成犯罪的，依法追究刑事责任。

（二）被征收人采取暴力、威胁等方法阻碍依法进行的房屋征收与补偿工作，构成违反治安管理行为的，依法给予治安管理处罚；构成犯罪的，依法追究刑事责任。

（三）涉及其他人员的其他法律责任依法进行处理。

十、本方案自_____人民政府发布房屋征收决定公告之日起实施，并仅限于本项目的房屋征收与补偿工作。未尽事宜，按照国家、省、市有关房屋征收法规政策执行。

十一、本方案由房屋征收部门负责解释。

_____人民政府

_____年_____月_____日

文书二、关于对《＿＿＿＿建设项目房屋征收补偿方案》征求意见的公告

各被征收人：

根据国务院《征补条例》《＿＿＿＿省国有土地上房屋征收与补偿条例》及《＿＿＿＿市国有土地上房屋征收与补偿办法》的有关规定，市（县、区）人民政府已组织有关部门对《＿＿＿＿项目房屋征收补偿方案》进行了论证。现将该方案（见附件1）予以公布，公开征求公众意见。被征收人提交意见的，应在规定时间内持本人身份证明和房屋权属证明到＿＿＿＿以书面形式（见附件2）提出。逾期不提出或以其他方式提出的不予受理。

征求意见期限：＿＿＿＿年＿＿＿＿月＿＿＿＿日至＿＿＿＿年＿＿＿＿月＿＿＿＿日（不少于30天）。

特此公告。

办公地址：＿＿＿＿

联系电话：＿＿＿＿

附：

1.《＿＿＿＿项目房屋征收补偿方案》（征求意见稿）
2.《＿＿＿＿项目房屋征收补偿方案》（征求意见表）

＿＿＿＿＿＿＿＿＿＿人民政府
＿＿＿＿年＿＿＿＿月＿＿＿＿日

文书三、《_____建设项目房屋征收补偿方案》征求意见表

<table>
<tr>
<td rowspan="5">被征收人
基本情况</td>
<td>姓　名</td>
<td>性　别
男□　女□</td>
<td>年　龄</td>
<td>出生日期
___年___月___日</td>
<td>文化程度</td>
</tr>
<tr>
<td colspan="5">身份证号码：</td>
</tr>
<tr>
<td colspan="5">家庭住址（房屋坐落）：</td>
</tr>
<tr>
<td colspan="5">职业（工作单位）：</td>
</tr>
<tr>
<td colspan="2">房产证号：</td>
<td colspan="3">土地证号：</td>
</tr>
<tr>
<td colspan="6" align="center">意 见 内 容</td>
</tr>
<tr>
<td colspan="2">相关问题</td>
<td colspan="4">被征收人的意见</td>
</tr>
<tr>
<td colspan="2">被征收人选择的补偿方式
（注：被征收人应亲笔书写"我选择货币补偿"或"我选择产权调换"，并在此处亲笔签字）</td>
<td colspan="4"></td>
</tr>
<tr>
<td colspan="2">被征收人对征收补偿方案的具体意见
（注：如果意见本表格填写不下可另附书面意见，但必须与本表格一起递交房屋征收部门）</td>
<td colspan="4"></td>
</tr>
</table>

提交意见人（亲笔签字）_____　　提交意见日期：_____年_____月_____日
接收意见人（亲笔签字）_____　　接收意见日期：_____年_____月_____日

文书四、_____区、县（市）人民政府关于对《_____建设项目房屋征收补偿方案》进行听证的公告

根据《征补条例》《_____省国有土地上房屋征收与补偿条例》及《_____市国有土地上房屋征收与补偿办法》等的有关规定，本单位对《_____项目房屋征收补偿方案》（征求意见稿）举行听证会。现将有关事项公告如下：

一、听证事项：对《_____项目房屋征收补偿方案》（征求意见稿）进行听证。

二、听证时间：_____年_____月_____日_____时（星期_____）。

三、听证地点：_____。

四、报名事项

（一）听证会采取现场听证方式进行，参加听证会的人员为房屋征收范围内被征收人代表和社会各界公众代表。

（二）凡愿意参加听证的被征收人，请于_____年_____月_____日（星期_____）前持居民身份证或单位代表证明及被征收房屋的权属证明，到_____办公室（地址_____）报名。逾期不提出申请视为放弃听证权利。

（三）被征收人一方人数为10人以上的，推选1名代表参加听证，推选有困难的，我单位从报名者中随机选择或采用抽签方式确定。被征收人听证代表数量一般不超过5人，行政机关认为有必要的，可以适当增加人数。

（四）被征收人委托代表人参加听证的，应当出具授权委托书，明确委托事项和权限，申请参加听证的被征收人及其代理人应年满18周岁。

五、联系人及联系电话

联系人：_____

联系电话：_____

特此公告。

_____人民政府

_____年_____月_____日

文书五、参加《_____建设项目房屋征收补偿方案》听证会通知书（_____征听字〔_____〕第_____号）

听证事项	对《_____建设项目房屋征收补偿方案》进行听证		
被通知人			
听证时间	___年___月___日（星期___）上午、下午：_____时	听证地点	
听证主持人		听证员	
		书记员	
注意事项	1. 持此通知书及相关证件（身份证、委托书）方可参加听证会； 2. 参加听证会必须遵守听证纪律； 3. 被通知人应当对自己所陈述的意见准备书面材料和证据并于听证会结束时提交书记员； 4. 被通知人有申请回避和委托代理人的权利； 5. 被通知人不在本通知书的回证上签字由无利害关系第三人见证即为送达； 6. 无正当理由缺席听证的视为放弃听证权利。		

文书六、参加《_____建设项目房屋征收补偿方案》听证会通知书送达回证（_____征听字〔_____〕第_____号）

听证事项	对《_____项目房屋征收补偿方案》进行听证
被通知人	
听证时间	_____年_____月_____日上午、下午：_____时
听证地点	
被通知人 （或单位代表） 签字	_____年_____月_____日
送达人 （至少两人） 签字	_____年_____月_____日

文书七、_____区、县（市）人民政府关于对《_____建设项目房屋征收补偿方案》征求意见情况和修改情况的公告

根据国务院《征补条例》《_____省国有土地上房屋征收与补偿条例》及《_____市国有土地上房屋征收与补偿办法》的有关规定，政府于_____年_____月_____日公布《_____项目房屋征收补偿方案》公开征求公众意见（征求意见的期限自_____年_____月_____日至_____年_____月_____日），现将征求意见情况和修改征收补偿方案的情况予以公布。

一、征求意见情况

本次征求意见共收到书面反馈意见（征求意见表）_____份，经汇总整理，意见主要集中在以下几个方面：

……

二、修改情况

……

特此公告。

_____人民政府
_____年_____月_____日

文书八、_____建设项目房屋征收补偿专项资金证明

根据国务院《征补条例》第十二条、《_____省国有土地上房屋征收与补偿条例》第_____条及《_____市国有土地上房屋征收与补偿办法》第_____条的规定，征收补偿费用应足额到位、专户存储、专款专用。_____项目所需房屋征收补偿费用_____元，已经专户存储，并按照征收项目进度分阶段拨付到位。

特此证明。

资金证明出具单位
_____年_____月_____日

文书九、房屋征收补偿专项资金存储监管使用协议

甲方：_____房屋征收实施单位

乙方：_____房屋征收部门

丙方：_____银行

为确保_____旧城（棚户区）改造建设项目房屋征收补偿活动的顺利实施，确保征收补偿资金足额到位并实现专户存储、专款专用，保障被征收人的合法权益不受侵犯，甲/乙/丙三方签订以下征收补偿资金监管使用协议：

一、甲方（或乙方）已将房屋征收补偿资金_____元存入丙方银行，账号为：_____（以下简称：资金账户）。

二、被征收人或甲方向丙方申请支付资金账户内资金时，须出具乙方的

书面付款通知。丙方未接到乙方书面同意付款通知，不得将资金账户内任何数额的资金向包括甲方在内的任何单位和个人支付。否则，丙方承担等额赔偿责任（包括由此而产生的银行同期利息）。

三、＿＿＿＿旧城（棚户区）改造建设项目房屋征收补偿活动结束时，乙方以书面形式通知丙方解除对资金账户的监管，交由甲方单独自由使用。

四、其他未尽事宜，本合同当事人可以另行协商并签订补充协议后执行。

五、本协议一式三份，甲乙丙三方各执一份。

六、本协议自甲乙丙三方代表签字并加盖单位印章后生效。

甲方（代表签字、单位盖章）：＿＿＿＿年＿＿＿＿月＿＿＿＿日

乙方（代表签字、单位盖章）：＿＿＿＿年＿＿＿＿月＿＿＿＿日

丙方（代表签字、单位盖章）：＿＿＿＿年＿＿＿＿月＿＿＿＿日

第六章
风险评估与征收决定

　　社会稳定风险，是指一种导致社会冲突，危及社会稳定和社会秩序的可能性，一旦这种可能性变为现实，社会稳定风险就会转变成公共危机。

　　我国的征收社会稳定风险评估，是指市、县级人民政府实施土地和房屋征收前，对可能危及社会稳定和社会秩序的因素开展系统、详细有序的调查，在了解民情、反映民意的基础之上，对潜在风险进行先期预测、先期介入、先期化解。对有可能发生影响社会稳定的群体性事件进行事前评价，并制订应对预案，以实现科学决策、民主决策、依法决策，切实维护最广大人民群众的根本利益，维护社会稳定，更好地确保征收后建设项目的顺利实施。新《土地管理法》第四十七条第二款规定："县级以上地方人民政府拟申请征收土地的，应当开展拟征收土地现状调查和社会稳定风险评估……"《征补条例》第十二条第一款规定："市、县级人民政府作出房屋征收决定前，应当按照有关规定进行社会稳定风险评估。"可见，社会稳定风险评估是土地和房屋征收前必须履行的法定程序。笔者结合自身的法律实践活动详尽介绍征收稳评的相关内容，相信对读者的实务操作会有一定的启发或帮助作用。

第一节　征收社会稳定风险评估基本内容

一、征收社会稳定风险评估的依据

　　目前，我国尚未出台关于社会稳定风险评估的法律法规，笔者梳理的关于土地和房屋征收方面的社会稳定风险评估依据主要有：

1. "十二五"规划纲要提出要"建立重大工程项目建设和重大政策制定的社会稳定风险评估机制"。自此，从中央到地方都逐步重视重大建设项目和重大决策的社会稳定风险评估工作。

2. 2010年5月15日，国务院办公厅印发《关于进一步严格征地拆迁管理工作切实维护群众合法权益的紧急通知》（国办发明电〔2010〕15号），其明确规定，拆迁项目立项前要组织专家论证，广泛征求社会各界特别是被拆迁人的意见，并进行社会稳定风险评估。对没有经过社会稳定风险评估或群众意见较大的项目，一律不得颁发房屋拆迁许可证。该规定实际上等于对《拆迁条例》进行了修改，即将社会稳定风险评估作为颁发房屋拆迁许可证的又一前置条件（《拆迁条例》第七条规定申请领取房屋拆迁许可证的，应当向房屋所在地的市、县人民政府房屋拆迁管理部门提交下列资料：建设项目批准文件；建设用地规划许可证；国有土地使用权批准文件；拆迁计划和拆迁方案；办理存款业务的金融机构出具的拆迁补偿安置资金证明）。这正是为《征补条例》增设征收决定前社会稳定风险评估作了铺垫。

3. 2010年10月10日国务院颁布的《关于加强法治政府建设的意见》规定："凡是有关经济社会发展和人民群众切身利益的重大政策、重大项目等决策事项，都要进行合法性、合理性、可行性和可控性评估，重点是进行社会稳定、环境、经济等方面的风险评估。建立完善部门论证、专家咨询、公众参与、专业机构测评相结合的风险评估工作机制，通过舆情跟踪、抽样调查、重点走访、会商分析等方式，对决策可能引发的各种风险进行科学预测、综合研判，确定风险等级并制定相应的化解处置预案。要把风险评估结果作为决策的重要依据，未经风险评估的，一律不得作出决策。"

4. 2011年1月21日国务院公布并实施的《征补条例》第十二条第一款规定："市、县级人民政府作出房屋征收决定前，应当按照有关规定进行社会稳定风险评估。"至此，我国首次将社会稳定风险评估作为征收必须履行的法定程序。

5. 2011年9月9日最高人民法院下发的《关于坚决防止土地征收、房屋拆迁强制执行引发恶性事件的紧急通知》第四条指出："必须慎用强制手段，确保万无一失……凡最终决定需要强制执行的案件，务必要做好社会稳定风险评估，针对各种可能发生的情况制定详细工作预案……"

6. 2012年，《关于建立健全重大决策社会稳定风险评估机制的指导意见》（中办发〔2012〕2号）对社会稳定风险相关事项作了较为详尽的规定。

7. 最高人民法院于2012年3月26日公布，于2012年4月10日起施行的《关于办理申请人民法院强制执行国有土地上房屋征收补偿决定案件若干问题的规定》第二条指出，申请机关向人民法院申请强制执行房屋征收补偿决定的应提供社会稳定风险评估材料。

8. 2014年10月23日，中国共产党第十八届中央委员会第四次全体会议通过了《中共中央关于全面推进依法治国若干重大问题的决定》。该决定指出："健全依法决策机制。把公众参与、专家论证、风险评估、合法性审查、集体讨论决定确定为重大行政决策法定程序，确保决策制度科学、程序正当、过程公开、责任明确。建立行政机关内部重大决策合法性审查机制，未经合法性审查或经审查不合法的，不得提交讨论。"

9. 国务院于2019年4月20日公布，自2019年9月1日起施行的《重大行政决策程序暂行条例》中规定："重大行政决策的实施可能对社会稳定、公共安全等方面造成不利影响的，决策承办单位或者负责风险评估工作的其他单位应当组织评估决策草案的风险可控性。""风险评估结果应当作为重大行政决策的重要依据。决策机关认为风险可控的，可以作出决策；认为风险不可控的，在采取调整决策草案等措施确保风险可控后，可以作出决策。"

10. 2022年2月25日中共中央、国务院发布，自2022年5月1日起施行的《信访工作条例》第五条规定："信访工作应当遵循下列原则……（五）坚持源头治理化解矛盾。多措并举、综合施策，着力点放在源头预防和前端化解，把可能引发信访问题的矛盾纠纷化解在基层、化解在萌芽状态。"

11. 一些地方政府制定关于开展社会稳定风险评估的规范性文件，如：

（1）天津市制定《天津市重大事项社会稳定风险评估暂行办法（试行）》和《天津市重点建设项目社会稳定风险分析和评估实施细则》；

（2）吉林省委、省政府下发《关于在全省推行社会稳定风险评估工作的意见》及《吉林省社会稳定风险评估工作考评办法》；

（3）广东省委、省政府办公厅联合下发《关于对重大事项进行社会稳定风险评估的实施意见》；

（4）湖北省制定《湖北省城镇房屋拆迁社会稳定风险评估办法（试行）》；

（5）南京市维护稳定工作领导小组印发《南京市城市房屋拆迁社会稳定风险评估办法》；

（6）安徽省淮北市于 2011 年 8 月 24 日发布《淮北市房屋征收社会稳定风险评估实施办法（试行）》；

（7）江苏邳州市人民政府于 2011 年 5 月 20 日印发《邳州市国有土地上房屋征收社会稳定风险评估办法》；

（8）重庆市江北区制定《江北区重大事项社会稳定风险评估实施细则（试行）》；

（9）苏州市制定《苏州市开展社会稳定风险评估工作的实施意见》；

（10）新《土地管理法》将社会稳定风险评估作为申请征收土地前必须履行的程序。

根据 2019 年 8 月 26 日第十三届全国人民代表大会常务委员会第十二次会议《关于修改〈中华人民共和国土地管理法〉、〈中华人民共和国城市房地产管理法〉的决定》第三次修正的《土地管理法》第四十七条第二款规定："县级以上地方人民政府拟申请征收土地的，应当开展拟征收土地现状调查和社会稳定风险评估……"

二、征收社会稳定风险评估的主体、内容和程序

虽然上述国家政策、行政法规、司法解释、地方政府规章以及各级政府的规范性文件都已经确立了土地与房屋征收的社会稳定风险评估机制，但是社会稳定风险评估究竟如何操作并无具体、详细、统一的规定，造成在实践中一些地方政府对社会稳定风险评估工作如何操作无所适从。存在的问题主要是"谁来评""评什么"和"如何评"问题。"谁来评"指的是谁是评估责任主体，"评什么"指的是评估的内容，而"如何评"则指的是评估程序，即评估的方式、方法和步骤。

笔者在为政府提供法律服务时对以上问题进行了实践，取得了良好的效果，现就以上三个方面的实务操作作以下提示，供读者参考。

（一）评估主体

《征补条例》第十二条规定，"市、县级人民政府作出房屋征收决定前，应当按照有关规定进行社会稳定风险评估"。即房屋征收社会稳定风险评估的责任主体应该是市、县级人民政府。但实践中得有具体的工作部门去做，而究竟应该由谁去做暂时没有具体统一的规定。

有些地方明确，有关政策的起草部门、决策的提出部门、改革的牵头部门、项目的报建部门分别是社会稳定风险评估的责任主体。也有些地方明确，当事项涉及多个部门共同完成并由政府决定的牵头部门，是负责组织实施社会稳定风险评估的责任主体，承担牵头评估的责任。

笔者建议的做法是，土地与房屋征收的社会稳定风险评估工作，当地明确规定评估责任主体的，按当地规定办。具体的社会稳定风险评估报告可以委托有关法律研究机构或法律服务机构完成（包括律师事务所或其他咨询机构）。如自2019年9月1日起施行的国务院《重大行政决策程序暂行条例》第二十三条第三款规定："开展风险评估，可以委托专业机构、社会组织等第三方进行。"又如，陕西省榆林市建立了社会稳定风险评估第三方机构库。市委维稳办经过摸底考察、实地调研、广泛讨论等工作程序，确定具备有关资质、评估质量较高的社会专业评估公司进入机构库，参与重大决策、重大项目社会稳定风险评估工作。但最终的社会稳定风险评估报告要报市、县级人民政府批准。而对外公开评估报告时（如作为证据向人民法院递交）应加盖市或县级人民政府印章。

如《新疆维吾尔自治区实施〈国有土地上房屋征收与补偿条例〉办法》第十六条规定："负责房屋征收工作的政府作出房屋征收决定前，应当组织城乡规划、建设、房产、财政、国土资源、发展改革、公安、信访、社会管理综合治理等部门，以及街道办事处、社区居民委员会进行社会稳定风险评估……"

（二）评估内容

对土地与房屋征收的社会稳定风险评估，主要应从征收的合法性、合理性、可行性和可控性四个方面进行。

1. 合法性

主要评析征收活动是否符合国家法律、行政法规、地方性规定和规章，是否符合党的路线方针、政策，是否符合法定程序，涉及群众利益的问题是否按法律政策全部落实到位。对合法性的评估要点是：

（1）分析征收建设项目是否符合法律、法规、规章和国家方针政策的规定；

（2）分析征收项目与公共利益范围类别是否相对应，是否符合国家安全、国民经济发展和社会稳定等公共利益的需要，是否符合大多数群众的根本利益；

（3）分析征收的相关法定要件是否齐全、真实有效；

（4）分析群众反映的情况、有关部门的意见和专家的意见；

（5）分析房屋征收是否已履行先前程序。

值得关注的是，自2019年9月1日起施行的国务院《重大行政决策程序暂行条例》第三章的内容是"合法性审查和集体讨论决定"，其中第一节就是关于"合法性审查"的规定，其第二十五条规定："决策草案提交决策机关讨论前，应当由负责合法性审查的部门进行合法性审查。不得以征求意见等方式代替合法性审查。决策草案未经合法性审查或者经审查不合法的，不得提交决策机关讨论。对国家尚无明确规定的探索性改革决策事项，可以明示法律风险，提交决策机关讨论。"第二十七条规定："合法性审查的内容包括：（一）决策事项是否符合法定权限；（二）决策草案的形成是否履行相关法定程序；（三）决策草案内容是否符合有关法律、法规、规章和国家政策的规定。"第二十八条规定："负责合法性审查的部门应当及时提出合法性审查意见，并对合法性审查意见负责。在合法性审查过程中，应当组织法律顾问、公职律师提出法律意见。决策承办单位根据合法性审查意见进行必要的调整或者补充。"

2. 合理性

主要评析征收活动是否符合科学发展观的要求，是否顾及绝大多数群众的利益，是否兼顾了各方面不同利益群体的利益，是否兼顾了群众的长远利益和现实利益，是否遵循了公平、公正、公开的原则；同时要评析征收建设项目是否会破坏环境，征收建设项目完工之后，对原有环境是进行了改善还是导致环境的恶化。

对合理性的评估要点是：

（1）对货币补偿的标准及其形成过程进行考察分析（主要看评估机构的选择、房屋评估的方法、程序以及与同类房屋市场价值的比较）；

（2）对产权调换方案、差价结算原则、标准、方法进行分析；

（3）对大概有多少被征收人同意货币补偿，有多少人同意产权调换进行分析考察并认定；

（4）对征收补偿方案能否为大多数被征收人接受，是否兼顾了被征收人的现实利益和长远利益，是否体现了公平补偿、决策民主、程序正当、结果公开的原则进行考察分析；

（5）对征收补偿标准是否符合房地产市场行情，补偿资金、安置房源是否落实，对困难家庭的综合保障条件是否具备进行考察分析。

3. 可行性

主要评估征收活动是否经过民主决策，是否符合本地经济社会发展的总体水平，是否符合本地财政和群众负担的承受能力，是否符合本地经济社会发展的长远规划，是否具有相对的稳定性、连续性和严密性等。同时要评估房屋征收活动的时机是否成熟，是否带来其他地方或其他利益主体的互相攀比和联动等。

对可行性的评估要点是：

（1）分析征收法律、法规、规章和政策的宣传公示工作是否充分落实到位；

（2）考察分析征收项目的土地地表物清理、房屋征收拆除施工是否会有障碍，是否存在安全风险隐患，是否会对周边环境产生较大影响，是否会造成周边群众生产、生活不方便，进而是否会引起大多数人的不满；

（3）房屋拆除施工准备工作是否到位，拆除工地管理工作是否符合规定要求。

4. 可控性

主要评估是否存在引发群体性事件的苗头性、倾向性问题，是否存在影响社会稳定的其他隐患，是否有相应的预警和应急处置预案，是否可控，是否有化解矛盾、解决问题的具体措施。

在房屋征收社会稳定风险评估方面，笔者推荐参照《新疆维吾尔自治区实施〈国有土地上房屋征收与补偿条例〉办法》中关于社会稳定风险评估的规定，即第十六条规定："……社会稳定风险评估应当包括下列内容：（一）合法性评估，评估征收行为是否符合法定条件，是否符合公共利益需要，是否经法定程序审查批准；（二）合理性评估，评估征收行为是否得到公众的理解和支持，是否兼顾了公众的现实利益和长远利益，房屋征收补偿方案是否得到大多数被征收人的认可；（三）可行性评估，评估征收补偿资金是否足额到位，产权调换房屋、周转用房是否落实，所处区位、功能、质量标准等是否得到被征收人认可；（四）可控性评估，评估实施房屋征收是否会引发群体性事件，社会稳定风险是否可控，是否制定了相应的有效防范、化解措施和应急处置预案。未经社会稳定风险评估或者经评估存在社会稳定风险的，负责房屋征收工作的政府应当作出暂缓实施或者不予实施房屋征收的决定。"

（三）评估程序（流程）

开展征收社会稳定风险评估的工作流程：

1. 进行社会稳定风险评估准备，制订评估方案

由征收部门或评估责任主体或被委托的评估单位，在市、县级政府维护社会稳定机构的参与或指导下，对即将实施的征收项目制订社会稳定风险评估方案。方案要有明确具体的工作要求和工作目标。

2. 公示告知征收建设项目的基本情况

将要实施的征收建设项目的立项许可文件、规划用地许可文件及红线范围、征地批复或国有土地使用权批准文件、房屋征收实施单位、房地产估价机构、房屋拆除施工单位、补偿安置方式标准等有关内容在征收现场公示栏或其他媒体进行公示，让被征收人充分了解该征收项目情况。

3. 开展调查统计工作

对被征收人的基本情况、被征收房屋的基本状况进行深入细致的调查和统计。调查内容包括：

（1）征收所涉及的被征收人的户数、人数、年龄、性别、受教育程度等

基本情况；

（2）重点分类统计出的有固定工作并有固定收入的被征收人人数以及其所在单位、岗位情况；

（3）重点分类统计出下岗、待岗的被征收人人数、无收入的被征收人人数；

（4）重点分类统计出享受最低生活保障标准的被征收人人数；

（5）重点分类统计出患有精神性疾病的被征收人及共同居住的人员情况，包括性别、年龄、所患精神疾病的类别、程度并应查明其监护人情况；

（6）重点分类统计出被征收人或与其共同居住的人曾经被劳改的人员情况，包括其年龄、释放时间、释放后表现以及婚姻状况和就业、待业等情况；

（7）重点统计出存在暴力倾向的被征收人情况。

4. 搜集、听取意见

采取召开座谈会、问卷调查、民意测评等形式，广泛征求各有关部门、被征收人以及社会各界对征收及补偿的意见和建议。

5. 进行专家论证

在广泛搜集和听取各方意见的基础上，组织相关群众代表、专家、党代会代表、人大代表、政协委员、律师、评估机构、政府有关部门等对征收项目的社会稳定风险进行听证或论证，评审项目实施的可行性、科学性，分析评价各项社会稳定风险因素。

6. 确定征收社会稳定风险评估对象

在以上工作的基础上确定征收社会稳定风险评估对象，这些对象包括：

（1）极力反对政府征收行为并对征收补偿方案绝对不认可且极易走极端的被征收人；

（2）同意征收但对征收补偿方案全盘予以否认或对征收补偿方案有根本性异议的被征收人；

（3）同意征收但对征收补偿方案有异议，其利益要求与补偿方案差异不大的被征收人；

（4）住房困难户；

（5）享受最低生活保障的人；

（6）劳改释放在家待业或就业的人；

（7）患有精神性疾病的人；

（8）被征收土地或房屋的抵押权人、承租人；

（9）相邻权受到建设项目影响的人；

（10）存在暴力倾向的被征收人或利益关系人。

7. 确定社会稳定风险等级

《国家发展改革委重大固定资产投资项目社会稳定风险评估暂行办法》（发改投资〔2012〕2492号）将重大项目社会稳定风险等级分为三级：

高风险：大部分群众对项目有意见、反应特别强烈，可能引发大规模群体性事件。

中风险：部分群众对项目有意见、反应强烈，可能引发矛盾冲突。

低风险：多数群众理解支持但少部分人对项目有意见，通过有效工作可防范和化解矛盾。

8. 作出征收社会稳定风险等级及风险度的评估结论

在确定风险等级之后，分别作出"停止实施""暂缓实施""分步实施"或"准予实施"的评估结论。

9. 针对有可能发生的社会不稳定事件作出的应对预案

无论评估结论是几级风险，均可以作出"分步实施"或"准予实施"的评估结论。但与此同时必须作出应对预案：

（1）建立由市、县（区）、街道、居民委员会四级组织组成的征收信访专门工作委员会，保障信访信息畅通。

（2）建立领导现场处理机制。社会不稳定事件发生之后，有关领导要迅速赶到现场，深入调查了解事件发生的原因，及时作出处理决定，并将处理情况向群众反馈。做到信息畅通，防止事态扩大，要尽量把矛盾解决在基层，把矛盾消灭在萌芽状态。

（3）建立各有关部门联动现场处理机制。因征收工作而引发的社会不稳定事件具有相当的复杂性，有时一个部门对群众所提出的问题难以解释清楚，因此需建立起各有关部门参加的社会不稳定事件现场联动处理机制。这样不但使问题的反映渠道畅通，而且使问题的处理渠道也畅通，从而有机、高效地处理不稳定事件。

（4）充分发挥人民警察在处理社会不稳定事件中的作用。对涉及治安的案件或刑事犯罪案件应依法追究相应责任。

三、征收社会稳定风险评估报告的格式与要求

（一）征收社会稳定风险评估报告的格式

截至目前，笔者尚未查找到有关土地与房屋征收社会稳定风险评估报告的标准格式，笔者根据实践经验，结合其他相类似的评估报告格式，认为应以以下格式体现土地与房屋征收社会风险评估报告：

第一部分：评估机构：首先指明法定的征收评估机构是某市或某县级人民政府所确定的房屋征收部门。如果又有委托，应指明委托机构和被委托的评估机构名称。

第二部分：进行社会稳定风险评估的法律、法规和规章依据以及市、县级人民政府、人大针对该征收项目所发布的国民经济与社会发展规划、土地使用规划、国土空间规划等规范性文件。

第三部分：进行社会稳定风险评估应坚持的原则。

第四部分：进行社会稳定风险评估的方法。

第五部分：评估过程。

第六部分：被征收人的基本情况。

第七部分：被征收房屋的状况。

第八部分：已初步制定的征收补偿安置方案内容。

第九部分：社会稳定风险评估的内容，即合法性、合理性、可行性和可控性问题。

第十部分：针对可能发生的各种社会不稳定事件的应急预案。

第十一部分：征收社会稳定风险评估报告的效力及效力期限。

第十二部分：特别事项说明。

第十三部分：提交社会稳定风险评估报告的日期。

第十四部分：结尾部分，出具评估报告的日期及机关名称并加盖印章。

（二）对社会稳定风险评估报告的要求

土地与房屋征收社会稳定风险评估涉及社会稳定大局，其对从源头上预防和化解社会矛盾，实现科学发展，构建社会主义和谐社会具有重要意义。该评估报告是政府启动和实施土地与房屋征收的重要依据，所以，对征收的社会稳定风险评估报告应有高标准的要求，笔者认为，高质量的社会稳定风险评估报告应体现以下特点：

1. 评估报告内容应全面

报告应完整地反映出土地与房屋征收所涉及的各种社会不稳定因素及所涉及的事实、推理分析过程、结论和处置预案。报告的正文内容和附件资料应齐全、配套。

2. 评估报告应客观、公正

评估机构应站在中立的立场上，在对大量数据和不稳定事实的收集整理基础上，对社会不稳定因素进行客观分析和冷静思考，结合党的时政方针和政策最终并作出结论，该结论应有充分的事实根据和法律以及政策依据。

3. 报告用语力求做到概括性与准确性相结合

社会稳定风险评估报告对非实质性问题要运用简洁的文字进行高度概括，对获得的大量的调查资料和数据进行归纳、整理、总结和分析，在此基础上说明情况，表达观点。

对涉及社会稳定的实质性问题和报告的结论性部分，要用准确的语言文字进行表述，避免使用模棱两可或易生误解的文字，对未经查实的社会不稳定事项不得轻率写入，对难以确定的社会不稳定事项应予以说明，并描述其对社会稳定风险评估结果可能产生的影响。

四、江苏省高级人民法院的规定

江苏省高级人民法院制定的《关于国有土地上房屋征收与补偿行政案件若干问题审理指南》（江苏省高级人民法院审判委员会第 26 次全体委员会讨论通过）对实务操作具有借鉴和指导意义。该指南对"社会稳定风险评估的审查"作如下规定："31. 社会稳定风险评估的审查。（1）评估主体的审查。

审查评估的主体是否为作出房屋征收决定的主体。征收人组织或者委托责任主体评估时，征收人或者社会稳定风险评估领导小组是否予以确认。（2）评估结果的审查。评估结果为'可以实施'（低风险）的，可以进行征收；评估结果为'暂缓实施'（中风险）的，是否提供证据证明已采取措施降低风险等级；评估结果为'不予实施'（高风险）的，不得进行征收。"

五、《国家发展改革委重大固定资产投资项目社会稳定风险评估暂行办法》简介

为建立和规范重大固定资产投资项目社会稳定风险评估机制，国家发展改革委印发了《国家发展改革委重大固定资产投资项目社会稳定风险评估暂行办法》（发改投资〔2012〕2492号，以下简称《稳评办法》）。《稳评办法》的主要内容是：

（一）《稳评办法》的适用范围

凡国家发展改革委审批、核准或者核报国务院审批、核准的在中华人民共和国境内建设实施的固定资产投资项目（以下简称项目），适用于《稳评办法》。

（二）开展稳评工作的实施主体

1. 社会稳定风险分析的实施主体是项目单位。

2. 社会稳定风险评估报告的实施主体由项目所在地人民政府或有关部门指定。

（三）稳评工作的意义

1. 国务院有关部门、省级发展改革部门、中央管理企业在向国家发展改革委报送项目可行性研究报告、项目申请报告的申报文件中，应当包含对该项目社会稳定风险评估报告的意见，并附社会稳定风险评估报告。

2. 评估主体作出的社会稳定风险评估报告是国家发展改革委审批、核准或者核报国务院审批、核准项目的重要依据。评估报告认为项目存在高风险或者中风险的，国家发展改革委不予审批、核准和核报；存在低风险但有可

靠防控措施的，国家发展改革委可以审批、核准或者核报国务院审批、核准，并应在批复文件中对有关方面提出切实落实防范、化解风险措施的要求。

（四）稳评的内容

稳评框架体系主要分为两部分内容，一是社会稳定风险分析，二是社会稳定风险评估。社会稳定风险分析应当作为项目可行性研究报告、项目申请报告的重要内容并设独立篇章。

1. 风险分析篇章的主要内容

（1）风险调查，即应当对社会稳定风险进行调查分析；

（2）风险查找识别，即查找并列出风险点；

（3）风险估计，对风险发生的可能性及影响程度进行预测；

（4）防范化解措施，针对有可能发生的风险提出防范和化解风险的方案措施；

（5）风险等级判断，提出采取相关措施后的社会稳定风险等级建议。

2. 风险等级

《稳评办法》将重大项目社会稳定风险分为高、中、低三个等级。其中高风险是指大部分群众对项目有意见、反应特别强烈，可能引发大规模群体性事件。中风险是指部分群众对项目有意见、反应强烈，可能引发矛盾冲突。低风险指多数群众理解支持但少部分人对项目有意见，通过有效工作可防范和化解矛盾。

3. 评估报告的主要内容

项目建设实施的合法性、合理性、可行性、可控性，可能引发的社会稳定风险，各方面意见及其采纳情况，风险评估结论和对策建议，风险防范和化解措施以及应急处置预案等。

（五）开展稳评的程序

项目单位在组织开展重大项目前期工作时，应当对社会稳定风险进行调查分析，征询相关群众意见，查找并列出风险点、风险发生的可能性及影响程度，提出防范和化解风险的方案措施，以及采取相关措施后的社会稳定风险等级建议。

（六）各地应建立本地区的重大项目社会稳定风险评估机制

《稳评办法》规范的是国家发展改革委重大项目的稳评工作，各地方的重大项目的稳评工作还需要各地方制定相应办法进行规范。

六、国家发展和改革委员会重大固定资产投资项目社会稳定风险分析篇章和评估报告编制大纲

为规范和指导重大固定资产投资项目社会稳定风险分析和评估工作，国家发展和改革委员会办公厅于2013年2月17日印发《重大固定资产投资项目社会稳定风险分析篇章编制大纲及说明（试行）》和《重大固定资产投资项目社会稳定风险评估报告编制大纲及说明（试行）》。这两个大纲都是"试行"，是宏观层面的指导性大纲，需各行业、各地方完善，实施一段时间后，国家发改委会适时修订。

七、作出房屋征收决定的决策程序

经政府常务会议讨论决定是否（或如何）对房屋实施征收是政府的决策程序。由于房屋征收工作涉及广大群众的根本利益，涉及社会的稳定，涉及城市工业化和城镇化的进程，所以，在履行社会稳定风险评估程序的同时有条件地履行决策程序是非常必要的，该程序会有效地避免一些不科学、盲目的房屋征收项目的实施。《征补条例》第十二条第一款规定："市、县级人民政府作出房屋征收决定前，应当按照有关规定进行社会稳定风险评估；房屋征收决定涉及被征收人数量较多的，应当经政府常务会议讨论决定。"这里的"数量较多"的标准由地方性法规或规章来规定，如《浙江省国有土地上房屋征收与补偿条例》第十三条规定："房屋征收涉及一百个以上被征收人或者符合设区的市、县（市、区）人民政府规定的其他情形的，房屋征收决定应当经政府常务会议讨论决定。"又如《沈阳市国有土地上房屋征收与补偿办法》第十一条规定："房屋征收项目涉及被征收人1000户以上的，应当经区、县（市）人民政府常务会议讨论决定。"再如陕西省《铜川市国有土地上房屋征

收与补偿暂行办法》第十二条第（四）项规定："房屋征收涉及被征收人 50 户以上的，须经市政府常务会议讨论决定。"复如山东省《济宁市国有土地上房屋征收与补偿办法》第二十条第二款规定："房屋征收决定涉及被征收人 1000 户以上的，应当经拟作出房屋征收决定的政府常务会议讨论决定。"

第二节　法院判例及其对实务操作的启示

一、未经社会风险评估或政府常务会议讨论的房屋征收决定违法
——陈某某、王某某诉山东省菏泽市成武县人民政府房屋征收决定案

【裁判文书号】最高人民法院（2019）最高法行申 6515 号行政裁定书

【裁判要旨】行政机关不能提供证据证明其作出案涉房屋征收决定前进行了有效的社会稳定风险评估，也无法提供被诉房屋征收决定作出前经过政府常务会议讨论的证据，因而应当承担举证不能的不利后果，即被诉房屋征收决定并不符合《征补条例》第十二条第一款的规定，应当认定为违反法律规定，确认违法。

鉴于涉案土地拆迁改造项目的目的在于适应经济和社会发展，有利于改善和提高居民的生活状况，相关房屋征收活动能够满足《征补条例》对于旧城区改造的各项条件要求。片区内绝大多数居民已经签署拆迁补偿协议并拆除房屋，从保障已形成权利义务的稳定性和维护公共利益的方面考虑，此房屋征收补偿决定亦不宜撤销，符合行政诉讼法前述规定情形。

【实务操作启示】社会稳定风险评估是政府作出房屋征收决定前和集体土地征收批复前的法定程序，如未履行该程序政府在涉诉行政案件中必将会被人民法院判决确认为违法或予以撤销。

二、征收决定未经政府常务会议讨论的属违反法定程序

——郑某某等 38 人诉山东省五莲县人民政府撤销行政征收决定案

【裁判文书号】最高人民法院（2018）最高法行申 640 号行政裁定书

【裁判要旨】房屋征收决定涉及被征收人数量较多的，应当经政府常务会议讨论决定。本案中，被诉行政机关对涉及被征收人数众多的房屋征收项目，作出涉案征收决定前未经政府常务会议讨论决定，构成程序违法。鉴于撤销涉案征收决定将会给社会公共利益造成重大损害，故人民法院在判决确认被诉行政机关未经政府常务会议讨论决定即作出涉案征收决定的行政行为程序违法的同时，责令其采取补救措施，符合法律规定。

【实务操作启示】房屋征收决定涉及被征收人数量较多的，应当经政府常务会议讨论决定。此处的"数量较多"《征补条例》没有具体量化，实践中要看地方政府是如何规定的，当符合"数量较多"条件而未经政府常务会议讨论决定即作出征收决定的则构成程序违法。但程序违法未必导致撤销被诉征收决定行政行为的后果，即撤销征收决定将会给社会公共利益造成重大损害时人民法院将转换判决为确认被诉行政行为违法，并可责令被告采取补救措施。

第三节 社会稳定风险评估文书范本

文书一、_____建设项目征收社会稳定风险评估走访调查意见表

<table>
<tr><td rowspan="5">被调查人
基本情况</td><td>姓 名</td><td>性 别</td><td>身份证号</td><td>文化程度</td></tr>
<tr><td></td><td>男□ 女□</td><td></td><td></td></tr>
<tr><td colspan="3">家庭住址（房屋坐落）：</td></tr>
<tr><td colspan="3">职业（工作单位）：</td></tr>
<tr><td colspan="2">房产证号：</td><td>土地证号：</td></tr>
<tr><td colspan="4" align="center">调 查 内 容</td></tr>
<tr><td>相关问题</td><td colspan="2">被调查人的意见</td><td>备注</td></tr>
<tr><td>你对_____项目建设有何意见（同意与否）</td><td colspan="2"></td><td rowspan="3">需被调查人亲笔签字</td></tr>
<tr><td rowspan="2">你选择的补偿方式是</td><td colspan="2">我选择货币补偿：</td></tr>
<tr><td colspan="2">我选择产权调换：</td></tr>
<tr><td>对货币补偿有何要求</td><td colspan="2"></td><td></td></tr>
<tr><td>对产权调换有何要求</td><td colspan="2"></td><td></td></tr>
<tr><td>是否自愿签订征收补偿协议</td><td colspan="2"></td><td></td></tr>
<tr><td>对征收决定不服时准备采取哪种方式解决</td><td colspan="2">信访方式□　行政复议方式□
诉讼方式□　其他方式□</td><td></td></tr>
<tr><td>对补偿决定不服时准备采取哪种方式解决</td><td colspan="2">信访方式□　行政复议方式□
诉讼方式□　其他方式□</td><td></td></tr>
<tr><td>其他调查情况</td><td colspan="2"></td><td></td></tr>
<tr><td>调查时间：_____
_____年_____月_____日</td><td colspan="2">调查人（至少两人签字）：
被调查人：</td><td>记录：</td></tr>
</table>

文书二、_____建设项目征收社会稳定风险评估论证（座谈）会会议记录

时间：_____年_____月_____日_____时。

地点：_____会议室。

议题：_____建设项目征收社会稳定风险评估论证（座谈）会。

参加会议单位及人员（签到）：

会议主持人：

主持人：首先由评估机构征收部门宣读"_____建设项目征收社会稳定风险评估报告"，并介绍土地或房屋征收补偿方案的基本内容和征收的相关情况。

评估机构：……

主持人：请大家充分发表意见。

_____：……

_____：……

_____：……

主持人：好，请大家把填写好的《_____项目建设征收社会稳定风险评估论证（座谈）会会议记录》交到会议记录人那里。今天会议就到这里，谢谢大家，散会。

会议记录人：

文书三、_____建设项目征收社会稳定风险评估论证（座谈）会意见表

参会人基本情况	姓名	工作单位	职务

论证（座谈）会内容			
相关问题	参会人意见		
是否同意对_____建设项目实施征收			
是否同意_____建设项目征收补偿方案。如有不同意见，请简述不同意见的内容			
是否同意已经形成的征收社会稳定风险评估报告。如有不同意见，请简述不同意见的内容			
其他意见或建议			
论证（座谈）会时间	论证（座谈）会地点	论证（座谈）会主持人	记录
_____年_____月_____日			

文书四、_____建设项目征收社会稳定风险评估报告（内容提要）

社会稳定风险，是指一种导致社会冲突，危及社会稳定和社会秩序的可能性，一旦这种可能性变为现实，社会稳定风险就会转变成公共危机。土地或房屋征收社会稳定风险评估是指市、县级人民政府在实施土地或房屋征收决定前，根据有关规定，对可能危及社会稳定和社会秩序的因素开展系统、详细、有序的调查，在了解民情、反映民意的基础之上，对潜在风险进行先期预测、先期介入、先期化解，对有可能发生影响社会稳定的群体性事件进行事前评价，并制订应对预案，以实现科学决策、民主决策、依法决策，切实维护最广大人民群众的根本利益，维护社会稳定，更好地确保建设项目的顺利实施。

根据《土地管理法》《征补条例》和《_____省土地管理法实施办法》或《_____省国有土地上房屋征收与补偿条例》及《_____省、市集体土地征收或房屋征收社会稳定风险评估办法》等的有关规定，我们会同市（县、区）维稳办、市（县、区）信访局、市（县、区）财政局、市（县、区）公安局、街道办事处（乡镇人民政府）、相关专家成立了_____项目土地或房屋征收社会稳定风险评估小组。抽调专人入户调查研究，了解社情民意，广泛听取意见和建议，对_____建设项目的土地或房屋征收进行了全面、认真的社会稳定风险评估，形成评估报告如下：

一、征收项目基本情况

（一）征收项目名称

（二）征收范围

（三）征收目的

（四）征收实施时间和期限

（五）征收范围内住户和单位状况及房屋和土地使用权状况

（六）征收范围内被征收土地、房屋的基本情况

（七）被征收人选择补偿方式的情况

（八）符合"四规划、一计划"或"成片开发标准"情况

（九）征收补偿资金到位情况

（十）其他情况

二、征收补偿方案公告和征求意见情况

（一）征求意见的时间、方式

（二）征求意见的主要内容、相关的意见和建议

（三）听证情况

（四）补偿方案修改情况

三、对"四性"的评估

（一）对项目征收的合法性评估

主要评估征收活动是否符合国家法律、行政法规、地方性规定和规章，是否符合党的路线方针、政策，是否符合法定程序，涉及群众利益的问题是否按法律政策全部落实到位。

（二）对项目征收的合理性评估

主要评估征收活动是否符合科学发展观的要求，是否顾及绝大多数群众的利益，是否兼顾了各方面不同利益群体的利益，是否兼顾了群众的长远利益和现实利益，是否遵循了公平、公正、公开的原则。同时要评估征收建设项目是否会破坏环境，征收建设项目完工之后，对原有环境是进行了改善还是导致环境的恶化。

（三）对项目征收的可行性评估

主要评估征收活动是否经过民主决策，是否符合本地经济社会发展的总体水平，是否符合本地财政和群众负担的承受能力，是否符合本地经济社会发展的长远规划，是否具有相对的稳定性、连续性和严密性等。同时要评估房屋征收活动的时机是否成熟，是否带来其他地方或其他利益主体的互相攀比和联动等。

（四）对项目征收的可控性评估

主要评估是否存在引发群体性事件的苗头性、倾向性问题，是否存在影响社会稳定的其他隐患，是否有相应的预警和应急处置预案，是否可控，是否有化解矛盾、解决问题的具体措施。

四、对实施征收产生的风险进行等级划分和研判并作出评估结论

高风险：大部分群众对项目有意见、反应特别强烈，可能引发大规模群体性事件。

中风险：部分群众对项目有意见、反应强烈，可能引发矛盾冲突。

低风险：多数群众理解支持但少部分人对项目有意见，通过有效工作可防范和化解矛盾。

评估为高风险和中风险的，评估主体要制订化解风险的工作预案，并提出可实施、暂缓实施、不可实施的评估结论（建议）。

五、风险防范措施和处置预案

成立风险防范和社会稳定组织领导机构、各专门机构、人员和工作职责。组织机构的运行机制、责任机制，各种风险的防范机制、措施，达到责任到人，有效控制。

建立由区、县（市）、乡镇人民政府（街道办）、居民委员会（村民委员会）三级组织组成的征收信访专门工作委员会，专门处理征收过程中发生的信访事件并保障信访信息畅通。建立领导现场处理机制，建立各有关部门联动现场处理机制，充分发挥公安机关在处理社会不稳定事件中的作用，对涉及治安的案件或刑事犯罪案件应依法追究行为人的法律责任。在实施征收补偿行政行为时，告知被征收人或利益相关人，对政府实施的征收补偿的行政行为享有救济的权利，并且明确告知其提起行政复议和行政诉讼的权利及期限。与此同时，协调人民法院对提起行政诉讼的应依法立案，确保被征收人的维权渠道畅通无阻，谨防被征收人因告状无门而采取其他极端措施。

评估机构

_____年_____月_____日

第四节 公告房屋征收决定

一、作出房屋征收决定并予以公告

（一）房屋征收决定由市、县级人民政府作出

有权作出房屋征收决定的行政主体是市、县级人民政府。市、县级人民政府的工作部门（包括房屋征收部门）不能以自己的名义作出房屋征收决定，否则属于超越职权的行为。实践中，有些地方以乡镇政府名义或以某建设项目征收指挥部名义作出的征收决定都是违法的。

原则上，开发区管委会不具有作出房屋征收决定的职权；经国务院批准和省级人民政府批准并报国务院备案的国家级高新技术产业开发区管理委员会具有作出征收房屋决定的职权；地方性法规授权的开发区管委会可以作出房屋征收决定；依地方性法规经地方政府授权或委托的开发区管委会可以作出房屋征收决定。

（二）房屋征收决定应当予以公告

市、县级人民政府作出房屋征收决定后应当予以公告。公告的形式应以便利被征收人完全知晓为原则。形式不应单一，至少应采取两种方式进行公告，如将房屋征收的决定张贴于被征收房屋所在地的主要道路旁的墙体上或专用宣传栏内，同时在当地普通群众能够经常看到的报纸上或广大民众经常收看的电视频道上予以公布，也可以在政府网站上予以公布。公告的时间应不少于三十天。如《浙江省国有土地上房屋征收与补偿条例》第三十八条第二款规定，"公告应当在房屋征收范围内的住宅小区主要出入口、公告栏等醒目位置张贴，通过政府门户网站、报纸等媒体发布"。

（三）房屋征收决定公告应载明的主要内容

房屋征收决定公告应载明的主要内容包括：

1. 征收补偿方案；
2. 房屋被征收人不服房屋征收决定可以向复议机关申请行政复议；
3. 房屋被征收人不服房屋征收决定可以向人民法院提起行政诉讼；
4. 房屋被依法征收的，国有土地使用权同时收回；
5. 房屋征收范围红线图。

以上内容是房屋征收决定公告中必须载明的事项。有些地方性法规对此亦有明确规定，如《四川省国有土地上房屋征收与补偿条例》第二十条第三款规定："房屋征收决定公告应当载明征收目的、征收范围、征收实施单位、征收补偿方案、签约期限，行政复议和行政诉讼权利以及禁止在征收范围内实施的行为等事项。"

二、公告应准确告知救济权利和期限

房屋被征收人不服房屋征收决定时，可以向上一级人民政府申请行政复议，也可以依法向人民法院提起行政诉讼。市、县级人民政府在公告征收决定时应告知复议权利和期限，并应同时告知行政诉讼权利和期限。

《行政诉讼法》第四十六条规定："公民、法人或者其他组织直接向人民法院提起诉讼的，应当自知道或者应当知道作出行政行为之日起六个月内提出。法律另有规定的除外。因不动产提起诉讼的案件自行政行为作出之日起超过二十年，其他案件自行政行为作出之日起超过五年提起诉讼的，人民法院不予受理。"

《适用行诉法解释》第六十四条和第六十五条分别规定："行政机关作出行政行为时，未告知公民、法人或者其他组织起诉期限的，起诉期限从公民、法人或者其他组织知道或者应当知道起诉期限之日起计算，但从知道或者应当知道行政行为内容之日起最长不得超过一年。复议决定未告知公民、法人或者其他组织起诉期限的，适用前款规定。""公民、法人或者其他组织不知道行政机关作出的行政行为内容的，其起诉期限从知道或者应当知道该行政行为内容之日起计算，但最长不得超过行政诉讼法第四十六条第二款规定的起诉期限。"

无疑，作为房屋被征收人的行政相对人"知道或应当知道"行政行为的最直接方式就是看到了公告，所以在房屋征收决定的公告中准确告知行政相对人复议或诉讼的期限具有重要的法律意义。

三、做好房屋征收补偿的宣传和解释工作

市、县级人民政府作出房屋征收决定并公告之后，有义务向被征收人做好宣传解释工作。由于房屋征收工作涉及行政相对人的财产权益，所以该工作异常复杂和重要，那么对有关政策的宣传和解释工作也显得尤为重要。这种宣传解释工作包含了许多内容，如为什么要对相对人的房屋实施征收？房屋征收后的建设项目为什么属于公共利益？对被征收人的货币补偿标准是如何计算出来的？用于产权调换的房屋位置在何处？用于产权调换的房屋户型、面积、构造、价值、差价如何结算？被征收人所享受的其他待遇有哪些？应如何兑现？凡此种种，均应向被征收人一一进行解释。另外，市、县级人民政府以及房屋征收部门还应根据社会稳定风险评估报告，有针对性地开展社会维护稳定工作，派专人做好信访接待、处理工作。

第五节 法院判例及其对实务操作的启示

征收决定应做到证据确凿、适用法律法规正确、符合法定程序
——宋某某诉济宁市任城区人民政府房屋征收决定案

【裁判文书号】最高人民法院（2018）最高法行申5975号行政裁定书
【裁判要旨】被申请人任城区政府于2016年6月12日作出《西红庙片区棚户区改造项目房屋征收决定》（以下简称被诉征收决定），涉案房屋占用的土地系集体土地，二审期间其提交的新证据济宁市农民负担监督卡可以证明该土地在2002年尚属集体性质，被申请人未完全履行征收集体土地为国有土

地的法定程序。被申请人作出被诉征收决定，不符合《征补条例》第八条、第九条之规定，评估机构的选定程序存在明显、重大违法之处，征收补偿资金并未足额到位，《西红庙片区棚户区改造项目房屋征收与补偿方案》有违《立法法》确立的"下位法不得违背上位法"的原则，且原审法院未对被申请人是否依法对其给予补偿进行审查。故此，请求再审法院撤销一、二审判决，改判撤销被诉征收决定。

本案的核心争议在于被申请人任城区政府作出的被诉征收决定是否合法。根据原审法院查明的事实，任城区政府在履行对征收范围内的房屋进行冻结、组织协商选定评估机构并将选定结果予以公告、公布房屋征收与补偿方案（征求意见稿）并广泛听取被征收人的意见、汇总修改意见并公布房屋征收与补偿方案、入户实地勘察并公布权属调查结果、进行社会稳定风险评估等相应程序之后，于2016年6月12日作出被诉征收决定。结合宋某某的申请再审理由，再审法院主要从以下几个方面对该征收决定的合法性问题予以评判：

一、关于涉案房屋占用土地的性质问题。原审法院查明，山东省人民政府于1998年12月2日作出《关于同意济宁市市中区、金乡县等部分农民农村户口转为城镇居民户口的批复》（鲁政字〔1998〕321号），同意金城镇西红庙村379户农村户口转为城镇居民户口，对现有集体土地登记造册，由所在县、区土地管理局代政府收归国有、统一管理。部分居民虽仍持有1989年颁发的集体土地使用权证，但不足以否定宋某某所在村的原集体土地经山东省人民政府批复已收归国有的事实，原审法院结合该辖区内部分居民根据上述批复已更换国有土地使用权证的情况，作出涉案房屋所占用的土地应为国有土地的认定并无不当。宋某某主张涉案土地为集体性质，对此本院不予支持。

二、关于涉案征收是否符合公共利益需要问题。结合任城区政府在原审中提交的《关于公布2016年棚户区改造任务分解落实项目的通知》（鲁建住字〔2015〕25号）、山东省济宁市任城区发展和改革局《关于金城街道西红庙片区棚户区改造项目符合国民经济和社会发展计划的复函》以及山东省济宁市城乡规划局任城区分局《关于西红庙棚户区改造计划意见》等一系列证据，能够证明涉案项目系山东省确定的棚户区改造项目，任城区政府作出被诉征收决定符合《征补条例》第八条、第九条之规定。

三、关于征收补偿费用是否足额到位、专户存储、专款专用问题。根据《征补条例》第十二条之规定，作出房屋征收决定前，征收补偿费用应当足额到位、专户存储、专款专用。上述法律规定设立征收补偿资金专用账户，是基于保障被征收人及时得到补偿，征收利益不被违法侵害的考量。本案中，任城区政府在被诉征收决定作出之前已将补偿费用足额拨付任兴集团，任兴集团作为本次房屋征收活动的资金平台也已将涉案项目拆迁补偿款2000万元存入金城街道办事处在农村信用社的账户。二审法院进一步结合本案房屋征收范围内绝大部分被征收户已签订协议的情况及安置楼房的建设情况，认定任城区政府能够在征收补偿问题上保证被征收人的权益。需要指出的是，虽然法律没有对设立征收补偿资金专用账户的方式予以明确规定，但仍应当由房屋征收部门以自己的名义设立征收补偿资金专用账户，以确保征收补偿费用足额到位、专户存储、专款专用。故任城区政府在本次房屋征收活动中拨付补偿资金的实际做法，容易引起被征收人的合理质疑，希望任城区政府在以后的工作中加以注意。

四、关于征收补偿方案是否合理合法的问题。在国有土地上房屋征收与补偿过程中，征收补偿方案是市、县级人民法院作出房屋补偿决定的重要依据。但征收补偿方案并非针对单个权利主体，而是针对所有被征收人作出的征收补偿标准和方式。对单个权利主体的权益产生实质影响的是其后作出的房屋征收补偿决定，并且在被征收人对房屋征收补偿决定依法提起行政诉讼，人民法院审查房屋征收补偿决定时，也将一并对征收补偿方案的合法性进行审查。换言之，征收补偿方案的效力已被房屋征收补偿决定所吸收，被征收人完全可以通过起诉房屋征收补偿决定维护自身合法权益。本案审查重点在于征收决定的合法性，对于征收补偿方案一般仅作形式意义上的审查。根据原审法院查明的事实，涉案征收补偿方案系依据《征补条例》《山东省国有土地上房屋征收与补偿条例》以及《济宁市国有土地上房屋征收与补偿办法》制定，包括征收补偿方式、住宅房屋货币补偿及产权调换、搬迁费、奖励办法等内容。任城区政府在被诉征收决定作出之前，已就征收补偿方案广泛征求意见并将根据公众意见修改的情况及时予以公布，此后在被诉征收决定中一并对补偿方案进行公示，符合《征补条例》之规定。宋某某如认为其征收利益受损，可在此后的房屋征收补偿或赔偿程序中依法寻求权利救济。

【实务操作启示】《行政诉讼法》第六十九条规定："行政行为证据确凿，适用法律、法规正确，符合法定程序的，或者原告申请被告履行法定职责或者给付义务理由不成立的，人民法院判决驳回原告的诉讼请求。"此条规定的"行政行为证据确凿，适用法律、法规正确，符合法定程序"实际上就是衡量房屋征收决定行政行为是否合法的标准。在房屋征收实务工作中，应确保征收决定在证据确凿，适用法律、法规正确，符合法定程序这三个方面符合法律规定的标准，否则极有可能承担败诉的法律后果。

第六节　房屋征收决定及公告文书范本

文书一、关于报请对_____建设项目范围内房屋作出征收决定的报告（文号）

_____人民政府：

根据国务院《征补条例》《_____省国有土地上房屋征收与补偿条例》及《_____市国有土地上房屋征收与补偿办法》的有关规定，现已具备对_____项目范围内国有土地上的房屋实施征收的前提条件，为确保项目建设的顺利实施，现报请_____人民政府作出房屋征收决定。

特此报告。

附件：

1. _____项目房屋征收补偿方案；
2. _____项目房屋征收补偿资金证明；
3. _____项目房屋征收社会稳定风险评估报告。

<u>房屋征收部门</u>
_____年_____月_____日

文书二、_____区、县（市）人民政府_____建设项目国有土地上房屋征收决定（文号）

为了公共利益的需要，根据国务院《征补条例》《_____省国有土地上房屋征收与补偿条例》及《_____市国有土地上房屋征收与补偿办法》的有关规定，_____人民政府决定对_____项目实施房屋征收，现就房屋征收有关事项决定如下：

一、建设项目名称_____

二、征收范围

东起_____西至_____；南起_____北至_____。

具体征收范围以公布的红线图为准。

三、征收当事人

征收人：_____人民政府

被征收人：征收范围内的房屋所有权人。

房屋征收部门：_____

征收实施单位：_____

三、征收实施时间：自本决定公告之日起实施。

四、签订补偿协议期限：_____年_____月_____日至_____年_____月_____日。

搬迁期限：_____年_____月_____日至_____年_____月_____日。

五、征收补偿安置：按照政府批准实施的房屋征收补偿方案对被征收人进行补偿（征收补偿方案详见附件）。

六、征收范围内的房屋及其附属物被依法征收的，国有土地使用权同时收回。

七、被征收人应当积极配合房屋征收工作，在规定的签约期限内，按照征收补偿方案的规定与房屋征收部门签订房屋征收补偿协议，完成搬迁。

八、房屋征收部门（或房屋征收实施单位）和被征收人在本决定规定的签约期限内达不成补偿协议或者被征收房屋所有权人不明确的，由_____人民政府按照《征补条例》等的规定和本项目房屋征收补偿方案的规定作出补偿决定。被征收人对补偿决定不服的，可以依法申请行政复议，也可以依法提起行政诉讼。被征收人在法定期限内不申请行政复议或者不提起行政诉讼，在补偿决定规定的期限内又不搬迁的，由_____人民政府依法申请人民法院强制执行。

九、被征收人如对本房屋征收决定不服的，可在本决定公告之日起60日内依法向_____市人民政府申请行政复议，也可以在六个月内向人民法院提起行政诉讼。

_____人民政府
_____年_____月_____日

文书三、_____区、县（市）人民政府_____建设项目国有土地上房屋征收决定公告

为了公共利益的需要，根据国务院《征补条例》《_____省国有土地上房屋征收与补偿条例》及《_____市国有土地上房屋征收与补偿办法》的有关规定，_____人民政府已于_____年_____月_____日作出（文号）《_____人民政府_____项目国有土地上房屋征收决定》，现依法进行公告（后附房屋征收决定和房屋征收补偿方案）。

被征收人如对房屋征收决定不服，可在本公告之日起60日内依法向_____市人民政府申请行政复议，也可以在六个月内向人民法院提起行政诉讼。

房屋征收部门联系电话：_____房屋征收实施单位现场接待地点：_____

房屋征收实施单位联系电话：_____ 监督举报电话：_____

特此公告。

附件：

1.《_____人民政府_____项目国有土地上房屋征收决定》
2.《_____项目房屋征收补偿方案》
3.《_____项目房屋征收范围红线图》

_____人民政府
_____年_____月_____日

·中篇·
征收补偿

第七章
补偿内容

无论是征收国有土地上的房屋还是征收农村的集体土地，均涉及征收补偿的具体项目、内容、标准和补偿方式。对此问题，《土地管理法》和《征补条例》均有明确的规定，笔者在本章将对其进行详尽阐述，对实务操作中遇到的相关重点、焦点和难点问题结合人民法院的判例进行论述和实务提示，并总结实践中相关程序使用的文书示范文本。

第一节 征收补偿的具体内容

一、征收农民集体土地"五加一"补偿内容

新《土地管理法》第四十八条第二款规定："征收土地应当依法及时足额支付土地补偿费、安置补助费以及农村村民住宅、其他地上附着物和青苗等的补偿费用，并安排被征地农民的社会保障费用。"据此，笔者将集体土地征收补偿的内容概括为"五加一"。"五"的内容，一是指土地补偿费；二是指安置补助费（包括搬迁费、临时过渡费）；三是指住宅补偿费；四是指地上附着物和青苗补偿费；五是指因征收集体土地或住宅造成停产停业损失费。

需要指出的是，新《土地管理法》虽未明确指出停产停业损失补偿费。但"其他地上附着物和青苗等的补偿费用"中的"等"字则将该项费用囊括在内。在实践中，征收农民集体土地时经常会发生这些费用，这些费用是政府应该支付给集体经济组织或其成员的。加"一"的内容是指支付给被征地

农民的社会保障费用。

二、征收国有土地上房屋"三加一"补偿内容

《征补条例》第十七条规定："作出房屋征收决定的市、县级人民政府对被征收人给予的补偿包括：（一）被征收房屋价值的补偿；（二）因征收房屋造成的搬迁、临时安置的补偿；（三）因征收房屋造成的停产停业损失的补偿。市、县级人民政府应当制定补助和奖励办法，对被征收人给予补助和奖励。"据此，笔者将国有土地上房屋征收补偿的内容概括为"三加一"。所谓"三"，一是指对被征收房屋价值的补偿。既包括被征收房屋本身及其附属物的补偿，也包括房屋及附属物所占用范围内的土地价值补偿，还包括房屋室内装饰装修价值的补偿。二是指对因征收房屋造成的搬迁、临时安置的补偿。因征收房屋导致被征收人搬迁的，房屋征收部门要向被征收人支付搬迁费。搬迁费是个大的补偿项目，在搬迁费项目下还包括许多小的搬迁项目费用，如搬家时要支付的运输费、人力费，电视收视设备、电表、燃气设备、有线电话、宽带上网等生活必需的公用设施设备的拆装费用。如果选择房屋产权调换的，产权调换房屋交付前，房屋征收部门应当向被征收人支付临时安置费或提供周转用房。三是指因征收房屋造成的停产停业损失的补偿。非住宅或被认定为"住改商"的房屋用于经营活动，遇到房屋被征收搬迁时必然导致停产停业。《征补条例》明确规定因征收房屋造成停产停业的，对停产停业的损失应予补偿。这是法定的补偿项目，必须兑现。

以上补偿为"三"的内容。而加"一"则是指补助和奖励。

城市房屋征收工作所涉及问题是复杂的，不同城市的政府所面临的房屋征收情况也是不同的，为顺利完成房屋征收工作，进而使公共利益建设项目顺利展开，制定适当的补助和奖励办法是必要的。为此，《征补条例》第十七条第二款规定："市、县级人民政府应当制定补助和奖励办法，对被征收人给予补助和奖励。"

但是，无论是补助还是奖励都是有前提条件的，如对按期搬迁或提前搬迁的被征收人应予奖励，超过搬迁期限的就不享受该奖励待遇。又如，补助

对象一般会针对生活困难家庭和有残疾人的家庭或享受低保的家庭等。总之，补助和奖励的目的是促使房屋征收和搬迁工作顺利展开，同时也体现公平原则，对老、弱、病、残者以特殊的待遇。具体的补助和奖励办法由市、县级人民政府根据本地和征收范围内的被征收人的具体情况制定。

第二节 补偿方式

一、征收房屋两种补偿方式

新《土地管理法》第四十八条第四款规定，对其中的农村村民住宅，应当按照先补偿后搬迁、居住条件有改善的原则，尊重农村村民意愿，采取重新安排宅基地建房、提供安置房或者货币补偿等方式给予公平、合理的补偿。《征补条例》第二十一条第一款规定，被征收人可以选择货币补偿，也可以选择房屋产权调换。

据此可以看出，征收房屋时对被征收人的补偿方式分为两种，一是货币补偿，二是产权调换。

（一）货币补偿

货币补偿是指在房屋征收补偿过程中，以房地产的市场价格为标准，以支付货币的方式对被征收人的房屋进行的补偿。

需要指出的是，该货币补偿的价格不是必须要经过房地产价格评估机构的评估来确定，征收人与被征收人可以通过协商的方式直接来确定补偿价格，进而订立征收补偿协议。《征补条例》没有强制要求对房屋价值的补偿标准必须要经过评估来确定。其关键点在于"对被征收房屋价值的补偿，不得低于房屋征收决定公告之日被征收房屋类似房地产的市场价格"，这个市场价格既可以通过双方协商确定，也可以通过评估确定。如《内蒙古自治区国有土地上房屋征收与补偿条例》第二十六条规定："征收个人住宅，被征收人选择货币补偿的，应当按照同等建筑面积、类似新建商品住宅市场价格予以补偿。

被征收人有异议的，可以委托房地产价格评估机构对被征收房屋的价值进行评估。"显然，评估的前提是"被征收人有异议"，如对"同等建筑面积、类似新建商品住宅市场价格"无异议，则无须评估。

（二）产权调换

产权调换是指房屋征收部门提供合格的房屋与被征收的房屋进行调换，并分别计算价格，结清差价。为保证结清差价的交易行为公平，应将用于产权调换的房屋价值的评估时点与被征收房屋价值的评估时点一致起来。被征收房屋价值评估时点为房屋征收决定公告之日，产权调换房屋价值评估时点也应当是房屋征收决定公告之日。

二、补偿方式的选择权

市、县级人民政府在具体的房屋征收补偿方案中，应准备好用于产权调换的房屋资源，而且要说明用于调换的房屋的地点、户型、面积、配套设施以及选择不同房屋所应享受的政策等。政府不能以没有房源为理由只给予被征收人以货币补偿。究竟是选择货币补偿还是选择产权调换的权利在被征收人。

三、产权调换要贯彻住房保障政策

由于在实行产权调换时，要与被征收人计算、结清被征收房屋价值与用于产权调换房屋价值的差价。在现实生活中，有的被征收人的房屋价值非常低，个人收入也很低，有的享受的是低保。这些被征收人买不起房，政府提供的房源他们也结不起差价。据此，为保障被征收人的居住权，就应考虑住房保障问题。政府绝不能因征收公民的房屋而使其居无住所，这是保民生的底线要求。这方面很多省或地市级政府做得就非常好，如山东省《济宁市国有土地上房屋征收与补偿办法》（济政发〔2019〕7号）第三十条和第三十一条就分别规定："征收个人住宅，被征收人只有一套住宅房屋，且该房屋建筑面积低于五十平方米的，被征收人选择最低面积补偿的，征收该房屋应当按照建筑面积五十平方米所在区位新建普通商品住房的市场价格评估确定货币补偿金额或者提供建筑面积不小于五十平方米的房屋用于产权调换。用于产权调换房屋的价值大于被征收房屋所在地建筑面积五十平方米房地产的市场价格部分，由被征收人承担；用于产权调换房屋的价值小于被征收房屋所在地建筑面积五十平方米房地产的市场价格部分，由作出房屋征收决定的人民政府承担。房屋征收部门应当将符合规定条件的被征收人，在房屋征收范围内进行公示，公示期限不得少于十日。""征收个人住宅，被征收人符合住房保障条件的，作出房屋征收决定的市、区人民政府应当直接配租、配售保障性住房，不再轮候。被征收人符合住房保障条件，也符合享受最低面积补偿条件的，房屋征收部门应当征求被征收人意见，由被征收人选择住房保障或者享受最低面积补偿。"

四、原地回迁

《征补条例》第二十一条第三款规定："因旧城区改建征收个人住宅，被征收人选择在改建地段进行房屋产权调换的，作出房屋征收决定的市、县级人民政府应当提供改建地段或者就近地段的房屋。"即在旧城区改建的房屋征收产权调换补偿方式中，被征收人享有原地回迁的权利。原地回迁是一个强制性条款，对符合回迁条件的被征收人要求回迁时，作出房屋征收决定的市、县级人民政府应当提供相应的房屋来安置被征收人。

（一）适用原地回迁补偿安置方式的条件

适用原地回迁的条件是：（1）因旧城区改建征收房屋的；（2）征收的房屋是个人住宅；（3）被征收人选择在改建地段进行房屋产权调换。

（二）原地回迁条件的位置应是原改建地段或就近地段

改建地段是指原被征收人房屋所在的地理位置，其范围是该旧城区改建项目所在区域。就近地段则是指与被征收人原有房屋的距离较近，而且与原房屋所在的地理位置相当，生活成本相同，公共服务设施以及其他配套设施也大致相同，周边房价基本一致的地段。其实"就近地段"是一个模糊概念，由于各地经济发展状况、周边环境以及生活习惯都不一样，所以在全国范围内很难制定出一个"就近地段"的标准,各地可根据具体情况制定标准。

第三节 房屋价值的补偿及搬迁费、临时安置费

一、对被征收房屋价值的补偿

《征补条例》第十七条规定的对被征收房屋的补偿第一项就是被征收房屋价值的补偿。

被征收房屋价值的补偿包括以下内容：（1）被征收房屋的价值。被征收房屋本身的价值，由具有相应资质的房地产估价机构，依照房屋征收评估办法评估确定。其不得低于房屋征收决定公告之日类似房地产的市场价值。一般来说，被征收房屋可分为三类：低档被征收房屋，包括棚户区平房、四层以下住宅楼；中档被征收房屋，包括四层以上住宅楼、厂房、经营性用房等；高档被征收房屋，包括别墅、高档住宅楼等。（2）附属物的价值。包括围墙、管道、水井等，是指与房屋主体建筑有关的附属建筑物或构筑物。附属物的价值在对房屋价值评估时一并进行评估确定。（3）室内外装饰装修价值的补偿。室内外装饰装修价值在对房屋价值评估时一并进行评估确定。（4）房屋占用范围内国有土地使用权的价值补偿。包括对空地和院落的补偿，其价值亦在对房屋价值评估时一并进行评估确定。

二、搬迁费、临时安置费及周转用房

因征收房屋导致被征收人搬迁的，房屋征收部门要向被征收人支付搬迁费，搬迁费只是个大的补偿项目费用，在搬迁费项目下还包括许多小的搬迁项目费用，如搬家时要支付的运输费、人力费、电视收视设备、电表、燃气设备、有线电话、宽带上网等生活必需的公用设施设备的拆装费用。如果选择房屋产权调换的，产权调换房屋交付前，房屋征收部门应当向被征收人支

付临时安置费或提供周转用房。房屋征收部门向被征收人提供周转用房的，可不用支付临时安置费。由于各地经济发展水平和生活习惯不一致，所以，搬迁费以及临时安置费所包括的项目和标准应由各地制定。

如山东省《济宁市国有土地上房屋征收与补偿办法》（济政发〔2019〕7号）第三十二条规定："征收住宅房屋，房屋征收部门应当按照被征收房屋建筑面积每平方米10—15元的标准，向被征收人支付搬迁费，每户搬迁费总额不低于1000元。"第三十三条规定："征收商业、生产、办公、仓储非住宅房屋，其设施设备的拆除、运输、安装和搬迁费，按照实际发生的合理费用或者委托具有相应资质的评估机构评估确定。"第三十四条规定："征收住宅房屋，被征收人选择房屋产权调换并自行安排周转用房的，房屋征收部门应当按照房屋征收补偿协议约定向被征收人支付临时安置费。临时安置费标准为被征收房屋建筑面积每月每平方米10—15元。具体建设项目的临时安置费标准由作出征收决定的人民政府根据被征收房屋区位等因素，在征收补偿方案中确定。征收住宅房屋，被征收人选择货币补偿的，房屋征收部门应当按照前款标准，给予被征收人一次性三个月临时安置费。征收住宅房屋，被征收人选择房屋征收部门提供的周转用房的，不支付临时安置费。征收住宅房屋，因房屋征收部门的责任延长过渡期限的，对选择房屋产权调换并自行安排周转用房的被征收人，自逾期之日起按照本条第一款的标准双倍支付临时安置费；对选择房屋征收部门提供周转用房的被征收人，自逾期之日起按照本条第一款的标准支付临时安置费。"

又如内蒙古自治区鄂尔多斯市东胜区人民政府制定的《东胜区国有土地上房屋征收与补偿实施方案》（东政发〔2019〕15号）第二十二条规定："被征收人享受以下补助费：（一）临时安置补助费。被征收人异地现房产权调换的，由征收人向被征收人一次性支付3个月的临时安置补助费。被征收人选择异地期房产权调换的，原房屋确定拆除的，给被征收人提供过渡安置房屋或按实际过渡时间支付安置补助费；原房屋暂不需要拆除的，被征收人在原房屋内过渡，不再另行发放安置补助费。被征收人选择原址期房产权调换的，给被征收人提供过渡安置房屋或按实际过渡时间支付安置补助费。（二）住宅房屋临时安置补助费按被征收房屋的建筑面积实行分级补偿。被征收房屋建筑面积低于 100 平方米的，每户每月补助 1500 元；被征收房屋建筑面积超出 100 平方米的，按被征收房屋的建筑面积每平方米每月补助 15 元。商业用房的临时安置补助费，按被征收房屋建筑面积每平方米每月补助 40 元。中小企业的临时安置补助费，按被征收房屋建筑面积每平方米每月补助 20 元。（三）搬迁补助费。被征收人选择产权调换现房的，自选定房屋之日起 15 日内搬迁完毕；被征收人选择产权调换期房的，确需拆除的，签订协议之日起 15 日内搬迁完毕；被征收人选择产权调换期房的，暂不需要拆除的，安置房屋交付之日前搬迁完毕；搬迁补助费以户为单位，住宅搬迁补助费每户补助 3000 元/次；商业用房搬迁补助费每户补助 3000 元/次；中小企业按建筑面积和实际经营情况采取'一事一议'方式确定搬迁补助费。（四）移机补助费。电话移机补助 300 元，有线电视移机补助 300 元，宽带移机补助 300 元。提供被征收房屋相关设施缴费凭证的依据，方可补偿。"

第四节　停产停业损失补偿与补助奖励

一、对"住改商"房屋的认定和补偿

《征补条例》第十七条规定的补偿项目中包括"因征收房屋造成的停产停业损失的补偿"。对停产停业损失进行补偿的前提是被征收的房屋是经营性用房。如果房屋登记的性质就是商业性用房而且该房屋也正在用于营业性活动，那么在征收房屋时对其造成的停产停业的损失进行补偿没有争议。而有些房屋登记为住宅，但实际上却用于经营性活动，对该房屋性质如何认定，应否进行补偿是实务操作中不可回避的问题。《征补条例》对此问题没有详细规定。早在 2003 年 9 月 19 日国务院办公厅下发的《关于认真做好城镇房屋拆迁工作维护社会稳定的紧急通知》（国办发明电〔2004〕42 号）中规定："对拆迁范围内产权性质为住宅，但已依法取得营业执照经营性用房的补偿，各地可根据其经营情况、经营年限及纳税等实际情况给予适当补偿。"该通知规

定至今仍在沿用，不少省份在本省的征收补偿办法中也参照该通知制定认定营业性用房的标准。如《河南省实施〈国有土地上房屋征收与补偿条例〉若干规定》（豫政〔2012〕39号）第十二条规定："被征收房屋符合下列条件的，房屋征收部门应当给予被征收人停产停业损失补偿：（一）被征收房屋具有房屋权属证明或者经有关部门认定为合法建筑。（二）有合法、有效的营业执照，且营业执照上标明的营业地点为被征收房屋。（三）已办理税务登记并具有纳税凭证。"

涉及对"住改商"的补偿标准，一般由房屋征收部门根据地方政府规范性文件的规定再细化到具体的建设项目房屋征收补偿方案中。如山东省《济宁市国有土地上房屋征收与补偿办法》（济政发〔2019〕7号）第三十八条规定："以征收决定公告之日为时点，沿街、一层住宅房屋实际用于商业经营，已取得营业执照满1年，按照下列标准给予补偿：（一）1—5年（含5年）的，按照被征收房屋评估价格提高10%的标准给予补偿；（二）5—10年（含10年）的，按照被征收房屋评估价格提高15%的标准给予补偿；（三）10年以上的，按照被征收房屋评估价格提高20%的标准给予补偿。"

《征补条例》第二十三条规定："对因征收房屋造成停产停业损失的补偿，根据房屋被征收前的效益、停产停业期限等因素确定。具体办法由省、自治区、直辖市制定。"据此，绝大多数省级人民政府都制定有本辖区的国有土地上房屋征收停产停业损失的补偿办法。如北京市制定有《北京市国有土地上房屋征收停产停业损失补偿暂行办法》（京建法〔2011〕18号）；山东省制定有《山东省国有土地上房屋征收停产停业损失补偿办法》（鲁建发〔2011〕9号）；陕西省制定有《陕西省国有土地上房屋征收停产停业损失补偿办法》（陕建发〔2012〕24号）。

需要特别说明的是，如果被征收人不认可政府制定的停产停业损失费的补偿标准的，房屋征收部门或被征收人均可依据《房屋征收评估办法》第十四条第二款的规定（即"被征收房屋室内装饰装修价值，机器设备、物资等搬迁费用，以及停产停业损失等补偿，由征收当事人协商确定；协商不成的，可以委托房地产价格评估机构通过评估确定"）通过委托评估的方式确定补偿数额。

二、《民法典》对"住改商"的限制

《民法典》第二百七十九条规定:"业主不得违反法律、法规以及管理规约,将住宅改变为经营性用房。业主将住宅改变为经营性用房的,除遵守法律、法规以及管理规约外,应当经有利害关系的业主一致同意。"据此笔者认为,今后在房屋征收补偿实务操作中,应按照《民法典》的规定,对"住改商"房屋的合法性进行认定,进而决定是否对被征收人给予停产停业损失费的补偿。

三、补助和奖励费

《征补条例》第十七条第二款规定:"市、县级人民政府应当制定补助和奖励办法,对被征收人给予补助和奖励。"

在房屋征收补偿实践中,有对住房困难的被征收人给予补助的,有对病残和特困人员的补助的,也对有线电视、电话等生活设施费进行搬迁补助的。奖励主要涉及的是对提前搬迁的奖励等。

补助的一般条件是:被征收人户籍和被征收房屋地址一致;被征收人在该房屋中实际居住;被征收人仅有被征收房屋一处住房;被征收房屋评估价值低于当地最低补偿标准。补助方式既可以给予被征收人一定数量的货币补助也可以在安置面积上给予相应的增加,还可以把货币补助与增加安置面积叠加使用。

为落实《征补条例》第十七条第二款的规定精神,地方政府基本都作出了相应规定,如《新疆维吾尔自治区实施〈国有土地上房屋征收与补偿条例〉办法》第三十九条规定:"负责房屋征收工作的政府可以参考房屋分户评估报告载明的房屋现值估价结果,计算对被征收人的奖励和补助。负责房屋征收工作的政府及房屋征收部门不得对未在规定期限内签订补偿协议或者搬迁的被征收人制定惩罚性措施。"又如《沈阳市国有土地上房屋征收与补偿办法》第三十六条第(一)项规定:"搬迁奖励费用。在征收方案规定的奖励期限内搬迁的,按照建筑面积计算搬迁奖励,奖励标准为300元/平方米至500元/

平方米，每户不低于 2 万元。选择货币补偿的，每户另奖励 1 万元。"笔者在此要推荐的是内蒙古自治区鄂尔多斯市东胜区的做法。东胜区的国有土地上房屋征收与补偿实施方案对房屋征收和补偿涉及的补助和奖励的条件、程序、标准作了详尽规定，值得在实务中借鉴使用。

鄂尔多斯市东胜区人民政府于 2019 年 5 月 16 日印发《东胜区国有土地上房屋征收与补偿实施方案》（东政发〔2019〕15 号），其第十九条规定："指定区域房屋兑换凭证补偿办法：（一）住宅房屋。对《房屋所有权证》或《不动产权证书》为住宅平房或住宅楼房的被征收房屋，选择产权调换为高层电梯毛坯住宅楼的，按被征收房屋的总补偿价值调换房屋兑换凭证，并按被征收房屋建筑面积评估价格 10% 予以奖励，另外按原建筑面积 1.1 倍给予 500 元/平方米的房屋装修奖励……（三）厂房、养老院、幼儿园、学校等房屋。1. 对厂房、养老院、幼儿园、学校等被征收人，被征收房屋选择产权调换的，按被征收房屋的总补偿价值调换房屋兑换凭证。并按被征收房屋建筑面积评估价格 10% 予以奖励，另外按原建筑面积 1.1 倍给予 500 元/平方米的房屋装修奖励……"第二十条规定："非指定区域房屋兑换凭证补偿办法：（一）住宅房屋。对《房屋所有权证》或《不动产权证书》为住宅平房或住宅楼房的被征收房屋，选择产权调换为高层电梯毛坯住宅楼的，按被征收房屋的总补偿价值调换房屋兑换凭证，并按以下方式予以奖励：1. 被征收住宅房屋产权调换的，被征收人自房屋征收公告发布之日起三个月内签订产权调换协议的，按被征收房屋建筑面积评估价格 30% 予以奖励，另外按原建筑面积 1.3 倍给予 500 元/平方米的房屋装修奖励。2. 被征收人在自房屋征收公告发布之日起四个月内签订产权调换协议的，按被征收房屋建筑面积评估价格 20% 予以奖励，同时按原建筑面积 1.2 倍给予 500 元/平方米的房屋装修奖励。3. 被征收人在自房屋征收公告发布之日起五个月内签订产权调换协议的，按被征收房屋建筑面积评估价格 10% 予以奖励，同时按原建筑面积 1.1 倍给予 500 元/平方米的房屋装修奖励。4. 被征收人在自房屋征收公告发布之日起五个月后签订产权调换协议的，只按原建筑面积给予 500 元/平方米的房屋装修奖励……（三）厂房、养老院、幼儿园、学校等房屋。对厂房、养老院、幼儿园、学校等被征收人，被征收房屋进行产权调换的按照房地产价格评估机构评估的市场价格调换房屋兑换凭证，并按以下方式予以奖励：1. 被征收房屋产权调换的，被征收人在自房屋征收公告发布之日起三个月内签订异地产权调换协议的，按被征收房屋建筑面积评估价格30%予以奖励。2. 被征收人在自房屋征收公告发布之日起四个月内签订异地产权调换协议的，按被征收房屋建筑面积评估价格20%予以奖励。3. 被征收人在自房屋征收公告发布之日起五个月内签订异地产权调换协议的，按被征收房屋建筑面积评估价格10%予以奖励。4. 被征收人在自房屋征收公告发布之日起五个月后签订异地产权调换协议的不予奖励。5. 按被征收房屋（不包括装修和附属设施）价值的5%给予一次性停产停业损失补偿……"第二十六条规定："房屋征收范围内东胜户籍房屋被征收人经城乡居民最低生活保障服务中心确认为低保户，在原有补偿政策基础上，每户给予1万元的补助。经民政部门和街道办事处确认为三无人员的，每户给予1万元的补助。"第二十七条规定："被征收人住房建筑面积低于50平方米且经不动产登记中心或有关部门认定为东胜区范围内唯一住房，选择指定区域房屋兑换凭证的，建筑面积按50平方米计算并按1∶1.1比例调换房屋兑换凭证，同时按50平方米的1.1倍给予500元/平方米的房屋装修奖励；选择非指定区域房屋兑换凭证的，建筑面积按50平方米计算并按1∶1.3比例调换房屋兑换凭证，同时按50平方米的1.3倍给予500元/平方米的房屋装修奖励。"

第五节　法院判例及其对实务操作的启示

一、如何认定房屋征收补偿面积

——严某诉安徽省宣城市宣州区人民政府房屋征收补偿决定案

【裁判文书号】 最高人民法院（2017）最高法行申2871号行政裁定书

【裁判要旨】 根据《国有土地上房屋征收评估办法》第九条的规定，房屋征收评估前，房屋征收部门应当组织有关单位对被征收房屋情况进行调查，明确评估对象。对于已经登记的房屋，一般以房屋权属证书和房屋登记簿的记载为准；房屋权属证书与房屋登记簿的记载不一致的，除有证据证明房屋登记簿确有错误外，以房屋登记簿为准。对于未经登记的建筑，应当按照市、县级人民政府的认定、处理结果进行评估。

【实务操作启示】认定房屋征收补偿面积依据的是房屋权属证书和房屋登记簿及按照《征补条例》第二十四条的规定对未经权属登记的房屋进行调查、认定和处理的结果。

二、如何确定旧城区改建原地回迁的安置房源
——潘某某诉上海市静安区人民政府房屋征收补偿决定案

【裁判文书号】最高人民法院（2018）最高法行申2616号行政裁定书

【裁判要旨】《征补条例》第二十一条第三款规定："因旧城区改建征收个人住宅，被征收人选择在改建地段进行房屋产权调换的，作出房屋征收决定的市、县级人民政府应当提供改建地段或者就近地段的房屋。"《上海市国有土地上房屋征收与补偿实施细则》第二十六条第三款进一步规定："因旧城区改建征收居住房屋的，作出房屋征收决定的区（县）人民政府应当提供改建地段或者就近地段的房源，供被征收人、公有房屋承租人选择，并按照房地产市场价结清差价。就近地段的范围，具体由房屋征收部门与被征收人、公有房屋承租人在征收补偿方案征求意见过程中确定。"据此，对因旧城区改建征收的，被征收人、公有房屋承租人有选择改建地段或者就近地段房屋安置的权利。就近地段的范围，一般应考虑城市规模、交通状况、安置房源数量和户型面积等实际因素，由房屋征收部门与被征收人、公有房屋承租人在征收补偿方案征求意见过程中确定。被征收人、公有房屋承租人未在改建地段或者征收补偿方案确定的就近地段选择安置、未能达成补偿安置协议的，房屋征收部门根据房屋征收补偿法律规定，可以结合被征收房屋套型、面积和价值，被征收房屋与安置房屋匹配程度，当地对居住困难户优先保障安置方案等具体因素，选择确定更有利于保障被征收人居住权的安置房屋。

本案中，根据一审法院查明的事实，再审申请人户被征收房屋建筑面积

仅为32.3246平方米，被申请人在计算被征收房屋各项补偿、补贴款后，未将再审申请人户安置于就近地段，而选择上海市宝山区二套产权房屋进行安置，更有利于保障再审申请人户居住权。因此，被申请人将上海市宝山区房源作为安置房源，虽然不属于提供改建地段或者就近地段房源，因再审申请人户在行政征收程序中未能达成补偿安置协议，被申请人结合被征收房屋实际状况，选择市场价值明显高于被征收房屋价值、更有利于保障再审申请人及其家庭成员居住权的异地房源实施安置，符合《城市房地产管理法》第六条有关"征收个人住宅的，还应当保障被征收人的居住条件"的规定，也不违反《征补条例》第二条有关规定，为了公共利益的需要，征收国有土地上单位、个人的房屋，应当对被征收人给予公平补偿的规定，依法应予支持。

【实务操作启示】就近地段的范围，也可由房屋征收部门与被征收人、公有房屋承租人在征收补偿方案征求意见过程中确定。

三、征收非住宅房屋不应只给货币补偿而不给产权调换

——李某某、徐某某诉安徽省界首市人民政府房屋征收补偿决定案

【裁判文书号】最高人民法院（2020）最高法行申6744号行政裁定书

【裁判要旨】案涉房屋征收补偿安置方案中关于"对被征收人非住宅房屋实施货币补偿"的规定，剥夺了非住宅房屋被征收人选择产权调换的权利，违反《征补条例》第二十一条之规定，故判令行政机关采取相应补救措施，有效保障被征收人的合法权益。

【实务操作启示】在制定房屋征收补偿方案时，对住宅和非住宅的征收补偿均应制定出货币补偿和产权调换两种补偿方式，供被征收人选择。

四、补偿方式的选择权在被征收人

——最高人民法院于 2014 年 8 月 29 日公布的第一批（十个）征收拆迁典型案例之：何某诉淮安市淮阴区人民政府房屋征收补偿决定案

【基本案情】 2011 年 10 月 29 日，淮安市淮阴区人民政府（以下简称淮阴区政府）发布《房屋征收决定公告》，决定对银川路东旧城改造项目规划红线范围内的房屋和附属物实施征收。同日，淮阴区政府发布《银川路东地块房屋征收补偿方案》，何某位于淮安市淮阴区黄河路北侧 3 号楼 205 号的房屋在上述征收范围内。经评估，何某被征收房屋住宅部分评估单价为 3901 元/平方米，经营性用房评估单价为 15600 元/平方米。在征收补偿商谈过程中，何某向征收部门表示选择产权调换，但双方就产权调换的地点、面积未能达成协议。2012 年 6 月 14 日，淮阴区政府依征收部门申请作出淮政房征补决字〔2012〕01 号《房屋征收补偿决定书》，主要内容：何某被征收房屋建筑面积 59.04 平方米，设计用途为商住。因征收双方未能在征收补偿方案确定的签约期限内达成补偿协议，淮阴区政府作出征收补偿决定：被征收人货币补偿款总计 607027.15 元；被征收人何某在接到本决定之日起 7 日内搬迁完毕。何某不服，向淮安市人民政府申请行政复议，后淮安市人民政府复议维持本案征收补偿决定。何某仍不服，遂向法院提起行政诉讼，要求撤销淮阴区政府对其作出的征收补偿决定。

【裁判结果】 淮安市淮阴区人民法院认为，本案争议焦点为被诉房屋征收补偿决定是否侵害了何某的补偿方式选择权。根据《征补条例》第二十一条第一款规定，被征收人可以选择货币补偿，也可以选择产权调换。通过对本案证据的分析，可以认定何某选择的补偿方式为产权调换，但被诉补偿决定确定的是货币补偿方式，侵害了何某的补偿选择权。据此，法院作出撤销被诉补偿决定的判决。一审判决后，双方均未提起上诉。

【典型意义】 在房屋补偿决定诉讼中，旗帜鲜明地维护了被征收人的补偿方式选择权。《征补条例》第二十一条第一款明确规定了被征收人可以选择货币补偿，也可以选择房屋产权调换，而实践中不少"官"民矛盾的产生，源于市、县级政府在作出补偿决定时，没有给被征收人选择补偿方式的机会而径直加以确定。本案的撤销判决从根本上纠正了行政机关这一典型违法情形，为当事人提供了充分的司法救济。

五、对"住改商"房屋的营业性损失应给予适当补偿

——孙某某诉吉林省梅河口市人民政府房屋征收补偿决定案

【裁判文书号】 最高人民法院（2016）最高法行申294号行政裁定书

【裁判要旨】《国有土地上房屋征收评估办法》第九条第三款规定，对于已经登记的房屋，其性质、用途和建筑面积，一般应当以房屋权属证书和房屋登记簿的记载为准。国务院办公厅国办发〔2003〕42号《关于认真做好城镇房屋拆迁工作维护社会稳定的紧急通知》（以下简称42号通知）第四条规定："对拆迁范围内产权性质为住宅，但已依法取得营业执照经营性用房的补偿，各地可根据其经营情况、经营年限及纳税等实际情况给予适当补偿。"依照以上规定，产权证记载为住宅用房，尽管被征收人实际用于经营，已取得营业执照并能够提供纳税证明的，但从房屋的性质上讲仍应认定为住宅。42号通知同时授权地方人民政府对此类房屋的补偿标准作出具体规定。梅河口市政府制定的本案征收补偿方案规定，不临主要街路自行改变用途的住宅房屋，工商税务手续齐全，实际用于经营的，按照住宅标准予以补偿安置；选择货币补偿，营业损失按照被征收房屋价值的10%予以一次性补偿。征收补偿方案的上述规定，与法律、行政法规不相冲突，应当认定为合法有效。孙某某主张其32.42平方米有照住宅房屋实际用于经营性养殖，但未能依照补偿方案的要求提供相关的证据予以证明。梅河口市政府按照孙某某养殖数量和种类向其支付搬迁费用，符合征收补偿方案的规定。孙某某主张应当按照经营性用房的标准予以补偿，没有事实和法律依据，本院不予支持。

【实务操作启示】 认定"住改商"房屋有其标准。"住改商"房屋不改变房屋本身的性质，对房屋价值评估的最终依据是产权登记簿记载的内容。"住

改商"可以享受的是适当的营业性损失补偿。

六、认定居住房屋或非居住房屋的依据
——最高人民法院于 2014 年 8 月 29 日公布的第一批（十个）征收拆迁典型案例之：霍某某诉上海市黄浦区人民政府房屋征收补偿决定案

【基本案情】 上海市顺昌路 281-283 号 283#二层统间系原告霍某某租赁的公有房屋，房屋类型旧里，房屋用途为居住，居住面积 11.9 平方米，折合建筑面积 18.33 平方米。该户在册户口 4 人，即霍某某、孙某某、陈某某、孙某强。因旧城区改建需要，2012 年 6 月 2 日，被告上海市黄浦区人民政府作出黄府征〔2012〕2 号房屋征收决定，原告户居住房屋位于征收范围内。因原告户认为其户经营公司，被告应当对其给予非居住房屋补偿，致征收双方未能在签约期限内达成征收补偿协议。2013 年 4 月 11 日，房屋征收部门即第三人上海市黄浦区住房保障和房屋管理局向被告报请作出征收补偿决定。被告受理后于 2013 年 4 月 16 日召开审理协调会，因原告户自行离开会场致协调不成。被告经审查核实相关证据材料，于 2013 年 4 月 23 日作出沪黄府房征补〔2013〕010 号房屋征收补偿决定，认定原告户被征收房屋为居住房屋，决定：一、房屋征收部门以房屋产权调换的方式补偿公有房屋承租人霍某某户，用于产权调换房屋地址为上海市徐汇区东兰路 121 弄 3 号 204 室，霍某某户支付房屋征收部门差价款 476706.84 元；二、房屋征收部门给予霍某某户各项补贴、奖励费等共计 492150 元，家用设施移装费按实结算，签约搬迁奖励费按搬迁日期结算；三、霍某某户应在收到房屋征收补偿决定书之日起 15 日内搬迁至上述产权调换房屋地址，将被征收房屋腾空。

原告不服该征收补偿决定，向上海市人民政府申请行政复议，上海市人民政府经复议维持该房屋征收补偿决定。原告仍不服，遂向上海市黄浦区人民法院提起行政诉讼，要求撤销被诉征收补偿决定。

【裁判结果】 上海市黄浦区人民法院认为，被告具有作出被诉房屋征收补偿决定的行政职权，被诉房屋征收补偿决定行政程序合法，适用法律规范正

确，未损害原告户的合法权益。本案的主要争议在于原告户的被征收房屋性质应认定为居住房屋还是非居住房屋。经查，以孙某某为法定代表人的上海杨林基隆投资有限公司、上海基隆生态环保科技有限公司的住所地均为本市金山区，虽经营地址登记为本市顺昌路281号，但两公司的营业期限自2003年12月起至2008年12月止，且原告承租公房的性质为居住。原告要求被告就孙某某经营公司给予补偿缺乏法律依据，征收补偿方案亦无此规定，被诉征收补偿决定对其以居住房屋进行补偿于法有据。据此，一审法院判决驳回原告的诉讼请求。宣判后，各方当事人均未提出上诉。

【典型意义】 对如何界定被征收房屋是否属于居住房屋、进而适用不同补偿标准具有积极的借鉴意义。实践中，老百姓最关注的"按什么标准补"的前提往往是"房屋属于什么性质和用途"，这方面争议很多。法院在实践中通常依据房产登记证件所载明的用途认定房屋性质，但如果载明用途与被征收人的主张不一致，需要其提供营业执照和其他相关证据佐证，才有可能酌定不同补偿标准。本案中原告未能提供充分证据证明涉案房屋系非居住房屋，故法院不支持其诉讼请求。

第八章
补偿评估

根据《征补条例》第十九条第一款的规定，对被征收房屋价值的补偿，不得低于房屋征收决定公告之日被征收房屋类似房地产的市场价格。被征收房屋的价值，由具有相应资质的房地产价格评估机构按照房屋征收评估办法评估确定。显然，对被征收房屋价值的确定应由房地产价格评估机构依法来确定，因此，对房屋市场价值的评估在征收过程中就显得尤为重要。笔者在本章详尽介绍国有土地上房屋征收补偿价值评估制度，同时结合最高人民法院相关判例提示读者在实务中应注意的重要问题。

第一节 房屋征收评估制度

一、通过评估确定被征收房屋的价值

（一）对被征收房屋价值的补偿标准不得低于类似房地产的市场价格

所谓类似房地产，是指与被征收房屋处在同一供求圈内（与被征收房屋具有替代关系、价格会相互影响的适当范围），并在区位、用途、规模、档次、建筑结构、居住年限、权利性质等方面与被征收房屋相同或相近的房地产。所谓类似房地产的市场价格，是指在评估时点与被征收房屋类似的房地产的市场价格。确定类似房地产的市场价格是将被征收房屋与在估价时点近期有过交易的类似房地产进行比较，对这些类似房地产的已知价格作适当的修正，以此估算被征收房屋的客观合理价格或价值。类似房地产的市场价格，

既包括了被征收房屋的价值，也包括了房屋占用范围内的土地使用权的价值。

（二）对被征收房屋进行评估的时点为房屋征收决定公告之日

所谓房地产的评估时点，是指估价结果对应的日期。《征补条例》规定的评估时点为房屋征收决定公告之日。

需要注意的是，确定被征收房屋的类似房地产的市场价格时应准确搜集大量交易实例，搜集的交易实例中应包括"成交日期"，而"成交日期"应与评估时点相近，一般不宜超过一年。这样，所确定的类似房地产价格会更准确。

（三）被征收房屋的价值由房地产估价机构评估确定

行政法规规定，被征收房屋的价值由房地产价格评估机构评估确定。规范和管理房地产估价机构和注册房地产估价师的规章分别是《房地产估价机构管理办法》（2005年10月12日建设部令第142号发布，2013年10月16日根据住房和城乡建设部令第14号修正，2015年5月4日根据住房和城乡建设部令第24号修正）和《注册房地产估价师管理办法》（2006年12月25日建设部令第151号发布，自2007年3月1日起施行。2016年9月13日根据住房和城乡建设部令第32号修正，自2016年10月20日起施行）。

实践中的问题是，不少的房地产估价机构在开展房地产价格评估时不能做到独立、客观、公正。尤其是在《拆迁条例》时期，不少的评估机构受拆迁人的操纵，肆意侵犯被拆迁人的利益，涌现出了大量的背离市场价值规律的评估报告。笔者在2007年办理河南省商丘市梁园区一起拆迁补偿行政裁决纠纷案时，被征收人对在裁决程序采纳的评估报告有异议，之后以律师事务所的名义委托省会城市的估价机构对被拆迁房屋的价值进行评估，评估结果高出原评估价格70万元，令人瞠目。

因此，建立对房地产价格评估机构和估价师进行监督管理追责的机制非常重要，如果房地产评估机构或房地产估价师违反职业道德或执业规范作出与市场价格规律相悖的评估报告，其危害后果是非常严重的，不但扰乱了房地产估价市场，而且破坏了中介机构的公信力，更为严重的是侵犯了不动产所有权人的合法财产权益。正是基于这些原因，《征补条例》第三十四条作出了关于房地产价格评估机构或者估价师出具虚假或者重大差错的评估报告的法律责任规定。

二、对评估结果有异议的可申请复核评估和专家鉴定

为保证对被征收房屋市场价格评估的客观和公正，切实保障被征收人的合法权益，《征补条例》第十九条第二款规定："对评估确定的被征收房屋价值有异议的，可以向房地产价格评估机构申请复核评估。对复核结果有异议的，可以向房地产价格评估专家委员会申请鉴定。"申请复核评估的，应当指出评估结果或者评估报告存在的问题。房地产估价机构、评估专家委员会要认真复核、鉴定，并出具书面复核、鉴定结论。

房地产价格评估专家委员会应由房地产估价师、城市规划师和律师等方面的专家组成。该专家委员会对房屋征收进行技术指导，受理房屋征收评估鉴定。该评估专家委员会由省、自治区住房和城乡建设行政主管部门和设区的城市房地产管理部门或者授权的房地产估价行业组织成立。

三、法规授权住房和城乡建设部制定房屋征收评估办法

随着《征补条例》的公布实施，过去的《拆迁条例》和与之相配套的《城市房屋拆迁估价指导意见》和《城市房屋拆迁行政裁决工作规程》等规章都被废止。2011年6月3日，中华人民共和国住房和城乡建设部根据《征补条例》的规定，制定并印发了《国有土地上房屋征收评估办法》（建房〔2011〕77号）。该《国有土地上房屋征收评估办法》共三十三条，自公布之日起施行。2003年12月1日原建设部发布的《城市房屋拆迁估价指导意见》同时废止。但《征补条例》施行前已依法取得房屋拆迁许可证的项目，继续沿用原有规定。

四、《国有土地上房屋征收评估办法》的重要内容提示

（一）制定目的

制定《国有土地上房屋征收评估办法》的目的是规范国有土地上房屋征

收评估活动，保证房屋征收评估结果客观公平。

（二）制定依据

《国有土地上房屋征收评估办法》的依据是《征补条例》。

（三）适用范围

《国有土地上房屋征收评估办法》的适用范围是评估国有土地上被征收房屋和用于产权调换房屋的价值，测算被征收房屋类似房地产的市场价格，以及对相关评估结果进行复核评估和鉴定。

（四）对被征收房屋进行评估时的工作原则与回避制度

房地产价格评估机构、房地产估价师、房地产价格评估专家委员会（以下简称评估专家委员会）成员应当独立、客观、公正地开展房屋征收评估、鉴定工作，并对出具的评估、鉴定意见负责。任何单位和个人不得干预房屋征收评估、鉴定活动。与房屋征收当事人有利害关系的，应当回避。

（五）选择评估机构的方式、方法

房地产价格评估机构由被征收人在规定时间内协商选定；在规定时间内协商不成的，由房屋征收部门通过组织被征收人按照少数服从多数的原则投票决定，或者采取摇号、抽签等随机方式确定。具体办法由省、自治区、直辖市制定。

（六）禁止评估机构采取不正当的手段承揽业务

房地产价格评估机构不得采取迎合征收当事人不当要求、虚假宣传、恶意低收费等不正当手段承揽房屋征收评估业务。

（七）两家以上评估机构共同承担同一征收项目房屋评估工作时的前提条件、配合工作的方法

同一征收项目的房屋征收评估工作，原则上由一家房地产价格评估机构承担。房屋征收范围较大的，可以由两家以上房地产价格评估机构共同承担。两家以上房地产价格评估机构承担的，应当共同协商确定一家房地产价格评估机构为牵头单位；牵头单位应当组织相关房地产价格评估机构就评估对象、评估时点、价值内涵、评估依据、评估假设、评估原则、评估技术路线、评估方法、重要参数选取、评估结果确定方式等进行沟通，统一标准。

（八）签订房屋征收评估委托合同

房地产价格评估机构选定或者确定后，一般由房屋征收部门作为委托人，向房地产价格评估机构出具房屋征收评估委托书，并与其签订房屋征收评估委托合同。房屋征收评估委托书应当载明委托人的名称、委托的房地产价格评估机构的名称、评估目的、评估对象范围、评估要求以及委托日期等内容。房屋征收评估委托合同应当载明下列事项：

1. 委托人和房地产价格评估机构的基本情况；
2. 负责本评估项目的注册房地产估价师；
3. 评估目的、评估对象、评估时点等评估基本事项；
4. 委托人应提供的评估所需资料；
5. 评估过程中双方的权利和义务；
6. 评估费用及收取方式；
7. 评估报告交付时间、方式；
8. 违约责任；
9. 解决争议的方法；
10. 其他需要载明的事项。

（九）对注册房地产估价师数量的要求

房地产价格评估机构应当指派与房屋征收评估项目工作量相适应的足够数量的注册房地产估价师开展评估工作。

（十）禁止转让评估业务

房地产价格评估机构不得转让或者变相转让受托的房屋征收评估业务。

（十一）房屋价值评估目的表述要求

被征收房屋价值评估目的应当表述为"为房屋征收部门与被征收人确定被征收房屋价值的补偿提供依据，评估被征收房屋的价值"。

用于产权调换房屋价值评估目的应当表述为"为房屋征收部门与被征收人计算被征收房屋价值与用于产权调换房屋价值的差价提供依据，评估用于产权调换房屋的价值"。

（十二）对房屋进行评估前，房屋征收部门应当履行的房屋调查义务

房屋征收评估前，房屋征收部门应当组织有关单位对被征收房屋情况进行调查，明确评估对象。评估对象应当全面、客观，不得遗漏、虚构。

房屋征收部门应当向受托的房地产价格评估机构提供征收范围内房屋情况，包括已经登记的房屋情况和未经登记建筑的认定、处理结果情况。调查结果应当在房屋征收范围内向被征收人公布。

（十三）对已经登记的或未经登记的房屋进行评估

对于已经登记的房屋，其性质、用途和建筑面积，一般以房屋权属证书和房屋登记簿的记载为准；房屋权属证书与房屋登记簿的记载不一致的，除有证据证明房屋登记簿确有错误外，以房屋登记簿为准。对于未经登记的建筑，应当按照市、县级人民政府的认定、处理结果进行评估。

（十四）明确房屋价值评估时点

被征收房屋价值评估时点为房屋征收决定公告之日。用于产权调换房屋价值评估时点应当与被征收房屋价值评估时点一致。

（十五）界定"被征收房屋价值"的内涵和外延

"被征收房屋价值"是指被征收房屋及其占用范围内的土地使用权在正常交易情况下，由熟悉情况的交易双方以公平交易方式在评估时点自愿进行交易的金额，但不考虑被征收房屋租赁、抵押、查封等因素的影响。"不考虑租赁因素的影响"，是指评估被征收房屋价值时无租约限制。"不考虑抵押、查封因素的影响"，是指评估价值中不扣除被征收房屋已抵押担保的债权数额、拖欠的建设工程价款和其他法定优先受偿款。

（十六）评估时对实地查勘的要求

1. 房地产价格评估机构应当安排注册房地产估价师对被征收房屋进行实地查勘，调查被征收房屋状况，拍摄反映被征收房屋内外部状况的照片等影像资料，做好实地查勘记录，并妥善保管。

2. 被征收人应当协助注册房地产估价师对被征收房屋进行实地查勘，提供或者协助搜集被征收房屋价值评估所必需的情况和资料。

3. 房屋征收部门、被征收人和注册房地产估价师应当在实地查勘记录上

签字或者盖章确认。被征收人拒绝在实地查勘记录上签字或者盖章的，应当由房屋征收部门、注册房地产估价师和无利害关系的第三人见证，有关情况应当在评估报告中说明。

（十七）评估方法的选用规则

1. 注册房地产估价师应当根据评估对象和当地房地产市场状况，对市场法、收益法、成本法、假设开发法等评估方法进行适用性分析后，选用其中一种或者多种方法对被征收房屋价值进行评估。

2. 被征收房屋的类似房地产有交易的，应当选用市场法评估；被征收房屋或者其类似房地产有经济收益的，应当选用收益法评估；被征收房屋是在建工程的，应当选用假设开发法评估。

3. 可以同时选用两种以上评估方法评估的，应当选用两种以上评估方法评估，并对各种评估方法的测算结果进行校核和比较分析后，合理确定评估结果。

（十八）评估时应考虑影响房屋价值的因素

被征收房屋价值评估应当考虑被征收房屋的区位、用途、建筑结构、新旧程度、建筑面积以及占地面积、土地使用权等影响被征收房屋价值的因素。

（十九）征收补偿时对室内装饰装修价值，机器设备、物资等搬迁费用，以及停产停业损失等补偿费用的处理办法

被征收房屋室内装饰装修价值，机器设备、物资等搬迁费用，以及停产停业损失等补偿，由征收当事人协商确定；协商不成的，可以委托房地产价格评估机构通过评估确定。

（二十）评估时的计价方法

房屋征收评估价值应当以人民币为计价货币单位，精确到元。

（二十一）初评结果的提供、公示、释解及修正

1. 房地产价格评估机构应当按照房屋征收评估委托书或者委托合同的约定，向房屋征收部门提供分户的初步评估结果。分户的初步评估结果应当包括评估对象的构成及其基本情况和评估价值。房屋征收部门应当将分户的初步评估结果在征收范围内向被征收人公示。

2. 公示期间，房地产价格评估机构应当安排注册房地产估价师对分户的

初步评估结果进行现场说明解释。存在错误的，房地产价格评估机构应当修正。

（二十二）整体评估报告和分户评估报告的移交及对评估报告签字盖章的要求

1. 分户初步评估结果公示期满后，房地产价格评估机构应当向房屋征收部门提供委托评估范围内被征收房屋的整体评估报告和分户评估报告。房屋征收部门应当向被征收人转交分户评估报告。

2. 整体评估报告和分户评估报告应当由负责房屋征收评估项目的两名以上注册房地产估价师签字，并加盖房地产价格评估机构公章。不得以印章代替签字。

（二十三）评估报告资料的立卷、归档

房屋征收评估业务完成后，房地产价格评估机构应当将评估报告及相关资料立卷、归档保管。

（二十四）评估机构对评估报告的释解说明义务

被征收人或者房屋征收部门对评估报告有疑问的，出具评估报告的房地产价格评估机构应当向其作出解释和说明。

（二十五）对评估结果有异议时的复核评估

1. 被征收人或者房屋征收部门对评估结果有异议的，应当自收到评估报告之日起 10 日内，向房地产价格评估机构申请复核评估。

2. 申请复核评估的，应当向原房地产价格评估机构提出书面复核评估申请，并指出评估报告存在的问题。

（二十六）评估机构对复核评估申请的处理

房地产价格评估机构应当自收到书面复核评估申请之日起 10 日内对评估结果进行复核。复核后，改变原评估结果的，应当重新出具评估报告；评估结果没有改变的，应当书面告知复核评估申请人。

（二十七）对复核结果有异议时的处理

被征收人或者房屋征收部门对房地产价格评估机构的复核结果有异议的，应当自收到复核结果之日起 10 日内，向被征收房屋所在地评估专家委员会申请鉴定。被征收人对补偿仍有异议的，按照《征补条例》第二十六条规定处理。

（二十八）评估专家委员会的设立、鉴定规则、鉴定程序

1. 各省、自治区住房和城乡建设主管部门和设区城市的房地产管理部门应当组织成立评估专家委员会，对房地产价格评估机构作出的复核结果进行鉴定。

评估专家委员会由房地产估价师以及价格、房地产、土地、城市规划、法律等方面的专家组成。

2. 评估专家委员会应当选派成员组成专家组，对复核结果进行鉴定。专家组成员为3人以上单数，其中房地产估价师不得少于二分之一。

3. 评估专家委员会应当自收到鉴定申请之日起10日内，对申请鉴定评估报告的评估程序、评估依据、评估假设、评估技术路线、评估方法选用、参数选取、评估结果确定方式等评估技术问题进行审核，出具书面鉴定意见。

4. 经评估专家委员会鉴定，评估报告不存在技术问题的，应当维持评估报告；评估报告存在技术问题的，出具评估报告的房地产价格评估机构应当改正错误，重新出具评估报告。

5. 在房屋征收评估鉴定过程中，房地产价格评估机构应当按照评估专家委员会要求，就鉴定涉及的评估相关事宜进行说明。需要对被征收房屋进行实地查勘和调查的，有关单位和个人应当协助。

（二十九）在评估过程中相关部门的协助义务

1. 因房屋征收评估、复核评估、鉴定工作需要查询被征收房屋和用于产权调换房屋权属以及相关房地产交易信息的，房地产管理部门及其他相关部门应当提供便利。

2. 在房屋征收评估过程中，房屋征收部门或者被征收人不配合、不提供相关资料的，房地产价格评估机构应当在评估报告中说明有关情况。

（三十）用于产权调换房屋价格的确定原则

除政府对用于产权调换房屋价格有特别规定外，应当以评估方式确定用于产权调换房屋的市场价值。

(三十一)"被征收房屋的类似房地产"的含义

被征收房屋的类似房地产是指与被征收房屋的区位、用途、权利性质、档次、新旧程度、规模、建筑结构等相同或者相似的房地产。

(三十二)"被征收房屋类似房地产的市场价格"的含义

被征收房屋类似房地产的市场价格是指被征收房屋的类似房地产在评估时点的平均交易价格。确定被征收房屋类似房地产的市场价格，应当剔除偶然的和不正常的因素。

(三十三)评估、复核评估及鉴定费用的承担

房屋征收评估、鉴定费用由委托人承担。但鉴定改变原评估结果的，鉴定费用由房地产价格评估机构承担。复核评估费用由房地产价格评估机构承担。房屋征收评估、鉴定费用按照政府价格主管部门规定的收费标准执行。

(三十四)对评估机构和估价师的违法违规行为的处罚依据

在房屋征收评估活动中，房地产价格评估机构和房地产估价师的违法违规行为，按照《征补条例》《房地产估价机构管理办法》《注册房地产估价师管理办法》等的规定处罚。违反规定收费的，由政府价格主管部门依照《价格法》的规定处罚。

(三十五)《国有土地上房屋征收评估办法》的施行及其与原《城市房屋拆迁估价指导意见》的衔接

《国有土地上房屋征收评估办法》自公布之日（2011年6月3日）起施行。2003年12月1日原建设部发布的《城市房屋拆迁估价指导意见》同时废止。但《征补条例》施行前已依法取得房屋拆迁许可证的项目，继续沿用原有规定。

第二节 评估的法律责任

在房屋征收补偿过程中，房地产价格评估是一个非常重要的程序，它直接关系到征收当事人的切身利益。因此，规范房地产价格评估行为，对违法

评估的行为予以法律制裁具有非常重要的意义。

一、行政责任

（一）限期整改，给予警告

房地产价格评估机构或者房地产估价师出具虚假或者有重大差错的评估报告的，由发证机关责令限期改正，给予警告。

（二）实施行政处罚的同时记入信用档案

《房地产估价机构管理办法》第八条规定："房地产估价机构资质等级分为一、二、三级。省、自治区人民政府住房城乡建设主管部门、直辖市人民政府房地产主管部门负责房地产估价机构资质许可。省、自治区人民政府住房城乡建设主管部门、直辖市人民政府房地产主管部门应当执行国家统一的资质许可条件，加强房地产估价机构资质许可管理，营造公平竞争的市场环境。国务院住房城乡建设主管部门应当加强对省、自治区人民政府住房城乡建设主管部门、直辖市人民政府房地产主管部门资质许可工作的指导和监督检查，及时纠正资质许可中的违法行为。"第三十三条规定："房地产估价机构不得有下列行为：（一）涂改、倒卖、出租、出借或者以其他形式非法转让资质证书；（二）超越资质等级业务范围承接房地产估价业务；（三）以迎合高估或者低估要求、给予回扣、恶意压低收费等方式进行不正当竞争；（四）违反房地产估价规范和标准；（五）出具有虚假记载、误导性陈述或者重大遗漏的估价报告；（六）擅自设立分支机构；（七）未经委托人书面同意，擅自转让受托的估价业务；（八）法律、法规禁止的其他行为。"

针对房地产估价机构违反房地产估价规范和标准出具有虚假记载、误导性陈述或者重大遗漏的估价报告的行为，《房地产估价机构管理办法》第五十三条规定了处罚措施，即"房地产估价机构有本办法第三十三条行为之一的，由县级以上地方人民政府房地产主管部门给予警告，责令限期改正，并处 1 万元以上 3 万元以下的罚款；给当事人造成损失的，依法承担赔偿责任；构成犯罪的，依法追究刑事责任"。《注册房地产估价师管理办法》第二十六条规定："注册房地产估价师不得有下列行为：（一）不履行注册房地产估价师义务；（二）在执业过程中，索贿、受贿或者谋取合同约定费用外的其他利益；（三）在执业过程中实施商业贿赂；（四）签署有虚假记载、误导性陈述或者重大遗漏的估价报告；（五）在估价报告中隐瞒或者歪曲事实；（六）允许他人以自己的名义从事房地产估价业务；（七）同时在2个或者2个以上房地产估价机构执业；（八）以个人名义承揽房地产估价业务；（九）涂改、出租、出借或者以其他形式非法转让注册证书；（十）超出聘用单位业务范围从事房地产估价活动；（十一）严重损害他人利益、名誉的行为；（十二）法律、法规禁止的其他行为。"

针对房地产估价师的"签署有虚假记载、误导性陈述或者重大遗漏的估价报告"和"在估价报告中隐瞒或者歪曲事实"行为，《注册房地产估价师管理办法》第三十八条规定了具体的处罚措施，即"注册房地产估价师有本办法第二十六条行为之一的，由县级以上地方人民政府建设（房地产）主管部门给予警告，责令其改正，没有违法所得的，处以1万元以下罚款，有违法所得的，处以违法所得3倍以下且不超过3万元的罚款；造成损失的，依法承担赔偿责任；构成犯罪的，依法追究刑事责任。"

（三）情节严重的，吊销资质证书、注册证书

《征补条例》第三十四条规定："房地产价格评估机构或者房地产估价师出具虚假或者有重大差错的评估报告的，由发证机关责令限期改正，给予警告，对房地产价格评估机构并处5万元以上20万元以下罚款，对房地产估价师并处1万元以上3万元以下罚款，并记入信用档案；情节严重的，吊销资质证书、注册证书；造成损失的，依法承担赔偿责任；构成犯罪的，依法追究刑事责任。"

二、民事责任

由于委托评估机构对被征收房屋进行市场价格评估是民事行为，所以，当房地产价格评估机构或者房地产估价师出具虚假或者有重大差错的评估报告给当事人造成损失时，应当依法承担相应的民事赔偿责任。

(一) 由房地产价格评估专家委员会鉴定评估报告是否虚假或存在重大差错

《征补条例》第十九条规定："对被征收房屋价值的补偿，不得低于房屋征收决定公告之日被征收房屋类似房地产的市场价格。被征收房屋的价值，由具有相应资质的房地产价格评估机构按照房屋征收评估办法评估确定。对评估确定的被征收房屋价值有异议的，可以向房地产价格评估机构申请复核评估。对复核结果有异议的，可以向房地产价格评估专家委员会申请鉴定。"即评估报告是否虚假或存在重大差错由房地产价格评估专家委员会鉴定。

(二) 依法承担赔偿责任

当房地产价格评估机构或者房地产估价师出具的评估报告被依法认定为虚假或者有重大差错，房屋被征收人和其他利害关系人认为评估报告对其造成损失的，依法提起民事诉讼，人民法院应当依法受理并依法作出裁判。

《注册房地产估价师管理办法》第二十二条规定："在房地产估价过程中给当事人造成经济损失，聘用单位依法应当承担赔偿责任的，可依法向负有过错的注册房地产估价师追偿。"

三、刑事责任

房地产价格评估机构或房地产估价师出具虚假或者有重大差错的评估报告，有可能构成中介组织人员提供虚假证明文件罪和中介组织人员出具证明文件重大失实罪。

中介组织人员提供虚假证明文件罪，是指承担资产评估、验资、验证、会计、审计、法律服务等职责的中介组织的人员故意提供虚假证明文件，情节严重的行为；中介组织人员出具证明文件重大失实罪，指承担资产评估、验资、验证、会计、审计、法律服务等职责的中介组织的人员严重不负责任，出具的证明文件有重大失实，造成严重后果的行为。

《刑法》第二百二十九条规定："承担资产评估、验资、验证、会计、审计、法律服务、保荐、安全评价、环境影响评价、环境监测等职责的中介组织的人员故意提供虚假证明文件，情节严重的，处五年以下有期徒刑或者拘役，并处罚金……有前款行为，同时索取他人财物或者非法收受他人财物构成犯罪的，依照处罚较重的规定害罪处罚。第一款规定的人员，严重不负责任，出具的证明文件有重大失实，造成严重后果的，处三年以下有期徒刑或者拘役，并处或者单处罚金。"这是对房地产价格评估机构和房地产估价师出具虚假或者有重大差错的评估报告最为严厉的处罚。

第三节 法院判例及其对实务操作的启示

一、正确理解征收决定公告日前后选评估机构以及有效送达评估报告的意义
——郑某诉沈阳市皇姑区人民政府征收补偿案

【裁判文书号】 最高人民法院（2016）最高法行申1297号行政裁定书

【裁判要旨】（一）在征收决定公告日前后选评估机构都不违法

《征补条例》和《国有土地上房屋征收评估办法》对评估机构的选择时点没有明确规定，但只要依法保障了被征收人协商选定评估机构的权利，且评估机构能够依法独立、客观、公正地开展评估工作，则无论是在作出征收决定之前，还是之后选定评估机构，都不影响房地产价值的评估，不违反《征补条例》的规定。本案中，皇姑区政府在作出房屋征收决定之前，组织被征收人先行选择评估机构，并以征收决定之日作为评估时点，同时作出初步评估结果，次日将整体评估报告和分户评估报告的初步评估结果进行张贴公示。评估报告的作出程序步骤、顺序及评估时点均不违反《征补条例》和《国有土地上房屋征收评估办法》的规定。郑某主张征收决定作出之前选择评估机构，属于程序违法，没有法律依据，本院不予支持。

（二）以张贴的方式告知评估结果视为有效送达评估报告

关于评估报告的送达程序问题。《国有土地上房屋征收评估办法》第十六

条规定，房屋征收部门应当将分户的初步评估结果在征收范围内向被征收人公示。第十七条第一款规定，分户初步评估结果公示期满后，房地产价格评估机构应当向房屋征收部门提供委托评估范围内被征收房屋的整体评估报告和分户评估报告。房屋征收部门应当向被征收人转交分户评估报告。本案中，郑某主张分户评估报告没有进行送达。皇姑区政府答辩称，分户评估报告张贴在征收范围内每一户的单元门上，并向法庭提供了对分户评估报告进行张贴的照片，以及对郑某进行送达时其拒收的见证人的签名。因此，郑某主张皇姑区政府未对评估报告进行送达，没有事实根据，本院不予支持。

（三）放弃对评估报告的复核与鉴定反证评估报告有效

关于评估结果的公正性问题。《征补条例》第十九条第一款规定，对被征收房屋价值的补偿，不得低于房屋征收决定公告之日被征收房屋类似房地产的市场价格。《国有土地上房屋征收评估办法》第十四条第一款规定，被征收房屋价值评估应当考虑被征收房屋的区位、用途、建筑结构、新旧程度、建筑面积以及占地面积、土地使用权等影响被征收房屋价值的因素。第三十条第二款规定，被征收房屋类似房地产的市场价格是指被征收房屋的类似房地产在评估时点的平均交易价格。郑某主张涉案房屋评估价格7000多元不合理，应按照附近楼盘每平方米2万元的价格进行补偿。但郑某的房屋是砖混结构，与其主张参照的楼房在建筑结构、新旧程度、居住环境等方面都不相同，其上述主张缺乏事实根据。《征补条例》第十九条第二款规定，对评估确定的被征收房屋价值有异议的，可以向房地产价格评估机构申请复核评估。对复核结果有异议的，可以向房地产价格评估专家委员会申请鉴定。本案中，郑某主张评估价格不合理，但未提供有效证据证明其曾向房地产价格评估机构申请复核，亦未向房地产价格评估专家委员会申请鉴定。因此，郑某的主张没有事实根据和法律依据，本院亦不予支持。

【实务操作启示】征收决定公告日前后选评估机构都不违法。以张贴的方式告知评估结果视为有效送达评估报告。放弃对评估报告的复核与鉴定反证评估报告有效。

二、选评估机构的程序有瑕疵不必然导致评估违法
——李某某诉泰安市政府、山东省政府房屋征收补偿及行政复议案

【裁判文书号】最高人民法院（2018）最高法行申2083号行政裁定书

【裁判要旨】关于违法选择评估机构问题。《征补条例》第二十条第一款规定，房地产价格评估机构由被征收人协商选定；协商不成的，通过多数决定、随机选定等方式确定，具体办法由省、自治区、直辖市制定。本案中，从一审、二审查明的事实看，泰安市政府提交的证据材料不足以证明评估机构的选择完全符合上述规定，故存在不妥之处。但是，虑及案涉评估公司具有法定资质，评估过程符合法定程序，《房屋所有权证》对案涉房屋的面积有明确的记载，案涉房屋所在的旧城区改造项目涉及2000多住户，仅剩余50户左右未签订补偿协议，97.5%以上的住户对评估机构、评估结果没有异议，并根据评估结果签订了征收补偿协议，故房地产价格评估机构的选定已实际上为被征收人所认可，并未侵害被征收人的合法权益，一审未确认被诉补偿决定违法并无明显不当。

关于泰安市房地产价格评估专家委员会对李某某鉴定申请未予处理是否违法的问题。申请鉴定需要缴纳鉴定费，李某某提交申请后，并未在规定期限内缴纳鉴定费用，视为放弃申请鉴定的权利，故其该项主张不能成立。

根据《国有土地上房屋征收评估办法》第十二条第二款的规定，被征收人应当协助注册房地产估价师对被征收房屋进行实地查勘，提供或者协助搜集被征收房屋价值评估所必需的情况和资料。据此，评估机构对被征收房屋进行实地查勘时，如因被征收人不予协助，致使评估机构无法入户调查踏勘，并不影响行政机关作出征收补偿决定。因此导致室内装饰装修及房屋附属物无法评估的，行政机关可以在征收补偿决定中载明，待入户评估后按规定予以补偿。

【实务操作启示】选评估机构的程序有瑕疵但如被广大被征收人接受的评估不违法。未缴纳鉴定费用视为放弃申请鉴定的权利。因被征收人不配合导

致评估机构无法入户进行评估的,对其室内装饰装修及房屋附属物可进行二次评估补偿。

三、当事人如对评估价格有异议应申请复核评估和专家鉴定
——最高人民法院于 2014 年 8 月 29 日公布的第一批(十个)征收拆迁典型案例之:毛某某诉永昌县人民政府房屋征收补偿决定案

【基本案情】2012 年 1 月,永昌县人民政府拟定《永昌县北海子景区建设项目国有土地上房屋征收补偿方案》,向社会公众公开征求意见。期满后,作出《关于永昌县北海子景区建设项目涉及国有土地上房屋征收的决定》并予以公告。原告毛某某、刘某某、毛某峰(系夫妻、父子关系)共同共有的住宅房屋一处(面积 276 平方米)、工业用房一处(面积 775.8 平方米)均在被征收范围内。经房屋征收部门通知,毛某某等人选定评估机构对被征收房屋进行评估。评估报告作出后,毛某某等人以漏评为由申请复核,评估机构复核后重新作出评估报告,并对漏评项目进行了详细说明。同年 12 月 26 日,房屋征收部门就补偿事宜与毛某某多次协商无果后,告知其对房屋估价复核结果有异议可依据《国有土地上房屋征收评估办法》,在接到通知之日起 10 日内向金昌市房地产价格评估专家委员会申请鉴定。毛某某在规定的期限内未申请鉴定。2013 年 1 月 9 日,县政府作出永政征补(2013)第 1 号《关于国有土地上毛某某房屋征收补偿决定》,对涉案被征收范围内住宅房屋、房屋室内外装饰、工业用房及附属物、停产停业损失等进行补偿,被征收人选择货币补偿,总补偿款合计人民币 1842612 元。毛某某、刘某某、毛某峰认为补偿不合理,补偿价格过低,向市政府提起行政复议。复议机关经审查维持了县政府作出的征收补偿决定。毛某某、刘某某、毛某峰不服,提起行政诉讼,请求撤销征收补偿决定。

【裁判结果】金昌市中级人民法院经审理认为,县政府为公共事业的需要,组织实施县城北海子生态保护与景区规划建设,有权依照《征补条例》的规定,征收原告国有土地上的房屋。因房屋征收部门与被征收人在征收补

偿方案确定的签约期限内未达成补偿协议，县政府具有依法按照征收补偿方案作出补偿决定的职权。在征收补偿过程中，评估机构系原告自己选定，该评估机构具有相应资质，复核评估报告对原告提出的漏评项目已作出明确说明。原告对评估复核结果虽有异议，但在规定的期限内并未向金昌市房地产价格评估专家委员会申请鉴定。因此，县政府对因征收行为给原告的住宅房屋及其装饰、工业用房及其附属物、停产停业损失等给予补偿，符合《甘肃省实施〈国有土地上房屋征收与补偿条例〉若干规定》的相关规定。被诉征收补偿决定认定事实清楚，适用法律、法规正确，程序合法。遂判决：驳回原告毛某某、刘某某、毛某峰的诉讼请求。宣判后，各方当事人均未提出上诉。

【典型意义】人民法院通过发挥司法监督作用，对合乎法律法规的征收补偿行为给予有力支持。在本案征收补偿过程中，征收部门在听取被征收人对征收补偿方案的意见、评估机构选择、补偿范围确定等方面，比较充分到位，保障了当事人知情权、参与权，体现了公开、公平、公正原则。通过法官释法明理，原告逐步消除了内心疑虑和不合理的心理预期，不仅未上诉，其后不久又与征收部门达成补偿协议，公益建设项目得以顺利推进，案件处理取得了较好法律效果和社会效果。

四、房屋征收部门必须将被征收房屋的评估报告有效送达被征收人
——最高人民法院于2014年8月29日公布的第一批（十个）征收拆迁典型案例之：艾某某、沙某某诉马鞍山市雨山区人民政府房屋征收补偿决定案

【基本案情】2012年3月20日，雨山区人民政府发布雨城征〔2012〕2号《雨山区人民政府征收决定》及《采石古镇旧城改造项目房屋征收公告》。艾某某、沙某某名下的马鞍山市雨山区采石九华街22号房屋位于征收范围内，其房产证证载房屋建筑面积774.59平方米；房屋产别：私产；设计用途：商业。土地证记载使用权面积1185.9平方米；地类（用途）：综合；使用权类型：出让。2012年12月，雨山区房屋征收部门在司法工作人员全程见证和

监督下，抽签确定雨山区采石九华街 22 号房屋的房地产价格评估机构为某房地产评估有限公司。2012 年 12 月 12 日，某房地产评估有限公司向雨山区房屋征收部门提交了对艾某某、沙某某名下房屋作出的市场价值估价报告。2013 年 1 月 16 日，雨山区人民政府对被征收人艾某某、沙某某作出雨政征补〔2013〕21 号《房屋征收补偿决定书》。艾某某、沙某某认为，被告作出补偿决定前没有向原告送达房屋评估结果，剥夺了原告依法享有的权利，故提起行政诉讼，请求依法撤销该《房屋征收补偿决定书》。

【裁判结果】马鞍山市中级人民法院认为，根据《征补条例》第十九条的规定，被征收房屋的价值，由房地产价格评估机构按照房屋征收评估办法评估确定。对评估确定的被征收房屋价值有异议的，可以向房地产价格评估机构申请复核评估。对复核结果有异议的，可以向房地产价格评估专家委员会申请鉴定。根据住房和城乡建设部颁发的《国有土地上房屋征收评估办法》第十六条、第十七条、第二十条、第二十二条的规定，房屋征收部门应当将房屋分户初步评估结果在征收范围内向被征收人公示。公示期满后，房屋征收部门应当向被征收人转交分户评估报告。被征收人对评估结果有异议的，自收到评估报告 10 日内，向房地产评估机构申请复核评估。对复核结果有异议的，自收到复核结果 10 日内，向房地产价格评估专家委员会申请鉴定。从本案现有证据看，雨山区房屋征收部门在某房地产评估有限公司对采石九华街 22 号作出的商业房地产市场价值评估报告后，未将该报告内容及时送达艾某某、沙某某并公告，致使艾某某、沙某某对其房产评估价格申请复核评估和申请房地产价格评估专家委员会鉴定的权利丧失，属于违反法定程序。据此，判决撤销雨山区人民政府作出的雨政征补〔2013〕21 号《房屋征收补偿决定书》。宣判后，各方当事人均未提出上诉。

【典型意义】通过严格的程序审查，在评估报告是否送达这一细节上，彰显了司法对被征收人获得公平补偿权的全方位保护。房屋价值评估报告是行政机关作出补偿决定最重要的依据之一，如果评估报告未及时送达，会导致被征收人申请复估和申请鉴定的法定权利无法行使，进而使得补偿决定本身失去合法性基础。本案判决敏锐地把握住了程序问题与实体权益保障的重要关联性，果断撤销了补偿决定，保障是充分到位的。

五、因原告原因致无法入户评估的由原告承担败诉后果且可二次评估补偿

——最高人民法院于 2018 年 5 月 15 日公布的第二批（八个）征收拆迁典型案例之：孙某某诉舟山市普陀区政府房屋征收补偿案

【基本案情】2015 年 2 月 10 日，浙江省舟山市普陀区人民政府（以下简称普陀区政府）作出普政房征决〔2015〕1 号房屋征收决定，对包括孙某某在内的国有土地上房屋及附属物进行征收。在完成公告房屋征收决定、选择评估机构、送达征收评估分户报告等法定程序之后，孙某某未在签约期限内达成补偿协议、未在规定期限内选择征收补偿方式，且因孙某某的原因，评估机构无法入户调查，完成被征收房屋的装饰装修及附属物的价值评估工作。2015 年 5 月 19 日，普陀区政府作出被诉房屋征收补偿决定，并向其送达。该补偿决定明确了被征收房屋补偿费、搬迁费、临时安置费等数额，决定被征收房屋的装饰装修及附属物经入户按实评估后，按规定予以补偿及其他事项。孙某某不服，提起诉讼，请求撤销被诉房屋征收补偿决定。

【裁判结果】舟山市中级人民法院一审认为，本案房地产价格评估机构根据被征收房屋所有权证所载内容并结合前期调查的现场勘察结果，认定被征收房屋的性质、用途、面积、位置、建筑结构、建筑年代等，并据此作出涉案房屋的征收评估分户报告，确定了评估价值（不包括装修、附属设施及未经产权登记的建筑物）。因孙某某的原因导致无法入户调查，评估被征收房屋的装饰装修及附属物的价值，故被诉房屋征收补偿决定载明对于被征收房屋的装饰装修及附属物经入户按实评估后按规定予以补偿。此符合《浙江省国有土地上房屋征收与补偿条例》第三十三条第三款的规定，并未损害孙某某的合法权益，遂判决驳回了孙某某的诉讼请求。孙某某提起上诉，浙江省高级人民法院判决驳回上诉、维持原判。

【典型意义】评估报告只有准确反映被征收房屋的价值，被征收人才有可能获得充分合理的补偿。要做到这一点，不仅需要行政机关和评估机构依法

依规实施评估，同时也离不开被征收人自身的配合与协助。如果被征收人拒绝履行配合与协助的义务导致无法评估，不利后果应由被征收人承担。本案即属此种情形，在孙某某拒绝评估机构入户，导致装饰装修及房屋附属物无法评估的情况下，行政机关没有直接对上述财物确定补偿数额，而是在决定中载明经入户按实评估后按规定予以补偿，人民法院判决对这一做法予以认可。此案判决不仅体现了对被拆迁人合法权益的保护，更值得一提的是，以个案方式引导被征收人积极协助当地政府的依法征拆工作，依法维护自身的合法权益。

第四节 房屋征收评估程序文书范本

文书一、关于选定、决定或确定房地产估价机构的通知

被征收人、估价机构、街道办事处、居民委员会（社区）、人大代表、政协委员：

根据《国有土地上房屋征收评估办法》《_____省国有土地上房屋征收与补偿条例》及《_____市国有土地上房屋征收与补偿实施办法》等文件的规定，定于_____年_____月_____日开展_____建设项目房屋征收房地产估价机构的选定、决定或确定工作，具体事宜通知如下：

时间：_____年_____月_____日_____时。

地点：_____。

参加单位、人员：被征收人、估价机构、街道办事处、居民委员会（社区）、人大代表、政协委员、房屋征收实施单位、公证机关等。

工作步骤：

1. 选定（或决定）估价机构：房地产价格评估机构由被征收人在规定时间内协商选定；在规定时间内协商不成的，由房屋征收部门通过组织被征收人按照少数服从多数的原则投票决定。

2. 确定估价机构：

如无法通过选定或决定的方式固定估价机构的，将采取摇号、抽签等随机方式确定。

公证机关对上述工作过程进行公证，并出具公证书。

<u>房屋征收部门</u>

_____年_____月_____日

附：备选的房地产估价机构公示单

文书二、房地产估价机构公示单

单位（盖章）：_____年_____月_____日

机构名称			成立日期	
注册地址			办公地址	
法定代表人			注册资本	
资质等级		资质证号		注册房地产估价师数量
联系人			联系电话	
报名评估项目名称				
近三年从事类似房地产项目评估工作情况					

序号	项目名称	户数	总建筑面积	启动时间	完成时间
是否存在不良监管记录					

参与该项目的本机构注册房地产估价师：

文书三、选定、决定或确定房地产估价机构公告

根据《国有土地上房屋征收评估办法》《_____省国有土地上房屋征收与补偿条例》及《_____市国有土地上房屋征收与补偿实施办法》等文件的规定，我办已于_____年_____月_____日组织相关单位和被征收人以协商的方式选定了（或以少数服从多数决定的方式，或以抽签、摇号随机的方式）_____建设项目房屋征收的房地产价格评估机构。现将结果公告如下：

房地产估价机构名称：
成立日期：
注册地址：
办公地址：
法定代表人：
注册资本：
资质等级：
资质证号：
注册房地产估价师数量：
其他情况：
特此公告。

房屋征收部门
_____年_____月_____日

文书四、初评公示告知书

_____：

按照有关规定，现对_____土地、房屋及室内装饰装修等初步评估结果进行公示。如对初评结果有异议，可向评估机构提出，确有错误的评估机构将予以修正。

公示期间：_____年_____月_____日至_____年_____月_____日

联系电话：_____ 联系人：_____ 办公地点：_____

<u>评估机构</u>
_____年_____月_____日

初步评估结果如下：

_____

文书五、房地产估价报告送达回证

评估报告名称、编号	估价报告（编号）：
送达对象	被征收人（或其同住成年家属）：
送达地点	
签收人	
送达过程记录	
送达人	房屋征收部门： 房屋征收实施单位： 其他单位（见证人）：
送达日期	
备注	送达时已特别提示送达对象，注意评估报告中的"特别提示"中的内容，即被征收人对评估结果有异议的，应当自收到评估报告之日起10日内，向房地产价格评估机构申请复核评估。申请复核评估的，应当向原房地产价格评估机构提出书面复核评估申请，并指出评估报告存在的问题。

第九章
补偿协议

实现土地或房屋征收补偿的方式有两种，一是征收人与被征收人依法签订征收补偿协议；二是征收人对被征收人依法作出补偿决定。房屋征收补偿协议的主要内容应包括（但不限于）：

（一）补偿方式、补偿金额和支付期限；

（二）用于产权调换房屋的地点、面积及房屋差价的结算方法；

（三）搬迁费、临时安置费的标准和支付方法；

（四）周转用房的地点、使用期间；

（五）停产停业的损失计算、支付方法；

（六）被征收房屋的搬迁期限、过渡方式和过渡期限；

（七）被征收人所享受的补助和奖励以及兑现方法；

（八）违约责任等事项；

（九）履行房屋征收补偿协议过程中发生争议的解决方法；

（十）其他应约定的事项。

必须要指出的是，土地和房屋征收补偿协议均属于行政协议。尽管《征补条例》第二十五条第二款已规定："补偿协议订立后，一方当事人不履行补偿协议约定的义务的，另一方当事人可以依法提起诉讼"，且该款提及的"诉讼"究竟是民事诉讼还是行政诉讼，条例没有明确。但最新的《行政诉讼法》第十二条规定："人民法院受理公民、法人或者其他组织提起的下列诉讼……（十一）认为行政机关不依法履行、未按照约定履行或者违法变更、解除政府特许经营协议、土地房屋征收补偿协议等协议的……"即法律已明确将土地和房屋征收补偿协议定性为行政协议，房屋征收部门或其委托的征收实施单位与被征收人签订补偿协议的行为是行政行为。该房屋征收补偿协议的行政相对人或利害关系人可通过行政诉讼途径解决因补偿协议的订立、履行、变更、解除等发生的纠纷。

为依法公正、及时审理行政协议案件，根据《行政诉讼法》等法律的规定，结合行政审判工作实际，最高人民法院制定了《关于审理行政协议案件若干问题的规定》（法释〔2019〕17号），该司法解释经2019年11月12日最高人民法院审判委员会第1781次会议通过，自2020年1月1日起施行。

由于征收当事人之间签订征收补偿协议是实现征收补偿的重要方式，故签订征收补偿协议的文本在实务中显得尤为重要。目前，国家尚未制定出统一的示范文本，在本章，笔者将自己在实践中收集或制定的房屋征收补偿协议进行分类整理并进行适当修改，尽量使其具备通用功能，供广大读者在实务中参考使用。

第一节　征收补偿安置协议文书范本综合版

文书一、房屋征收补偿安置协议（综合版一）

说明

1. 本协议文本根据《征补条例》等有关法律法规制定。

2. 本协议文本为示范文本，各地房屋征收部门可结合本地实际情况调整相关内容。

3. 协议签订前，双方当事人应仔细阅读本协议内容，出示有关证明、证书、证件等材料，并对所出示材料的真实性和合法性负责。

4. 本协议【　】中选择内容、空格部位填写内容及其他需要删减或添加的内容，由双方当事人协商确定。【　】中选择内容，以打√方式选定；对于实际情况未发生或当事人不作约定的，应在空格部位打×，以示删除。任何涂改均需双方当事人在涂改处签章确认。

5. 针对本协议中没有涉及或约定不明确的内容，由双方当事人根据具体情况在相关条款后的空白行中自行补充约定，或者另行签订补充协议。

6. 协议签订生效后，未被修改的印刷文字视为双方同意内容。

房屋征收与补偿安置协议

编号：_____

甲方（房屋征收部门）：_____

住所地：_____

乙方（被征收人）：_____

身份证号码：_____

联系地址：_____

联系电话：_____

受委托的房屋征收实施单位：_____

住所地：_____

甲方因_____建设需要，经_____人民政府常务会议讨论决定作出《_____房屋征收决定》（文号_____），根据《征补条例》等规定须对乙方的房屋进行征收，经甲、乙双方协商一致，现就房屋征收补偿事宜签订本协议。

第一条　被征收房屋现状

1. 被征收房屋坐落在_____，不动产权证（房屋所有权）证号_____，证载房屋所有权人_____，房屋权属性质_____，房屋建筑证载面积_____平方米，房屋实测面积_____平方米，房屋认定面积_____平方米，国有土地使用权证号_____，土地证载面积_____平方米；

2. 房屋内部设施及装潢情况：_____；

3. 房屋的附属物及构筑物情况：_____；

4. 机械设备情况：_____；

5. 其他：_____。

第二条　房屋【住宅】【非住宅】补偿方式选择

乙方选择【货币补偿】【房屋产权调换】房屋征收补偿方式。

第三条　货币补偿方式

1. 被征收房屋价值补偿_____元（详见分户评估报告）；

2. 房屋装修及附属设施、附属物的补偿_____元（详见分户评估报告）；

3. 搬迁补偿费_____元；

4. 临时安置补偿费_____元；

5. 因征收房屋造成的停产停业损失补偿_____元；

6. 奖励、补助_____元；

7. 其他补偿：_____。

以上_____项合计：_____元（大写：_____）。

乙方选择货币补偿方式的，在房屋征收补偿协议签订并办理完交验房手续后_____日之内，由甲方向乙方支付货币补偿款。

第四条　房屋产权调换方式

（一）产权调换房屋情况

1. 产权调换建筑面积为_____平方米。产权调换房屋坐落在_____，选定的产权调换房屋建筑面积_____平方米（以不动产登记机构登记的房屋建筑面积为准），房屋用途_____；

2. 甲方提供给乙方的产权调换房屋应当与该房屋所在项目商品房房屋质量、基础配套设施、社区环境与服务标准相一致，且无权利负担。

（二）过渡安置

甲、乙双方约定产权调换房屋期限为_____，按_____元/月/平方米支付临时安置费，支付方式_____。

（三）补偿和差价结算

1. 被征收房屋补偿费

（1）被征收房屋价值补偿_____元（详见分户评估报告）；

（2）房屋装修及附属设施、附属物的补偿_____元（详见分户评估报告）；

（3）搬迁补偿费_____元；

（4）临时安置补偿费_____元；

（5）征收房屋造成的停产停业损失补偿_____元；

（6）奖励、补助_____元；

（7）其他补偿：_____。

经计算，以上_____项合计_____元。

2. 产权调换房屋价值

位于_____的产权调换房屋价值_____元。

3. 按本项目房屋征收补偿方案计算后，_____方应向_____方支付产权调换房屋差价款_____元，该房屋差价款应在_____结清。

（四）实际交付房屋建筑面积与协议安置房屋建筑面积存在差异的，应以不动产登记机构登记的房屋建筑面积为准。

第五条　乙方搬迁期限

经甲、乙双方约定，乙方应于本协议签订后_____日内完成搬迁，并将被征收房屋交付甲方。

第六条　甲、乙双方的义务和违约责任

（一）甲方应在产权调换房屋达到交付使用标准后，通知乙方在规定期限内办理交付使用手续。

（二）因甲方的责任延长过渡期限的，甲方应当自逾期之月起，以规定标准为基数，增加临时安置费，逾期满两年以上的临时安置费增加100%。

（三）因乙方的责任，乙方未按期腾退被征收房屋，结清水、电、气、暖、物业管理等有关费用，办理完交验房手续的，甲方有权顺延支付货币补偿金的时间并取消其所享受的征收奖励事项。

（四）因乙方责任，乙方未在甲方通知的期限内办理产权调换房屋安置手续的，甲方有权按照协议约定停发临时安置费。

（五）在甲方交付产权调换用房时，未能取得房屋竣工验收合格手续的，乙方有权拒绝接收产权调换用房，甲方应继续支付临时安置费。甲方交付的产权调换房屋标准应符合征收补偿方案公示的标准，否则乙方有权要求甲方按征收补偿方案公示的标准进行整改。

第七条　争议解决方式

甲、乙双方由于履行本协议书所发生的争议，由双方当事人协商解决，协商不成的，可依法通过司法途径解决。

第八条　其他约定

（一）本协议未尽事项，可由双方当事人另行签订补充协议，补充协议及协议附件与本协议具有同等法律效力。本协议及其附件内，空格部分填写的文字与印刷文字具有同等效力。

（二）乙方应在签订本协议的同时将不动产权证（房屋所有权证、国有土地使用权证）原件交由甲方办理注销登记手续。乙方选择产权调换的，甲方协助乙方办理产权调换房屋的不动产权证。

第九条　协议份数和效力

本协议一式_____份，甲方_____份，乙方_____份，双方签字、盖章之日起生效。

甲方（房屋征收部门）：　　　　　受委托的房屋征收实施单位：

经办人：　　　　　　　　　　　　经办人：

联系电话：　　　　　　　　　　　联系电话：

_____年_____月_____日　　　　　_____年_____月_____日

乙方（被征收人）：

身份证号码：

联系地址：

联系电话：

委托代理人：

委托代理人身份证号码：

_____年_____月_____日

文书二、房屋征收补偿安置协议（综合版二）

说明：

1. 本协议文本为示范文本，也可作为签约使用文本。签约之前，被征收人应当仔细阅读本协议内容，对协议条款及专业用词理解不一致的，可向房屋征收补偿管理部门咨询。

2. 为体现协议房屋征收当事人的自愿原则，本协议文本中相关条款后都有空白行，供被征收人与征收补偿部门自行约定或补充约定。当事人可以对文本条款的内容进行修改、增补或删减。协议签订生效后，未被修改的文本印刷文字视为双方同意内容。

3. 本协议文本中涉及的选择、填写内容以手写项为优先。

4. 对协议文本【 】中选择内容、空格部位填写及其他需要删除或添加的内容，房屋征收当事人应当协商确定。【 】中选择内容，以画√方式选定；对于实际情况未发生或当事人不作约定时，应在空格部位打×，以示删除。

5. 本协议条款由某某县人民政府负责解释。

房屋征收补偿安置协议

编号：_____

征收补偿部门（以下简称甲方）：

单位名称：_____，地址：_____

法定代表人：_____，职务：_____

邮编：_____，电话：_____

委托代理人：

单位名称：_____，地址：_____

法定代表人：_____，职务：_____

邮编：_____，电话：_____

被征收人（以下简称乙方）：

单位名称：_____，地址：_____

法定代表人：_____，职务：_____

邮编：_____，电话：_____

委托代理人：

单位名称：_____，地址：_____

法定代表人：_____，职务：_____

邮编：_____，电话：_____

房屋承租人（使用人）（以下简称丙方）：

单位名称：_____，地址：_____

法定代表人：_____，职务：_____

邮编：_____，电话：_____

委托代理人：

单位名称：_____，电话：_____

法定代表人：_____，职务：_____

邮编：_____，电话：_____

甲方因_____建设需要经某县人民政府常务会议讨论决定作出_____号《房屋征收决定》，根据《征补条例》等规定对乙方的房屋进行征收，甲、乙、丙三方在平等、自愿、协商一致的基础上，就房屋征收补偿安置达成如下协议：

第一条 被征收房屋现状

（一）房屋所在地点_____，建筑面积_____平方米（其中有证建筑面积_____平方米，房屋使用面积_____，房屋产权证号_____），房屋的用途_____，房屋的产权性质_____，房屋的结构_____，房屋的总楼层数_____，房屋所在的楼层数_____，房屋的朝向_____。

（二）房屋内部设施及装潢情况：

（三）房屋的附属物及构筑物情况：

（四）机械设备情况：

第二条 乙方或丙方基本情况

（一）被征收房屋为住宅时：

1. 乙方有正式户口_____人（其中常住人口_____人），分别是（姓名、性别、年龄、与户主关系等）：

2. 丙方有正式户口_____人，分别是（姓名、性别、年龄、与户主关系等）：

（二）被拆除房屋是非住宅时：

1. 乙方情况：_____。

2. 丙方情况：_____。

第三条　房屋征收补偿选择第_____种方式

1. 货币补偿。

2. 房屋产权调换。

第四条　被征收房屋的货币补偿方式

（一）货币补偿金额的确定选择第_____种方式：

1. 根据当地政府公布的货币补偿基准价由当事人协商确定价格。

2. 根据当事人共同推荐的评估机构评估的市场价格确定。

3. 当事人对评估机构的选定意见不统一时，按房屋征收部门随机确定的评估机构评估的市场评估价确定。

4. 当事人约定的其他作价方式。

（二）房屋装潢作价方式：_____。

（三）被拆迁房屋补偿金额：_____。

1. 房屋货币补偿金额。被征收房屋建筑面积_____平方米，按建筑面积每平方米_____元计价，小计_____元。

2. 装潢补偿金额_____元（若房屋货币补偿金额含装潢补偿，此项可不另行计算）。

3. 附属物及构筑物补偿金额_____元。

以上三项合计补偿金额_____元。

（四）房屋货币补偿的币种_____，补偿金额由甲方于_____年_____月_____日前支付给乙方，支付方式：_____。

（五）实行货币补偿的，甲方对丙方不再承担安置责任，由乙方对丙方进行安置。

第五条　房屋产权调换补偿方式

（一）甲方提供位于_____，结构_____，用途_____，房屋号_____，建筑面积_____平方米的【现房】【期房】，产权调换房屋的楼层、房号的确定方法：_____

产权调换的安置房屋应符合以下标准：

1. 甲方提供给乙方的安置房屋，应当符合国家质量安全标准。

2. 房屋内应当有以下设施：

（1）＿＿＿＿＿＿＿＿＿＿＿＿＿＿＿＿＿＿＿＿＿＿＿＿＿＿＿＿＿＿＿；

（2）＿＿＿＿＿＿＿＿＿＿＿＿＿＿＿＿＿＿＿＿＿＿＿＿＿＿＿＿＿＿＿。

3. 房屋装饰与设施标准见附件二。

4. 新建房屋竣工后质量应经＿＿＿＿＿登记备案。

（二）被征收的房屋及产权调换的安置房屋的价格均按本协议第四条第（一）、（二）、（三）款统一方式进行确定，并结清产权调换差价。

（三）按被征收房屋与产权调换的安置房屋的价格结算产权调换差价。差价金额＿＿＿＿＿元。

（四）产权调换差价币种：＿＿＿＿＿，差价由＿＿＿＿＿方于＿＿＿＿＿年＿＿＿＿＿月＿＿＿＿＿日前向＿＿＿＿＿方支付，支付方式：＿＿＿＿＿。

第六条 房屋产权调换的过渡安置

（一）过渡方式按以下第＿＿＿＿＿种方式确定。

1.【乙方】【丙方】选择自行过渡安置；

2. 由甲方提供周转房过渡安置。

（二）【乙方】【丙方】过渡期限自＿＿＿＿＿年＿＿＿＿＿月＿＿＿＿＿日至＿＿＿＿＿年＿＿＿＿＿月＿＿＿＿＿日。

（三）【乙方】【丙方】选择自行过渡安置的，甲方应当按本协议第七条的约定向【乙方】【丙方】支付临时安置补助费；【乙方】【丙方】选择由甲方提供周转房过渡安置的，其周转房的地址：＿＿＿＿＿，建筑面积＿＿＿＿＿平方米。

（四）甲方保证【乙方】【丙方】在过渡期限内按本协议第五条规定进行安置。【乙方】【丙方】使用甲方提供的周转房的，应当在得到安置房后＿＿＿＿＿日内腾空周转房。

第七条 房屋征收搬迁补助费

（一）甲方按＿＿＿＿＿规定标准，支付【乙方】【丙方】搬迁补助费＿＿＿＿＿元，临时安置补助费＿＿＿＿＿元，其他补助费＿＿＿＿＿元，共计＿＿＿＿＿元。

（二）征收非住宅房屋，甲方按＿＿＿＿＿规定标准，支付【乙方】【丙方】设备搬迁和安装补助费＿＿＿＿＿元。因拆迁造成停产、停业损失补偿费＿＿＿＿＿元，其他补助费＿＿＿＿＿元，共计＿＿＿＿＿元。

（三）房屋征收补助费的币种：_____，甲方应于_____年_____月_____日前支付给【乙方】【丙方】，支付方式：_____。

第八条　腾退房屋

【乙方】【丙方】在_____年_____月_____日前应将被征收房屋腾空，并交甲方拆除。

第九条　违建拆除

【乙方】【丙方】的违章建筑及其附属设施应在_____年_____月_____日前自行拆除，逾期不拆除的，甲方有权拆除。

第十条　奖励

_____

第十一条　逾期安置的违约责任

（一）甲方应在本协议第六条第（二）项约定的临时过渡期期满前保证【乙方】【丙方】按期回迁，逾期不能回迁的，甲方应在临时过渡期满_____天前通知【乙方】【丙方】，按下列约定处理：

1. 甲方按本协议第七条约定的临时安置补助费的 2 倍向【乙方】【丙方】加付临时安置补助费。

2. 逾期_____个月内，甲方按本协议第七条约定的停产、停业损失补偿费的_____%向【乙方】【丙方】加付停产停业损失补偿费；逾期超过_____个月，甲方按本协议第七条约定的停产、停业损失补偿费的_____%向【乙方】【丙方】加付停产、停业损失补偿费。

3. 逾期 12 个月的，【乙方】【乙方在征得丙方同意的情况下】有权要求重新选择货币补偿或另行选择安置房。

（二）【乙方】【丙方】在临时过渡期内，收到甲方安置通知（通知方式为_____）之日起四个月内，应到甲方办理安置手续；甲方应从发出安置通知后再支付【乙方】【丙方】四个月临时安置补助费；逾期不到甲方办理安置手续的，不再享受各种补助费或补偿费。

第十二条　甲方关于安置房标准的违约责任

（一）甲方交付的安置房标准应符合第五条第（一）项及附件二标准的约定。达不到约定标准的，乙方有权要求甲方按约定标准进行整改，并赔偿

_____元。

（二）安置房屋面积确认及面积差处置方式：

本款规定以【建筑面积】【套内建筑面积】【使用面积】（本款中均简称面积）为依据进行面积确认及面积差异处置。

本协议约定面积与产权登记面积有差异的，以产权登记面积为准。产权登记中面积记载不明确的，应由原产权登记部门重新确认。

安置房交付后，产权登记面积与本协议约定面积发生差异，甲、乙双方同意按_____方式进行处置：

1. 双方自行约定：

（1）_____
（2）_____
（3）_____
（4）_____

2. 双方同意按以下原则处置：

（1）面积误差比绝对值在3%以内（含3%）的，按第五条规定原则据实结算差价。

（2）面积误差比绝对值超出3%的，当产权登记面积大于本协议约定面积时，面积误差比在3%以内（含3%）部分的房价款按第五条规定原则据实结算差价；超出3%部分的房屋价款，如果安置房屋价值大于被拆迁房屋，不找差价，如果安置房屋价值小于被拆迁房屋价值，甲方按超出3%部分的房屋价款的双倍返还乙方。

（3）面积误差比绝对值超出3%的，当产权登记面积小于本协议约定面积时，面积误差比在3%以内（含3%）部分的房价款按第五条规定原则据实结算差价；超出3%部分的房屋价款，由甲方按超出3%部分的房屋价款的双倍返还乙方。

面积误差比=（产权登记面积−协议约定面积）/协议约定面积×100%

第十三条 甲方逾期支付征收补偿资金（货币补偿、搬迁补助费、临时安置补助费、设备搬迁安装补助及损失费、停产停业补偿费）的违约责任

甲方如未按本协议规定的时间付款，按下列第_____种方式处理：

（一）按逾期时间，分别处理（不累加）

1. 逾期在_____日之内，自本协议规定的应付款期之第二日起至实际全额支付应付款之日止，甲方按日向【乙方】【丙方】支付逾期应付款的万分之_____的违约金，协议继续履行；

2. 逾期超过_____日后，自本协议规定的应付款之第二日起至实际全额支付应付款之日止，甲方按日向【乙方】【丙方】支付逾期应付款的万分之_____（该比率应不小于前款中的比率）的违约金，协议继续履行。

本条中的逾期应付款指依照本协议规定的到期应付款与该期实际已付款的差额；采取分期付款的，按相应的分期应付款与该期的实际已付款的差额确定。

（二）_____

（三）_____

第十四条　其他违约责任

_____

第十五条　本协议在履行过程中发生的争议，由当事人协商解决；也可由当事人依法向人民法院提起诉讼，被征收人及承租人逾期不搬迁的，甲方可依法向人民法院申请强制执行

第十六条　本协议未尽事项，可由双方约定后签订补充协议（附件三）

第十七条　协议附件与本协议具有同等法律效力。本协议及其附件内，空格部分填写的文字与印刷文字具有同等效力

第十八条　本协议自双方签字盖章之日起生效

第十九条　本协议一式_____份，甲、乙、丙方各持_____份

甲方（签章）：_____　　乙方（签章）：_____　　丙方（签章）：_____

委托代理人：　　　　　委托代理人：　　　　　委托代理人：

___年___月___日　　　___年___月___日　　　___年___月___日

附件一：安置房屋平面图

附件二：安置房装饰、设施标准

1. 外墙：

2. 内墙：

3. 顶棚：

4. 地面：

5. 门窗：

6. 厨房：

7. 卫生间：

8. 阳台：

9. 电梯：

10. 其他

附件三：合同补充协议

附件四：被征收房屋平面图

第二节　货币补偿协议文书范本

文书一、住宅用房货币补偿协议书

编号：_____

甲方：房屋征收部门（或房屋征收实施单位）_____

地址：_____电话：_____

乙方：被征收人_____住址：_____

身份证号码：_____电话：_____

（共有人：_____地址：_____身份证号码：_____电话：_____）

因_____项目建设的需要，根据_____人民政府_____房屋征收决定（文号：_____），按照国务院《征补条例》（国务院590号令）、《_____省国有土地上房屋征收与补偿条例》（文号：_____）及《_____市国有土地上房屋征收与补偿办法》（文号：_____）等的相关规定，双方经协商，乙方自愿选择货币补偿并与甲方达成如下协议：

第一条　被征收房屋基本情况

房屋坐落_____，房屋所有权证书号_____，房屋用途_____，产权建筑面积_____平方米；土地使用权证书号_____，土地用途_____，土地使用面积_____平方米；未经登记建筑总建筑面积_____平方米，其中违法（章）建筑面积_____平方米，不予补偿。

合计补偿建筑面积_____平方米。

第二条　被征收房屋补偿

（一）被征收房屋价值补偿：

根据_____（评估机构）出具的评估报告（评估报告编号_____详见附件），乙方被征收房屋补偿金额_____元，装饰、装修补偿金额_____元。

（二）临时安置费：甲方一次性支付乙方_____月的临时安置费_____元。临时安置费按每月_____元/平方米计算，合计_____元。

（三）搬迁费：甲方一次性支付乙方搬迁费_____元。

（四）固定电话、电表、网络、有线电视、空调、煤气表等设施拆装补偿费_____元。

（五）临时建筑、附属物_____等补偿费：_____元。

（六）"住改非"停产停业损失费：_____元。

（七）奖励：_____元。

（八）补助：_____元。

以上补偿金额合计为：_____元，大写：_____。

第三条　搬迁事项

（一）乙方必须在_____年_____月_____日前搬迁腾空房屋交由甲方验收确认后拆除。乙方不得拆除、破坏房屋及设施，违者照价在补偿金额中扣赔。

（二）在本协议签订时，乙方应向甲方移交房屋所有权证（含共有权证）、土地使用权证等有关房地产权属证书，并委托甲方统一到相关部门办理权属证书注销手续（详见委托书）。

第四条　货币补偿款支付期限

乙方搬迁腾空房屋交由甲方验收合格之日起_____内，甲方将本协议约定货币补偿金额支付给乙方。

货币补偿金额（人民币大写）：_____元，¥：_____元。

第五条　税费减免

选择货币补偿的被征收人，自签订本协议之日起，在本市范围之内购买房屋作为安置用房的，可按照国家有关规定减免相关税费。

第六条　其他约定

_____

第七条　违约责任

（一）甲方未按本协议约定如期支付乙方款项的，自逾期之日每日按协议约定应支付款项金额的_____‰（%）计算违约金。

（二）乙方未按本协议约定如期将房屋搬迁腾空交付甲方的，甲方有权取消本协议第二条第_____项奖励、补助。

第八条　争议解决

本协议签订后，当事人未按本协议约定履行义务的，由双方协商解决。协商不成的，可以通过人民法院的裁判程序解决。

第九条　协议生效条件

甲方选择下列_____作为本协议生效条件：

（一）本协议涉及征收项目属于旧城区改建的，该项目签约率达到_____%的本协议方可生效。

（二）本协议涉及征收项目不属于旧城区改建的，自双方签订之日起生效。

第十条　本协议未尽事项

双方对未尽事项可协商签订补充协议，补充协议与本协议具有同等法律效力。

第十一条　本协议一式三份，甲方、乙方、实施单位各执一份

甲方（盖章）：　　　实施单位（盖章）：　　　乙方：

身份证号码：

负责人（签字）：　　　经办人（签字）：

联系电话：　　　　　联系电话：　　　　　　联系电话：
____年___月___日　　____年___月___日　　____年___月___日

附件：1. 评估报告；2. 补充协议；3. 委托书；4. ……

文书二、营业用房货币补偿协议书

编号：_____

　　甲方：房屋征收部门（或房屋征收实施单位）_____

　　地址：_____电话：_____

　　乙方：被征收人_____地址：_____

　　身份证号码：_____电话：_____

　　（共有人：_____地址：_____身份证号码：_____电话：_____）

　　因_____项目建设的需要，根据_____人民政府_____房屋征收决定（文号：_____），按照国务院《征补条例》（国务院590号令）、《_____省国有土地上房屋征收与补偿条例》（文号：_____）及《_____市国有土地上房屋征收与补偿办法》（文号：_____）等相关规定，双方经协商，乙方自愿选择货币补偿并与甲方达成如下协议：

　　第一条　被征收营业用房基本情况

　　房屋坐落_____，房屋所有权证书号_____，房屋用途_____，产权建筑面积_____平方米；土地使用权证书号_____，土地用途_____，土地使用面积_____平方米；未经登记建筑总建筑面积_____平方米，其中违法（章）建筑面积_____平方米，不予补偿。

　　合计补偿建筑面积_____平方米。

　　第二条　被征收营业用房补偿

　　（一）被征收营业用房价值补偿：

根据_____（评估机构）出具的评估报告（评估报告编号_____详见附件），乙方被征收营业用房补偿金额_____元，装饰、装修补偿金额_____元。

（二）临时安置费：甲方一次性支付乙方_____月的临时安置费_____元。临时安置费按每月_____元/平方米计算，合计_____元。

（三）搬迁费：甲方一次性支付乙方搬迁费_____元。

（四）固定电话、电表、网络、有线电视、空调、煤气表等设施拆装补偿费_____元。

（五）临时建筑、附属物_____等补偿费：_____元。

（六）停产停业损失费：_____元。

（七）奖励：_____元。

（八）补助：_____元。

以上补偿金额合计为：_____元，大写：_____。

第三条 搬迁事项

（一）乙方必须在_____年_____月_____日前搬迁腾空房屋交由甲方验收确认后拆除。乙方不得拆除、破坏房屋及设施，违者照价在补偿金额中扣赔。

（二）在本协议签订时，乙方应向甲方移交房屋所有权证（含共有权证）、土地使用权证等有关房地产权属证书，并委托甲方统一到相关部门办理权属证书注销手续（详见委托书）。

第四条 货币补偿款支付期限

乙方搬迁腾空房屋交由甲方验收合格之日起_____日内，甲方将本协议约定货币补偿金额支付给乙方。

货币补偿金额（人民币大写）：_____元，¥：_____元。

第五条 税费减免

选择货币补偿的被征收人，在签订本协议之日起，在本市范围之内购买房屋作为安置用房的，可按照国家有关规定减免相关税费。

第六条 其他约定

第七条　违约责任

（一）甲方未按本协议约定如期支付乙方款项的，自逾期之日每日按协议约定应支付款项金额的_____‰（%）计算违约金。

（二）乙方未按本协议约定如期将房屋搬迁腾空交付甲方的，甲方有权取消本协议第二条第_____项奖励、补助。

第八条　争议解决

本协议签订后，当事人未按本协议约定履行义务的，由双方协商解决。协商不成的，可以通过人民法院的裁判程序解决。

第九条　协议生效条件

甲方选择下列_____作为本协议生效条件：

（一）本协议涉及征收项目属于旧城区改建的，该项目签约率达到_____%的本协议方可生效。

（二）本协议涉及征收项目不属于旧城区改建的，自双方签订之日起生效。

第十条　本协议未尽事项

双方对未尽事项可协商签订补充协议，补充协议与本协议具有同等法律效力。

第十一条　本协议一式三份，甲方、乙方、实施单位各执一份

甲方（盖章）：　　实施单位（盖章）：　　乙方：

　　　　　　　　　　　　　　　　　　　身份证号码：

负责人（签字）：　　经办人（签字）：

联系电话：　　　　联系电话：　　　　联系电话：

___年___月___日　　___年___月___日　　___年___月___日

附件：1. 评估报告；2. 补充协议；3. 委托书；4."住改非"认定单；5. ……

文书三、工业用房货币补偿协议书

编号：_____

甲方：房屋征收部门（或房屋征收实施单位）_____

地址：_____电话：_____

乙方：被征收人_____地址：_____

身份证号码：_____电话：_____

（共有人：_____地址：_____身份证号码：_____电话：_____）

因_____项目建设的需要，根据_____县（市、区）人民政府_____房屋征收决定（文号：_____），按照国务院《征补条例》（国务院590号令）、《_____省国有土地上房屋征收与补偿条例》（文号：_____）及《_____市国有土地上房屋征收与补偿办法》（文号：_____）等相关规定，双方经协商，乙方自愿选择货币补偿并与甲方达成如下协议：

第一条 被征收工业用房的基本情况

房屋坐落_____，房屋所有权证书号_____，房屋用途_____，产权建筑面积_____平方米；土地使用权证书号_____，土地用途_____，土地使用面积_____平方米；未经登记建筑总建筑面积_____平方米，其中违法（章）建筑面积_____平方米，不予补偿。

合计补偿工业用房建筑面积_____平方米。

第二条 被征收工业用房补偿

（一）被征收工业用房价值补偿

根据_____（评估机构）出具的评估报告（评估报告编号_____详见附件），乙方被征收工业用房的合法建筑补偿金额_____元，其中合法建筑补偿金额_____元，土地使用权价值补偿金额_____元，装饰、装修补偿金额_____元。

合计：_____元，大写：_____。

（二）搬迁费

1.不可移动的设备、设施，因搬迁造成无法恢复使用确需报废的，按照重置价结合成新（折旧）的_____％补偿，金额_____元。

2. 可移动设备、设施的搬迁及拆装（含设备调试等）乙方可选择按照下列_____的标准进行补偿：

（1）市场价补偿，补偿金额_____元。

（2）重置价结合成新的_____％补偿，补偿金额_____元。

上述（一）或（二）依据的评估报告编号：_____（详见附件）。

3. 存货、原材料等搬迁费根据货物运输市场价格通过评估确定补偿金额_____元（评估报告编号：_____详细见附件）。

根据上述内容甲方一次性支付乙方搬迁费合计_____元。

（三）临时安置费

甲方一次性支付乙方六个月的临时安置费_____元。临时安置费按每月_____元/平方米计算，合计_____元。

（四）停产、停业损失费

乙方选择以下_____方式计算停产停业损失费：

1. 根据_____项目房屋征收补偿方案确定的标准：_____计算停产停业损失，合计_____元。

2. 根据房屋被征收前的效益、停产停业期限等因素确定的，以征收决定公告之日前一年税务部门核准的税后平均利润_____元/月，停产停业_____月计算，合计_____元。

3. 根据_____评估机构出具的评估报告（评估报告编号：_____详细见附件），确定停产停业损失，合计_____元。

（五）固定电话、电表、网络、有线电视、空调、煤气表等设施拆装补偿费_____元。

（六）临时建筑、附属物_____等补偿费：_____元。

（七）奖励：_____元。

（八）补助：_____元。

以上补偿金额合计为：_____元，大写：_____。

第三条　搬迁事项

（一）乙方必须在_____年_____月_____日前搬迁腾空房屋交由甲方验

收确认后拆除。乙方不得拆除、破坏房屋及设施，违者照价在补偿金额中扣赔。

（二）在本协议签订时，乙方应向甲方移交房屋所有权证（含共有权证）、土地使用权证等有关房地产权属证书，并委托甲方统一到相关部门办理权属证书注销手续（详见委托书）。

第四条　货币补偿款支付期限

乙方搬迁腾空房屋交由甲方验收合格之日起_____日内，甲方将本协议约定的货币补偿金额支付给乙方。

货币补偿金额（人民币大写）：_____元，￥：_____元。

第五条　其他约定

_____

第六条　违约责任

（一）甲方未按本协议约定如期支付乙方款项的，自逾期之日每日按协议约定应支付款项金额的_____‰（%）计算违约金。

（二）乙方未按本协议约定如期将房屋搬迁腾空交付甲方的，甲方有权取消本协议第二条第_____项奖励、补助。

第七条　争议解决

本协议签订后，当事人未按本协议约定履行义务的，由双方协商解决。协商不成的，可以通过人民法院的裁判程序解决。

第八条　协议生效条件

甲方选择下列_____作为本协议生效条件：

（一）本协议涉及征收项目属于旧城区改建的，该项目签约率达到_____%的本协议方可生效。

（二）本协议涉及征收项目不属于旧城区改建的，自双方签订之日起生效。

第九条　本协议未尽事项

双方对未尽事项可协商签订补充协议，补充协议与本协议具有同等法律效力。

第十条　本协议一式三份，甲方、乙方、实施单位各执一份

甲方（盖章）：　　　实施单位（盖章）：　　　乙方：
　　　　　　　　　　　　　　　　　　　　　　　身份证号码：

负责人（签字）：　　经办人（签字）：

联系电话：　　　　　联系电话：　　　　　联系电话：
____年___月___日　　____年___月___日　　____年___月___日

附件：1. 评估报告；2. 补充协议；3. 委托书；4. ……

第三节　产权调换补偿协议文书范本

文书一、住宅用房产权调换协议书

编号：_____

甲方：房屋征收部门（或房屋征收实施单位）_____

地址：_____电话：_____

乙方：被征收人_____住址：_____

身份证号码：_____电话：_____

（共有人：_____地址：_____身份证号码：_____电话：_____）

因_____项目建设的需要，根据_____县（市、区）人民政府_____房屋征收决定（文号：_____），按照国务院《征补条例》（国务院590号令）、《_____省国有土地上房屋征收与补偿条例》（文号：_____）及《_____市国有土地上房屋征收与补偿办法》（文号：_____）等相关规定，双方经协商，乙方自愿选择产权调换补偿方式并与甲方达成如下协议：

第一条 被征收房屋基本情况

被征收人房屋坐落_____，房屋所有权证书号_____，房屋用途_____，产权建筑面积_____平方米；土地使用权证书号_____，土地用途_____，土地使用面积_____平方米；未经登记建筑总建筑面积_____平方米，其中违法（章）建筑面积_____平方米，不予补偿。

合计补偿建筑面积_____平方米。

第二条 被征收房屋补偿

（一）被征收房屋价值补偿

根据_____（评估机构）出具的评估报告（评估报告编号_____详见附件），乙方被征收房屋补偿金额_____元，装饰、装修补偿金额_____元。

（二）搬迁费

甲方支付乙方搬迁费：_____元。乙方回迁安置房时甲方按上述标准再向乙方支付一次搬迁费。

（三）固定电话、电表、网络、有线电视、空调、煤气表等设施拆装补偿费：_____元。

（四）临时建筑、附属物_____等补偿费：_____元。

（五）"住改非"停产停业损失费：_____元。

（六）奖励：_____元。

（七）补助：_____元。

以上补偿金额合计为：_____元，大写：_____。

第三条 安置事项

（一）安置面积

甲方根据本协议约定确定安置建筑面积_____平方米。

（二）安置地点

甲方将位于_____作为乙方安置用房。该房屋为现房、期房（现房建筑面积为_____平方米）。

（三）安置用房价格

被征收房屋合法产权面积部分_____平方米，按_____元/平方米计算，合计_____元。

安置用房交付结算时，应当根据被征收人认购选房定位情况，按实结算朝向、层次差价。

第四条　购房款缴纳

乙方向甲方缴纳购房款，并按下列第_____种方式支付：

（一）安置用房为现房的，乙方一次性缴纳被征收房屋与安置用房的差价款。

（二）安置用房为期房的，乙方分三期支付购房款：

第一期：乙方被征收房屋补偿金额_____元，结转为安置房第一期购房款。

第二期：_____。

第三期：安置房交付时结清余款。

第五条　过渡期限和过渡方式

（一）甲方提供的安置用房是现房的，甲方一次性支付乙方六个月的临时安置费，临时安置费按每月_____元/平方米计算，合计_____元。

（二）甲方提供的安置用房是期房（多层、高层）的，乙方的过渡期是本补偿协议约定的搬迁之月起_____个月。临时安置费按每月_____元/平方米计算，合计_____元。

（三）乙方过渡期限届满，甲方未能按约定提供安置用房的，乙方自愿选择转为货币补偿安置方式的，甲方可另行一次性支付乙方六个月的临时安置费，其标准是：按每月_____元/平方米计算，合计_____元。

（四）乙方按下列第_____种方式选择过渡方式，甲方按乙方选择的过渡方式向乙方支付临时安置费或提供周转用房。

1. 乙方选择自行解决周转用房的，在过渡期内，临时安置费按建筑面积_____平方米，每月_____元/平方米计算，合计_____元/月。临时安置费自乙方被征收房屋腾空并交付验收合格之月起按月计算，每_____个月支付一次，计算至安置房交付后六个月止。

2. 甲方提供周转用房的，在过渡期内，甲方不再向乙方支付临时安置费，乙方应在安置房交付之日起六个月内腾退周转用房。

第六条　搬迁事项

（一）乙方必须在＿＿＿＿年＿＿＿＿月＿＿＿＿日前搬迁腾空被征收房屋，交甲方验收确认后拆除，乙方不得拆除、破坏房屋及设施，违者照价在补偿金额中扣赔。

（二）在本协议签订时，乙方应向甲方移交房屋所有权证（含共有权证）、土地使用权证等有关房地产权属证书，并委托甲方统一到相关部门办理权属证书注销手续（详见委托书）。

第七条　其他约定

第八条　违约责任

（一）甲方违约责任

1. 乙方过渡期限届满，甲方未能提供安置用房的，乙方可选择下列第＿＿＿＿项方式。

（1）乙方自行解决周转用房，自逾期之月起甲方应按属地政府公布的最新标准的两倍向乙方支付临时安置费。

（2）甲方提供周转用房的，除继续提供周转用房外，自逾期之月起甲方应按属地政府公布的最新标准向乙方支付临时安置费。

（3）乙方自愿选择将产权调换补偿方式转为货币补偿方式的，乙方应与甲方另行签订货币补偿协议，被征收房屋的货币补偿金额按照房屋征收决定公告之日的市场价值通过评估确定。

2. 乙方过渡期满后超过二十四个月甲方仍未能提供安置用房，乙方要求甲方提供其他用于产权调换房屋的，甲方应于六个月之内交付与原安置用房相当的现房。

（二）乙方违约责任

1. 乙方逾期不缴足安置房购房款的，自逾期之日起，按当期未缴纳购房款计算违约金，违约金为：＿＿＿＿元。

2. 乙方未按协议约定如期将房屋搬迁腾空交付甲方的，甲方有权取消本协议第二条第＿＿＿＿项奖励、补助。

3. 甲方按规定组织安置用房的选择定位并书面告知乙方认购。乙方未在规定期限内选房认购的，安置用房则由甲方在剩余房源中指定。甲方将指定房源情况书面告知乙方。

4. 安置用房竣工验收后，甲方书面通知乙方在规定期限内办理安置房结算手续，乙方在规定期限内拒不办理的，甲方自规定期限届满之日起停止计发临时安置费，并自逾期之日起按剩余购房款计算违约金，违约金为：_____元。

5. 乙方逾期办理结算手续满三个月，经甲方书面催告，乙方自催告之日起三个月内仍未办理安置用房结算手续的，视为乙方放弃产权调换补偿方式同意转为货币补偿，补偿金额见本协议第二条。其他补偿费用按照《_____项目房屋征收补偿方案》规定的标准计算，已经支付的不予退还。

第九条 争议解决

本协议签订后，当事人未按本协议约定履行义务的，由双方协商解决。协商不成的，可以通过人民法院的裁判程序解决。

第十条 协议生效条件

甲方选择下列_____作为本协议生效条件：

（一）本协议涉及征收项目属于旧城区改建的，该项目签约率达到_____%的本协议方可生效。

（二）本协议涉及征收项目不属于旧城区改建的，自双方签订之日起生效。

第十一条 本协议未尽事项

双方对未尽事项可协商签订补充协议，补充协议与本协议具有同等法律效力。

第十二条 本协议一式三份，甲方、乙方、实施单位各执一份

甲方（盖章）：　　　实施单位（盖章）：　　　乙方：
　　　　　　　　　　　　　　　　　　　　　　身份证号码：

负责人（签字）：　　经办人（签字）：

联系电话：　　　　　联系电话：　　　　　联系电话：
＿＿＿年＿＿月＿＿日　＿＿＿年＿＿月＿＿日　＿＿＿年＿＿月＿＿日

附件：1. 评估报告；2. 补充协议；3. 委托书；4. ……

文书二、营业用房产权调换协议书

编号：＿＿＿＿＿＿

甲方：房屋征收部门（或房屋征收实施单位）＿＿＿＿＿＿

地址：＿＿＿＿＿＿电话：＿＿＿＿＿＿

乙方：被征收人＿＿＿＿＿＿住址：＿＿＿＿＿＿

身份证号码：＿＿＿＿＿＿电话：＿＿＿＿＿＿

（共有人：＿＿＿＿＿地址：＿＿＿＿＿身份证号码：＿＿＿＿＿电话：＿＿＿＿＿）

因＿＿＿＿＿项目建设的需要，根据＿＿＿＿＿县（市、区）人民政府＿＿＿＿＿房屋征收决定（文号：＿＿＿＿＿），按照国务院《征补条例》（国务院590号令）、《＿＿＿＿＿省国有土地上房屋征收与补偿条例》（文号：＿＿＿＿＿）及《＿＿＿＿＿市国有土地上房屋征收与补偿办法》（文号：＿＿＿＿＿）等相关规定，双方经协商，乙方自愿选择产权调换并与甲方达成如下协议：

第一条　被征收营业用房的基本情况

房屋坐落＿＿＿＿＿＿，房屋所有权证书号＿＿＿＿＿＿，房屋用途＿＿＿＿＿＿，产权建筑面积＿＿＿＿＿＿平方米；土地使用权证书号＿＿＿＿＿＿，土地用途＿＿＿＿＿＿，土地使用面积＿＿＿＿＿＿平方米；未经登记建筑总建筑面积＿＿＿＿＿＿平方米，其中违法（章）建筑面积＿＿＿＿＿＿平方米，不予补偿。

合计补偿建筑面积＿＿＿＿＿＿平方米。

第二条　被征收营业用房补偿

（一）被征收房屋价值补偿

根据＿＿＿＿＿＿（评估机构）出具的评估报告（评估报告编号＿＿＿＿＿＿详见附件），乙方被征收房屋补偿金额＿＿＿＿＿＿元，装饰、装修补偿金额＿＿＿＿＿＿元。

（二）搬迁费

甲方支付乙方搬迁费_____元。乙方回迁安置房时甲方按上述标准再向乙方支付一次搬迁费。

（三）固定电话、电表、网络、有线电视、空调、煤气表等设施拆装补偿费_____元。

（四）临时建筑、附属物_____等补偿费：_____元。

（五）停产停业损失费：_____元。

（六）奖励：_____元。

（七）补助：_____元。

以上补偿金额合计为：_____元，大写：_____。

第三条　营业用房安置事项

（一）安置面积

甲方根据本协议约定确定安置建筑面积_____平方米。

（二）安置地点

甲方将位于_____作为乙方营业用房安置。该房屋为现房、期房（现房建筑面积为_____平方米）。

（三）安置用房价格

1. 营业用房按_____元/平方米计算，合计_____元。

2. _____。

营业用房交付结算时，应当根据被征收人认购选房定位情况，按实结算朝向、层次差价。

第四条　购房款缴纳

乙方向甲方缴纳购房款，并按下列第_____种方式支付：

（一）安置用房为现房的，乙方一次性缴纳被征收房屋与安置用房的差价款。

（二）安置用房为期房的，乙方分三期支付购房款：

第一期：乙方被征收房屋补偿金额_____元，结转为安置房第一期购房款。

第二期：_____。

第三期：安置房交付时结清余款。

第五条　过渡期限和过渡方式

（一）甲方提供的安置用房是现房的，甲方一次性支付乙方六个月的临时安置费，临时安置费按每月_____元/平方米计算，合计_____元。

（二）甲方提供的安置用房是期房（多层、高层）的，乙方的过渡期是本补偿协议约定的搬迁之月起_____个月。临时安置费按每月_____元/平方米计算，合计_____元。

（三）乙方过渡期限届满，甲方未能按约定提供安置用房的，乙方自愿选择转为货币补偿安置方式的，甲方可另行一次性支付乙方六个月的临时安置费，其标准是：按每月_____元/平方米计算，合计_____元。

（四）乙方按下列第_____种方式选择过渡方式，甲方按乙方选择的过渡方式向乙方支付临时安置费或提供周转用房。

1. 乙方选择自行解决周转用房的，在过渡期内，临时安置费按建筑面积_____平方米，每月_____元/平方米计算，合计_____元/月。临时安置费自乙方被征收房屋腾空并交付验收合格之月起按月计算，每_____个月支付一次，计算至安置房交付后六个月止。

2. 甲方提供周转用房的，在过渡期内，甲方不再支付乙方临时安置费，乙方应在安置房交付之日起六个月内腾退周转用房。

第六条　搬迁事项

（一）乙方必须在_____年_____月_____日前搬迁腾空被征收房屋，交甲方验收确认后拆除，乙方不得拆除、破坏房屋及设施，违者照价在补偿金额中扣赔。

（二）在本协议签订时，乙方应向甲方移交房屋所有权证（含共有权证）、土地使用权证等有关房地产权属证书，并委托甲方统一到相关部门办理权属证书注销手续（详见委托书）。

第七条　其他约定

第八条　违约责任

（一）甲方违约责任

1. 乙方过渡期限届满，甲方未能提供安置用房的，乙方可选择下列第_____种方式。

（1）乙方自行解决周转用房，自逾期之月起甲方应按属地政府公布的最新标准的两倍向乙方支付临时安置费。

（2）甲方提供周转用房的，除继续提供周转用房外，自逾期之月起甲方应按属地政府公布的最新标准向乙方支付临时安置费。

（3）乙方自愿选择将产权调换补偿方式转为货币补偿方式的，乙方应与甲方另行签订货币补偿协议，货币补偿金额按照房屋征收决定公告之日的市场价值通过评估确定。

2. 乙方过渡期满后超过二十四个月甲方仍未能提供安置用房，乙方要求甲方提供其他用于产权调换房屋的，甲方应于六个月之内交付与原安置用房相当的现房。

（二）乙方违约责任

1. 乙方逾期不缴足安置房购房款的，自逾期之日起，按当期未缴纳购房款计算违约金。违约金为：_____。

2. 乙方未按协议约定如期将房屋搬迁腾空交付甲方的，甲方有权取消本协议第二条第_____项奖励、补助。

3. 甲方按规定组织安置用房的选择定位并书面告知乙方认购。乙方未在规定期限内选房认购的，安置用房则由甲方在剩余房源中指定。甲方将指定房源情况书面告知乙方。

4. 安置用房竣工验收后，甲方书面通知乙方在规定期限内办理安置房结算手续，乙方在规定期限内拒不办理的，甲方自规定期限届满之日起停止计发临时安置费，并自逾期之日起按剩余购房款计算违约金。违约金为：_____元。

5. 乙方逾期办理结算手续满三个月，经甲方书面催告，乙方自催告之日起三个月内仍未办理安置用房结算手续的，视为乙方放弃产权调换补偿方式同意转为货币补偿，补偿金额见本协议第二条，其他补偿费按照《_____项目房屋征收补偿方案》规定的标准计算，已经支付的不予退还。

第九条　争议解决

本协议签订后，当事人未按本协议约定履行义务的，由双方协商解决。协商不成的，可以通过人民法院的裁判程序解决。

第十条　协议生效条件

甲方选择下列_____作为本协议生效条件：

（一）本协议涉及征收项目属于旧城区改建的，该项目签约率达到_____%的本协议方可生效。

（二）本协议涉及征收项目不属于旧城区改建的，自双方签订之日起生效。

第十一条　本协议未尽事项

双方对未尽事项可协商签订补充协议，补充协议与本协议具有同等法律效力。

第十二条　本协议一式三份，甲方、乙方、实施单位各执一份

甲方（盖章）：　　实施单位（盖章）：　　乙方：

　　　　　　　　　　　　　　　　　　　　身份证号码：

负责人（签字）：　经办人（签字）：

联系电话：　　　　联系电话：　　　　　　联系电话：
___年___月___日　___年___月___日　　　___年___月___日

附件：1. 评估报告；2. 补充协议；3. 委托书；4. ……

文书三、工业用房产权调换协议书

编号：_____

甲方：房屋征收部门（或房屋征收实施单位）_____地址：_____电话：_____

乙方：被征收人_____地址：_____身份证号码：_____电话：_____
（共有人：_____地址：_____身份证号码：_____电话：_____）

因_____项目建设的需要，根据_____县（市、区）人民政府_____房屋征收决定（文号：_____），按照国务院《征补条例》（国务院590号令）、《_____省国有土地上房屋征收与补偿条例》（文号：_____）及《_____市国有土地上房屋征收与补偿办法》（文号：_____）等相关规定，双方经协商，乙方自愿选择产权调换补偿方式并与甲方达成如下协议：

第一条 被征收工业用房的基本情况

房屋坐落_____，房屋所有权证书号_____，房屋用途_____，产权建筑面积平方米；土地使用权证书号_____，土地用途_____，总用地面积_____平方米；房屋占地面积_____平方米；未经登记建筑总建筑面积_____平方米，其中违法（章）建筑面积_____平方米，不予补偿。合计补偿工业用房建筑面积_____平方米。

第二条 被征收工业用房补偿

（一）被征收工业用房价值补偿

根据_____（评估机构）出具的评估报告（评估报告编号_____详见附件），乙方被征收工业用房价值补偿金额_____元。其中：

1. 合法建筑补偿金额为_____元。

2. 土地使用权的补偿金额为_____元。

3. 装饰、装修补偿金额为_____元。

（二）搬迁费

1. 不可移动的设备、设施，因搬迁造成无法恢复使用确需报废的，按照重置价结合成新（折旧）的_____%补偿，金额_____元。

2. 可移动设备、设施的搬迁及拆装（含设备调试等）乙方可选择按照下列_____的标准进行补偿：

（1）市场价补偿，补偿金额_____元。

（2）重置价结合成新的_____%补偿，补偿金额_____元。

上述（1）或（2）依据的评估报告编号：_____（详见附件）。

3. 存货、原材料等搬迁费根据货物运输市场价格通过评估确定补偿金额

_____元（评估报告编号：_____详见附件）。

根据上述三项内容，甲方一次性支付乙方一次或两次搬迁费合计_____元。

（三）停产、停业损失费

乙方选择以下_____方式计算停产停业损失费：

1. 根据_____项目房屋征收补偿方案确定的标准：_____计算停产停业损失，合计_____元。

2. 根据房屋被征收前的效益、停产停业期限等因素确定的，以征收决定公告之日前一年税务部门核准的税后平均利润_____元/月，停产停业_____月计算，合计_____元。

3. 根据_____评估机构出具的评估报告（评估报告编号：_____详见附件）确定停产停业损失，合计_____元。

4. 根据被征收工业用房价值_____元的_____%计算停产停业损失费，合计：_____元。

5. 其他方式_____。

（四）固定电话、电表、网络、有线电视、空调、煤气表等设施拆装补偿费_____元。

（五）临时建筑、附属物_____等补偿费：_____元。

（六）奖励：_____元。

（七）补助：_____元。

以上补偿金额合计为：_____元，大写：_____。

第三条　工业用房安置事项

乙方选择下列第_____种安置方式：

（一）土地置换

甲方将位于_____作为乙方的安置用地，安置用地总面积_____平方米（其中：_____平方米_____平方米_____平方米）。根据_____评估机构出具的评估报告（评估报告编号：_____详见附件）安置用地_____元/平方米，合计_____元。

(二)标准厂房调换或功能置换

甲方将位于_____作为乙方安置用房。该房屋为现房、期房（现房建筑面积为：_____平方米，房屋性质：_____）。安置用房的总建筑面积为_____平方米（其中：_____平方米 _____平方米 _____平方米）。根据_____评估机构出具的评估报告（评估报告编号：_____详见附件）安置用房_____元/平方米，合计_____元。

安置用房交付结算时，应当根据被征收人认购选房定位情况，按实结算朝向、层次差价。

第四条 购房（地）款缴纳

（一）乙方选择标准厂房调换或功能置换的，甲乙双方应按下述第_____种方式结算缴纳购房款：

1. 安置用房为现房的，甲乙双方应一次性结算被征收工业用房与安置用房的差价款。

2. 安置用房为期房的，乙方分三期支付购房款：

第一期：本协议签订后，乙方被征收工业用房补偿金额_____元，结转为安置房第一期购房款。

第二期：_____。

第三期：安置房交付时甲乙双方结清余款。

（二）乙方选择土地置换的，甲乙双方按下述方式结算购地款：

本协议签订后，乙方被征收工业用房补偿金_____元结转为购地款，不足部分于自结转之日起_____日内补缴齐。

第五条 过渡期限和过渡方式

（一）乙方选择土地置换方式进行安置，过渡期限为签约搬迁之月起_____月。

（二）乙方选择标准厂房调换或功能置换方式进行安置，按下述第_____种方式作为过渡方式：

1. 甲方提供的安置用房是现房的，甲方一次性支付乙方六个月的临时安置费，临时安置费按每月_____元/平方米计算，合计_____元。

2. 甲方提供的安置用房是期房多层、高层的，乙方的过渡期是本补偿协议约定的搬迁之月起_____个月。

3. 乙方过渡期限届满，甲方未能按约定提供安置用房的，乙方自愿选择转为货币补偿安置方式的，甲方可另行一次性支付乙方六个月的临时安置费，其标准是：按每月_____元/平方米计算，合计_____元。

（三）乙方按下列第_____种方式选择过渡方式，甲方按乙方选择的过渡方式向乙方支付临时安置费或提供周转用房。

1. 乙方选择自行解决周转用房的，在过渡期内，临时安置费按建筑面积_____平方米，每月_____元/平方米计算，合计_____元/月。临时安置费自乙方被征收房屋腾空并交付验收合格之月起按月计算，每_____月支付一次，计算至安置房交付后六个月止。

2. 甲方提供周转用房的，在过渡期内，甲方不再支付乙方临时安置费，乙方应在安置房交付之日起六个月内腾退周转用房。

第六条 搬迁事项

（一）乙方必须在_____年_____月_____日前搬迁腾空被征收房屋，交甲方验收确认后拆除，乙方不得拆除、破坏房屋及设施，违者照价在补偿金额中扣赔。

（二）在本协议签订时，乙方应向甲方移交房屋所有权证（含共有权证）、土地使用权证等有关房地产权属证书，并委托甲方统一到相关部门办理权属证书注销手续（详见委托书）。

第七条 其他约定

第八条 违约责任

（一）甲方违约责任

1. 乙方过渡期限届满，甲方未能按照本协议的约定提供安置用房或置换土地的，乙方可选择下列第_____种方式。

（1）甲方应自逾期之月起按属地政府公布的最新标准的两倍向乙方支付临时安置费。

（2）乙方自愿选择将产权调换补偿方式转为货币补偿方式的，乙方应与甲方另行签订货币补偿协议，货币补偿金额按照房屋征收决定公告之日被征收工业用房的市场价值通过评估确定。

2. 乙方过渡期满后超过二十四个月甲方仍未能提供安置用房，乙方要求甲方提供其他用于产权调换房屋的，甲方应于六个月之内交付与原安置用房相当的现房。

（二）乙方违约责任

1. 乙方逾期不缴足安置房（地）购房（地）款的，自逾期之日起，按当期未缴纳购房（地）款计算违约金。违约金为：_____元。

2. 乙方未按协议约定如期将房屋搬迁腾空（包括空地）交付甲方的，甲方有权取消本协议第二条第_____项奖励、补助。

3. 甲方按规定组织安置用房的选择定位并书面告知乙方认购。乙方未在规定期限内选房认购的，安置用房则由甲方在剩余房源中指定。甲方将指定房源情况书面告知乙方。

4. 安置用房竣工验收后，甲方书面通知乙方在规定期限内办理安置房结算手续，乙方在规定期限内拒不办理的，甲方自规定期限届满之日起停止计发临时安置费，并自逾期之日起按剩余购房款计算违约金。违约金为：_____元。

5. 乙方逾期办理结算手续满三个月，经甲方书面催告，乙方自催告之日起三个月内仍未办理安置用房结算手续的，视为乙方放弃产权调换补偿方式同意转为货币补偿，补偿金额见本协议第二条，其他补偿费按照《_____项目房屋征收补偿方案》规定的标准计算，已经支付的不予退还。

第九条 争议解决

本协议签订后，当事人未按本协议约定履行义务的，由双方协商解决。协商不成的，可以通过人民法院的裁判程序解决。

第十条 协议生效条件

甲方选择下列第_____种作为本协议生效条件：

（一）本协议涉及征收项目属于旧城区改建的，该项目签约率达到_____%的本协议方可生效。

（二）本协议涉及征收项目不属于旧城区改建的，自双方签订之日起生效。

第十一条　本协议未尽事项

双方对未尽事项可协商签订补充协议，补充协议与本协议具有同等法律效力。

第十二条　本协议一式三份，甲方、乙方、实施单位各执一份

甲方（盖章）：　　　实施单位（盖章）：　　　乙方：

　　　　　　　　　　　　　　　　　　　　　　　身份证号码：

负责人（签字）：　　经办人（签字）：

联系电话：　　　　　联系电话：　　　　　　　联系电话：
___年___月___日　　___年___月___日　　　　___年___月___日

附件：1. 评估报告；2. 补充协议；3. 委托书；4. ……

第十章
补偿决定

《征补条例》第二十六条规定:"房屋征收部门与被征收人在征收补偿方案确定的签约期限内达不成补偿协议,或者被征收房屋所有权人不明确的,由房屋征收部门报请作出房屋征收决定的市、县级人民政府依照本条例的规定,按照征收补偿方案作出补偿决定,并在房屋征收范围内予以公告。补偿决定应当公平,包括本条例第二十五条第一款规定的有关补偿协议的事项。被征收人对补偿决定不服的,可以依法申请行政复议,也可以依法提起行政诉讼。"该条规定的是房屋征收的强制补偿制度,强制补偿与协议补偿同属实现房屋征收补偿的方式,其是典型的可诉行政行为。由于其根本性地影响着被征收人的财产权益且是对被征收人实施强制搬迁的前置行政行为,故其在房屋征收补偿过程中是一个非常重要的环节。笔者在本章中对其涉及的相关问题作详尽阐述,并将整理的相关示范文本奉献给读者在征收补偿实务中参考使用。

第一节 作出补偿决定的要件

一、作出补偿决定的主体

根据《征补条例》第二十六条规定,作出房屋征收补偿的主体是市、县级人民政府。这与《拆迁条例》相比可谓发生了"质"的变化。《拆迁条例》规定的补偿主体是拆迁人,即依法取得房屋拆迁许可证的单位,而这些单位大部分是企业，尤以房地产开发企业居多。企业充当拆迁人存在很多弊端，企业拆迁房屋的根本目的在于低价拆除房屋后进行商业开发以获取巨额利润。在利益驱使之下，拆迁人对被拆迁人的补偿价值、补偿方式以及补偿方法和手段就会"走形"。很难做到公开、公平和公正。在此基础上，由房屋拆迁管理部门作出的房屋拆迁行政裁决也很难做到公平和公正。《征补条例》规定由作出房屋征收决定的市、县级人民政府对被征收人给予补偿，在很大程度上改变了《拆迁条例》所存在的弊端。

二、作出补偿决定的前提条件

市、县级人民政府作出房屋补偿决定的前提条件是：

（一）房屋征收部门与被征收人在征收补偿方案确定的签约期限内未能达成补偿协议

在房屋征收过程中，不同的被征收人可能有不同的利益目标。有些被征收人对政府所制定的补偿方式，补偿金额，产权调换房屋的位置、面积、价格不满意，也有的是对搬迁期限、搬迁费用等不满意，还有的是不同意补助和奖励办法，从而导致长期达不成补偿协议。如果政府一味地任其拖延下去，势必会影响公共利益的实现。所以《征补条例》规定在征收补偿方案确定的签约期限内未能达成补偿协议的，政府可以启动房屋征收补偿决定行政程序。

（二）房屋产权人不明确

房屋产权人不明确是指房屋无产权证明或有产权证明但产权人下落不明或产权存在重大争议正在解决之中等情形。产权人不明确，补偿对象就无法确定，但房屋征收工作不能因此就停滞下来，为保证房屋征收工作的顺利进行，同时也是为了保护其他被征收人的利益不因此而遭受损失，所以，当产权人不明确时，政府也可以作出房屋补偿决定。

（三）房屋补偿方案符合法律规定

市、县级人民政府作出房屋征收补偿决定之前，其补偿资金应足额到位，用于产权调换的房屋和周转用房应具体落实，搬迁期限、搬迁过渡方式和过渡期限等事项符合法律规定。涉及被征收人住房保障待遇的应有具体的落实方案。

符合以上条件的，市、县级人民政府方可作出房屋征收补偿决定。

三、作出补偿决定的程序

（一）申请作补偿决定

房屋征收部门对符合作补偿决定的被征收人，要及时地向作出房屋征收决定的市、县级人民政府提出申请，申请的内容应包括：

1. 被征收人的基本情况，包括被征收人的姓名、性别、出生年月、工作单位、被征收房屋的位置、面积、年限、共有产权人情况等。

2. 房屋征收部门与被征收人在规定的期限内达不成补偿协议的原因，即双方争议的焦点。

3. 对被征收人房屋进行市场价值评估情况。

4. 房屋征收部门对被征收人的具体补偿方案，包括：补偿方式、补偿金额和支付期限、用于产权调换房屋的地点和面积、搬迁费、临时安置费或者周转用房、停产停业损失、搬迁期限、过渡方式和过渡期限等事项。

5. 房屋征收部门与被征收人协商的情况说明。

（二）政府审查

市、县级人民政府对房屋征收部门的申请进行审查后认为符合法律、法规和规章的规定，即可作出房屋征收补偿决定。

（三）送达和公告补偿决定

市、县级人民政府根据房屋征收部门提交的申请和征收补偿方案，依据法律、法规和规章的规定作出补偿决定后，应当及时依法送达被征收人，并依照《征补条例》的规定在征收范围内进行公告。

四、补偿决定应体现公平原则

市、县级人民政府作出房屋征收补偿决定应当体现公平原则，并应具备法定的内容。

公平补偿是《征补条例》第二条规定的补偿原则或标准。在房屋征收补偿决定中更应体现该原则。公平的要求是具体的,一方面是指补偿的结果与被征收人的房屋财产的价值相当,不能让为公共利益作出贡献的人吃亏,在对被征收人的房屋进行评估时应充分体现房屋的市场价值。另一方面是指对全体被征收人应当适用统一的标准,在被征收人之间体现公平,不能"厚此薄彼"。

为体现补偿决定的公平性,《征补条例》要求补偿决定中应包括条例第二十五条第一款规定的有关补偿协议的事项,即补偿方式;补偿金额和支付期限;用于产权调换房屋的地点和面积;搬迁费、临时安置费或周转用房;停产停业损失;搬迁期限、过渡方式和过渡期限;等等。应当说,这是行政法规规定的补偿决定必须具备的内容,市、县级人民政府作出补偿决定时必须考虑这些事项。

五、依法送达补偿决定书

目前就征收决定程序和补偿决定程序中相关法律文书的送达方式尚未有部门规章作具体的操作规定。笔者结合《民事诉讼法》的规定,对送达补偿决定文书作如下梳理:

(一)被征收人同意接收补偿决定的由其亲自签字并接收,即为直接送达。

(二)被征收人拒绝接收补偿决定书的可采取下列方式送达。

1. 被征收人或者他的同住成年家属拒绝接收房屋征收补偿决定书的,送达人可以邀请有关基层组织或者所在单位的代表到场,说明情况,在送达回证上记明拒收事由和日期,由送达人、见证人签名或者盖章,把房屋征收补偿决定书留在被征收人的住所;

2. 也可以把房屋征收补偿决定书留在被征收人的住所,并采用拍照、录像等方式记录送达过程,即视为送达。

(三)可以采取邮递的方式将房屋征收补偿决定书送达被征收人,但必须由被征收人亲自签收或由其同住成年家属签收方为有效。

（四）被征收人被监禁的，通过其所在监所转交。

（五）上述方式无法送达时可依法采取公告方式送达。

六、赋予被征收人救济权利

市、县级人民政府针对被征收人所作出的房屋征收补偿决定，是政府的具体行政行为，根据《行政复议法》的规定，被征收人对市、县级人民政府所作出的补偿决定不服的，可以在法定期限内向作出补偿决定的市、县级人民政府的上一级人民政府申请行政复议，也可依照《行政诉讼法》的规定在法定期限内向有管辖权的人民法院提起行政诉讼。事先已经提起行政复议但对行政复议决定不服的，可以在收到行政复议决定书之日起十五日内，向有管辖权的人民法院提起行政诉讼。

值得注意的是，市、县级人民政府应当在其所作出的补偿决定中告知被征收人有提起行政复议和行政诉讼的权利，如果没有履行告知的义务，也不影响行政相对人行使救济权利。

第二节 买卖房屋未过户的补偿对象

一、卖方是被征收人

《征补条例》第二条和第十七条分别规定："为了公共利益的需要，征收国有土地上单位、个人的房屋，应当对被征收房屋所有权人（以下称被征收人）给予公平补偿。""作出房屋征收决定的市、县级人民政府对被征收人给予的补偿包括：（一）被征收房屋价值的补偿；（二）因征收房屋造成的搬迁、临时安置的补偿；（三）因征收房屋造成的停产停业损失的补偿。市、县级人民政府应当制定补助和奖励办法，对被征收人给予补助和奖励。"由此可以看出房屋征收的法定补偿对象是房屋所有权人。又根据《民法典》第二百零九条第一款："不动产物权的设立、变更、转让和消灭，经依法登记，发生效力；未经登记，不发生效力，但是法律另有规定的除外"和第二百一十四条"不动产物权的设立、变更、转让和消灭，依照法律规定应当登记的，自记载于不动产登记簿时发生效力"。故依据合法有效的合同进行房屋买卖但未办理过户登记的，在国有土地上房屋征收补偿法律关系中，出卖人是被征收人，其是合法的征收补偿对象。房屋买受人享有的是根据合同约定要求出卖人交付房屋、配合办理过户的债权。

二、卖方签订补偿协议补偿款归买方所有

房屋买卖协议已签，买方已支付购房款，卖方与房屋征收部门签订征收补偿协议，但又不想把征收补偿款支付给买方或仅支付与买方购房款等额的征收补偿费，由此发生争议的，双方应先协商解决，协商不成，买方可诉请法院直接判令征收补偿款归己所有。可参考的判例是最高人民法院（2017）最高法民再407号民事再审案，即秦某某（买方）与孙某某（卖方）于2008年6月3日签订《房屋买卖合同》，但是双方一直未办理过户手续。2014年系争房产纳入拆迁范围，拆迁补偿款归谁所有成为本案争议焦点。法院经审理认为，买方秦某某与卖方孙某某于2008年6月3日签订的《房屋买卖合同》系双方当事人自愿达成的真实意思表示，内容不违反法律、行政法规的强制性规定，应属合法有效。合同签订后，秦某某支付了约定的购房款，孙某某交付了房屋和房产证书原件。从双方陈述的事实看，因涉案房屋所在地的土地2014年被纳入政府拆迁改造范围，故双方至2017年仍未办理房屋产权变更登记手续。依据原《物权法》第九条第一款"不动产物权的设立、变更、转让和消灭，经依法登记，发生效力；未经登记，不发生效力，但法律另有规定的除外"之规定，秦某某虽然与孙某某签订了《房屋买卖合同》，并按照合同的约定向孙某某交清了全部购房款，但因未在房地产管理部门办理房屋所有权权属变更登记，故秦某某对所购买的房屋虽实际占有、使用、收益，但并没有实际取得所购房屋的房屋所有权。依据原《物权法》第二十八条

"因人民法院、仲裁委员会的法律文书或者人民政府的征收决定等，导致物权设立、变更、或者消灭的，自法律文书或者是人民政府的征收决定等生效时发生效力"之规定（即《民法典》），因所购房屋物权已因拆迁而消灭，则秦某某已无法取得所购房屋的产权。孙某某作为涉案房屋登记的所有权人，与重庆市南川区国土资源和房屋管理局签订的国有土地上房屋征收补偿协议书，合法有效。在一定意义上，孙某某在该协议中的合同权利即为其出卖给秦某某的房屋及土地使用权的对价。依据原《合同法》第一百三十五条"出卖人应当履行向买受人交付标的物或者交付提取标的物的单证，并转移标的物的所有权的义务"之规定，孙某某在已收取了购房款的情况下，本应及时将出卖房屋过户登记至秦某某名下，现因政府拆迁政策的原因而致涉案房屋物权消灭，在此情况下，秦某某可选择解除合同，也可选择主张所购房屋产权消灭的对价——拆迁补偿款，现因孙某某亦尚未实际领取拆迁补偿款，则秦某某请求确认其享有上述征收补偿协议中孙某某所出卖给秦某某的房屋及土地使用权等财产所对应的拆迁补偿款，符合法律规定和权利义务相一致原则，应予支持。买方秦某某在庭审中明确其主张的拆迁补偿款项系按照上述拆迁协议中卖方孙某某所享有的合同权益作为依据，故本案拆迁协议所指向的有证部分房屋及对应土地使用权等的拆迁补偿费用，理应由买方秦某某享有，孙某某因已将被征收标的物出卖并收取了购房款而无权重复享有征收补偿款。

三、买方居住多年依法处理补偿事宜

征收已经进行交易但未办理过户登记的房屋，如果买卖双方没有争议，可以在房屋管理部门出具相关证明的情况下将房屋买受人确定为被征收人，或者在买卖双方协商一致并履行一定手续的情况下将征收补偿款直接发放给买受人。如果买卖双方存在争议，可按人民法院或仲裁机构作出的生效司法文书的内容确定房屋所有权人。补偿方案确定的签约期限届满，买卖双方争议未解决的，可按房屋所有权人不明确，依据《国有土地上房屋征收与补偿条例》第二十六条的规定，由房屋征收部门报请市、县级人民政府按照补偿

方案作出补偿决定。

如果卖方与政府签订的是产权调换补偿协议，该征收补偿协议有效，买方可以依据房屋买卖协议通过协商或民事诉讼的方式主张拥有产权调换房屋的所有权并可要求卖方办理过户手续。

第三节 法院判例及其对实务操作的启示

一、审理征收补偿决定案应对征收决定及补偿方案进行合法性审查

——夏某某、郑某某诉辽宁省大石桥市人民政府行政征收案

【裁判文书号】最高人民法院（2015）行监字第1272号行政裁定书

【裁判要旨】根据《征补条例》的规定，房屋征收决定是征收补偿决定的前置程序。市、县人民政府实施国有土地上房屋征收，必须先拟制征收补偿方案，作出征收决定，之后才能根据征收决定及征收补偿方案依法对被征收人作出征收补偿决定。被征收人对征收补偿决定提起诉讼，征收决定及其附属的征收补偿方案是审查征收补偿决定是否合法的核心证据。如果征收决定或征收补偿方案存在重大明显违法，失去证明效力，或者市、县人民政府根本未作出征收决定或征收补偿方案而直接作出征收补偿决定，被诉征收补偿决定的合法性均是缺乏合法依据的，应当认定征收补偿决定主要事实不清，证据不足，依法应予撤销。鉴于此，本院认为，人民法院审查征收补偿决定合法性时，应当将征收决定及征收补偿方案作为被诉行政行为的主要证据和依据进行审查，如果征收决定及征收补偿方案存在重大明显违法，应当排除其证明效力。就本案而言，二审判决认为征收行为不属于本案审查范围，确有不妥。

【实务操作启示】实务中首先要严格依法作出房屋征收决定，保证房屋征收补偿方案合法有效，唯如此方能保证之后作出的征收补偿决定合法有效。在应诉房屋征收补偿决定案件时必须提交证明案涉房屋征收决定及其征收补偿方案的核心证据。

二、超过评估时点四年一般不宜认定补偿决定违法

——蒋某某诉南阳市宛城区人民政府房屋征收补偿决定案

【裁判文书号】最高人民法院（2018）最高法行申 4881 号行政裁定书

【裁判要旨】再审申请人申诉称，案涉补偿决定书中对再审申请人房屋的评估时点为 2013 年 2 月 28 日，但是被申请人实际征收再审申请人房屋的时间为 2017 年，这期间房价不断上涨，评估时点的选择不能客观真实反映再审申请人房屋的实际价格，也无法保证再审申请人在征收后的生活水平不降低。

最高人民法院认为，根据《征补条例》第十九条及《房屋征收评估办法》第十条的规定，被征收房屋价值的补偿，不得低于房屋征收决定公告之日被征收房屋类似房地产的市场价格，被征收房屋的价值，由具有相应资质的房地产价格评估机构按照房屋征收评估办法评估确定。据此，被征收房屋价值的评估时点选定为房屋征收决定公告之日，并不违反上述规定。加之当事人的安置补偿利益总体上得到了较为适当的保障，且多数被征收人已经据此标准签订了安置补偿协议，故不宜简单因安置补偿时点问题否定被诉征收补偿决定。

【实务操作启示】实务中，如果征收补偿决定所依据的评估报告超过法定的评估时点（房屋征收决定公告之日）一年以上的，就要考虑以此报告获取补偿的被征收人的数量占比。如果多数被征收人都以此评估报告签订了补偿协议，那么不宜认定依据该评估报告所作的补偿决定违法。

三、以作出补偿决定之日为评估时点须考量的因素

——居某等 3 人诉福州市鼓楼区人民政府房屋征收补偿决定案

【裁判文书号】最高人民法院（2018）最高法行再 202 号行政判决书

【裁判要旨】最高人民法院认为本案的争议焦点为：征收人在原评估报告载明的一年应用有效期内，未与被征收人签订补偿安置协议，也不及时作出补偿决定又无合理理由，作出补偿决定时点与征收决定公告时点明显不合理

迟延，且同期被征收房屋价格上涨幅度明显高于产权调换房屋的，是否仍应以征收决定公告时点作为评估时点，并以此结算被征收房屋与产权调换房屋的差价款。

（一）确定评估时点应体现公平补偿原则

市、县级人民政府因公共利益征收国有土地上被征收人房屋时，应当对被征收人给予公平补偿；而公平补偿的基本要求即为不得低于房屋征收决定公告之日被征收房屋类似房地产的市场价格。但近年来由于房屋价格波动幅度较大，如果征收决定公告日、签订补偿协议日或者作出补偿决定日、强制搬迁日以及实际支付货币补偿金日之间差距较大，尤其是如果确定并支付货币补偿金时点明显迟延于房屋价值的评估时点（征收决定公告时点），则难以保障被征收人得到的货币补偿金能够购买被征收房屋类似房地产，无法体现公平补偿原则。

（二）考量超过房屋征收决定公告之日或估价报告出具之日一年的房地产估价报告是否可以作为作出房屋征收补偿决定证据的因素

人民法院对在"征收决定公告之日"或者估价报告出具之日起的一年后作出的补偿决定是否仍应继续坚持以"征收决定公告之日"为确定补偿的评估时点，应结合以下因素综合判断：一是注意当地房地产市场价格波动的幅度并考虑评估报告的"应用有效期"。要参考《房地产抵押估价指导意见》第二十六条规定，原则上应当在估价报告应用有效期内作出补偿决定，从估价报告出具之日起计，无正当理由的，市、县级人民政府一般宜在一年内签订补偿安置协议或者作出补偿决定。二是市、县级人民政府未在一年内作出补偿决定，是否存在可归责于被征收人的原因。如被征收人以种种理由拒绝配合征收补偿工作致使征收与补偿程序延误的、被征收人拒绝入户调查致使评估工作延误的、被征收人依法对评估报告复核及鉴定致使补偿决定迟延的、被征收人要求继续就补偿安置问题协商致使补偿决定未及时作出的等，在此等情形下，人民法院不宜以补偿决定未在一年内作出而另行确定补偿评估时点。三是补偿决定时点明显迟延且主要归责于市、县级人民政府与其职能部门自身原因的，同时房地产市场价格发生剧烈波动，按照超过"应用有效期"的评估报告补偿，明显不利于被征收人得到公平补偿的，则不宜再坚持必须以"征收决定公告之日"为确定补偿的评估时点。四是坚持《征补条例》第二十七条规定的实施房屋征收应当先补偿、后搬迁。即"作出房屋征收决定的市、县级人民政府对被征收人给予补偿后,被征收人应当在补偿协议约定或者补偿决定确定的搬迁期限内完成搬迁"。此处的"对被征收人给予补偿后"应当作限缩性理解,即不仅仅是签订协议或者作出补偿决定,而应理解为补偿协议约定或者补偿决定确定的款项已经交付(被征收人不接受的已经依法提存)、周转用房或者产权调换房屋已经交付(被征收人不接受的已经依法提存相关凭证与钥匙)。此时,市、县级人民政府申请强制搬迁的条件才符合《最高人民法院关于办理申请人民法院强制执行国有土地上房屋征收补偿决定案件若干问题的规定》。五是征收房屋范围是否过大,难以在一年内实施完毕,并存在分期实施征收决定情形,且被征收房屋在强制搬迁前仍然继续由被征收人正常使用等因素。

(三)房屋征收决定与房屋征收补偿决定相隔时间过长时以补偿决定作出时点作为确定房屋价值的评估时点,更有利于实现公平补偿

现行法律制度下的征收与房屋强制赎买有一定的相似性,而市场经济条件下的房屋买卖在交付房屋与交付购买金时间间隔过长情况下的定价机制,以房屋实际交付时点确定的价格更为公平合理,即以一方交付房屋另一方交付购买金更为适宜;而房屋征收中的产权调换类似于以房换房,以双方同时交付房屋时点更为适宜。而对于以补偿决定而非补偿协议方式进行的产权调换而言,在补偿决定明显存在不合理迟延的情况下,以补偿决定作出时点作为确定房屋价值的评估时点,也更有利于实现公平补偿;此时的补偿决定书类似于以房换房的交割书,征收人与被征收人权利义务自补偿决定书作出之日起,始得固定;被征收人有异议的,只能通过复议或者诉讼渠道解决。

当被征收人所提要求明显不符合法律规定而无法满足时,征收人应当及时依法作出书面补偿决定,固定并提存相应补偿内容,而不能怠于履行补偿安置职责,以反复协商代替补偿决定,甚至以拖待变以致久拖不决,造成补偿安置纠纷经年得不到解决。这既损害被征收人补偿安置权益,又提高相应补偿安置成本,还损害政府依法行政的形象,应当引以为戒。

【实务操作启示】实务中,考量超过房屋征收决定公告之日或估价报告出

具之日一年的房地产估价报告是否可以作为作出房屋征收补偿决定证据的因素是：1. 原则上应当在估价报告"应用有效期"内作出补偿决定，从估价报告出具之日起计，无正当理由的，市、县级人民政府一般宜在一年内签订补偿安置协议或者作出补偿决定。2. 市、县级人民政府未在一年内作出补偿决定，是否存在可归责于被征收人的原因。如被征收人以种种理由拒绝配合征收补偿工作致使征收与补偿程序延误的、被征收人拒绝入户调查致使评估工作延误的、被征收人依法对评估报告复核及鉴定致使补偿决定迟延的、被征收人要求继续就补偿安置问题协商致使补偿决定未及时作出的等，在此等情形下，人民法院不宜以补偿决定未在一年内作出而另行确定补偿评估时点。3. 补偿决定时点明显迟延且主要归责于市、县级人民政府与其职能部门自身原因的，同时房地产市场价格发生剧烈波动，按照超过"应用有效期"的评估报告补偿，明显不利于被征收人得到公平补偿的，则不宜再坚持必须以"征收决定公告之日"为确定补偿的评估时点。

四、对无房屋的土地可在房屋征收时进行补偿

——江苏省高邮市佳成技术装饰经营部诉高邮市政府房屋征收补偿决定案

【裁判文书号】最高人民法院（2017）最高法行申4496号行政裁定书

【裁判要旨】《征补条例》第十七条第一款规定："作出房屋征收决定的市、县级人民政府对被征收人给予的补偿包括：（一）被征收房屋价值的补偿；（二）因征收房屋造成的搬迁、临时安置的补偿；（三）因征收房屋造成的停产停业损失的补偿。"第十九条第一款规定："对被征收房屋价值的补偿，不得低于房屋征收决定公告之日被征收房屋类似房地产的市场价格……"本案被征收的对象具有特殊性，高邮市佳成技术装饰经营部（以下简称佳成经营部）于2005年通过与高邮市国土资源局签订《国有土地使用权出让合同》并支付出让金的方式取得了国有土地使用权，但至作出涉案征收决定时，未完成开发建设。因此，对佳成经营部的补偿内容应包括土地、地上附着物的价值以及佳成经营部拟建设的前期规划设计费用三项。

有关土地和地上附着物的价值，苏地行评估公司于2014年6月17日出具了《土地估价报告》，系用市场比较法、基准地价系数修正法，估价为总地价279.77万元，地上附着物1.8795万元。

高邮市价格认证中心于2013年9月26日作出邮价证认〔2013〕161号《关于佳成技术装饰经营部综合楼前期设计费用价格认证结论报告》，系用市场法，对佳成经营部综合楼前期设计费用认证价格为65.224万元。

二审期间，高邮市政府提出了新的补偿方案，对土地价值按照同时段周边同类地区土地出让价格的最高价每亩440万元确定土地价格为655.6万元，另定地上附着物1.8795万元，加上之前已确定的前期规划设计费用65.224万元，此外还增加了上述三项的财务成本217.372795万元，以上合计940.141855万元。

2012年4月19日高邮市政府作出案涉补偿决定时，涉案土地上除围墙外，并没有已建成的房屋。高邮市政府依照《征补条例》的规定，对佳成经营部土地及地上附着物进行补偿，符合法律规定。因佳成经营部被征收的为土地及地上附着物，所以高邮市政府所作补偿决定采用货币补偿的方式，符合案涉房屋征收补偿方案确定的房屋征收补偿安置方式，亦具有合理性。

【实务操作启示】对未建房屋的国有土地在房屋征收时的补偿项目是土地和地上附着物的价值补偿。涉及诸如前期规划设计费用的一并补偿。未建房屋的国有土地和地上附着物的价格通过评估确定。拟建设的前期规划设计费用可通过价格认证确定。单纯以支付货币补偿金的方式对上述项目进行补偿符合《征补条例》规定。

五、证载所有权人死亡的应如何作出房屋征收补偿决定
——柴某某、王某某诉吉林省梅河口市人民政府、吉林省人民政府房屋征收补偿决定案

【裁判文书号】最高人民法院（2018）最高法行申56号行政裁定书

【裁判要旨】对于被征收房屋权属证书上载明的所有权人死亡且涉及继承的，在房屋征收补偿过程中如何列明被征收人，相关法律法规没有明确规定。

因继承可能同时存在多种法定情形，要求征收人查明情况，确实存在现实困难，也不利于征收补偿效率和征收补偿法律关系的稳定。因此，对上述情形，征收人在作出房屋征收补偿行为时，可根据实际情况，将房屋共有人确定为被征收人，而无须查明继承事项，将所有的继承人均列为被征收人，相关继承人可以就补偿所得自行分配或通过民事法律程序解决。

【实务操作启示】 被征收房屋权属证书上载明的所有权人死亡的，房屋征收补偿决定可将房屋共有人确定为被征收人，也可将所有的继承人均列为被征收人。

六、补偿决定滞后于评估时点未必侵害被征收人合法权益
——苏某某诉济南市天桥区人民政府及济南市人民政府房屋征收补偿决定及行政复议案

【裁判文书号】 最高人民法院（2020）最高法行申9974号行政裁定书

【裁判要旨】 就产权置换方式而言，用于产权调换的同类新建房屋面积，位于项目改建地段附近，根据一般市场经济规律，被征收房屋价值上涨的同时，该调换房屋的价格也在上涨，同类房屋不同时段涨价的因素对被征收人的实际补偿利益并未造成损害，故被诉补偿决定虽未在合理期限内作出，但并未损害被征收人的实质利益。

【实务操作启示】 将房屋征收决定公告之日作为评估时点符合《国有土地上房屋征收评估办法》第十条"被征收房屋价值评估时点为房屋征收决定公告之日。用于产权调换房屋价值评估时点应当与被征收房屋价值评估时点一致"和《国有土地上房屋征收与补偿条例》第十九条第一款"对被征收房屋价值的补偿，不得低于房屋征收决定公告之日被征收房屋类似房地产的市场价格"的规定。双评估时点的一致性确保了被征收人的被征收房屋和用于产权调换房屋的房地产价值的关联性和统一性，进而保障被征收人的合法财产权益不受减损。因此，实务操作时针对产权调换补偿一定要确保双评估时点保持一致。

第四节　房屋征收补偿决定文书范本

文书一、关于报请作出房屋征收补偿决定的报告（文号）

＿＿＿＿＿人民政府：

因公共利益所需，＿＿＿＿＿人民政府依法于＿＿＿＿＿年＿＿＿＿＿月＿＿＿＿＿日作出《＿＿＿＿＿项目房屋征收决定》（文号）并予以公告（文号）。被征收人＿＿＿＿＿位于＿＿＿＿＿街＿＿＿＿＿号的房屋在该项目征收范围内。因房屋征收部门（或房屋征收实施单位）与被征收人在征收补偿方案规定的期限内多次协商未达成征收补偿协议，故根据《征补条例》第二十六条和《＿＿＿＿＿省国有土地上房屋征收与补偿条例》第＿＿＿＿＿条及《＿＿＿＿＿市国有土地上房屋征收与补偿办法》第＿＿＿＿＿条的规定，现报请＿＿＿＿＿人民政府对被征收人＿＿＿＿＿作出房屋征收补偿决定。

特此报告。

<u>房屋征收部门</u>
＿＿＿＿＿年＿＿＿＿＿月＿＿＿＿＿日

附：

1. 对被征收房屋的调查认定情况
2. 对被征收房屋的分户评估报告
3. 与被征收人协商、沟通情况材料
4. 对被征收人＿＿＿＿＿拟定的征收补偿决定方案
5. 其他材料

文书二、_____区、县（市）人民政府房屋征收补偿决定书

被征收人：_____

_____人民政府于_____年_____月_____日对_____项目作出房屋征收决定（文号）并予以公告（文号）。房屋征收范围东起_____西至_____；南起_____北至_____。被征收人_____位于_____的房屋（土地使用权证号：_____，使用权性质：_____，房产权证号：_____，建筑面积：_____平方米，房屋结构：_____，用途：_____）在该项目征收范围内。因房屋征收部门与被征收人在征收补偿方案确定的签约期限内未达成补偿协议，故根据《征补条例》第十七条、第十九条、第二十条、第二十一条、第二十二条、第二十六条、第二十八条和《_____省国有土地上房屋征收与补偿条例》及《_____市国有土地上房屋征收与补偿办法》的有关规定，对被征收人作出征收补偿决定，具体内容如下：

一、被征收人可选择货币补偿，补偿数额为：

（一）被征收房屋价值的补偿款：_____元（见附件：被征收房屋评估报告）。

（二）搬迁费（一次）：_____元。

（三）临时安置费：_____元。

（四）停产停业损失费（非住宅房屋或"住改非"）：_____元。

（五）附属设施迁移补偿费：_____元。

（六）综合补助：_____元。

以上合计人民币：_____元。

二、被征收人可选择产权调换。

（一）产权调换房屋位于_____，面积：_____平方米，价值_____元（见附件：产权调换房屋评估报告）。产权调换房屋与被征收房屋的差价按《_____项目征收补偿方案》的规定，待回迁时一次性结清。

（二）临时安置费：自被征收人腾房搬迁之日起按照征收补偿方案规定的标准计算。

（三）搬迁费（两次）：_____元。

（四）停产停业损失费（非住宅房屋或"住改非"）：_____元。

（五）附属设施迁移补偿费：_____元。

（六）综合补助：_____元。

以上（二）（三）（四）（五）（六）项合计人民币：_____元。

三、被征收人自接到本补偿决定书之日起 15 日内到房屋征收部门（或房屋征收实施单位）办理房屋征收补偿手续，完成搬迁并将腾空房屋交付房屋征收部门（或房屋征收实施单位）验收、拆除。

如被征收人对本决定书不服，可自本决定书送达之日起 60 日内向_____市人民政府申请行政复议，也可自本决定书送达之日起六个月内向人民法院提起行政诉讼。

被征收人在法定期限内不申请行政复议或者不提起行政诉讼，在本补偿决定规定的期限内又不搬迁的，_____人民政府将依法申请人民法院强制执行。

附件：

1. 被征收房屋评估报告
2. 产权调换房屋评估报告

_____人民政府

_____年_____月_____日

文书三、_____区、县（市）人民政府房屋征收补偿决定公告

_____人民政府于_____年_____月_____日对_____项目作出房屋征收决定（文号）并予以公告（文号）。房屋征收范围东起_____西至_____；南起_____北至_____。

被征收人_____位于_____的房屋（土地使用权证号：_____，使用权性质：_____，房产权证号：_____，建筑面积：_____平方米，房屋结构：_____，用途：_____）在该项目征收范围内。因房屋征收部门与被征收人在征收补偿方案确定的签约期限内未达成补偿协议，故根据《征补条例》第

二十六条和《_____省国有土地上房屋征收与补偿条例》第_____条及《_____市国有土地上房屋征收与补偿办法》第_____条的规定对被征收人_____作出房屋征收补偿决定（文号），现依法予以公告。

　　附：_____人民政府房屋征收补偿决定书

_____人民政府

_____年_____月_____日

文书四、房屋征收补偿文书送达回证

文书名称	
送达对象	
送达地点	
签收人	
送达过程记录	
送达人（每个单位至少两人）	房屋征收部门： 房屋征收实施单位： 其他单位（见证方）：
送达日期	
备注	

第十一章
依法搬迁

《征补条例》第二十七条第二款规定："作出房屋征收决定的市、县级人民政府对被征收人给予补偿后，被征收人应当在补偿协议约定或者补偿决定确定的搬迁期限内完成搬迁。"

补偿包括协议补偿和强制补偿两种情形，当征收人与被征收人自愿签订补偿协议或政府作出的房屋征收补偿决定生效之后，被征收人就应履行自动搬迁的义务。如《四川省国有土地上房屋征收与补偿条例》第四十一条就规定了被征收人应主动履行搬迁义务的条件："实施房屋征收应当先补偿、后搬迁。有下列情形之一的，被征收人应当依法履行搬迁义务：（一）实行货币补偿的，补偿款已经足额存储、被征收人可以自主支取的；（二）实行现房产权调换，市、县级人民政府已经确定了产权调换房源，被征收人搬迁完毕后可实际办理房屋交付的；（三）实行期房产权调换，市、县级人民政府已经确定了产权调换房源，在被征收人搬迁完毕、产权调换房屋竣工验收合格后可按约定交付房屋，且已支付临时安置费或者提供临时周转用房的。"如果征收人对被征收人已经补偿到位，而被征收人仍然拒绝履行搬迁义务的，征收人则可依法申请人民法院强制执行。笔者在本章中对房屋征收搬迁涉及的法律责任、司法强制搬迁机制、村民自主搬迁以及收回国有土地使用权等实务操作问题进行解析。

第一节 "裁执分离"强制搬迁机制

一、非法阻碍搬迁须承担法律责任

《征补条例》第三十二条规定："采取暴力、威胁等方法阻碍依法进行的房屋征收与补偿工作，构成犯罪的，依法追究刑事责任；构成违反治安管理行为的，依法给予治安管理处罚。"非法阻碍征收搬迁工作的法律责任主体是被征收人或其他有关人员（如被征收人的亲属或被征收人所雇佣、煽动的人员等）。被征收人或其他人员采取阻碍搬迁工作的违法方法包括使用暴力、威胁或与此相近或相类似的方法、手段。

值得注意的是，追究行为人的违法或犯罪责任，并不剥夺其依法应享有的房屋被征收后受补偿的权利。尽管被征收人因实施了违法或犯罪的行为而被追究相应的法律责任，但这并不等于其就不再享受房屋被征收后应获补偿或安置的权利。房屋征收部门不能因此就不支付或少支付或拖延支付给被征收人相应的补偿费用，也不能因此就不兑现产权调换的房屋和周转用房。

二、司法强制搬迁与"裁执分离"机制的创立

如前章所述，实现房屋征收补偿的方式有两种，一是以签订征收补偿协议为标志的自愿补偿，二是以作出房屋征收补偿决定为标志的强制补偿。在自愿补偿情形下，房屋征收部门与被征收人签订房屋征收补偿协议后，被征收人不履行搬迁义务的，房屋征收部门可报请作出房屋征收决定的市、县级人民政府作出履行房屋征收补偿协议的决定。如果被征收人对该履行协议决定未申请行政复议或者提起行政诉讼且仍不履行的，市、县级人民政府则可向人民法院申请强制执行。

而在强制补偿情形下，征收人在符合法定条件的前提下则可以向人民法

院提起非诉强制执行申请，促使被征收人履行搬迁义务。概言之，强制被征收人搬迁的主体不再是政府，而是人民法院。

在实际执行《征补条例》第二十八条过程中，最高人民法院在司法解释中引入了"裁执分离"机制。所谓"裁执分离"，是指作出裁决的机关（机构）与执行裁决的机关（机构）应当分离，即不能由同一机关（机构）既行使裁决权又行使执行权，从而体现权力的监督与制约，防止权力的滥用侵害相对人合法权益。《最高人民法院关于办理申请人民法院强制执行国有土地上房屋征收补偿决定案件若干问题的规定》（法释〔2012〕4号）（以下简称《执行补偿决定司法解释》）第九条规定："人民法院裁定准予执行的，一般由作出征收补偿决定的市、县级人民政府组织实施，也可以由人民法院执行。"体现在房屋征收补偿决定的强制执行方面，"裁执分离"主要体现为两种情形：一是法院作出准予执行裁定，由市、县级人民政府组织实施；二是法院作出准予执行裁定自行执行。

三、制定《执行补偿决定司法解释》的背景

2012年2月27日，最高人民法院审判委员会第1543次会议通过了《最高人民法院关于办理申请人民法院强制执行国有土地上房屋征收补偿决定案件若干问题的规定》（法释〔2012〕4号），该司法解释自2012年4月10日起施行。

《执行补偿决定司法解释》是目前规范强制执行房屋征收补偿决定案件的重要司法文件，其制定背景是：

（一）《征补条例》取消了行政强制拆迁

《征补条例》第二十八条第一款规定："被征收人在法定期限内不申请行政复议或者不提起行政诉讼，在补偿决定规定的期限内又不搬迁的，由作出房屋征收决定的市、县级人民政府依法申请人民法院强制执行。"第三十五条规定："本条例自公布之日起施行。2001年6月13日国务院公布的《城市房屋拆迁管理条例》同时废止。本条例施行前已依法取得房屋拆迁许可证的项目，继续沿用原有的规定办理，但政府不得责成有关部门强制拆迁。"

（二）《征补条例》公布之日即施行给法院工作带来很大压力，由人民法院组织实施强制拆（搬）迁活动存在一定难度的理由

1. 实施强制拆（搬）迁活动应有公安、消防、保安、机械施工、医疗等诸多部门参加，法院全面组织协调有难度，应紧紧依靠政府。

2. 法院在房屋拆（搬）迁程序中做维稳工作有难度，地方党委、政府是维稳工作的责任主体。

3. 各个地方房屋拆（搬）迁工作量大、历时较长、法院执行队伍人员数量有限，单靠法院实施强制拆（搬）迁不能确保安全高效。

（三）最高人民法院下发《关于坚决防止土地征收、房屋拆迁强制执行引发恶性事件的紧急通知》

《征补条例》颁布实施之后，各地政府的房屋拆迁管理部门都依照条例第二十八条的规定将大量的强拆案件申请到法院执行。为缓解各地法院受理和强制执行房屋拆迁案件的压力，《最高人民法院关于坚决防止土地征收、房屋拆迁强制执行引发恶性事件的紧急通知》规定：1. 必须高度重视，切实增强紧迫感和危机感。2. 必须严格审查执行依据的合法性。3. 必须严格控制诉讼中的先予执行，凡是当事人就相关行政行为已经提起诉讼，其他当事人或有关部门申请先予执行的，原则上不得准许，确需先予执行的，必须报上一级法院批准。4. 必须慎用强制手段，确保万无一失，凡最终决定需要强制执行的案件，务必要做好社会稳定风险评估，针对各种可能发生的情况制定详细工作预案。凡在执行过程中遇到当事人以自杀相威胁等极端行为、可能造成人身伤害等恶性事件的，一般应当停止执行或首先要确保当事人及相关人员的人身安全，并建议政府和有关部门做好协调、维稳工作，确保执行活动安全稳妥依法进行。5. 必须加强上级法院的监督指导。6. 进一步优化执行工作司法环境。鉴于目前有关征地拆迁的具体强制执行模式尚待有关国家机关协商后确定，各级人民法院要紧紧依靠党委领导，争取各方理解和支持。凡涉及征地拆迁需要强制执行的案件，必须事前向地方党委报告，并在党委统一领导、协调和政府的配合下进行。同时，积极探索"裁执分离"即由法院审查、政府组织实施的模式，以更好地发挥党委、政府的政治、资源和手段优

势，共同为有效化解矛盾营造良好环境。7. 严格重大信息报告制度。8. 明确责任，严肃追究违法失职行为。

该紧急通知下发后，经过近七个月的稳步实践和过渡，最高人民法院于2012年3月26日公布《最高人民法院关于办理申请人民法院强制执行国有土地上房屋征收补偿决定案件若干问题的规定》。

四、制定《执行补偿决定司法解释》的目的

《行政强制法》《征补条例》颁布实施以后，有关市、县级人民政府申请人民法院强制执行房屋征收补偿决定问题成为社会关注焦点。人民法院的审判、执行工作面临许多新情况、新问题，特别是办理有关非诉行政执行案件的审查标准、强制执行方式、新旧规定衔接等问题需要尽快解决。为了贯彻落实法律、法规的精神和意图，保障被征收人合法权益，确保国有土地上房屋征收与补偿活动依法顺利实施，有必要通过司法解释明确具体原则、细化工作规范、增强可操作性，减少法律、法规适用中的争议与分歧。因此制定该司法解释。

五、受理强制执行补偿决定案件的条件

依据《行政诉讼法》《征补条例》和《执行补偿决定司法解释》的规定，人民法院受理强制执行房屋征收补偿决定案件的条件是：

（一）提交强制执行申请书

申请书应由负责人签名，加盖申请机关印章，注明申请日期。

（二）提交申请书的同时要提交必需的材料

1. 《征补条例》第二十八条规定的材料，包括：

（1）补偿金额和专户存储账号；

（2）产权调换房屋和周转用房的地点和面积等材料。

2. 《执行补偿决定司法解释》所列举的六项材料，包括：

（1）征收补偿决定及相关证据和所依据的规范性文件；

（2）征收补偿决定送达凭证、催告情况及房屋被征收人、直接利害关系人的意见；

（3）社会稳定风险评估材料；

（4）申请强制执行的房屋状况；

（5）被执行人的姓名或者名称、住址及与强制执行相关的财产状况等具体情况；

（6）法律、行政法规规定应当提交的其他材料。

（三）提出强制执行申请的期限为起诉期限届满之日起三个月内

强制执行的申请应当自被执行人的法定起诉期限届满之日起三个月内提出。

（四）逾期提出强制执行申请的法律后果

除有正当理由外，人民法院不予受理。

六、受理强制执行申请的程序

《执行补偿决定司法解释》第三条规定了受理执行申请的程序：

（一）人民法院认为强制执行的申请符合形式要件且材料齐全的，应当在接到申请后五日内立案受理，并通知申请机关。

（二）不符合形式要件或者材料不全的应当限期补正，并在最终补正的材料提供后五日内立案受理。

（三）不符合形式要件或者逾期无正当理由不补正材料的，裁定不予受理。

（四）申请机关对不予受理的裁定有异议的，可以自收到裁定之日起十五日内向上一级人民法院申请复议，上一级人民法院应当自收到复议申请之日起十五日内作出裁定。

七、执行程序中对征收补偿决定的审查标准

《执行补偿决定司法解释》第六条列举了对征收补偿决定进行审查的标

准，即当存在下列情形之一时人民法院应当裁定不准予执行：（1）明显缺乏事实根据；（2）明显缺乏法律、法规依据；（3）明显不符合公平补偿原则，严重损害被执行人合法权益，或者使被执行人基本生活、生产经营条件没有保障；（4）明显违反行政目的，严重损害公共利益；（5）严重违反法定程序或者正当程序；（6）超越职权；（7）法律、法规、规章等规定的其他不宜强制执行的情形。人民法院裁定不准予执行的，应当说明理由，并在五日内将裁定送达申请机关。该司法解释之所以采取列举方式规定审查标准，其目的是便于人民法院在审查时的具体操作。

八、作出是否准予执行裁定的程序

《执行补偿决定司法解释》第四条、第七条和第八条规定了人民法院作出是否准予执行裁定的程序。

（1）人民法院应当自立案之日起三十日内作出是否准予执行的裁定；有特殊情况需要延长审查期限的，由高级人民法院批准。

（2）申请机关对不准予执行的裁定有异议的，可以自收到裁定之日起十五日内向上一级人民法院申请复议，上一级人民法院应当自收到复议申请之日起三十日内作出裁定。

（3）人民法院裁定准予执行的，应当在五日内将裁定送达申请机关和被执行人，并可以根据实际情况建议申请机关依法采取必要措施，保障征收与补偿活动顺利实施。

九、裁定准予强制执行一般由政府组织实施

《执行补偿决定司法解释》第九条规定："人民法院裁定准予执行的，一般由作出征收补偿决定的市、县级人民政府组织实施，也可以由人民法院执行。"

该条引入了"裁执分离"机制。所谓"裁执分离"，是指作出裁决的机关（机构）与执行裁决的机关（机构）应当分离，即不能由同一机关（机构）既行使裁决权又行使执行权，从而体现权力的监督与制约，防止权力的

滥用侵害相对人合法权益。体现在房屋征收补偿决定的强制执行方面，"裁执分离"主要体现为两种情形：一是法院作出准予执行裁定，由行政机关执行；二是法院作出准予执行裁定自行执行。

根据《征补条例》第二十八条第一款的规定，被征收人在法定期限内不申请行政复议或者不提起行政诉讼，在补偿决定规定的期限内又不搬迁的，由作出房屋征收决定的市、县级人民政府依法申请人民法院强制执行。也就是说，作出房屋征收决定的市、县级人民政府不能自行决定强制执行，而必须依法向人民法院提出申请，由人民法院审查后作出是否准予执行的裁定。这一规定的意义在于，征收补偿决定的合法性、正当性需要受到司法机关的监督，经人民法院审查确认合法有效的，才能进入执行程序。

十、行政机关强制搬迁与人民法院强制搬迁并行机制的意义

《执行补偿决定司法解释》规定的"一般由作出征收补偿决定的市、县级人民政府组织实施"实际又赋予了行政机关实施强制拆（搬）迁的权力，只是司法解释为行使该项权力设置了更高的门槛，即要经过人民法院的司法审查和裁定后方能实施行政强拆并且政府组织实施强拆时不能超过法院裁定的范围。就人民法院内设机构而言，行政机关申请法院强制执行其作出的具体行政行为的，由行政审判庭进行审查并作出裁定，需要由人民法院强制执行的，由人民法院的执行机构组织实施，此规定保留人民法院实施强制拆迁的权力。这是从现实可行性出发，经有关国家机关反复协商后形成的共识，符合"裁执分离"的司法改革基本方向。同时，在个别例外情形下，人民法院认为自身有足够能力实施时，也可以依照《征补条例》和司法解释的规定由人民法院执行。

应当说明的是，一般由作出征收补偿决定的市、县级人民政府组织实施的规定，与《征补条例》关于申请人民法院强制执行的规定并不矛盾，前者的意义在于实现"裁执分离"接受司法监督，后者的意义在于经司法审查确认并明确具体实施方式。最高人民法院已下发专门通知，要求人民法院不得与地方政府搞联合执行、委托执行；对被执行人及利害关系人认为强制执行过程中具体行政行为违法而提起的行政诉讼或者行政赔偿诉讼，应当依法受理。

十一、执行裁定的行为不可诉

实行"裁执分离"的非诉执行案件中，行政机关依据人民法院的准予执行裁定组织实施的行为，属于执行人民法院生效裁定的行为，不是行政行为，不属于行政诉讼的受案范围。

最高人民法院（2018）最高法行申 904 号行政裁定书（皖东三宝有限公司诉明光市人民政府房产行政登记案）中指出：行政机关的协助执行行为不可诉。行政机关根据人民法院的生效裁判、协助执行通知书作出的执行行为，属于履行法律规定的协助义务，不是行政机关的自主行政行为。行政机关作出的协助执行行为在性质上属于人民法院司法行为的延伸和实现，当事人要求对行政机关协助执行人民法院生效裁判的行为进行合法性审查，事实上就是要求人民法院对已被生效裁判羁束的争议进行审查，因而不能得到准许。如果当事人认为行政机关的协助执行行为侵犯其合法权益，应当针对人民法院生效裁判通过审判监督程序寻求救济。违法协助执行行为应担责。在"行政机关扩大执行范围或者采取违法方式实施的"情况下，行政机关的此种行为已经失去了人民法院裁判文书的依托，超出了人民法院协助执行通知书的范围和本意，在性质上不再属于实施司法协助的执行行为，应当受到司法审查并独立承担法律责任。

第二节　申请法院强制执行文书范本

文书一、_____ 区、县（市）人民政府关于要求履行房屋征收补偿决定的催告书（文号）

_____：

_____人民政府于_____年_____月_____日对你户/单位作出《房屋征

收补偿决定书》文号，要求你户/单位在收到补偿决定之日起十五日内将房屋腾空并交付房屋征收部门（或房屋征收实施单位）验收、拆除。

上述房屋征收补偿决定已于＿＿＿＿年＿＿＿＿月＿＿＿＿日送达你户/单位，并在房屋征收范围内公告［你户/单位因不服该补偿决定虽提起行政复议（或行政诉讼），但经法定程序已驳回你户/单位的复议（或诉讼）请求，现法律文书已经生效］，你户/单位至今未履行房屋征收补偿决定规定的腾房、搬迁义务。根据《行政强制法》第五十四条的规定，现向你户/单位催告，责令你户/单位自收到本催告书之日起十日内腾空被征收房屋，交由房屋征收实施单位验收、拆除。你户/单位逾期仍未履行腾房、搬迁义务的，＿＿＿＿将依法申请人民法院强制执行。

你户/单位依法享有陈述权和申辩权，可在收到本催告书之日起三日内提出书面陈述和申辩意见，逾期不提的视为放弃该项权利。

受理陈述、申辩意见机关：＿＿＿＿

联系人：＿＿＿＿联系电话：＿＿＿＿

＿＿＿＿人民政府
＿＿＿＿年＿＿＿＿月＿＿＿＿日

文书二、关于强制执行房屋征收补偿决定的申请（文号）

申请人：＿＿＿＿人民政府。

地址：＿＿＿＿。

法定代表人：＿＿＿＿。职务：＿＿＿＿。

被申请人：＿＿＿＿，性别：＿＿＿＿，出生年月：＿＿＿＿年＿＿＿＿月＿＿＿＿日。

住址：＿＿＿＿。

申请事项：

依法强制执行申请人作出的（文号）《房屋征收补偿决定》，强制被申请人搬离坐落于＿＿＿＿房屋。

事实与理由：

因公共利益所需，_____人民政府于_____年_____月_____日作出（文号）《_____项目房屋征收决定》并予以公告。被申请人坐落于_____房屋在征收范围之内。因被申请人未在《_____项目房屋征收补偿方案》规定的期限内与房屋征收部门（或房屋征收实施单位）签订房屋征收补偿协议，故_____人民政府于_____年_____月_____日对被申请人作出（文号）《房屋征收补偿决定》，要求被申请人自《房屋征收补偿决定》送达之日起十五日内将房屋腾空并交付房屋征收部门（或房屋征收实施单位）验收、拆除。该《房屋征收补偿决定》已于_____年_____月_____日送达给被申请人，被申请人（选择一或二）：

一、未在法定期限内申请行政复议（或提起行政诉讼），亦未在规定的期限内履行腾房、搬迁义务。

二、因不服该补偿决定提起行政复议（或提起行政诉讼），经法定程序已驳回其行政复议（或行政诉讼）请求，现行政复议决定书（或行政诉讼判决书）已经发生法律效力。但被申请人仍未在规定的期限内履行腾房、搬迁义务。

申请人于_____年_____月_____日依法催告被申请人履行义务，但被申请人仍拒绝履行腾房、搬迁义务。现房屋征收部门（或房屋征收实施单位）已为被申请人准备过渡期内周转用房一套，其位于_____，建筑面积：_____平方米，水、电、燃气等设施齐全，具备基本生活条件。被申请人的房屋征收补偿资金_____元，已经存入房屋征收部门（或房屋征收实施单位）征收补偿专户内（户名：_____；开户行：_____；账号：_____）。_____公证处已受理对被申请人房屋及屋内物品的证据保全公证申请，在强制搬迁过程中，公证机关将在现场进行证据保全公证。房屋征收部门（或房屋征收实施单位）已制定出切实可行的强制搬迁执行预案，并就执行风险作出了评估报告。

综上，对被申请人坐落于_____房屋实施强制搬迁的前期准备工作已经就绪，根据《征补条例》第二十八条和《_____省国有土地上房屋征收与补偿条例》第_____条及《_____市国有土地上房屋征收与补偿实施办法》第

_____条的规定，特申请贵院依法裁定准予强制执行。
　　　　　　此致
_____人民法院

　　　　　　　　　　　　　　　　　　　_____人民政府
　　　　　　　　　　　　　　　　　　_____年_____月_____日

文书三、_____区、县（市）人民政府向人民法院申请强制执行房屋征收补偿决定提交的证据材料目录

一、房屋征收决定及其公告

二、房屋调查登记结果及公布材料

三、征收补偿方案及公布材料

四、征收补偿决定及送达证据

五、房屋权属证明

六、对被征收房屋的分户评估报告及送达证据

七、催告书及送达证据

八、强制搬迁社会稳定风险评估报告

九、被执行人情况说明

十、被执行人的房屋及室内物品状况

十一、被执行人的征收补偿资金、专户存储账号

十二、为被执行人准备的产权调换房屋、周转用房的地点、面积等情况材料

十三、强制搬迁执行预案

十四、相关法律、法规

十五、其他材料

　　　　　　　　　　　　　　　　　　　_____人民政府
　　　　　　　　　　　　　　　　　　_____年_____月_____日

第三节　新土地管理法规制下的村民自主搬迁

目前，我国还没有制定出由集体经济组织在集体土地上自主实施房屋搬迁（简称自主搬迁）的单行法律、行政法规或行政规章。尽管有些地方的规范性文件中有关于自主搬迁的规定，但由于缺乏系统的法律、法规和规章作依据支撑，故在实务操作中常出现纰漏，导致在相关的民事或行政诉讼中被人民法院判决确认自主搬迁涉及的有关行政行为违法或搬迁协议无效等结果。笔者长期在一线为地方政府提供法律服务，对土地与房屋征收补偿搬迁及诉讼救济有较为深刻的研究，积累了一定的实践经验。在本节，笔者通过对自主搬迁有关法律问题的梳理，总结出自主搬迁程序的操作要点，供房屋征收补偿搬迁工作人员在实务操作中借鉴使用。

一、集体经济组织可依法收回土地使用权

新《土地管理法》第九条规定："城市市区的土地属于国家所有。农村和城市郊区的土地，除由法律规定属于国家所有的以外，属于农民集体所有；宅基地和自留地、自留山，属于农民集体所有。"第六十六条规定："有下列情形之一的，农村集体经济组织报经原批准用地的人民政府批准，可以收回土地使用权：（一）为乡（镇）村公共设施和公益事业建设，需要使用土地的；（二）不按照批准的用途使用土地的；（三）因撤销、迁移等原因而停止使用土地的。依照前款第（一）项规定收回农民集体所有的土地的，对土地使用权人应当给予适当补偿。收回集体经营性建设用地使用权，依照双方签订的书面合同办理，法律、行政法规另有规定的除外。"以上法律规定告诉我们，对集体经济组织成员（以下简称村民）依法拥有的宅基地使用权，集体经济组织在符合法定条件的前提下，履行法定程序并在对村民进行公平补偿（包括货币补偿和产权调换）后，可以通过协议（自愿）或诉讼（强制）的方式实施房屋搬迁进而收回土地使用权。

二、收回集体土地使用权须履行法定程序

《村民委员会组织法》第二条第二款规定："村民委员会办理本村的公共事务和公益事业，调解民间纠纷，协助维护社会治安，向人民政府反映村民的意见、要求和提出建议。"第二十四条规定："涉及村民利益的下列事项，经村民会议讨论决定方可办理……（三）本村公益事业的兴办和筹资筹劳方案及建设承包方案……（六）宅基地的使用方案……"而《土地管理法》第六十六条第（一）项"为乡（镇）村公共设施和公益事业建设，需要使用土地的"需收回村民集体土地使用权的，则属于"本村公益事业的兴办"事项，故在实施前应履行民主议定程序。

依据《行政许可法》第二条的规定："本法所称行政许可，是指行政机关根据公民、法人或者其他组织的申请，经依法审查，准予其从事特定活动的行为。"农村集体经济组织依法报请政府批准其收回集体土地使用权则属于行政许可的范畴。政府对集体经济组织递交的收回集体土地使用权的申请应当依据《行政许可法》的规定作出明确的"批准"或者"不予批准"的决定。即，收回集体土地使用权亦应依法履行行政许可程序。

三、自主搬迁操作要点

根据上述法律规定并结合实践经验，笔者总结的实施自主搬迁程序的操作要点是：

（一）前期准备阶段

1. 征求意见。由村委会（以下简称村委）对村民进行走访调查，征求村民对房屋实施搬迁进行旧村改造（或城中村改造、棚户区改造等）的意见。一般来讲，当村民同意改造率达到百分之八十以上时，村委方可启动建设项目的房屋搬迁程序。村委在履行本程序时可与"调查摸底登记"和"确定房地产价格评估机构"程序合并完成。

2. 递交申请。村委向乡镇人民政府或街道办事处（以下简称镇街）递交

对村民房屋实施搬迁改造的申请。申请书应附具村民同意实施搬迁改造调查摸底意见的情况说明。

3. 函调规划和计划文件。由镇街向发展改革部门、自然资源和规划部门函调搬迁改造项目符合相关规划和计划的证明文件。

4. 发布冻结通告。村委收到规划和计划证明文件后，发布冻结公告。自冻结公告发布之日起，规划建设项目范围内的单位和个人不得实施不当增加补偿费用的行为，包括新建、改建和扩建房屋行为及抢栽树木和抢种农作物等行为。亦包括停止办理户口的迁入、分户（因应征入伍、服刑等原因注销棚改项目范围内户口和因结婚、出生等原因确需入户、分户的除外）等行为。

5. 调查摸底登记。村委对村民房屋的权属、区位、用途、建筑面积、土地使用权等情况进行调查摸底登记。

6. 选定房地产价格评估机构。村委参照《征补条例》和《国有土地上房屋征收评估办法》等相关规定，组织村民选择、确定房地产价格评估机构。选定或确定的房地产价格评估机构接受委托后依法依规对村民的房屋开展预评估工作，也可根据需要同时对村民的房屋进行分户评估。

（二）搬迁补偿准备阶段

1. 拟订、讨论、通过搬迁补偿实施方案。由集体经济组织拟订搬迁补偿方案后组织召开村民会议或村民代表会议，讨论、通过搬迁补偿实施方案。

2. 报批搬迁补偿实施方案。村委将讨论通过的搬迁补偿实施方案报镇街，经镇街审核后报区、县政府批准。

3. 公布搬迁补偿实施方案。

4. 申请拨付搬迁补偿费用，确保搬迁补偿费用足额到位、专户存储、专款专用。

5. 落实产权调换安置房源或新划拨宅基地。

搬迁补偿费没有拨付到位，安置房源或新划拨宅基地没有具体落实的，村委不得与村民签订搬迁补偿协议。

（三）搬迁补偿阶段

1. 签订搬迁补偿协议。村民与村委依照搬迁补偿实施方案就补偿方式、补偿金额和支付期限、用于产权调换房屋（或新划拨宅基地）的地点和面积、搬迁费、临时安置费或者周转用房、停产停业损失、搬迁期限、过渡方式和过渡期限等事项订立搬迁补偿协议。补偿协议订立后，一方当事人不履行补偿协议约定义务的，另一方当事人可以依法提起民事诉讼。

2. 分户评估。对在搬迁补偿实施方案规定的签约期限内没有签订搬迁补偿协议的村民，由选定的房地产价格评估机构依法依规对其房屋及其附属物进行分户评估。评估的时点为搬迁补偿实施方案公布之日。

3. 送达分户评估报告。房地产价格评估机构在履行初评公示、复核评估和专家鉴定程序后，向村委提交整体评估报告和分户评估报告。村委应当及时向村民送达分户评估报告。

（四）搬迁补偿后续阶段

1. 村委向区、县人民政府呈递收回集体土地（宅基地）使用权的申请。申请书的主要内容包括建设项目已被批准的情况说明；已签搬迁补偿协议的户数及占总户数的比例；已签搬迁补偿协议的村民集体土地（宅基地）使用权基本情况；未签搬迁补偿协议的村民的集体土地（宅基地）使用权基本情况；对未签搬迁补偿协议的村民作出的具体补偿方案；村委召开村民会议或村民代表会议讨论决定通过的搬迁补偿实施方案的表决结果；镇街审核意见。

2. 区、县政府作出同意或不同意收回集体土地（宅基地）使用权的决定。区、县政府收到村委呈递的收回集体土地（宅基地）使用权的请示后，依法进行审查并按照《行政许可法》的规定履行相关受理、听证、协调等程序后对符合法定收回条件并已补偿安置到位的及时作出同意收回集体土地（宅基地）使用权的决定。对不符合法定收回条件或未对未签订搬迁补偿协议的村民进行公平补偿安置的，作出不同意收回集体土地（宅基地）使用权的答复。

3. 送达政府同意收回集体土地（宅基地）使用权的决定。村委应当向未签订搬迁补偿协议的村民送达政府同意收回集体土地（宅基地）使用权的决定，并告知村民如对收回决定不服可依法向上一级人民政府申请行政复议或向人民法院提起行政诉讼的期限和权利。

4. 村委作出《收回集体土地（宅基地）使用权的决定》并及时送达。村民收到区、县政府的同意收回集体土地（宅基地）使用权决定后仍不签订搬迁补偿协议也不搬迁的，村委应及时依据政府收回土地使用权的决定再以自己的名义作出《收回集体土地（宅基地）使用权的决定》。

（五）房屋搬迁拆除腾退土地阶段

对村民给予公平补偿后，村民应在搬迁补偿协议约定或村委决定确定的搬迁期限内完成搬迁。村委对不履行《收回集体土地（宅基地）使用权的决定》的村民应适时提起民事诉讼，并可申请人民法院先予执行，也可在判决生效后申请人民法院强制执行，进而依法实施强制搬迁并腾退土地。

四、自主搬迁的权利救济

（一）村民不服政府批准收回其集体土地使用权的行政行为可通过行政诉讼途径维权

作为批准收回集体土地使用权决定行政行为的相对人，认为政府准予集体经济组织收回其土地使用权行为违法，可以依法提起行政诉讼。人民法院受案后将会对被诉行政行为的合法性进行全面审查，如存在《行政诉讼法》第七十条所列六种违法情形（主要证据不足的；适用法律、法规错误的；违反法定程序的；超越职权的；滥用职权的；明显不当的）之一的，将会被判决撤销或部分撤销。如最高人民法院于 2017 年 11 月 15 日作出的（2017）最高法行申 3649 号行政裁定书中指出，集体经济组织报请政府收回集体土地使用权之前必须按照《村民委员会组织法》的规定履行民主议定程序，否则属违反法定程序的情形，故最终判决撤销被告作出的收回集体土地使用权决定。

（二）村民认为集体经济组织作出的自主搬迁决定侵犯其合法权益的亦可通过行政途径或民事、行政诉讼途径维权

如最高人民法院于 2017 年 8 月 19 日作出的（2017）最高法行申 4491 号行政裁定书指出，村委会作出侵犯村民合法权益的行为的救济途径，一是向人民法院提起诉讼，二是由乡、镇人民政府责令改正。村民可以选择通过诉讼途径解决其与村民委员会之间的侵权纠纷，也可以选择请求乡、镇人民政府行使行政监督权，依法责令村民委员会改正侵权的决定。又如最高人民法院于 2018 年 12 月 27 日作出的（2017）最高法行申 5824 号行政裁定书中指出，根据

《行政诉讼法》第十二条第一款第六项、《村民委员会组织法》第二十七条的规定，村民认为村民自治章程、村规民约以及村民会议或者村民代表会议的决定侵犯其人身权利、民主权利和合法财产权利的，有权请求乡、民族乡、镇的人民政府行使行政监督权，有管辖权的乡、民族乡、镇的人民政府具有履行法定监督职责的义务，未履行监督义务，即构成不履行法定职责，根据《行政诉讼法》第十二条第一款第六项规定，属于人民法院行政诉讼受案范围。

综上，村民实施自主搬迁具有充分的法律依据和畅通的权利救济渠道。在实施自主搬迁过程中，我们应坚守与国有土地上房屋征收相同的决策民主、程序正当、结果公开和公平补偿的原则。切实保障村民的生活水平有所提高，彻底改善村民的居住条件，全面保障村民的合法权益不受侵犯。

第四节 房屋征收与收回国有土地使用权

一、房屋被依法征收的国有土地使用权同时收回

《征补条例》第十三条第三款规定："房屋被依法征收的，国有土地使用权同时收回。"该条款规定的是"同时收回"而非"依法收回"。即按照国有土地上房屋征收程序，将房屋依法征收后即可收回该房屋所占用范围内的国有土地使用权，没必要再依新《土地管理法》第五十八条的规定另行作出收回国有土地使用权的决定。

新《土地管理法》第五十八条规定，当为实施城市规划进行旧城区改建以及其他公共利益需要，确需使用土地的，由有关人民政府自然资源主管部门报经原批准用地的人民政府或者有批准权的人民政府批准，可以收回国有土地使用权。征收国有土地上房屋的前提是为了公共利益的需要，为实施城市规划进行旧城区改建也属于公共利益。所以，《征补条例》第十三条第三款的规定与新《土地管理法》第五十八条的规定是一致的。

据《民法典》第三百五十六条（原《物权法》对应条款是第一百四十六

条)"建设用地使用权转让、互换、出资或者赠与的,附着于该土地上的建筑物、构筑物及其附属设施一并处分"(俗称"房随地走")和第三百五十七条(原《物权法》对应条款是第一百四十七条)"建筑物、构筑物及其附属设施转让、互换、出资或者赠与的,该建筑物、构筑物及其附属设施占用范围内的建设用地使用权一并处分"(俗称"地随房走")及《城市房地产管理法》第三十二条"房地产转让、抵押时,房屋的所有权和该房屋占用范围内的土地使用权同时转让、抵押"的规定可知:房、地是不可分割的,其所体现的是房地一体原则。房地一体原则也被称为"房随地走"原则或"地随房走"原则,在集体土地征收过程中对房屋的征收体现的是"房随地走"原则,而在国有土地上房屋征收过程中体现的则是"地随房走"原则。房地一体源于房产与地产不可分离的自然属性。为了与法律规定保持一致,按照房地一体原则,对房屋所有权和土地使用权的处分应当同时进行。因此,《征补条例》第十三条第三款规定当"房屋被依法征收的,国有土地使用权同时收回"。

实践中,有些地方政府在作出房屋征收决定后又依《土地管理法》的规定再作出一个收回国有土地使用权的决定,同时对土地使用权人又不予补偿或再补偿一次。笔者认为这种做法是错误的,因为这会使法律关系交叉混乱,而且可能引起行政相对人对收回国有土地使用权的决定提起行政复议或行政诉讼,造成没有必要的麻烦。

二、《民法典》规定的因征收导致物权变动的节点

《民法典》规定的因政府征收行为导致物权变动的规定与原《物权法》的规定内容差异不大。原《物权法》第二十八条规定的内容是:"因人民法院、仲裁委员会的法律文书或者人民政府的征收决定等,导致物权设立、变更、转让或者消灭的,自法律文书或者人民政府的征收决定等生效时发生效力。"《民法典》对应的规定体现在第二百二十九条,其内容是:"因人民法院、仲裁机构的法律文书或者人民政府的征收决定等,导致物权设立、变更、转让或者消灭的,自法律文书或者征收决定等生效时发生效力。"

最高人民法院审理的刘某某诉洛阳市人民政府土地出让批复案所作出的

(2017)最高法行申 1164 号行政裁定书中指出：由于行政行为具有公定力，一经作出，不论合法与否，除因严重违法而依法无效外，在未经法定机关和法定程序撤销或变更之前，都推定为有效，对行政机关、相对人、其他利害关系人以及其他国家机关均具有约束力。征收决定也是如此，一经作出，不论是否合法，立即发生效力，对作出决定的行政机关和被征收人都有法律约束力，并直接导致物权变动的法律效果。房屋被依法征收，该房屋所有权即转归国家所有，被征收人对其房屋不再享有所有权。城市房屋的征收也意味着建设用地使用权的收回，原土地使用权人对征收决定和补偿行为不服的，可以通过行政复议、行政诉讼等法定途径维护自身合法权益，但在房屋被依法征收之后，由于其享有的国有土地使用权已经消灭，其针对后续的国有建设用地使用权出让等行为提起诉讼则不再具有利害关系。该判例说明，房屋征收决定作出后，无论合法与否，政府都可直接收回被征收人的国有土地使用权。

三、注销不动产权属证书收回国有土地使用权

根据《征补条例》第十三条第三款的规定："房屋被依法征收的，国有土地使用权同时收回。"按照房地一体原则，房屋征收补偿已经包括了对房屋所占范围内土地使用权价值的补偿。实践中，可以采取注销土地使用权证和房屋所有权证的方式收回国有土地使用权并剔除不动产权利。如《浙江省国有土地上房屋征收与补偿条例》第三十四条规定："实施房屋征收应当依照国务院房屋征收补偿条例的规定先补偿、后搬迁。被征收人搬迁后，房屋征收部门应当将房屋征收决定、补偿协议或者补偿决定以及被征收房屋清单提供给不动产登记机构，并告知被征收人申请被征收房屋所有权、土地使用权注销登记。被征收人未申请注销登记的，不动产登记机构应当依据房屋征收决定、补偿协议或者补偿决定办理房屋所有权、土地使用权注销登记，原权属证书收回或者公告作废。"又如《山西省国有土地上房屋征收与补偿条例》第三十条规定："被征收人搬迁后，房屋征收部门应当向不动产登记机构提供房屋征收决定、补偿协议或者补偿决定以及被征收房屋清单；不动产登记机构应当依据房屋征收决定、补偿协议或者补偿决定办理房屋所有权、土地使用权注

销登记，原权属证书作废。"再如《平遥县城市棚户区及城中村改造实施方案》规定："（四）确保用地供应。1.棚户区改造用地纳入县土地供应计划安排，并结合下一年度棚户区改造计划项目实行宗地供应预安排，提前落实棚户区改造项目地块。2.棚户区改造项目在完成房屋征收、地上建筑物和附属物拆迁为净地后，由县政府收回土地使用权，并经县政府同意以'招、拍、挂'公开出让方式供地，开发企业依法依规获得土地使用权。"《南宁市国有土地上房屋征收补偿工作规程》规定，（二十）签订、履行补偿协议：城区、开发区根据市房屋征收部门的委托组织开展与被征收人签订补偿协议（协议可由城区、开发区房屋征收办签订），补偿协议应在签订后3日内交市房屋征收办备案，市房屋征收办应在3日内完成协议备案。签订房屋征收补偿协议，向被征收人支付相关费用后，被征收人应当在补偿协议约定的时间内完成搬迁，并办理好房屋交接手续；同时将被征收房屋的有关权属证书（主要包括国有土地使用权证、房屋所有权证等）一并交回。（二十三）拆除被征收房屋、注销权属证书：被征收人完成搬迁后或人民法院强制执行搬迁的，城区、开发区应当及时委托具有法定资质的施工单位拆除被征收房屋。城区、开发区应当及时办理安置房屋的有关权属证书登记手续和被征收房屋的有关权属证书注销或变更手续。（二十四）移交征收范围土地：征收范围内所有房屋、建筑物、构筑物及附属物拆除完毕，清除建筑垃圾，平整土地形成净地，修建安全围墙后，城区、开发区将被征收土地移交有关部门，并完善相关移交手续。

结合上述地方性法规、规章等规范性文件的规定，可以总结出具体的操作程序：

（一）在房屋征收决定及公告中注明"房屋被依法征收的，国有土地使用权同时收回"。

（二）自然资源主管部门不必再履行单独的收回国有土地使用权程序。

（三）被征收人自愿签订征收补偿协议的，在补偿协议中注明"收回被征收人的国有土地使用权，被征收人自动交回土地使用权证书和房屋所有权证书或不动产权证书，交由房屋征收部门办理注销手续"。

（四）达不成补偿协议的，政府作出房屋征收补偿决定，补偿决定发生法律效力之后，强制搬迁、拆除房屋，此时房屋已属于"依法被征收"，国有土地使用权也依法被收回。

（五）由不动产登记机构直接办理注销登记手续。

（六）注销登记后宣告不动产证书作废。

第五节　法院判例及其对实务操作的启示

一、公告房屋征收决定时是物权发生变更的节点

——武汉恒新物资开发有限公司诉武汉市人民政府、武汉市国土资源和规划局注销国有土地使用权案

【裁判文书号】最高人民法院（2017）最高法行申 8344 号行政裁定书

【裁判要旨】根据原《物权法》第二十八条规定："因人民法院、仲裁委员会的法律文书或者人民政府的征收决定等，导致物权设立、变更、转让或者消灭的，自法律文书或者人民政府的征收决定等生效时发生效力。"经原审查明，案涉房产属于江汉区人民政府江汉房征决字（2013）第 1 号房屋征收决定的征收范围，自征收决定作出之时，再审申请人的物权即发生变更，根据《征补条例》第十三条第三款"房屋被依法征收的，国有土地使用权同时收回"，武汉市国土局注销恒新公司涉案房屋项下的国有土地使用权证，符合法律规定，原审法院认为该行为并未实际影响恒新公司的合法权益，裁定驳回起诉并无不当。

【实务操作启示】房屋征收决定一经公告，即可注销被征收人的房屋所有权证和国有土地使用权证。

二、正确把握《土地管理法》第五十八条第二款规定的"适当补偿"标准

——苏州阳澄湖华庆房地产有限公司诉苏州市国土资源局土地行政补偿案

【裁判文书号】最高人民法院（2017）最高法行申 1342 号行政裁定书

【裁判要旨】根据《土地管理法》第五十八条第二款规定，为公共利益需要使用土地，或者为实施城市规划进行旧城区改建，需要调整使用土地，收回国有土地使用权的，对土地使用权人应当给予适当补偿。同时，根据《城市房地产管理法》第二十条规定，根据社会公共利益的需要，可以依照法律程序提前收回土地使用者依法取得的土地使用权，并根据土地使用者使用土地的实际年限和开发土地的实际情况给予相应的补偿；根据《中共中央、国务院关于完善产权保护制度依法保护产权的意见》第八条规定，财产征收征用应遵循及时合理补偿原则，给予被征收征用者公平合理补偿。

因此，结合我国土地和城市房地产管理法律法规规定以及国家依法保护产权政策，对于上述"给予适当补偿"，不宜单纯以法条规定的文意为限，不能静止、孤立、机械地解释为以受让土地价格为基础给予相应补偿，而宜作统一的法律解释。即行政主体因公共利益需要收回国有土地使用权的，收回的土地使用权以出让方式供应的，应当根据土地面积、剩余土地使用年期、原批准用途、土地开发利用程度、城市规划限制等，参照市场地价水平经专业评估后予以补偿；收回的土地使用权以划拨方式供应的，参照评估的划拨土地使用权价格，核定土地使用者应有权益后予以补偿；确定补偿标准的基准日，原则上应当以行政主体作出收回决定的日期或者以收回土地事宜向社会公告的日期为准。本案双方当事人均认可按照案涉国有土地使用权收回当时的市场价值给予补偿，也均同意通过评估方式确定案涉国有土地使用权的客观合理价格。因此，二审判决认为"对华庆公司给予适当补偿，即应以华庆公司受让取得涉案地块的价格为基础适当补偿"，不符合《土地管理法》第五十八条第二款立法原意，也与双方当事人意见表示不符，本院予以指正。

【实务操作启示】通过评估程序确定依《土地管理法》收回国有土地使用权的"适当补偿"价格。

三、房屋征收时应对国有土地使用权范围内的院落和空地给予补偿
——贾某某诉宁津县人民政府房屋征收补偿决定案

【裁判文书号】山东省高级人民法院（2016）鲁行终769号行政判决书

【裁判要旨】《最高人民法院〈关于征收国有土地上房屋时是否应当对被征收人未经登记的空地和院落予以补偿的答复〉》（〔2012〕行他字第16号）规定：国有土地上房屋征收补偿中，应将当事人合法享有的国有土地使用权的院落、空地面积纳入评估范围，按照征收时的房地产市场价格，一并予以征收补偿。

【实务操作启示】当事人合法享有院落、空地的使用权是其取得征收补偿的前提和基础，对房屋的评估价值应当综合考量并体现房产和地产的价值。

・下篇・
诉讼救济

第十二章
征收补偿搬迁行政案件受案范围与管辖

行政诉讼受案范围,是指人民法院受理行政争议案件的界限,又称"司法审查范围""可诉行政行为范围"或"行政审判范围"等,通俗地讲,就是人民法院可以受理什么样的行政案件,不能受理什么样的行政案件,或哪些行政活动应当由人民法院审查,哪些不能被审查。之所以要确定行政诉讼的受案范围,是由行政管理活动的多样性所决定的,将所有的行政活动都纳入司法审查的范围是不现实的,这不但是因为法院的人力或物力所不能及,而且行政权力与司法权力的相对分工也限制着司法审查行政活动的范围。

行政诉讼案件的管辖,是指人民法院之间受理第一审行政案件的分工和权限。行政诉讼管辖制度规制的是两个方面的问题:对法院来讲,是要明确第一审行政案件的审判权应归属哪一级(级别)和哪一个(地域)法院,解决的是法院之间审理行政案件的分工问题。对于行政相对人来讲,管辖问题是指导行政相对人应当向有管辖权的法院提起诉讼,否则人民法院不予受理,其解决的是"原告向谁诉"问题。

笔者在本章介绍行政诉讼受案范围与管辖基本原理后,再把房屋征收补偿搬迁行政案件的受案范围及管辖问题进行实务操作阐述,以供读者在实际工作中参考使用。

第一节 受案范围的基本规定

一、行政诉讼法的基本规定

《行政诉讼法》第十二条规定："人民法院受理公民、法人或者其他组织提起的下列诉讼：（一）对行政拘留、暂扣或者吊销许可证和执照、责令停产停业、没收违法所得、没收非法财物、罚款、警告等行政处罚不服的；（二）对限制人身自由或者对财产的查封、扣押、冻结等行政强制措施和行政强制执行不服的；（三）申请行政许可，行政机关拒绝或者在法定期限内不予答复，或者对行政机关作出的有关行政许可的其他决定不服的；（四）对行政机关作出的关于确认土地、矿藏、水流、森林、山岭、草原、荒地、滩涂、海域等自然资源的所有权或者使用权的决定不服的；（五）对征收、征用决定及其补偿决定不服的；（六）申请行政机关履行保护人身权、财产权等合法权益的法定职责，行政机关拒绝履行或者不予答复的；（七）认为行政机关侵犯其经营自主权或者农村土地承包经营权、农村土地经营权的；（八）认为行政机关滥用行政权力排除或者限制竞争的；（九）认为行政机关违法集资、摊派费用或者违法要求履行其他义务的；（十）认为行政机关没有依法支付抚恤金、最低生活保障待遇或者社会保险待遇的；（十一）认为行政机关不依法履行、未按照约定履行或者违法变更、解除政府特许经营协议、土地房屋征收补偿协议等协议的；（十二）认为行政机关侵犯其他人身权、财产权等合法权益的。除前款规定外，人民法院受理法律、法规规定可以提起诉讼的其他行政案件。"

二、排除性规定

《行政诉讼法》第十三条规定："人民法院不受理公民、法人或者其他组织对下列事项提起的诉讼：（一）国防、外交等国家行为；（二）行政法规、规章或者行政机关制定、发布的具有普遍约束力的决定、命令；（三）行政机关对行政机关工作人员的奖惩、任免等决定；（四）法律规定由行政机关最终裁决的行政行为。"

《适用行诉法解释》第一条第二款规定："下列行为不属于人民法院行政诉讼的受案范围：（一）公安、国家安全等机关依照刑事诉讼法的明确授权实施的行为；（二）调解行为以及法律规定的仲裁行为；（三）行政指导行为；（四）驳回当事人对行政行为提起申诉的重复处理行为；（五）行政机关作出的不产生外部法律效力的行为；（六）行政机关为作出行政行为而实施的准备、论证、研究、层报、咨询等过程性行为；（七）行政机关根据人民法院的生效裁判、协助执行通知书作出的执行行为，但行政机关扩大执行范围或者采取违法方式实施的除外；（八）上级行政机关基于内部层级监督关系对下级行政机关作出的听取报告、执法检查、督促履责等行为；（九）行政机关针对信访事项作出的登记、受理、交办、转送、复查、复核意见等行为；（十）对公民、法人或者其他组织权利义务不产生实际影响的行为。"

第二节 征收补偿搬迁行政案件的受案范围及案由

一、三种法定的可诉行政行为

《征补条例》第十四条和第二十六条第三款分别规定："被征收人对市、县级人民政府作出的房屋征收决定不服的，可以依法申请行政复议，也可以依法提起行政诉讼"，"被征收人对补偿决定不服的，可以依法申请行政复议，也可以依法提起行政诉讼"。《行政诉讼法》第十二条第（五）项规定"对征收、征用决定及其补偿决定不服的"提起诉讼的属人民法院行政诉讼的受案范围。

另外，《征补条例》第二十五条第二款规定："补偿协议订立后，一方当事人不履行补偿协议约定的义务的，另一方当事人可以依法提起诉讼。"该条款只是说可以依法提起诉讼，而没有像第十四条和第二十六条那样明确指出可以"依法提起行政诉讼"。因此，实践中，专家学者曾经对第二十五条所指的诉讼为民事诉讼还是行政诉讼存在过争议。但修改后的《行政诉讼法》第十二条第（十一）项已经将公民、法人或其他组织"认为行政机关不依法履行、未按照约定履行或者违法变更、解除政府特许经营协议、土地房屋征收补偿协议等协议的"提起诉讼的列为了行政诉讼的受案范围。所以，对房屋征收决定不服或对房屋征收补偿决定不服以及认为政府签订征收补偿协议后不依法履行、未按照约定履行或者违法变更、解除房屋征收补偿协议提起诉讼的案件属于法定的行政诉讼案件范围，人民法院应做到无障碍受理。

二、其他可诉行政行为

根据《行政诉讼法》的规定，笔者认为公民、法人或者其他组织对下列房屋征收补偿搬迁行政行为均可提起行政诉讼：

1. 对市、县级人民政府及房屋征收部门作出的超出房屋征收范围而实施的征收行为不服的。

2. 对房屋征收补偿过程中发生的行政强制行为不服的。

如《征补条例》第二十七条第三款规定："任何单位和个人不得采取暴力、威胁或者违反规定中断供水、供热、供气、供电和道路通行等非法方式迫使被征收人搬迁。禁止建设单位参与搬迁活动。"因此，对房屋征收部门及其委托的征收实施单位违法采取强制措施迫使被征收人搬迁、拆除房屋的行为不服提起行政诉讼的，人民法院应当受理。

3. 对在房屋征收补偿过程中，市、县级人民政府单独作出收回房屋征收范围内国有土地使用权决定不服的。

4. 对城乡规划主管部门作出的拆除违法建筑决定不服的。

5. 对复议机关所作出的与房屋征收、补偿（包括征收补偿协议和征收补偿决定）、搬迁相关的复议决定不服的。

6. 对市、县级人民政府对符合条件的被征收人不予补助和奖励的（不作为）行为不服的。

《征补条例》第十七条第二款规定："市、县级人民政府应当制定补助和奖励办法，对被征收人给予补助和奖励。"从行政行为的法律性质上讲，房屋征收和补偿活动中的补助和奖励行为分别属于行政给付与行政奖励。而最高法院《关于规范行政案件案由的通知》中已明确将行政奖励和行政给付列为行政案件的案由。因此，对市、县级人民政府对符合条件的被征收人不予补助和奖励的（不作为）行为不服提起行政诉讼的，人民法院应予立案审理。

7. 对市、县级人民政府对符合住房保障条件的被征收人，不给予优先住房保障（不作为）行为不服提起行政诉讼的。

8. 对市、县级人民政府在旧城区改建房屋征收过程中，不为被征收人提供改建地段或者就近地段房屋进行补偿安置的（不作为）行为不服的。

9. 对市、县级人民政府或其房屋征收部门不提供符合国家质量安全标准用于产权调换房屋的（不作为）行为不服提起行政诉讼的。

10. 对市、县级人民政府或房屋征收部门拒绝履行或拖延履行其法定职责（不作为）行为不服提起行政诉讼的，包括：

（1）拒绝或拖延签订房屋征收补偿协议的；

（2）拒绝或拖延补偿停产停业损失的；

（3）拒绝或拖延作出房屋征收补偿决定的；

（4）拒绝或拖延支付搬迁费、临时安置费的；

（5）拒绝或拖延提供周转用房的；

（6）拒绝或拖延履行其他法定职责的。

其他符合行政诉讼起诉条件的房屋征收补偿搬迁行政行为。

以上是笔者对房屋征收补偿搬迁程序中可诉行政行为的概括性归纳，但并未穷尽所有可诉行为，仅供读者在实践中参考使用。

三、不可诉行政行为

《行政诉讼法》及相关司法解释规定内部行政行为不具有行政可诉性。笔者归纳，在《征补条例》中涉及以下不可诉的内部行政行为：

1.《征补条例》第六条第一款规定"上级人民政府应当加强对下级人民

政府房屋征收与补偿工作的监督。"该层级监督行为属于内部行政行为不可诉。

2.《征补条例》第六条第二款规定："国务院住房和城乡建设主管部门和省、自治区、直辖市人民政府住房和城乡建设主管部门应当会同同级财政、国土资源、发展改革等有关部门，加强对房屋征收与补偿实施工作的指导。"该指导行为属于内部行政行为不可诉。

3.《征补条例》第七条第二款规定："监察机关应当加强对参与房屋征收与补偿工作的政府和有关部门或者单位及其工作人员的监察。"监察行为不可诉。

值得关注的是，尽管内部行政行为不可诉，但有些内部行政行为通过一定的方式为利益相关人所知，而且该内部行政行为已经实际影响到了利益相关人的合法权益时，该内部行政行为是可诉的。即内部行政行为不可诉是原则，经外化的内部行政行为可诉是例外。

四、不成熟的行政行为

所谓不成熟的行政行为一般是指依据法律、法规、规章或者其他规范性文件的规定，行政程序尚未终结的行政行为。行政诉讼审查的对象是对公民、法人或者其他组织的权益产生确定效力的成熟性行政行为。行政机关在作出行政处理决定之前的预备性或阶段性行为，如果尚未对公民、法人或者其他组织的权利义务产生实际的影响，则不属于行政诉讼的受案范围。

对不成熟的行政行为提起诉讼，涉及行政权与司法权的制衡问题，如果允许司法权提前介入行政程序，将导致行政程序的暂时停止，势必影响行政效率。所以，对不成熟的行政行为是不可诉的。笔者归纳的《征补条例》中不可诉的"不成熟的行政行为"有：

1. 第十条第一款规定的"拟定征收补偿方案行为"。
2. 第十条第二款规定的"征求公众意见行为"。
3. 第十一条第一款规定的"公布征求意见情况的行为"。
4. 第十一条第二款规定的"听证行为"。

5. 第十二条第一款规定的"社会稳定风险评估行为"。

6. 第十二条第一款规定的"政府常务会议讨论行为"。

7. 第十二条第二款规定的"准备征收补偿费行为"。

8. 第十五条规定的"房屋调查登记行为"。

9. 第十六条规定的"行为限制行为"。

10. 第二十四条规定的"对未经权属登记的建筑的调查、认定和处理行为"。

11. 其他不成熟的行为。

五、房屋征收补偿方案不可诉的理由

笔者认为房屋征收补偿方案不可诉的理由有二：

一是征收补偿方案是房屋征收决定的组成部分，在起诉征收决定的案件中要将征收补偿方案一并纳入到合法性审查的范围。《征补条例》第十三条第一款规定："市、县级人民政府作出房屋征收决定后应当及时公告。公告应当载明征收补偿方案和行政复议、行政诉讼权利等事项。"由此可以看出，征收补偿方案是征收决定的组成部分。而《征补条例》第十四条规定，"被征收人对市、县级人民政府作出的房屋征收决定不服的，可以依法申请行政复议，也可以依法提起行政诉讼。"故，房屋征收决定可诉，人民法院在审查房屋征收决定时应对组成征收决定的征收补偿方案一并进行合法性审查。

二是征收补偿方案对被征收人的财产权益不能独立地产生实际影响，产生实际影响的是征收决定、征收补偿协议或征收补偿决定。从《征补条例》中可以看出，制定征收补偿方案的条款是第十条和第十一条，该两条位于《征补条例》的第二章"征收决定"之中，制定征收补偿方案是作出征收决定的阶段性行政行为，征收补偿方案不能单独对被征收人产生实际的影响。

《征补条例》第二十五条第一款规定："房屋征收部门与被征收人依照本条例的规定，就补偿方式、补偿金额和支付期限、用于产权调换房屋的地点和面积、搬迁费、临时安置费或者周转用房、停产停业损失、搬迁期限、过渡方式和过渡期限等事项，订立补偿协议。"第二十六条第一款和第二款规定:"房屋征收部门与被征收人在征收补偿方案确定的签约期限内达不成补偿协议,或者被征收房屋所有权人不明确的,由房屋征收部门报请作出房屋征收决定的市、县级人民政府依照本条例的规定,按照征收补偿方案作出补偿决定,并在房屋征收范围内予以公告。补偿决定应当公平,包括本条例第二十五条第一款规定的有关补偿协议的事项。"即征收补偿方案是房屋征收部门与被征收人签订征收补偿协议和市、县级人民政府作出征收补偿决定的依据。对被征收人的权利义务产生实际影响的行政行为是房屋征收决定、征收补偿协议和征收补偿决定。人民法院在审查房屋征收决定、征收补偿协议和征收补偿决定时会对征收补偿方案的合法性一并进行审查。

六、江苏省高级人民法院的规定

江苏省高级人民法院制定的《关于国有土地上房屋征收与补偿行政案件若干问题审理指南》,对实务操作有借鉴和指导意义。该指南对受案范围作如下规定:

1. 下列情形属于人民法院行政诉讼受案范围:(1)征收人未单独作出房屋征收决定,将房屋征收决定和公告合二为一,被征收人对房屋征收决定公告提起诉讼的;(2)征收人组织有关部门对房屋面积、性质进行的调查、认定和处理,具有认定未经登记的建筑属于违法建筑并明确不予补偿等内容,对被征收人权利义务产生实际影响,被征收人提起诉讼的;(3)被征收人以征收人不履行补偿安置职责提起诉讼的。

2. 下列情形不属于人民法院行政诉讼受案范围:(1)征收人作出房屋征收决定后依法公告,被征收人单独对房屋征收决定公告提起诉讼的;(2)征收人组织有关部门对房屋面积、性质进行的调查、认定和处理,仅记载房屋有证面积、无证面积和性质,未设定被征收人权利义务,被征收人提起诉讼的。

3. 下列情形不予立案:(1)部分被征收人对房屋征收决定提起诉讼,法院作出生效裁判后,其他被征收人对同一房屋征收决定提起诉讼的;(2)房屋补偿决定或者补偿安置协议中已涉及调查、认定和处理的结果,被征收人已对房屋补偿决定或者补偿安置协议提起诉讼，再对调查、认定和处理行为提起诉讼的。

七、房屋征收补偿行政案件案由

最高人民法院在其印发的《关于行政案件案由的暂行规定》的通知中指出，准确理解案由的确定规则，（一）行政案件案由分为三级：1. 一级案由。行政案件的一级案由为"行政行为"，是指行政机关与行政职权相关的所有作为和不作为。2. 二、三级案由的确定和分类。二、三级案由是对一级案由的细化。目前我国法律、法规对行政机关作出的行政行为并无明确的分类标准。三级案由主要是按照法律法规等列举的行政行为名称，以及行政行为涉及的权力内容等进行划分。目前列举的二级案由主要包括：行政处罚、行政强制措施、行政强制执行、行政许可、行政征收或者征用、行政登记、行政确认、行政给付、行政允诺、行政征缴、行政奖励、行政收费、政府信息公开、行政批复、行政处理、行政复议、行政裁决、行政协议、行政补偿、行政赔偿及不履行职责、公益诉讼。3. 优先适用三级案由。人民法院在确定行政案件案由时，应当首先适用三级案由；无对应的三级案由时，适用二级案由；二级案由仍然无对应的名称，适用一级案由。例如，起诉行政机关作出的罚款行政处罚，该案案由只能按照三级案由确定为"罚款"，不能适用二级案由或者一级案由。

最高人民法院《关于行政案件案由的暂行规定》将行政征收或征用列为二、三级案由，体现在该暂行规定的二、三级案由中的"（五）行政征收或者征用：43. 征收或者征用房屋"。同属"行政征收或者征用"案由的还有"44. 征收或者征用土地"和"45. 征收或者征用动产"。正确确定行政案件案由起到明确被诉对象、区分案件性质、提示法律适用、引导当事人正确行使诉讼权利等作用。准确确定行政案件案由，有利于人民法院在行政立案、审判中准确确定被诉行政行为、正确适用法律，有利于提高行政审判工作的规范化程度，有利于提高行政案件司法统计的准确性和科学性，有利于为人民法院司法决策提供更有价值的参考，有利于提升人民法院服务大局、司法为民的能力和水平。

八、《最高人民法院关于审理行政赔偿案件若干问题的规定》（法释〔2022〕10号）中关于受案范围的规定

2021年12月6日最高人民法院审判委员会第1855次会议通过，自2022年5月1日起施行的《最高人民法院关于审理行政赔偿案件若干问题的规定》（法释〔2022〕10号）中关于受案范围第一条规定："国家赔偿法第三条、第四条规定的'其他违法行为'包括以下情形：（一）不履行法定职责行为；（二）行政机关及其工作人员在履行行政职责过程中作出的不产生法律效果，但事实上损害公民、法人或者其他组织人身权、财产权等合法权益的行为。"第二条规定："依据行政诉讼法第一条、第十二条第一款第十二项和国家赔偿法第二条规定，公民、法人或者其他组织认为行政机关及其工作人员违法行使行政职权对其劳动权、相邻权等合法权益造成人身、财产损害的，可以依法提起行政赔偿诉讼。"第三条规定："赔偿请求人不服赔偿义务机关下列行为的，可以依法提起行政赔偿诉讼：（一）确定赔偿方式、项目、数额的行政赔偿决定；（二）不予赔偿决定；（三）逾期不作出赔偿决定；（四）其他有关行政赔偿的行为。"第四条规定："法律规定由行政机关最终裁决的行政行为被确认违法后，赔偿请求人可以单独提起行政赔偿诉讼。"第五条规定："公民、法人或者其他组织认为国防、外交等国家行为或者行政机关制定发布行政法规、规章或者具有普遍约束力的决定、命令侵犯其合法权益造成损害，向人民法院提起行政赔偿诉讼的，不属于人民法院行政赔偿诉讼的受案范围。"

第三节 诉讼管辖基本规定

行政诉讼案件的管辖，是指人民法院之间受理第一审行政案件的分工和权限。行政诉讼管辖制度规制的是两个方面的问题：对法院来讲，是要明确第一审行政案件的审判权应归属哪一级（级别）和哪一个（地域）法院，解决的是法院之间审理行政案件的分工问题。对于行政相对人来讲，管辖问题

是指导行政相对人应当向有管辖权的法院提起诉讼，否则人民法院不予受理，其解决的是"原告向谁诉"问题。

一、行政诉讼管辖概述

行政诉讼的管辖分为法定管辖和裁定管辖，法定管辖分为级别管辖和地域管辖，裁定管辖分为移送管辖、指定管辖和管辖权的转移。

（一）级别管辖

级别管辖解决的是不同级人民法院之间受理第一审案件的权限和分工。级别管辖的基本规定是基层人民法院管辖第一审行政案件（见《行政诉讼法》第十四条）。

中级人民法院管辖下列第一审行政案件：（一）对国务院部门或者县级以上地方人民政府所作的行政行为提起诉讼的案件；（二）海关处理的案件；（三）本辖区内重大、复杂的案件；（四）其他法律规定由中级人民法院管辖的案件（见《行政诉讼法》第十五条）。

而何谓"本辖区内重大、复杂的案件"，《适用行诉法解释》第五条规定："有下列情形之一的，属于行政诉讼法第十五条第三项规定的'本辖区内重大、复杂的案件'：（一）社会影响重大的共同诉讼案件；（二）涉外或者涉及香港特别行政区、澳门特别行政区、台湾地区的案件；（三）其他重大、复杂案件。"

高级人民法院管辖本辖区内重大、复杂的第一审行政案件（见《行政诉讼法》第十六条）。

最高人民法院管辖全国范围内重大、复杂的第一审行政案件（见《行政诉讼法》第十七条）。

（二）地域管辖

地域管辖解决的是同级人民法院之间受理第一审案件的权限和分工。分为一般地域管辖、跨区地域管辖和特殊地域管辖。

1. 一般地域管辖是指以最初作出行政行为的行政机关所在地来确定人民法院对行政案件的管辖，适用于一般行政案件。《行政诉讼法》第十八条第一款规定:"行政案件由最初作出行政行为的行政机关所在地人民法院管辖。经复议的案件,也可以由复议机关所在地人民法院管辖。"

2. 跨区地域管辖是指经最高人民法院批准,高级人民法院可以根据审判工作的实际情况,确定若干人民法院跨行政区域管辖行政案件(见《行政诉讼法》第十八条第二款)。

3. 特殊地域管辖。特殊地域管辖是指以诉讼当事人或诉讼标的所在地来确定人民法院对行政案件的管辖。

包括两种情况:

(1) 对限制人身自由的行政强制措施不服提起诉讼,由被告所在地或原告所在地人民法院管辖(见《行政诉讼法》第十九条)。

(2) 因不动产提起的行政诉讼,由不动产所在地的人民法院管辖(见《行政诉讼法》第二十条)。何谓"因不动产提起的行政诉讼"?《适用行诉法解释》第九条规定,"'因不动产提起的行政诉讼'是指因行政行为导致不动产物权变动而提起的诉讼"。该条还规定"不动产已登记的,以不动产登记簿记载的所在地为不动产所在地;不动产未登记的,以不动产实际所在地为不动产所在地"。

(三) 共同地域管辖

共同地域管辖,是指两个以上人民法院对同一行政案件均有管辖权,原告可以选择其中任何一个法院起诉。《行政诉讼法》第二十一条规定:"两个以上人民法院都有管辖权的案件,原告可以选择其中一个人民法院提起诉讼。原告向两个以上有管辖权的人民法院提起诉讼的,由最先立案的人民法院管辖。"

包括三种情况:

1. 经过复议的案件,复议机关改变原具体行政行为的,由最初作出具体行政行为的行政机关所在地人民法院或者复议机关所在地人民法院共同管辖。

2. 对限制人身自由的行政强制措施不服提起的行政诉讼案件,由原告所在地或者被告所在地的人民法院共同管辖。

3. 因不动产提起的行政案件,如该不动产涉及两个以上的人民法院管辖的,由该两个以上的人民法院共同管辖。

在地域管辖规制下,法院对案件的管辖取决于起诉人选择。若起诉人向有管辖权的法院都提起诉讼，则由最初收到起诉状的人民法院管辖。如果行政机关基于同一事实既对人身又对财产实施行政处罚或者采取行政强制措施，被限制人身自由的公民、被扣押或者没收财产的公民、法人或者其他组织，对上述行为不服的，既可以向被告所在地人民法院提起诉讼，也可以向原告所在地人民法院提起诉讼，受诉人民法院可一并管辖。

（四）裁定管辖

裁定管辖是指由人民法院作出裁定或决定来确定行政案件的管辖，包括移送管辖、指定管辖、管辖权的转移三种情况：

1. 移送管辖

《行政诉讼法》第二十二条规定："人民法院发现受理的案件不属于本院管辖的，应当移送有管辖权的人民法院，受移送的人民法院应当受理。受移送的人民法院认为受移送的案件按照规定不属于本院管辖的，应当报请上级人民法院指定管辖，不得再自行移送。"

2. 指定管辖

指定管辖适用于两种情况，一是有管辖权的人民法院由于特殊原因不能行使管辖权的，二是人民法院之间因管辖权争议而又协商不成的。此时，由共同的上级人民法院指定管辖（见《行政诉讼法》第二十三条）。

3. 管辖权的转移

指经上级人民法院决定或同意，将行政案件的管辖权由下级人民法院移送给上级人民法院，或由上级人民法院移交给下级人民法院。《行政诉讼法》第二十四条规定："上级人民法院有权审理下级人民法院管辖的第一审行政案件。下级人民法院对其管辖的第一审行政案件，认为需要由上级人民法院审理或者指定管辖的，可以报请上级人民法院决定。"

二、确定行政诉讼管辖的意义

确定行政诉讼管辖的主要意义在于：

（一）便于当事人诉讼，尤其是便于原告的诉讼权利的行使

作为行政诉讼的原告在行政管理中处于被管理的地位，而行政诉讼正是

当他们认为行政机关的具体行政行为侵犯其合法权益时，由法律所提供的一种救济手段，其目的在于通过人民法院的审判活动，保护其合法权益不受侵犯。因此，在确定管辖时，首先应当为原告进行行政诉讼提供便利，如我国《行政诉讼法》的特殊地域管辖中对限制人身自由不服的，原告可以在被告所在地基层法院起诉也可以在原告所在地的基层人民法院起诉。同时，在一般地域管辖中以最初作出具体行政行为的行政机关所在地来确定管辖法院，也方便了被告参加行政诉讼活动。

（二）便于人民法院办案

在行政诉讼过程中，人民法院处于主动地位，是行政案件审判的指挥者，联结着当事人及其他诉讼参与人的诉讼活动。管辖制度的确立，为人民法院办理行政案件提供便利，便于人民法院调查取证，传唤当事人以及执行行政诉讼的裁判文书等。特殊地域管辖中因不动产引起的行政案件由不动产所在地法院管辖的规定，更加体现了这一意义。

（三）均衡不同人民法院之间的办案压力

在确定行政诉讼管辖时，考虑各级人民法院的职能分工和工作负担的均衡性。基层人民法院的主要任务是审判、执行行政案件，而中级以上的人民法院，尤其是最高人民法院除审理行政案件外，主要担负着对下级人民法院进行审判监督，总结审判经验等任务，不宜过多地受理、审理一审行政案件。因此，我国《行政诉讼法》规定，第一审行政案件原则上由基层人民法院管辖。这样既有利于中级以上的人民法院集中精力处理一些重大、复杂的一审行政案件和二审行政案件，也有利于其有时间和精力对下级人民法院进行行政审判的指导和监督。

三、对被告提出管辖异议的处理程序

《适用行诉法解释》第十条规定："人民法院受理案件后，被告提出管辖异议的，应当在收到起诉状副本之日起十五日内提出。对当事人提出的管辖异议，人民法院应当进行审查。异议成立的，裁定将案件移送有管辖权的人民法院；异议不成立的，裁定驳回。人民法院对管辖异议审查后确定有管辖

权的，不因当事人增加或者变更诉讼请求等改变管辖，但违反级别管辖、专属管辖规定的除外。"

第四节 征收补偿搬迁诉讼管辖实务

一、房屋征收补偿搬迁行政案件的地域管辖

房屋征收与补偿行政纠纷案件最为典型的就是房屋征收决定案件、房屋征收补偿决定案件和征收补偿协议案件。由于这些案件都是因为政府征收不动产（房屋）而形成的，所以应适用特殊地域管辖的规定，按照我国《行政诉讼法》第二十条的规定，应"由不动产所在地的人民法院管辖"。

实践中，绝大部分房屋征收与补偿案件均适用特殊地域管辖中的"不动产所在地法院管辖"的规定。那种由被告所在地人民法院管辖作为唯一管辖标准的做法显然是错误的。有些被征收人向被告所在地法院提起行政诉讼，当被告所在地和房屋所在地不一致时，受案法院均会告知起诉人到"不动产所在地"法院去立案。当然也有立案之后履行移送管辖和裁定管辖程序的。总之按照法律规定，这类案件均应由被征收房屋所在地人民法院管辖。

二、房屋征收补偿搬迁行政案件的级别管辖

房屋征收决定和补偿决定都是由市、县级人民政府作出的，根据《行政诉讼法》第十五条的规定，房屋征收决定和房屋补偿决定案件都应由中级人民法院作为一审管辖法院。在《行政诉讼法》修改前各地的通常做法是中级人民法院受理这类案件之后，又指定其他基层法院作为一审管辖法院的情况，2015年5月1日实施修改后的《行政诉讼法》之后这种做法已有所改变。

三、强制执行房屋征收补偿决定行政案件的管辖

市、县级人民政府申请强制执行房屋征收补偿决定行政案件的，一般应由房屋所在地的基层人民法院管辖。特殊情况下，可以由上级人民法院指定本辖区内的下级人民法院管辖。

《执行补偿决定司法解释》第一条规定："申请人民法院强制执行征收补偿决定案件，由房屋所在地基层人民法院管辖，高级人民法院可以根据本地实际情况决定管辖法院。"

《执行补偿决定司法解释》之所以这样规定，其基本考虑是既要体现原则性，又要兼具灵活性。在起草该司法解释过程中针对管辖问题有两种不同观点。一种观点认为，基层法院不宜直接审查市、县级人民政府作出的决定。按照《征补条例》的规定，市、县级人民政府既是征收补偿决定的作出机关，也是非诉强制执行申请机关，案件在当地往往重大敏感，如果由基层法院直接受理审查，客观上可能存在一定的困难，既然以县级以上政府为被告的诉讼案件由中级人民法院管辖，将非诉行政执行案件初始审查权置于中级人民法院亦有利于案件的公正处理。另一种观点认为，处理行政纠纷应坚持尽力使矛盾解决在基层的原则，基于非诉行政执行案件特殊性，基层法院最了解本地情况，上级法院应当以复议审查、监督指导为主。如果一律由中级人民法院初始审查，其了解把握情况的全面性、协调沟通的便捷性和自身案件承受能力有限，也会大大增加上级法院的负担，不利于矛盾在本地有效化解。

经反复讨论，笔者认为后一种观点更可取。基于各地行政审判司法环境存在较大差异，前一种观点所顾及的问题，实践证明并非通过提级管辖这一权宜之计就可以从根本上加以克服。从总体上看，根据现行法律、法规和司法解释的规定，法院受理诉讼案件或者非诉行政执行案件，是以"不动产所在地的基层法院"管辖为原则。同时，上级法院可以根据案件的具体情况，决定案件的管辖法院。因此，该司法解释在确立了以基层法院管辖为原则的同时，也赋予高级法院在管辖问题上的决定权，可根据本地情况灵活处理，既可以就本地相关案件管辖作出统一规定，也可以就个案管辖作出具体处理。

这样规定也符合我国地域广大、各地情况差异较大的特点。

第五节 法院判例及其对实务操作的启示

一、政府层级监督行为不可诉
——崔某某诉山东省济南市人民政府不履行法定职责案

【裁判文书号】最高人民法院（2016）最高法行申 1394 号行政裁定书

【裁判要旨】《征补条例》第六条第一款和第三十条虽然规定了上级人民政府应当加强对下级人民政府房屋征收与补偿工作的监督，也有权对下级人民政府及房屋征收部门在房屋征收与补偿工作中违法行为责令改正，但此种职权系基于上下级行政机关之间的层级监督关系而形成。上级人民政府不改变或者不撤销所属各工作部门及下级人民政府决定、命令的，一般并不直接设定当事人新的权利义务，当事人可以通过直接起诉所属工作部门或者下级人民政府作出的行政行为来维护合法权益。因此，上级人民政府是否受理当事人的反映、是否启动层级监督程序、是否改变或者撤销所属各工作部门及下级人民政府的决定、命令等，不属司法监督范畴。

【实务操作启示】本案例对执行《征补条例》第六条第一款具有指导实务操作的意义。

二、政府的责成拆除行为不可诉
——黄某诉南京市建邺区人民政府、建邺区城市管理行政执法局房屋拆除行政强制案

【裁判文书号】最高人民法院（2018）最高法行申 4119 号行政裁定书

【裁判要旨】"责成"行为本身通常只具有内部性，是上级政府为推进行政强制执行而明确具体实施部门的内部核准指令活动，同时是一种过程性、

阶段性的行政活动，其本身往往并不对被执行人的实体合法权益产生直接影响，难以作为行政诉讼受案范围，除非出现极个别情形下政府以自身名义直接对被执行人作出而非依法责成"有关部门"实施或者出现其他可能产生外化效果之情形。

【实务操作启示】《城乡规划法》第六十八条规定的城乡规划主管部门作出责令停止建设或者限期拆除的决定后，当事人不停止建设或者逾期不拆除的，建设工程所在地县级以上地方人民政府可以责成有关部门采取查封施工现场、强制拆除等措施。其中的"责成"行为是内部行政行为，不可诉。

三、改变既往意见的信访处理意见可诉
——马某某诉黑龙江省嫩江县人民政府不履行法定职责案

【裁判文书号】最高人民法院（2015）行提字第33号行政裁定书

【裁判要旨】行政机关针对当事人的申诉作出的答复意见，内容仍然是坚持既往的处理意见，对公民、法人或者其他组织的权利义务没有产生实际影响的信访答复意见，以及相应的复查意见、复核意见，均不属于行政诉讼的受案范围。但是，如果信访答复意见、复查意见或者复核意见否定了既往的处理意见，作出新的处理决定，对当事人的权利义务作出了不同于既往处理意见的新的安排，实质是对公民、法人或者其他组织的权利义务产生了新的实际影响，在此情形下，无论是信访答复意见，还是信访复查意见、信访复核意见，均应当属于行政诉讼的受案范围。

【实务操作启示】本案例对政府的接访部门执行《征补条例》第七条第一款"任何组织和个人对违反本条例规定的行为，都有权向有关人民政府、房屋征收部门和其他有关部门举报。接到举报的有关人民政府、房屋征收部门和其他有关部门对举报应当及时核实、处理"有借鉴意义。

四、特殊情况下房屋征收决定公告可诉
——邹某某诉乌鲁木齐市新市区人民政府行政征收案

【裁判文书号】最高人民法院（2019）最高法行申 8351 号行政裁定书

【裁判要旨】一般而言，行政机关作出一个行政行为，需要向行政相对人送达才能生效，在一些特殊情况下，如行政相对人人数众多时，法律规定以公告作为对行政行为进行送达的方式，在这种情况下，对行政相对人权利义务产生实际影响的是行政行为而非公告，行政相对人对公告提起诉讼的，不符合起诉条件。但是，如果行政机关在发布公告之前并未单独作出行政行为，那么公告除了是公示送达方式之外，同时也是行政行为本身的载体，此时公告应具有可诉性。本案被诉行为形式上是作为送达行政行为方式的公告，根据本案事实，被诉行政机关并未作出房屋征收决定，该公告既是公示告知行为，亦是房屋征收决定的载体，对房屋所有人的权利产生实际影响，具有可诉性。

【实务操作启示】对房屋征收决定进行公告是一种程序性行为，也是一种送达方式，一般不具有可诉性，只有在具备特殊的条件下方可纳入到行政诉讼受案范围。

五、不可单独起诉房屋征收补偿方案
——郭某某诉河北省邯郸市丛台区人民政府、邯郸市人民政府房屋征收补偿及行政复议决定案

【裁判文书号】最高人民法院（2018）行申 1255 号行政裁定书

【裁判要旨】房屋征收补偿方案并非针对单个权利主体，而是针对所有被征收人作出的征收补偿标准和方式，对单个权利主体的权益产生实质影响的是其后作出的房屋征收补偿决定，并且在被征收人对房屋征收补偿决定依法提起行政诉讼，人民法院对房屋征收补偿决定审查时，也将一并对征收补偿方案的合法性进行审查。换言之，房屋征收补偿方案的效力已被房屋征收补

偿决定所吸收，被征收人完全可以通过起诉房屋征收补偿决定维护自己的合法权益。

【实务操作启示】 实务中，应诉征收补偿决定案件时须提交作出补偿决定依据的房屋征收决定和房屋征收补偿方案并证明其为合法的行政行为。

六、对未经权属登记的房屋进行调查、认定和处理行为不可诉
——廖某某诉上海市杨浦区人民政府要求履行法定职责案

【裁判文书号】 最高人民法院（2017）最高法行申 4275 号行政裁定书

【裁判要旨】 国有土地上房屋征收与补偿过程，是较为典型的多环节的综合过程，具有多阶段行政管理的特征。市、县级人民政府及其确定的房屋征收部门，在履行国有土地上房屋征收与补偿法定职责过程中，分别在不同行政程序阶段，作出诸项不同的行政行为。其中，有的行政行为如征收决定和补偿决定，由于对被征收人的权利义务产生了实际影响，是可诉的行政行为，《征补条例》对此也予以明确规定。有的行政行为只是为市、县级人民政府作出征收决定或者补偿决定创造条件，并通过市、县级人民政府作出征收决定或者补偿决定产生相应法律效果，而其本身并不直接设定行政法上的权利义务关系。此类行政过程性行为，通常不产生终局性的法律效果，不属于人民法院行政诉讼审理范畴。

具体到本案而言，廖某某起诉请求判令杨浦区人民政府履行对案涉被征收房屋未经登记的建筑进行调查、认定和处理的法定职责，但是一方面，结合《征补条例》第十五条有关"房屋征收部门应当对房屋征收范围内房屋的权属、区位、用途、建筑面积等情况组织调查登记，被征收人应当予以配合。调查结果应当在房屋征收范围内向被征收人公布"的规定，以及《城乡规划法》第六十四条"未取得建设工程规划许可证或者未按照建设工程规划许可证的规定进行建设的，由县级以上地方人民政府城乡规划主管部门责令停止建设；尚可采取改正措施消除对规划实施的影响的，限期改正，处建设工程造价百分之五以上百分之十以下的罚款；无法采取改正措施消除影响的，限期拆除，不能拆除的，没收实物或者违法收入，可以并处建设工程造价百分

之十以下的罚款"的规定，对于《征补条例》第二十四条第二款规定的有关"依法对征收范围内未经登记的建筑进行调查、认定和处理"职责，依法属于市、县级人民政府确定的房屋征收部门以及县级以上地方人民政府城乡规划主管部门等法定职责，而非市、县级人民政府法定职责，因而杨浦区政府不是本案的适格被告。另一方面，在国有土地上房屋征收过程中，有权部门依法对征收范围内未经登记的建筑进行调查、认定和处理，仅是对嗣后评估机构依法作出评估报告，以及市、县级人民政府依法决定补偿作出准备、创造条件，其本身并不对征收补偿法律关系产生终局性影响，不在行政机关与被征收人之间直接设定行政法上的权利义务关系，因而不属于行政诉讼的受案范围。

【实务操作启示】按照《征补条例》第二十四条第二款的规定，对未经权属登记的建筑进行调查、认定和处理程序的主要任务是为评估机构依法对被征收房屋作出评估报告和市、县级人民政府依法对被征收人进行补偿作准备。对被征收人权利义务产生实际影响的是房屋征收部门与被征收人签订的征收补偿协议或市、县级政府对被征收人作出的房屋征收补偿决定。故对未经权属登记的房屋进行调查、认定和处理的行为不属于行政诉讼的受案范围。

七、2015年5月1日之前的房屋安置补偿协议一般通过民事诉讼解决

——王某诉曲阜市政府房屋搬迁安置补偿协议案

【裁判文书号】最高人民法院（2018）最高法行申2678号行政裁定书

【裁判要旨】《行政诉讼法》修改之前，本案所涉及的房屋搬迁安置补偿协议一般通过民事诉讼途径解决。无论是根据法理，还是行政审判中的普遍认识和做法，一般适用"实体从旧，程序从新"原则。当事人对2015年5月1日之前签订的房屋搬迁安置补偿协议不服，可以通过民事诉讼途径解决。本案被诉的房屋搬迁安置补偿协议系2012年9月27日签订的，原一、二审法院分别裁定驳回再审申请人的起诉和上诉，并无不当。

【实务操作启示】《最高人民法院关于审理行政协议案件若干问题的规

定》第二十八条规定："2015年5月1日后订立的行政协议发生纠纷的，适用行政诉讼法及本规定。2015年5月1日前订立的行政协议发生纠纷的，适用当时的法律、行政法规及司法解释。"

八、行政协议争议属于行政复议受理范围

——谢某某等人诉安徽省淮北市相山区人民政府行政复议案

【裁判文书号】最高人民法院（2019）最高法行申8145号行政裁定书

【裁判要旨】《行政复议法》第二条规定："公民、法人或者其他组织认为具体行政行为侵犯其合法权益，向行政机关提出行政复议申请，行政机关受理行政复议申请、作出行政复议决定，适用本法。"据此，公民、法人或者其他组织认为具体行政行为侵犯其合法权益，有权向行政机关提出行政复议申请。从行政复议与行政诉讼衔接关系来看，一般情况下，属于行政诉讼受案范围的行政争议，均属于行政复议受理范围。虽然《行政复议法》和《行政复议法实施条例》均未明确规定行政协议争议属于行政复议受理范围，但《行政复议法》第六条第十一项对行政复议的受案范围作出了兜底规定："有下列情形之一的，公民、法人或者其他组织可以依照本法申请行政复议……（十一）认为行政机关的其他具体行政行为侵犯其合法权益的。"另外，行政补偿协议仅是征收补偿的一种方式，并没有改变征收补偿的根本性质。故在涉案征收补偿有可能侵犯谢某某合法权益的情况下，谢某某有权依据上述法律规定向相山区政府申请行政复议。相山区政府受理后进行实体审理并作出行政复议决定，并无不当。

【实务操作启示】实务中遇到被征收人对征收补偿协议申请行政复议时，行政机关应积极作出答复，并针对是否违约或行使行政优益权变更、解除协议的合法性等提交证据和依据。

九、行政协议案件的受案范围不局限于法定的四种情形

——最高人民法院于 2019 年 12 月 10 日发布的《行政协议司法解释》参考案例：蒋某某诉重庆高新区管理委员会、重庆高新技术产业开发区征地服务中心行政协议纠纷案

【基本案情】 2016 年 7 月 12 日，蒋某某不服其与重庆高新技术产业开发区征地服务中心签订的《征地拆迁补偿安置协议》，以重庆高新区管委会为被告向重庆市第五中级人民法院提起诉讼，请求撤销征地服务中心于 2015 年 12 月 25 日与其签订的《征地拆迁补偿安置协议》。

【裁判结果】 经重庆市第五中级人民法院一审，重庆市高级人民法院二审认为，行政诉讼法第十二条第一款第十一项规定，人民法院受理公民、法人或者其他组织认为行政机关不依法履行、未按照约定履行或者违法变更、解除政府特许经营协议、土地房屋征收补偿协议等协议提起的行政诉讼。蒋某某起诉请求撤销《征地拆迁补偿安置协议》，其起诉状中所诉理由均系对签订协议时主体、程序以及协议约定和适用法律所提出的异议，不属于行政机关不依法履行、未按照约定履行或者违法变更、解除协议内容的范畴，以蒋某某的起诉不属于人民法院行政诉讼受案范围为由裁定驳回蒋某某的起诉。

蒋某某不服，向最高人民法院申请再审。最高人民法院经审理后认为，通过对《行政诉讼法》《合同法》及相关司法解释有关规定的梳理，行政协议争议类型，除《行政诉讼法》第十二条第一款第十一项列举的四种情形外，还包括协议订立时的缔约过失，协议成立与否，协议有效无效，撤销、终止行政协议，请求继续履行行政协议，采取相应的补救措施，请求行政赔偿和行政补偿责任，以及行政机关监督、指挥、解释等行为产生的行政争议。将行政协议案件的行政诉讼受案范围仅理解为《行政诉讼法》第十二条第一款第十一项规定的四种情形，既不符合现行法律及司法解释的规定，亦在理论上难以自圆其说，且在实践中容易造成不必要的混乱。故裁定撤销一、二审裁定，指令一审法院继续审理本案。

【实务操作启示】 因行政协议的订立、履行、变更、终止等产生的各类行政协议纠纷均属于人民法院行政诉讼受案范围。

第十三章
征收补偿搬迁行政案件原告被告主体资格

　　行政诉讼的原告是指对行政机关的行政行为不服，依照《行政诉讼法》的规定向人民法院起诉的公民、法人或其他组织。行政诉讼的原告资格是一种程序性的权利或者能力，其解决的是谁有权启动行政诉讼程序的问题。具备原告资格的人，只要自己认为其合法权益受到行政行为的侵害就可以提起行政诉讼。在起诉时，并不要求真正发生侵害其合法权益的事实，即是否有权提起行政诉讼是程序问题，在立案时要考虑，而行政行为是否确实侵害了起诉人的合法权益是实质问题，需要法院经过实体审理才能作出判断。实质性的损害是否存在并不能影响诉讼程序的启动，它影响的只是原告的主张是否能最终得到法院的支持，也就是原告是否能够胜诉。原告适格制度的功能主要在于通过限制起诉人的资格，保护诉讼的相对人。《行政诉讼法》第二十五条规定，行政行为的相对人以及其他与行政行为有利害关系的公民、法人或者其他组织，具有行政诉讼的原告主体资格。"有利害关系"是界定原告资格的标准，也是排除主张他人权利以及侵害公共利益诉讼的依据。"有利害关系"意味着原告并非仅限于行政行为的相对人，还应包括有利害关系的第三人。"利害关系"作为原告主体资格要件要求原告在向法院提起诉讼时，其提交的起诉材料须显示原告"可能"因为被诉行政行为导致其权益受到损害。法院在审查起诉人是否具备原告主体资格时需要考量权益的可保护性、行为的可诉性以及行为与权益受损之间具有法律意义上的关联性等因素。

　　行政诉讼被告是代表国家行使职权的行政机关和法律、法规授权的组织在行使行政职权过程中侵犯了原告的合法权益，原告将其起诉至法院，法院审查后通知其应诉的机关和组织。行政机关是一个独立的主体，以自己的名义行使行政权力。法律、法规、规章授权的组织不是行政机关，但其也是依法具有行使国家权力的主体，因此也具有行政诉讼被告的资格。行政诉讼被告是需要承担法律责任并且必须是具有独立承担法律责任能力的主体。被告需要经过人民法院的通知参加诉讼，然后法院经过审查后，确认原告起诉的主体具有行政诉讼被告的资格。一般而言，行政诉讼中的被告需要具备四个条件：(1) 拥有国家行政权力的机构或组织；(2) 行政诉讼的原告认为其行政行为侵犯了其合法权益；(3) 行政机关能够独立承担法律责任；(4) 由法院通知其应诉。

第一节 原告主体资格

一、确立原告主体资格的标准

(一) 合法权益标准

《行政诉讼法》第二条第一款规定："公民、法人或者其他组织认为行政机关和行政机关工作人员的行政行为侵犯其合法权益，有权依照本法向人民法院提起诉讼。"依此规定，确定原告资格的标准是被诉行政行为侵犯了原告的合法权益，即被行政行为侵犯其合法权益的主体（公民、法人和其他组织）就具备原告资格，可以依法提起行政诉讼，简称"合法权益标准"。

(二) 利害关系标准

《行政诉讼法》第二十五条第一款规定："行政行为的相对人以及其他与行政行为有利害关系的公民、法人或者其他组织，有权提起诉讼。"即与行政行为有利害关系也成为确定行政诉讼原告主体资格的一个标准，简称"利害关系标准"。何谓"与行政行为有利害关系"？《适用行诉法解释》第十二条规定："有下列情形之一的，属于行政诉讼法第二十五条第一款规定的'与行政行为有利害关系'：（一）被诉的行政行为涉及其相邻权或者公平竞争权的；（二）在行政复议等行政程序中被追加为第三人的；（三）要求行政机关依法追究加害人法律责任的；（四）撤销或者变更行政行为涉及其合法权益的；

（五）为维护自身合法权益向行政机关投诉，具有处理投诉职责的行政机关作出或者未作出处理的；（六）其他与行政行为有利害关系的情形。"

（三）结合主客观标准确定原告主体资格

确定起诉人是否具备行政诉讼的原告主体资格，应结合"合法权益标准"和"利害关系标准"来综合进行审查和确定。"合法权益标准"是确定原告资格的主观标准，而"利害关系标准"是客观标准。"合法权益标准"强调的是起诉人的主观心态，是起诉人的自身"认为"。仅以起诉人的自身主观"认为"来确定其是否具备原告主体资格是片面的，在实践中也是行不通的。因为如果仅以此标准来确定原告主体资格，就将会导致大量起诉人随意起诉，甚至恶意提起行政诉讼。

"利害关系标准"是客观标准，起诉人在起诉时应提交自己与行政行为有利害关系的证据，经法院审查可以初步确定原告是否具备行政诉讼的资格。例如，在房屋征收决定案件中，起诉人在立案时，向法院出示自己的房屋所有权证或其他权属证明，这些不动产权属证书载明起诉人的房屋就坐落在房屋征收决定所划定的征收范围之内，那么起诉人就是房屋征收决定行政相对人，其就具有原告主体资格。如拟被征收房屋出租出去了，承租人就是房屋征收补偿决定的利害关系人，若不服房屋征收补偿决定，在起诉时则应提交房屋租赁合同等证据证明其与补偿决定有利害关系，进而具备原告主体资格。

《最高人民法院第二巡回法庭建庭以来行政案件审理情况分析报告——以申请再审案件为核心（2015.01—2020.06）》中指出，原告适格制度的功能主要在于通过限制起诉人的资格，保护诉讼的相对人。《行政诉讼法》第二十五条规定，行政行为的相对人以及其他与行政行为有利害关系的公民、法人或者其他组织，具有行政诉讼的原告主体资格。"有利害关系"是界定原告资格的标准，也是排除主张他人权利以及侵害公共利益诉讼的依据。"有利害关系"意味着原告并非仅限于行政行为的相对人，还应包括有利害关系的第三人。"利害关系"作为原告主体资格要件要求原告在向法院提起诉讼时，其提交的起诉材料须显示原告"可能"因为被诉行政行为导致其权益受到损害。法院在审查起诉人是否具备原告主体资格时需要考量权益的可保护性、行为的可诉性以及行为与权益受损之间具有法律意义上的关联性等因素。

综上，笔者认为坚持主观标准与客观标准相结合来确定行政诉讼原告主体资格是科学严谨的，那种立案时不加严格审查随意立案的做法不可取。

二、原告的类型

根据我国《行政诉讼法》和相关司法解释的规定，行政诉讼原告包括（但不限于）以下的类型：

（一）行政相对人

行政相对人是指行政机关作出的行政行为所针对的特定的对象（包括公民、法人或者其他组织）。行政相对人与行政机关所作出的行政行为之间具有直接利害关系。如果行政相对人对行政机关所作出的行政行为不服，当然就具备了行政诉讼的原告主体资格。在实践中，行政诉讼的原告大部分都是行政相对人，包括：

1. 合伙企业或其他非法人组织

合伙企业向人民法院提起诉讼的，应当以核准登记的字号为原告，由执行合伙企业事务的合伙人作诉讼代表人提起诉讼。其他合伙组织提起诉讼的，合伙人为共同原告。未依法登记领取营业执照的个人合伙的全体合伙人为共同原告；全体合伙人可以推选代表人，被推选的代表人，应当由全体合伙人出具推选书。个体工商户向人民法院提起诉讼的，以营业执照上登记的经营者为原告。有字号的，以营业执照上登记的字号为原告，并应当注明该字号经营者的基本信息。

2. 联营、合资、合作各方

无论采取哪种组织形态，认为联营、合资、合作企业权益或者自己一方合法权益受行政行为侵害的，联营、合资、合作各方均可以自己的名义提起行政诉讼。

3. 农村集体土地使用权人

农村土地承包人等土地使用权人对行政机关处分其使用农村集体所有土地的行为不服的，可以以自己的名义提起行政诉讼。

4. 非国有企业或非国有企业的法定代表人

非国有企业被行政机关注销、撤销、合并、强令兼并、出售、分立或者改变企业隶属关系的，该企业或者其法定代表人可以提起行政诉讼。

5. 股份制企业及其法定代表人、股东大会、股东代表大会和董事会

股份制企业的股东大会、股东会、董事会等认为行政机关作出的行政行为侵犯企业经营自主权的，可以企业名义提起诉讼。联营企业、中外合资或者合作企业的联营、合资、合作各方，认为联营、合资、合作企业权益或者自己一方的合法权益受行政行为侵害的，可以自己的名义提起诉讼。

6. 被注销企业

企业被注销登记，原企业是注销登记行为的行政相对人，原企业如果对注销登记行为不服，可以原企业的名义提起行政诉讼。

7. 业主委员会或者业主

业主委员会对于行政机关作出的涉及业主共有利益的行政行为，可以自己的名义提起诉讼。业主委员会不起诉的，专有部分占建筑物总面积过半数或者占总户数过半数的业主可以提起诉讼。

8. 其他组织

事业单位、社会团体、基金会、社会服务机构等非营利法人的出资人、设立人认为行政行为损害法人合法权益的，可以自己的名义提起诉讼。

（二）与行政行为具有利害关系的人

与行政行为有利害关系的人是指受被诉行政行为影响，对自身权利义务构成侵害或受益的公民、法人或其他组织。包括：

1. 相邻权人

相邻权是一个民法概念，是指不动产的占有人在行使物权时，对相毗邻的他人的不动产享有一定的支配权。相邻权属于不动产物权，可分为土地的相邻权、水流的相邻权、建筑物的相邻权等。因相邻权而引起的法律关系为相邻关系。尽管相邻权属于民事权益，但根据依法行政的原则，行政机关在行使行政职权时不能侵犯公民、法人或其他组织的相邻权。例如，行政机关针对不动产占有人的一些行政许可行为付诸实施后，有时会给享有相邻权的另一方的合法权益造成侵犯，如果相邻权人认为行政机关的许可行为侵犯了

其合法权益时，就可以向法院提起行政诉讼。实践中的用地规划许可、城市建设规划许可、土地所有权或使用权等行政法律关系中的相邻权人，如果认为其合法权益受到行政行为的侵犯，都可以作为原告提起行政诉讼。

2. 公平竞争权人

公平竞争权是公民、法人或者其他组织享有的一种法定权利。公平竞争权人的原告资格是指行政机关作出行政行为时，与行政行为的受益者处于竞争状态的其他人具有的行政诉讼的主体资格。在有些情况下，行政机关作出的行政行为可能会破坏公平竞争的规则，侵犯公平竞争者的合法权益。如公平竞争人认为行政机关的行政行为侵犯了其公平竞争权，就可以作为原告向法院提起行政诉讼。

3. 受害人

当行政机关作出的行政行为，影响到了受害人的合法权益，受害人如对行政机关的行政行为不服时，可以向人民法院提起诉讼。

4. 其他利益相关人

例如，抵押权人、承租人、继承人等。

三、原告资格的转移

《行政诉讼法》第二十五条第二款和第三款规定，原告资格在下列情形下可以转移：有权提起行政诉讼的公民死亡，其近亲属可以提起行政诉讼；有权提起行政诉讼的法人或其他组织终止，承受其权利的法人或其他组织可以提起行政诉讼。

对于"近亲属"的范围，《适用行诉法解释》第十四条规定"近亲属"包括配偶、父母、子女、兄弟姐妹、祖父母、外祖父母、孙子女、外孙子女和其他具有扶养、赡养关系的亲属。

四、具备原告主体资格是起诉的条件之一

需要指出的是，具备原告主体资格不等于具备了起诉的条件，有原告主

体资格并向人民法院递交了行政诉讼状未必就能够被人民法院受理。有原告主体资格仅具备提起行政诉讼的一个条件。因为，《行政诉讼法》第四十五条规定："公民、法人或者其他组织不服复议决定的，可以在收到复议决定书之日起十五日内向人民法院提起诉讼。复议机关逾期不作决定的，申请人可以在复议期满之日起十五日内向人民法院提起诉讼。法律另有规定的除外。"第四十六条规定："公民、法人或者其他组织直接向人民法院提起诉讼的，应当自知道或者应当知道作出行政行为之日起六个月内提出。法律另有规定的除外。因不动产提起诉讼的案件自行政行为作出之日起超过二十年，其他案件自行政行为作出之日起超过五年提起诉讼的，人民法院不予受理。"第四十九条规定："提起诉讼应当符合下列条件：（一）原告是符合本法第二十五条规定的公民、法人或者其他组织；（二）有明确的被告；（三）有具体的诉讼请求和事实根据；（四）属于人民法院受案范围和受诉人民法院管辖。"

提起行政诉讼的条件包括以下七项内容：1. 原告适格；2. 被告适格；3. 有具体的诉讼请求；4. 有具体的事实根据和理由；5. 属于人民法院的受案范围；6. 符合管辖的规定；7. 没有超过起诉期限。

第二节　认定原告主体资格的实务操作

一、被征收人具备原告主体资格

房屋征收决定、房屋征收补偿协议和房屋补偿决定中的相对人都是房屋被征收人，因此被征收人是这两类行政案件中的原告，被征收人包括：

（一）公民个人

城市房屋所有权人大多是公民个人，当公民个人的房屋被政府征收时，其就会成为房屋征收决定、房屋征收补偿协议和房屋征收补偿决定的行政相对人。实践中，如果公民持有房屋所有权证书，就应当确定房屋所有权证书所载明的所有权人具备行政诉讼的原告资格。如果证载所有权人死亡，其近亲属可以提起行政诉讼。当然，对未经权属登记的房屋经认定后也可确定具体的被征收人，总之，房屋的被征收人当然具备房屋征收或补偿行政案件的原告主体资格。

（二）法人

法人是指具有民事权利能力和民事行为能力，依法独立享有民事权利和承担民事义务的组织。法人应当依法成立。按照《民法典》总则编第三章的规定，法人分为营利法人、非营利法人、特别法人。所谓营利法人是指以取得利润并分配给股东等出资人为目的成立的法人。包括有限责任公司、股份有限公司和其他企业法人等。非营利法人是指为公益目的或者其他非营利目的成立，不向出资人、设立人或者会员分配所取得利润的法人。包括事业单位、社会团体、基金会、社会服务机构等。特别法人是指机关法人、农村集体经济组织法人、城镇农村的合作经济组织法人、基层群众性自治组织法人。

法人成为房屋征收相对人时，其如对房屋征收行为或房屋征收补偿行为不服均可以自己的名义提起行政诉讼。法人提起行政诉讼时应提交法人资格证书、法定代表人证明和房屋所有权证明。如果该法人终止则由承受其权利的法人提起行政诉讼。

（三）非法人组织

根据《民法典》第一百零二条规定，非法人组织不具有法人资格，但是能够依法以自己的名义从事民事活动的组织。非法人组织包括个人独资企业、合伙企业、不具有法人资格的专业服务机构等。非法人组织应当依照法律的规定登记。设立非法人组织，法律、行政法规规定须经有关机关批准的，依照其规定。

非法人组织成为房屋征收的相对人，并因对房屋征收决定、征收补偿协议或补偿决定不服而提起行政诉讼时，首先应准确确定"非法人组织"的名称，并应提供以"非法人组织"形式存在的证据，与此同时，还要提交被征收房屋的所有权归属"非法人组织"的证据。实践中，政府在实施房屋征收过程中在房屋调查登记程序时就固定"非法人组织"。当然，有时存在"定位"不准的情况。这就需要"非法人组织"提交证据来进行证明进而得到纠正。当然也可以"与房屋征收决定或补偿决定有利害关系人"的名义启动行政诉讼，要求撤销或变更房屋征收决定或房屋征收补偿决定。

二、房屋的买方不具有提起强制拆除房屋诉讼的原告主体资格

江苏省高级人民法院在其（2015）苏行终字第 00440 号行政判决书（倪江与徐州市鼓楼区人民政府行政强制案）中指出，房屋买卖协议是否有效以及涉案房屋所有权是否转移不属于房屋征收补偿案件的审查范围。房屋的所有权争议应当通过民事诉讼的途径予以解决。房屋买卖协议的当事人不能提供证据证明其是涉案被拆除房屋的所有权人的，该当事人与房屋征收部门强制拆除涉案房屋的行为之间不具有行政法上的利害关系，依法不具有提起诉讼的原告主体资格，法院应裁定驳回起诉。

福建省高级人民法院在其（2015）闽行终字第 289 号行政判决书（莆田市恒通汽车运输有限公司与莆田市涵江区人民政府、莆田市涵江区住房和城乡建设局行政征收、行政强制案）中指出，国有土地上房屋征收的被征收人是房屋所有权人，征收补偿的对象也是房屋所有权人。因此，在房屋征收管理活动中只有房屋所有权人与房屋征收及其相关行政行为具有法律上的利害关系。因未办理房屋登记而未取得涉案房产的所有权的当事人不是被征收人，与房屋强制拆除行为没有法律上的利害关系，不具有房屋征收行政诉讼的原告资格。

针对强制拆除房屋诉讼的原告主体资格问题，《最高人民法院第二巡回法庭建庭以来行政案件审理情况分析报告——以申请再审案件为核心（2015.01—2020.06）》中指出，行政强制拆除案件确认诉讼的原告主体资格不同于有关征收案件中的原告主体资格。在征收案件中，被征收人在达成征收补偿协议或者征收补偿决定作出后，超过法定起诉期限未起诉，或者起诉后人民法院生效判决驳回原告诉讼请求的，被征收人对行政机关就征收后收归国家的土地予以出让、给他人颁发国有土地使用证等行为提起行政诉讼的，因其已经获得安置补偿，与涉案土地不具有利害关系，不具有原告主体资格。而在行政强制拆除案件确认诉讼中，即便实施征收的行政机关在强制拆除行为实施后与被征收人签订了征收补偿协议或者作出征收补偿决定，被征收人

在确认诉讼中仍与强制拆除行为有利害关系。被征收人请求确认行政机关实施的强制拆除行为违法的，人民法院应予受理。例如，在来某诉某区政府强制拆除房屋案中，区政府先强制拆除来某的房屋，后虽与来某签订了产权调换协议书，但来某作为被拆除房屋的所有权人，其与确认签订产权调换协议书之前的强制拆除行为违法性之间有正当的利益，因此其与被诉强制拆除行为有利害关系，具有提起诉讼的原告主体资格。

三、房屋承租人具备原告主体资格

通常认为，租赁私有住宅用于居住的承租人不具有对房屋征收决定、征收补偿协议或征收补偿决定提起行政诉讼的原告资格。理由是《征补条例》第十七条规定的房屋征收补偿对象是被征收人（作出房屋征收决定的市、县级人民政府对被征收人给予的补偿包括：被征收房屋价值的补偿；因征收房屋造成的搬迁、临时安置的补偿；因征收房屋造成的停产停业损失的补偿），租赁私有住宅用于居住的承租人与房屋征收行为和补偿行为之间不具有利害关系，其不能成为行政诉讼的原告。但是，公租房承租人、经租房的承租人、廉租房的承租人和用于经营用房的承租人具有原告资格。理由如下：

（一）公租房的承租人享受的是一种福利待遇，其经济地位接近房屋的产权人

公房指的是国有房屋和单位所有的房屋，分为直管公房和自管公房。直管公房由房地产管理部门享有所有权或直接经营管理。其管理主体一般都是政府的房产经营管理所。自管公房是国有企业、事业单位、机关团体投资兴建、自行管理的房屋。国家或单位是公房房屋的所有权人。公房征收补偿事宜本应由公房的所有者或者管理者按照房屋所有权人的授权进行支配与管理。但是，由于绝大多数出租的公房是计划经济的产物，公房的承租人实际上是计划经济时代福利分房的享受者，享有长期缴纳低房租居住该房屋的权利，其经济地位接近房屋的产权人。因征收公租房，将使承租人享有低房租的承租权丧失，故公租房的承租人与征收决定、征收补偿协议或征收补偿决定之间具有利害关系，应具有原告资格。

（二）经租房的承租人是福利分房的享受者，其经济地位接近于房屋的产权人

经租房是指我国城市中的一些私有房产，早年由政府统一经营出租，政府将部分租金支付给房主的房屋。经租房是计划经济时代的产物，经租房的承租人亦是计划经济时代福利分房的享受者，与公房的承租人的区别仅是其所居住的房屋不是公房。经租房被征收后，经租房的承租人也丧失了低房租的福利，故经租房的承租人与征收决定、征收补偿协议或征收补偿决定行政行为之间具有利害关系，其也应具有原告资格。

（三）廉租房的承租人与征收行为之间的利害关系

廉租房是政府以租金补贴或者是实物配租的方式，以最低生活保障标准向住房困难的城镇居民家庭提供社会保障性质的住房。廉租房是解决低收入家庭住房问题的一种制度。征收廉租房，将会使廉租房的承租人失去补贴，故廉租房的承租人与征收决定、征收补偿协议或征收补偿决定行政行为之间也具有利害关系，可作为原告提起诉讼。

（四）承租经营用房的承租人与征收补偿行为之间有利害关系

承租人租赁房屋用于生产经营活动遇房屋被征收时一般都会造成停产停业、装饰装修和生产经营设备搬迁等损失。此类承租人与征收补偿行为之间具有利害关系，故其对征收补偿决定不服时可以提起行政诉讼。对此问题，最高人民法院（2017）最高法行再5387号行政裁定书指出，虽然《征补条例》将房屋所有权人作为被征收人，但并没有排除与房屋征收有利害关系的其他人参与补偿安置。承租人与房屋征收行为之间不具有利害关系，不能成为行政诉讼的原告。但是如果用于经营的房屋被征收，承租人在行政补偿中提出的室内装修价值、机器设备搬迁、停产停业等损失，与补偿决定之间具有利害关系，承租人可以作为原告提起诉讼。

值得关注的是，最高人民法院第一巡回法庭2018年7月23日的《关于行政审判法律适用若干问题的会议纪要》亦指出，承租人与征收决定、补偿决定、征收补偿协议行为或强拆行为之间没有利害关系，不具有原告资格。但是，承租人在被征收房屋上有不可分割的重大添附，或者依法独立在被征

收的房屋内开展经营活动，或者强制拆除房屋行为造成其物品损失的，承租人与征收决定、补偿决定、征收补偿协议行为或强拆行为之间有利害关系，具有原告资格。

四、签订协议后无权起诉房屋征收决定

笔者认为，如果房屋被征收人与房屋征收部门或受托的房屋征收实施单位签订了征收补偿协议，其后再以不服征收决定为由提起行政诉讼的，人民法院不予受理，已经受理的应裁定驳回起诉。因被征收人与房屋征收部门签订征收补偿协议后，市、县级人民政府不会再对被征收人作出补偿决定。被征收人的补偿问题已经通过订立征收补偿协议的方式得以落实和解决，其与征收决定行政行为之间不具有利害关系，其无权再对征收决定提起行政诉讼。被征收人和房屋征收部门之间如因签订、履行、变更或解除征收补偿协议发生纠纷的可另行提起行政诉讼解决。如果允许被征收人在签订征收补偿协议之后还可以对房屋征收决定提起行政诉讼的话就会陷入循环诉讼之中，不但浪费司法资源，而且不利于纠纷的解决。

对此，最高人民法院于2017年12月21日作出的最高法（2017）行申8887号行政裁定书明确指出，拆迁人与被拆迁人签订的拆迁补偿协议在未经法定程序否定其效力前对双方均具有约束力。行政相对人与案涉征收行为之间不再具有利害关系，其不具备起诉征收行为的原告诉讼主体资格，无权起诉征收行为。对其起诉应予驳回。对其再审申请亦应裁定驳回。

五、江苏省高级人民法院的规定

江苏省高级人民法院制定的《关于国有土地上房屋征收与补偿行政案件若干问题审理指南》对我们实务操作有借鉴和指导意义。该指南对原告主体资格作出如下规定："（二）主体资格：8.按照公房管理规定取得公房租赁权，并执行国家规定租金标准的公房承租人对房屋征收决定和房屋补偿决定提起诉讼，具有原告主体资格。9.营业用房承租人对房屋征收决定提起诉讼，

不具有原告主体资格。10. 营业用房承租人对房屋补偿决定以及补偿安置协议中涉及的停产停业损失等自身权益争议提起诉讼，具有原告主体资格。但租赁合同约定，因征收自动解除租赁合同，营业用房承租人不享有停产停业损失等补偿的除外。11. 部分房屋共有人与房屋征收部门签订了补偿安置协议，未签订补偿安置协议的共有人对房屋征收决定、补偿安置协议提起诉讼，具有原告主体资格。"

第三节 被告主体资格

一、行政诉讼的被告

行政诉讼的被告，是指被原告依法起诉指控其实施了侵犯原告合法权益的行政行为，并由人民法院通知应诉的行政机关或法律、法规授权的组织。行政诉讼被告的范围是特定的，公民、法人或者其他组织不会成为行政诉讼中的被告。国家权力机关、军事机关、检察机关因没有行使行政权也不会成为被告。行政主体能否成为被告，取决于以下两个条件：

一是被告是被诉行政行为的实施者。如果行政行为经过了行政复议，那么即便复议机关没有改变原行政行为，也会成为行政诉讼的被告。这是修改后的《行政诉讼法》的新规定。

二是被告具有行政主体资格。如果行政机关派出机构、内设机构以及其组建的职能机构在没有法律、法规或规章授权的情况下实施了行政行为，不论是以自己的名义还是以所属行政机关的名义，只有所属行政机关才能作被告。

行政诉讼被告的特殊性在于：对原告的诉讼请求没有反诉权；承担被诉行政行为合法性的举证责任；不得事后补充证据；与原告自行和解受到限制；有权执行或者改变被诉的行政行为。

二、直接提起行政诉讼的被告

发生行政纠纷之后，行政相对人寻求救济的渠道有两种，一是先申请行政复议；二是不经过行政复议，直接向人民法院提起行政诉讼。实践中通常将前者称为经复议的诉讼案件，将后者称为直接起诉的案件。显而易见，直接诉讼是相对经复议后诉讼所言的。对这类案件，《行政诉讼法》第二十六条第一款规定："公民、法人或者其他组织直接向人民法院提起诉讼的，作出行政行为的行政机关是被告。"

三、复议后的行政诉讼被告

根据《行政诉讼法》第二十六条第二款的规定："经复议的案件，复议机关决定维持原行政行为的，作出原行政行为的行政机关和复议机关是共同被告；复议机关改变原行政行为的，复议机关是被告。"经过行政复议，复议机关改变原行政行为的，原行政行为的法律效力已经丧失，有效的是复议机关的决定，对原告来说，只有不服复议机关的决定，才可能起诉，因此被告应为复议机关。

四、复议机关不履行法定职责可成被告

《行政诉讼法》第二十六条第三款规定："复议机关在法定期限内未作出复议决定，公民、法人或者其他组织起诉原行政行为的，作出原行政行为的行政机关是被告；起诉复议机关不作为的，复议机关是被告。"

五、授权行政法律关系中的被告

行政相对人如对被授权的组织作出的行政行为不服提起行政诉讼，该被授权的组织是被告。行政机关行使行政权必须有法律、法规和规章作为依据，

否则构成违法。

正常情况下，行政机关所享有的行政权直接来源于宪法和组织法的有关规定。但有些组织所享有的行政权则来自特定法律和法规的授权。这些组织本来没有行政权，但通过法律、法规的授予，而获得了某种行政权力。进而，其就可以以自己的名义在授权范围内行使行政权。如果行政相对方对其作出的行政行为不服，可以起诉至人民法院，则该被授权的组织是被告。

行政机关内设机构或者派出机构在没有法律、法规或者规章授权的情况下，以自己的名义作出行政行为，当事人不服提起诉讼的，应当以该行政机关为被告。

法律、法规或者规章授权行使行政职权的行政机关内设机构、派出机构或者其他组织，超出法定授权范围实施行政行为，当事人不服提起诉讼的，应当以实施该行为的机构或者组织为被告。

行政机关在没有法律、法规或者规章规定的情况下，授权其内设机构、派出机构或者其他组织行使行政职权的，应当视为委托。当事人不服提起诉讼的，应当以该行政机关为被告。

六、行政委托法律关系中的被告

《行政诉讼法》第二十六条第五款规定："行政机关委托的组织所作的行政行为，委托的行政机关是被告。"行政机关在没有法律、法规或者规章规定的情况下，授权其内设机构、派出机构或者其他组织行使行政职权的，视为委托行政。

被行政机关委托的组织是基于行政机关的委托而行使行政权的，并无法律、法规明确的授权。因此被委托的组织不能以自己的名义而只能以委托机关的名义，在委托权限内行使行政权，其行为的法律责任由委托机关承担。因被委托的组织或者个人作出的行政行为而与行政相对方发生争议，行政相对方提起行政诉讼的，委托的行政机关是被告。

七、被撤销的行政机关被告资格的确认

《行政诉讼法》第二十六条第六款规定："行政机关被撤销或者职权变更的，继续行使其职权的行政机关是被告。"行政机关作出行政行为后被撤销的，其被告资格的确定有两种情况：

1. 由继续行使其行政职权的行政机关为被告。行政机关代表国家依法行使职权的行为具有连续性，不因该行政机关被撤销而中断。因此，无论是行政机关作出行政行为以后在行政相对人尚未提起诉讼时该行政机关被撤销，还是在诉讼过程中，人民法院尚未作出裁判前，该行政机关被撤销，都不终止行政诉讼程序的进行。继续行使行政职权的行政机关承继了被撤销的行政机关的权利，那么也应承受其应诉的义务。

2. 由作出撤销决定的行政机关为被告。原行政机关被撤销后，如果没有继续行使原行政机关职权的行政机关，则由作出撤销决定的行政机关为被告。

八、共同被告

《行政诉讼法》第二十六条第四款规定："两个以上行政机关作出同一行政行为的，共同作出行政行为的行政机关是共同被告。"在行政诉讼中，通常是一人为原告，另一人为被告，但也会发生原告一方或被告一方为数人，甚至原告或被告均为数人的情况。原告为两个以上的公民、法人或其他组织的称为共同原告。被告为两个以上行政机关的，称为共同被告。共同原告和共同被告，均称为共同诉讼人。两个以上行政机关作出同一行政行为的，共同作出行政行为的行政机关是共同被告。下级机关向上级行政机关请示后作出行政行为的，如请示后以上下级名义共同作出行政行为的，则该上下级行政机关就是共同被告。但是下级向上级内部请示后，以下级机关的名义作出行政行为的，上级行政机关不能作为共同被告。

九、行政审批关系中的被告

经上级行政机关批准的行政行为引发行政诉讼时，确定被告资格的原则是：当事人不服经上级行政机关批准的行政行为，向人民法院提起诉讼的，应当以对外发生法律效力的文书上署名的机关为被告。

十、变更与追加被告

适格被告是解决具体案件中谁当被告的问题，即在具体案件中，依照法律规定，谁能够取得或必须以被告的名义进行行政诉讼活动的资格。在具体案件中，符合法律规定的主体资格，被称为适格，不符合法律规定的主体资格，则为不适格。如果不适格，就应当更换被告人或者驳回原告起诉。人民法院在第一审行政审判程序中，征得原告的同意，可以依职权追加或者变更被告。应当变更被告，而原告不同意变更的，裁定驳回起诉。应当追加被告而原告不同意追加的，人民法院应当通知拟追加的被告作为第三人参加诉讼。

第四节　认定被告主体资格的实务操作

一、市、县级人民政府有权作出房屋征收决定

《征补条例》第八条规定："……确需征收房屋的，由市、县级人民政府作出房屋征收决定……"我国行政区划设置分为四级，即省级（省、自治区、直辖市），地级（包括地区、地级市、自治州、盟），县级（包括县级市、自治县、旗、自治旗），乡级（包括乡、镇、民族乡、街道），还有非正式级别的副省级市。直辖市均设立市辖区，副省级市和大部分的地级市都有市辖区（也有几个地级市没有设立市辖区）。《征补条例》第八条中规定有权作出房

屋征收决定的"市、县级人民政府",是特指直辖市、副省级市及地级市所设立的市辖区人民政府和县级市、县、自治县、旗、自治旗人民政府。镇人民政府、街道办事处、区公所等机构无权作出房屋征收决定。

二、原则上开发区管委会不具有作出房屋征收决定的职权

开发区包括高新技术开发区、经济技术开发区、城乡一体化示范管理区、保税区、出口加工区、边境合作区、旅游度假区、工业园区等种类。从级别上可划分为国家级开发区（国务院批准设立的）、省级开发区（省级人民政府批准设立，并报国务院备案）以及省级以下人民政府设立的开发区。

开发区管委会的法律地位比较复杂。很多开发区级别为国家级和省级，但开发区管理事务却多为地方性事务。依据《地方各级人民代表大会和地方各级人民政府组织法》的相关规定，上述管委会并不属于一级政府序列。另外，开发区范围不能完全等同于其"行政区域"，开发区管委会其本身并不属于《行政区域界线管理条例》规定的行政区域管辖主体，其本身没有行政区域。例如，《山东省经济开发区条例》第七条第一款规定："经济开发区可以设立管理委员会，作为所在地县级以上人民政府的派出机构，在规定的职责范围内行使经济管理权限和行政管理职能。"故开发区管委会应属于直辖市、省级、副省级或者地级市人民政府的派出机构，不属于县级人民政府。《征补条例》第八条只授权市、县级人民政府有作出征收决定的职权，没有明确授权政府派出机构可以作出房屋征收决定。

值得一提的是，有些地方的规范性文件明确规定，开发区管委会不能作出房屋征收决定。例如，《济宁市国有土地上房屋征收与补偿办法》第三条规定："任城区、兖州区人民政府负责本辖区的房屋征收与补偿工作。济宁高新区、太白湖新区、济宁经济技术开发区管理委员会负责本辖区的房屋征收与补偿的有关具体工作。"又如，《宜昌市人民政府关于做好城区国有土地上房屋征收与补偿工作的通知》（宜府规〔2011〕2号）第一条规定："各区人民政府依照《条例》的规定，负责本行政区域内国有土地上房屋征收与补偿工作。实施符合《条例》规定的建设活动，确需征收房屋的，由房屋所在地的

区人民政府依法作出房屋征收决定。宜昌开发区管委会、长江三峡风景名胜区宜昌管理局（以下简称风景区管理局）管辖范围内实施建设活动确需征收房屋的，由房屋所在地的区（县市）人民政府依法作出房屋征收决定，房屋征收与补偿的实施工作由宜昌开发区管委会、风景区管理局负责……"所以，该类主体原则上不能作为适格的房屋征收主体作出房屋征收决定。

三、经国务院批准和省级人民政府批准并报国务院备案的国家高新技术产业开发区管理委员会具有作出征收房屋决定的职权

1991年3月6日，国务院发布《关于批准国家高新技术产业开发区和有关政策规定的通知》中的第三条规定："国务院授权国家科委负责审定各国家高新技术产业开发区的区域范围、面积，并进行归口管理和具体指导。"

1996年11月4日，国家科委根据国务院授权制定了《国家高新技术产业开发区管理暂行办法》，其中第八条规定："……开发区管理委员会作为开发区日常管理机构，可以行使省、自治区、直辖市、计划单列市人民政府所授予的省市级规划、土地、工商、税务、财政、劳动人事、项目审批、外事审批等经济管理权限和行政管理权限，对开发区实行统一管理。"

2003年7月30日，国务院办公厅《关于清理整顿各类开发区加强建设用地管理的通知》第三条指出："……对未经国务院和省级人民政府批准擅自设立的各类开发区，以及虽经省级人民政府批准，但未按规定报国务院备案的各类开发区，先整改，对缺乏建设条件，项目、资金不落实的，要坚决停办，所占用的土地要依法坚决收回，能够恢复耕种的，要由当地人民政府组织复垦后还耕于农，严禁弃耕撂荒；对整改后确需保留的，由省级人民政府严格审核后，按有关规定报国务院审批。对经国务院批准或省级人民政府批准并已报国务院备案的开发区，要按照土地利用总体规划和城市总体规划对照检查，对超过规划建设用地规模和范围的开发土地，要依法处理；对确需扩建的，要严格核定规划面积，按法定程序办理审批手续。"

根据上述规定，国务院批准和省级人民政府批准并报国务院备案的国家高新技术产业开发区管理委员会具有作出房屋征收决定的职权。省级以下人

民政府批准的开发区缺少法规、规章的授权，是不具有合法性的机构，其无权作出房屋征收决定。

根据最高人民法院《适用行诉法解释》第二十一条的规定："当事人对由国务院、省级人民政府批准设立的开发区管理机构作出的行政行为不服提起诉讼的，以该开发区管理机构为被告……"所以，如房屋被征收人对由国务院、省级人民政府批准设立的开发区管理机构作出的房屋征收决定不服提起诉讼的，则以该开发区管理机构为被告。

四、地方性法规授权的开发区管委会可以作出房屋征收决定

由于开发区管委会的职权范围属于地方事务，拥有地方性立法权的地方人大及其常委会可以根据地方的具体情况决定是否授予开发区管委会具有实施房屋征收与补偿行政行为的职权。例如，浙江省人大常委会公布的《杭州经济技术开发区条例》第八条规定："开发区管委会依法行使下列职权：（一）编制开发区的总体规划和经济、社会发展计划，经杭州市人民政府批准后组织实施；（二）制定开发区的行政管理规定，并组织实施；（三）负责开发区内土地的规划、征用、开发、管理和土地使用权的出让、转让工作……（六）审批或审核报批开发区内的投资项目……（九）统一规划、管理开发区内的各项基础设施和公共设施……（十三）杭州市人民政府授予的其他职权。"根据该条的规定，地方性法规授权的开发区管委会可以作出房屋征收决定。

五、依地方性法规受地方政府委托的开发区管委会可以作出房屋征收决定

《山东省经济开发区条例》第八条规定："经济开发区管理委员会履行下列职责……（七）根据经济开发区所在地县级以上人民政府授权或者接受有关部门的委托负责区域内土地等方面的管理工作；（八）协调配合规划、国土资源、工商行政管理、税务、质量技术监督等政府有关部门在经济开发区内的工作；（九）经济开发区所在地县级以上人民政府赋予的其他职责。"即开发区管委会可以以接受授权或委托的方式作出涉及土地征收补偿的行政行为或作出房屋征收决定等行政行为。

综上，凡有权作出房屋征收决定或补偿决定的市、县级人民政府及开发区管委会均可成为对应的征收决定行政行为或补偿决定行政行为诉讼案件的被告。

六、房屋征收部门的被告主体资格

《适用行诉法解释》第二十五条第一款规定："市、县级人民政府确定的房屋征收部门组织实施房屋征收与补偿工作过程中作出行政行为，被征收人不服提起诉讼的，以房屋征收部门为被告。"

《征补条例》第二十五条第一款规定："房屋征收部门与被征收人依照本条例的规定，就补偿方式、补偿金额和支付期限、用于产权调换房屋的地点和面积、搬迁费、临时安置费或者周转用房、停产停业损失、搬迁期限、过渡方式和过渡期限等事项，订立补偿协议。"《关于审理行政协议案件若干问题的规定》第四条规定："因行政协议的订立、履行、变更、终止等发生纠纷，公民、法人或者其他组织作为原告，以行政机关为被告提起行政诉讼的，人民法院应当依法受理。因行政机关委托的组织订立的行政协议发生纠纷的，委托的行政机关是被告。"显然，房屋征收部门作为与被征收人订立征收补偿协议的法定主体，其必然成为房屋征收补偿协议行政案件的当然被告。

需要进一步指出的是，房屋征收实施单位不能成为房屋征收或补偿行政案件的被告。行政机关委托的组织是基于行政机关的委托而行使行政权的，因此被委托的组织不能以自己的名义而只能以委托机关的名义在委托权限内行使行政权，其行为的法律责任由委托机关承担。

《征补条例》第五条规定："房屋征收部门可以委托房屋征收实施单位，承担房屋征收与补偿的具体工作。房屋征收实施单位不得以营利为目的。房屋征收部门对房屋征收实施单位在委托范围内实施的房屋征收与补偿行为负责监督，并对其行为后果承担法律责任。"据此，如果行政相对人认为房屋征收实施单位所实施的征收补偿行为侵害其合法权益欲通过行政诉讼维权时，应以房屋征收部门为被告。《适用行诉法解释》第二十五条第二款亦明确规定："征收实施单位受房屋征收部门委托，在委托范围内从事的行为，被征收人不服提起诉讼的，应当以房屋征收部门为被告。"

七、江苏省高级人民法院的规定

江苏省高级人民法院制定的《关于国有土地上房屋征收与补偿行政案件若干问题审理指南》，对我们实务操作有借鉴和指导意义。该指南对被告主体资格作如下规定："（二）主体资格：12. 房屋征收部门与被征收人签订补偿安置协议，被征收人对补偿安置协议提起诉讼的，房屋征收部门是适格被告。13. 省级以上（含省级）开发区管理机构作出房屋征收决定和房屋补偿决定，被征收人提起诉讼的，以该开发区管理机构为被告。14. 省级以下开发区管理机构作出房屋征收决定和房屋补偿决定，被征收人提起诉讼的，以设立该开发区管理机构的地方人民政府为被告。15. 被征收人对房屋调查、认定和处理行为提起诉讼的，作出调查、认定和处理的行政主体是适格被告。16. 被征收人以作出房屋征收决定的行政主体为被告提起诉讼，请求履行补偿安置法定职责的，作出房屋征收决定的行政主体是适格被告。17. 公房承租人、营业用房承租人对房屋补偿决定提起诉讼的，人民法院应当通知房屋所有权人参加诉讼，房屋所有权人经通知不参加诉讼的，人民法院应当将其列为第三人。"

八、《最高人民法院关于正确确定县级以上地方人民政府行政诉讼被告资格若干问题的规定》

最高人民法院于2021年3月25日公布了法释〔2021〕5号《最高人民法院关于正确确定县级以上地方人民政府行政诉讼被告资格若干问题的规定》，该规定自2021年4月1日起施行。其中涉及征收补偿搬迁行政案件被告主体资格的条款有第二条："县级以上地方人民政府根据城乡规划法的规定，责成有关职能部门对违法建筑实施强制拆除，公民、法人或者其他组织不服强制拆除行为提起诉讼，人民法院应当根据行政诉讼法第二十六条第一款的规定，以作出强制拆除决定的行政机关为被告；没有强制拆除决定书的，以具体实施强制拆除行为的职能部门为被告。"第三条："公民、法人或者其他组织对集体土地征收中强制拆除房屋等行为不服提起诉讼的，除有证据证明系县级以上地方人民政府具体实施外，人民法院应当根据行政诉讼法第二十六条第一款的规定，以作出强制拆除决定的行政机关为被告；没有强制拆除决定书的，以具体实施强制拆除等行为的行政机关为被告。县级以上地方人民政府已经作出国有土地上房屋征收与补偿决定，公民、法人或者其他组织不服具体实施房屋征收与补偿工作中的强制拆除房屋等行为提起诉讼的，人民法院应当根据行政诉讼法第二十六条第一款的规定，以作出强制拆除决定的行政机关为被告；没有强制拆除决定书的，以县级以上地方人民政府确定的房屋征收部门为被告。"第七条："被诉行政行为不是县级以上地方人民政府作出，公民、法人或者其他组织以县级以上地方人民政府作为被告的，人民法院应当予以指导和释明，告知其向有管辖权的人民法院起诉；公民、法人或者其他组织经人民法院释明仍不变更的，人民法院可以裁定不予立案，也可以将案件移送有管辖权的人民法院。"

第五节 法院判例及其对实务操作的启示

一、被政府责令实施强拆的部门享有独立的强制执行权，具备行政诉讼被告资格

——雅安市名山区郭家庄茶家乐诉雅安市名山区人民政府、雅安市国土资源局名山区分局、雅安市名山区城乡规划建设和住房保障局房屋行政强制确认违法案

【裁判文书号】最高人民法院（2017）最高法行申 8523 号行政裁定书

【裁判要旨】区县政府依照《城乡规划法》的规定责成有关部门强拆违

法建筑的行为，应视为区县政府确定强制拆除部门的工作指令，而被指令部门系经《城乡规划法》授权由区县政府确定的实施强制拆除的部门，依法享有独立的城乡规划行政强制执行权，对于强制拆除行为的法律后果应由被指令部门独立承担，区县政府依法不属于强制拆除行为的适格被告。

【实务操作启示】被政府责令实施强拆的部门具有行政诉讼被告主体资格。

二、被征收人不具备起诉政府收回或出让国有土地使用权行为的原告主体资格

——刘某某诉洛阳市人民政府土地出让批复案

【裁判文书号】最高人民法院（2017）最高法行申1164号行政裁定书

【裁判要旨】由于行政行为具有公定力，一经作出，除因严重违法而依法无效外，在未经法定机关和法定程序撤销或变更之前，都推定为有效，对行政机关、相对人、其他利害关系人以及其他国家机关均具有约束力。征收决定也是如此，一经作出，立即发生效力，对作出决定的行政机关和被征收人都具有法律约束力，并直接导致物权变动的法律效果。

房屋被依法征收，该房屋所有权即转归国家所有，被征收人对其房屋不再享有所有权。城市房屋的征收也意味着建设用地使用权的收回。原土地使用权人对征收决定和补偿行为不服的，可以通过行政复议、行政诉讼等法定途径维护自身的合法权益，但在房屋被依法征收之后，由于其享有的国有土地使用权已经消灭，其针对后续的国有建设用地使用权出让等行为提起诉讼则不再具有利害关系。

【实务操作启示】房屋征收决定作出后，政府可直接收回被征收人的国有土地使用权。房屋被征收人无权起诉政府收回或出让国有土地使用权的行为。

三、房屋承租人与征收决定之间一般不具有利害关系，不具有原告主体资格

——海口龙华湘水源商务宾馆诉海口市龙华区人民政府行政征收案

【裁判文书号】最高人民法院（2017）最高法行再5387号行政裁定书

【裁判要旨】根据《行政诉讼法》第四十九条第（一）项、第二十五条第一款的规定，提起行政诉讼的原告应当是行政行为的相对人以及其他与行政行为有利害关系的公民、法人或者其他组织。在征收过程中具有原告资格的应当是征收行为的相对人或者与征收行为具有利害关系的公民、法人或者其他组织。一般而言，承租人与房屋征收行为之间不具有利害关系，不能成为行政诉讼的原告。但是如果用于经营的房屋被征收，承租人在行政补偿中提出的室内装修价值、机器设备搬迁、停产停业等损失，与补偿决定之间具有利害关系，此时承租人可以作为原告提起诉讼。本案中，湘水源宾馆请求判决确认龙华区政府对坡博、坡巷棚户区（城中村）改造项目房屋征收行为违法，结合其一审起诉状中载明的三点理由来看，实质上是对龙华区政府作出的征收决定不服。湘水源宾馆作为承租人，与征收决定之间不具有利害关系，不具有原告资格。一审、二审裁定不予立案，结果并无不当，本院予以支持。

【实务操作启示】承租人与房屋征收决定行为之间一般不具有利害关系，不具有起诉房屋征收决定的原告主体资格。但如果用于经营的房屋被征收，承租人在行政补偿中提出的室内装修价值、机器设备搬迁、停产停业等损失，其与补偿决定之间具有利害关系，此时承租人可以作为原告起诉房屋征收补偿决定。

第十四章
征收补偿搬迁行政案件证据

行政诉讼证据是指能够证明行政案件真实情况的一切事实，具有客观性、关联性和合法性。行政诉讼证据种类有书证、物证、视听材料、电子数据、证人证言、当事人的陈述、鉴定意见、勘验笔录和现场笔录。行政诉讼证据的作用是证实或说明行政案件的真实情况是否存在。任何一个行政案件的真实情况都需要用证据来加以证明。在行政诉讼中，需要以证据加以证明的证明对象包括：当事人主张的法律事实和程序性事实；人民法院依职权调查的事实；习惯经验、定理和专门知识；法律法规和其他行政规范性文件等。人民法院在收集和运用证据时，必须从实际出发、实事求是，重证据、重调查研究。各种证据都须经法庭审查属实，才能作为定案的根据。

笔者在本章介绍我国行政诉讼证据的种类、特点、举证要求等基本规定后，再详细梳理介绍征收补偿和搬迁行政案件所涉证据的特点及应注意的事项，供读者在实务操作中使用。

第一节 行政诉讼的证据

行政诉讼证据，是行政诉讼主体用于证明被诉的行政行为是否合法的所有证据材料。依据《行政诉讼法》第三十三条的规定，行政诉讼的法定证据种类包括：（一）书证；（二）物证；（三）视听资料；（四）电子数据；（五）证人证言；（六）当事人的陈述；（七）鉴定意见；（八）勘验笔录、现场笔录。

一、书证及其特点、种类和举证要求

（一）书证及其特点

书证是以其所记载的内容来证明行政案件真实情况的事实材料。书证的特点：

1. 书证具有思想性，其内容反映了人们的主观的思维活动过程。

2. 书证具有多样性，可以是语言文字，也可以是符号、图案、表格，还可以是各种证书证件。

3. 书证一律是由诉讼参与人提供的，人民法院作为裁判者不能制作书证。

（二）书证的种类

在行政诉讼中，书证是最普遍的证据，如行政机关的文件、文书、函件。行政相对人持有的各种证明书、营业执照、许可证等。在行政诉讼中，被告被诉行为所依据的规范性文件也应属于书证范畴。按照不同的标准，可将书证分为以下几种类型：

1. 按照书证制作主体的不同，可将书证分为公文性书证和非公文性书证。公文性书证是指国家机关在法定的职权范围内依职权所制作的文书，如工商行政管理机关或税务管理机关制作的行政处罚决定书等。而公民、法人或其他组织所制作的文书则被称为私文书，即非公文性书证。

2. 按照书证的内容，可将书证分为处分性书证和信息性书证。处分性书证是指能够产生、变更或消灭一定的法律关系，引起一定法律后果的书证，如工商行政处罚决定书、税务行政处罚决定书等。信息性书证是指记载具有某种意义事实的书证，如火灾责任认定书、交通事故责任认定书等。

3. 按照书证的制作方式，可将书证分为格式书证和非格式书证。格式书证是指要求依照法律规定的程序制作并要具备法律规定的形式而形成的行政性文书书证，如"房屋征收决定书""房屋补偿决定书""行政拘留决定书""劳动教养决定书""企业法人营业执照"等。非格式书证则是指不要求履行特定程序不需要具备法定形式的文书书证，如信函、回执、回证等。

4. 按照书证的体现形式不同，可将书证分为原本、正本、副本、复印件和节录本等。

5. 以书证内容在外形上的表现特征不同，将书证划分为文字书证、符号书证、图形书证等。

（三）我国《行政诉讼法》对当事人提供书证的要求

当事人向人民法院提供书证的，应当符合下列要求：

1. 提供书证的原件。原本、正本和副本均属于书证的原件。提供原件确有困难的，可以提供与原件核对无误的复印件、照片、节录本。

2. 提供由有关部门保管的书证原件的复制件、影印件或者抄录件的，应当注明出处，经该部门核对无误后加盖其印章。

3. 提供报表、图纸、会计账册、专业技术资料、科技文献等书证的，应当附有说明材料。

4. 被告提供的被诉行政行为所依据的询问、陈述、谈话类笔录，应当有行政执法人员、被询问人、陈述人、谈话人的签名或者盖章。

法律、法规、司法解释和规章对书证的制作形式另有规定的，从其规定。

二、物证及其特点、物证与书证的区别

物证是以其自然形态或构成特征来证明行政案件真实情况的事实材料。

（一）物证的特点

1. 物证是以物品的形态、外观特征、质量、物质属性等来证明案件真实情况的证据。包括形状、颜色、重量、数量、温度、大小、光线以及内部结构等。

2. 从技术手段上看，物证往往需要运用现代科学技术加以确定。

3. 物证的客观性强，难以伪造，伪造的物证容易被识破。

（二）物证与书证的区别

物证在行政诉讼中也被广泛运用，其使用数量仅次于书证。实践中，这两种证据经常被混淆，书证、物证两者的区别在于：

1. 书证以其思想内容证明案件事实；物证以其形态、外观特征、质、物

质属性等来证明案件事实。

2. 书证是制作者主观意志的反映和体现，而物证不具有主观因素。

3. 对于一些特殊的书证，法律有特定的形式要求，而对物证，法律则没有特定形式的要求。

三、视听资料及要求

视听资料是指利用录音或录像等设备进行操作记录反映出的声音和图像数据，或以电子计算机储存的资料来证明案件事实的证据，它包括：录音资料、录像资料、影视胶片、传真资料、雷达扫描资料、电子计算机装置储存的数据信息等。视听资料作为行政诉讼证据，是现代科学技术发展的结果，通过音像、图像再现案件事实，具有准确性高、真实性强、可靠性大等优点，对案件事实能起到有力的证明作用。

由于视听资料一般准确性都比较高，所以其证明效力要强于其他证据形式。人民法院在审理案件时，对于有其他证据印证并以合法手段取得的、无疑点的视听资料和与视听资料核对无异的复制品，一般都认定其具有作为诉讼证据的证明力。

当事人提供视听资料作为证据时，应当按照法庭的要求，注明制作方法、制作时间、制作人和证明对象。对于声音资料，应当附有该声音内容的文字记录。

四、电子数据

电子数据证据习惯上称为电子证据，是指基于计算机应用、通信和现代管理技术等电子化技术手段形成的包括文字、图形符号、数字、字母等的客观资料，具体有电子邮件、电子数据交换、网上聊天记录、博客、微博、手机短信、电子签名、域名等。

电子证据是修改后的《行政诉讼法》纳入的新证据种类。电子证据如何在行政诉讼中具体应用，目前行政诉讼法司法解释还没有详细的规定。

一般来说，判断某一电子证据能否证明案件的事实，主要看它同待证事实是否有一定的联系，在形式上是否属实以及其生成、取得等环节是否有重大违法情形。由于电子数据所依赖的计算机系统容易遭到攻击篡改且不易被发现，所以电子证据本身容易遭受修改且不易留下痕迹，因此对这类证据的真实性进行审查时应引起格外注意。

五、证人证言及对证人证言的要求

证人证言是指了解案件有关情况的人向法院所作的有可能证明案件真实情况的陈述。证人证言经法庭审查属实后，成为定案的根据。

证人，是指直接或间接了解案件情况，并能正确表达意志，经人民法院通知作证的人。凡知道案件情况的单位和个人，都有出庭作证的义务。

证人应当符合以下要求：1. 证人是在诉讼开始以前就知道案件情况的人；2. 证人一般是指自然人；3. 证人是原告、被告、第三人以及鉴定人以外的人；4. 不能正确表达意志的人，不能成为证人。

不能正确表达意志的人是指那些大脑患有疾病而影响其正常思维、分析、判断的人，以及语言表达能力、生理上智力发育不完善甚至有严重智力缺陷的人。未成年人所作的与其年龄和智力不相适应的证言，不能单独作为认定案件事实的根据，而应该结合其他种类的证据形式综合认定案件事实。

证人证言应符合以下要求：1. 证人不可以由其他人随便替代。2. 证人证言是对案件事实的客观陈述。证人只对耳闻目睹的情况进行陈述，不需要也不能对相关事实进行分析、判断和评价。3. 由于证人证言有很强的主观性，因此在审理时，必须结合案件的其他证据进行认真严格的审查核实，否则不能作为定案的根据。4. 证人证言要依法取得。对证人的证言应进行认真甄别，发现证人是被收买作证或违背其真实意思作陈述时，其证言均不应予以认定。5. 如证人确有困难不能出庭作证时，经人民法院许可，可以提交书面证言。6. 证人因出现下列情况时可以书面证言代替亲自出庭：（1）因出国、病重、年迈体弱或者残疾人行动不便无法出庭的；（2）特殊岗位确实无法离开的；（3）路途特别遥远，交通不便的；（4）因自然灾害等不可抗力和其他意外事件无法出庭的;(5)证人被采取强制措施接受审查的;(6)证人证言内容的真实性为对方当事人所承认的;(7)行政程序中作证的证人,当事人在诉讼过程中对其证言没有异议的,无须出庭作证。7. 证人提供的书面证言,应当有证人亲笔签字,并注明出具日期,附上证人的身份证复印件。8. 在法庭开庭审理案件时,书面证言应当在法庭上宣读,并允许双方当事人对其进行质证和辩论。

六、当事人的陈述及其特点

当事人的陈述是《行政诉讼法》所规定的一种独立的证据形式。通说认为,当事人的陈述分为狭义的当事人陈述和广义的当事人陈述。狭义的当事人陈述指当事人(原告、被告和第三人)对案件事实问题的陈述。陈述范围包括对案件事实发生、发展的经过以及对正确处理案件有意义的陈述。广义的当事人陈述包括当事人向人民法院所作的关于案件事实情况的陈述,诉讼请求的提出、说明和关于案件处理的意见,还包括对证据的分析、判断和应否采用的意见,对所争议事实适用法律的意见等。在诉讼中,一般以狭义的当事人陈述作为行政诉讼的证据。

当事人的陈述有以下特点:

1. 当事人的陈述是在行政诉讼过程中形成的,而不是在行政诉讼前形成的;

2. 当事人的陈述以当事人对案件事实的真切感知为内容;

3. 当事人的陈述是由案件当事人本人就案件事实所作的陈述,而不是案外人所作的陈述;

4. 当事人的陈述对象是人民法院,是当事人在行政诉讼过程中,由当事人向法院作出的陈述,而不是向法院以外的人或组织所作的陈述;

5. 当事人的陈述具有两面性,一方面是因为当事人是行政案件的亲历者,其对行政争议的过程是最直接的参与者或目击者。因此其陈述具有较强的可信性和证明力。另一方面,其受主观利益的驱动,对案件的陈述难免可能带有不可避免的虚假性,将直接影响当事人陈述作为行政诉讼证据的证明力和可信度。所以,法官在审判过程中,必须对当事人陈述进行严格的审查,结合案件中的其他证据,审查确定当事人的陈述是否真实可信,进而确定其是否能成为定案的证据。

七、鉴定结论及申请重新鉴定的条件

鉴定结论是指经委托或指派,鉴定人运用科学技术或专门知识,对一定的客体进行检验、分析、测试、鉴别后作出的科学结论。如医学鉴定、化学鉴定、物理鉴定、文书鉴定、技术鉴定、会计鉴定等。

行政诉讼证据的鉴定结论,可以是行政机关在作出行政行为前请求法定鉴定部门作出的鉴定结论,也可以是法院在行政诉讼过程中把某些专门性的问题交给有关的鉴定机关鉴定后作出的鉴定结论。

在行政诉讼中,需要对专门性问题进行鉴定时,当事人可以在举证时限内向法庭提出申请,法庭依职权决定是否提交鉴定。需要鉴定的,法庭应当将其交由法定鉴定部门鉴定。没有法定鉴定部门的,法庭可以指定具有鉴定能力的鉴定部门鉴定。法定鉴定部门或者具有鉴定能力的鉴定部门有两个以上的,法庭应当优先指定当事人协商确定的鉴定部门鉴定。向鉴定部门提供作为鉴定依据的相关材料应先由当事人共同认可。当事人不能共同认可的,由法庭确认后认可。

人民法院对委托或者指定的鉴定部门出具的鉴定书,应当审查是否具有下列内容:鉴定的内容;鉴定时提交的相关材料;鉴定的依据和使用的科学技术手段;鉴定的过程;明确的鉴定结论;鉴定部门和鉴定人鉴定资格的说明;鉴定人及鉴定部门签名盖章。以上所列内容欠缺或者鉴定结论不明确的,人民法院可以要求鉴定部门予以说明、补充鉴定或者重新鉴定。

当事人对鉴定结论有异议的,经法庭许可后一般应先申请鉴定部门复查,确有重新鉴定必要的,也可以向法庭申请重新鉴定。

申请重新鉴定的条件:

1. 原告或者第三人有证据或者有正当理由表明被告据以认定案件事实的鉴定结论可能有错误,在举证期限内书面申请重新鉴定的,人民法院应予准许。

2. 当事人对人民法院委托的鉴定部门作出的鉴定结论有异议提出证据证明存在下列情形之一的，人民法院应予准许重新鉴定：

（1）鉴定部门或者鉴定人不具有相应的鉴定资格的；

（2）鉴定程序严重违法的；

（3）鉴定结论明显依据不足的；

（4）经过质证不能作为证据使用的其他情形。对有缺陷的鉴定结论，可以通过补充鉴定、重新质证或者补充质证等方式解决。

有下列情形之一的，原告或者第三人可以向法庭提出书面申请，请求对被告在行政程序中采纳的鉴定结论重新鉴定，是否准许，由法庭决定：有适当的证据或者正当理由表明被告作出行政行为时据以认定案件事实的鉴定结论可能有错误的；因客观情况发生变化，致使被告作出行政行为时据以认定案件事实的鉴定结论失去合理基础，被告仍以该鉴定结论作为认定案件事实的根据而拒不重新鉴定的。

不提供鉴定结论的举证责任人应该承担举证不能的后果。对需要鉴定的事项负有举证责任的当事人，在举证期限内无正当理由不提出鉴定申请、不预交鉴定费用或者拒不提供相关材料，致使案件争议的事实无法通过鉴定结论予以认定的，应当对该事实承担举证不能的法律后果。

八、勘验笔录及制作勘验笔录的要求

在行政执法和行政诉讼中，行政机关的工作人员或法官有时不能或不便把证明案件事实的现场移送到行政机关或法院所在地，需要到现场或物品所在地对相关客体进行勘查、分析、检验，并记载勘验的过程和结果。记载勘验的过程和结果时所形成的文书即为勘验笔录。勘验笔录作为一种独立的行政诉讼证据，其特点是能对案件情况作综合性的反映和再现，同时，它也是一种固定和保全证据的方法。

有些行政诉讼案件的发案现场具有易变性，情况比较复杂，涉案行政机关本身都有一定的行政职权，行使对案件现场的勘验权是行政执法权的组成部分。行政机关制作的勘验笔录理应作为行政诉讼证据的一种形式。有关工作人员在勘验物证或者现场时，应该出示工作证件，并邀请当地基层组织或当事人所在单位派人参加。

人民法院可依当事人申请或者依职权自行勘验，也可以组织专门人员进行勘验。勘验现场或物品，应当制作笔录，记录勘验的时间、地点、勘验人、在场的当事人、勘验的经过、结果，并由勘验人、在场当事人签名或者盖章。有其他人在场的，应由其签名。对绘制的现场图还应注明绘制的时间、比例、方位、图例、测绘人姓名等内容。

当事人或者成年家属应当到场，拒不到场的，不影响勘验的进行。勘验人应该客观地、全面地制作勘验笔录，笔录中不能掺入个人意见，更不能以勘验的主观分析判断代替勘验笔录。勘验笔录应由勘验人、当事人和被邀请参加人签名或盖章，以证明其真实性和合法性。勘验笔录作为证据的证明效力一般说来都比较强，尤其是人民法院自己按照法定程序制作的对物证或者现场的勘验笔录，其证明效力一般说来是不容置疑的。当然，对于行政机关在行政执法程序中制作的勘验笔录，在进入行政诉讼程序后，还应该接受人民法院的审查。

九、现场笔录及其特点

现场笔录是国家行政机关及其工作人员在实施当场处罚或进行其他紧急事务的处理时，对有关事项当场所作的文字记录，是行政诉讼证据形式与民事诉讼证据形式唯一不同的证据形式。

现场笔录的特点：

1. 现场笔录由行政机关制作。这是现场笔录与勘验笔录的不同之处，勘验笔录既可由行政机关工作人员制作也可由人民法院审判人员制作。

2. 现场笔录形成于行政诉讼案件发生之前，是对行政机关执法现场当时的情况所作的记录，是对动态事实的反映。勘验笔录通常是在案件发生以后完成的，是对一些专门的物品和现场进行勘验测量后所作的笔录，其所反映的多是静态的客观情况。

3. 现场笔录一般是在证据难以保全的情况下或事后难以取证的情况下制作的。

4. 现场笔录必须是在现场制作的，事后补作的笔录不属于现场笔录，不具有证明力。

5. 现场笔录应由行政管理相对人签名或者盖章，在可能的情况下，还应当由在场的证人签名或盖章。没有行政管理相对人或者其他在场证人的签名盖章的现场笔录不能起到证明作用。但法律规定的特别情况除外。

第二节 举证责任与举证期限

一、行政诉讼举证责任的分配

在我国"举证责任"的概念首先由行政诉讼法引入法律体系中。一般认为，举证责任是法律假定的一种后果，是指承担举证责任的当事人应当举出证据证明自己的主张是成立的，否则将承担败诉的不利后果。虽然对有争议事实作出认定是法院的职责，是人民法院作出裁判的前提条件，但当事人是案件事实的直接利害关系人，他们不仅了解案件情况，而且也有动力和积极性向法院提供对自己有利的证据，因此举证责任应由当事人来承担。举证责任将当事人举证与其诉讼结果联系起来，课以当事人一种诉讼风险，有利于案件的顺利解决。要求当事人对特定的事实承担举证责任，促成案件事实的尽快查明，是确立举证责任制度的基本目的。同时，举证责任所确立的风险可以促使当事人在进行法律行为时注意形成和保存证据，防范其中的一些风险。

法律规定某一事实由哪一方当事人承担举证责任称为举证责任的分配。由于承担举证责任的一方如不能充分证明其主张，要承担败诉的风险，因此举证责任的分配实质是在当事人之间分配了诉讼能否成功的风险，其关系到对当事人权益的保护和诉讼公平正义的实现。行政诉讼因其性质的特殊性，在举证责任的分配方面也体现出独特性。举证责任分配规则也因此成为证据制度的核心问题之一。

二、举证环节法院的职责

在行政诉讼过程中，人民法院有权要求当事人提供或者补充证据，人民法院有权向有关行政机关以及其他组织、公民调取证据。对当事人无争议，但涉及国家利益、公共利益或者他人合法权益的事实，人民法院可以责令当事人提供或者补充有关证据。而且，人民法院向当事人送达受理案件通知书或者应诉通知书时，应当告知其举证范围、举证期限和逾期提供证据的法律后果，并告知因正当事由不能按期提供证据时应当提出延期提供证据的申请。

人民法院在诉讼过程中，应该认真对待证据，未经法庭质证的证据不能作为人民法院裁判的根据。复议机关在复议过程中收集和补充的证据，不能作为人民法院维持原行政行为的根据。被告在二审过程中向法庭提交在一审过程中没有提交的证据，不能作为二审法院撤销或者变更一审裁判的根据。

三、人民法院调取证据

人民法院在一定情形下有权调取证据。

（一）人民法院收集证据的条件

《行政诉讼法》对诉讼中人民法院收集证据的规定，分为两种情形，第一种情形是人民法院有权主动调取证据。一般是指涉及国家利益、公共利益或者他人合法权益的事实认定或涉及依职权追加当事人、中止诉讼、终结诉讼、回避等程序性事项的。

第二种情形是应原告或第三人的申请调取证据。原告或者第三人不能自行收集，但能够提供确切线索的，可以申请人民法院调取下列证据材料：

1. 由国家有关部门保存而须由人民法院调取的证据材料；
2. 涉及国家秘密、商业秘密、个人隐私的证据材料；
3. 确因客观原因不能自行收集的其他证据材料。但是，人民法院不得为证明被诉具体行政行为的合法性，调取被告在作出行政行为时未收集的证据。

值得注意的是，《适用行诉法解释》第三十九条作出的禁止性规定："当事人申请调查收集证据，但该证据与待证事实无关联、对证明待证事实无意义或者其他无调查收集必要的，人民法院不予准许。"

（二）人民法院收集证据的程序

当事人申请人民法院调取证据的，应当在举证期限内提交调取证据申请书。调取证据申请书应当写明下列内容：1. 证据持有人的姓名或者名称、住址等基本情况；2. 拟调取证据的内容；3. 申请调取证据的原因及其要证明的案件事实。

人民法院对当事人调取证据的申请，经审查符合调取证据条件的，应当及时决定调取。不符合调取证据条件的，应当向当事人或者其诉讼代理人送达通知书，说明不准许调取的理由。当事人及其诉讼代理人可以在收到通知书之日起三日内向受理申请的人民法院书面申请复议一次。

人民法院应当在收到复议申请之日起五日内作出答复。人民法院根据当事人申请，经调取未能取得相应证据的，应当告知申请人并说明原因。

人民法院需要调取的证据在异地的，可以书面委托证据所在地人民法院调取。受托人民法院应当在收到委托书后，按照委托要求及时完成调取证据工作，送交委托人民法院。受托人民法院不能完成委托内容的，应当告知委托的人民法院并说明原因。

四、被告的举证责任及举证期限

《行政诉讼法》第三十四条规定："被告对作出的行政行为负有举证责任，应当提供作出该行政行为的证据和所依据的规范性文件。被告不提供或者无正当理由逾期提供证据，视为没有相应证据。但是，被诉行政行为涉及第三人合法权益，第三人提供证据的除外。"

（一）被告的举证责任内容

1. 被告对作出的行政行为负有举证责任，应当提供作出该行政行为的证据和所依据的规范性文件。

2. 被告提交的证据必须是在行政行为作出以前收集到的证据。由于行政机关在行政程序中作行政决定时应遵循"先取证、后裁决"的规则，所以，行政诉讼程序启动后，行政机关向法院提交的是其在作出行政决定后收集的证据的，法院将不予接收或不予采纳。

3. 被告举证的范围，被告应当提供据以作出被诉行政行为的全部证据和所依据的规范性文件。

4. 行政诉讼中被告及其诉讼代理人不得自行向原告和证人收集证据。《行政诉讼法》第三十五条规定："在诉讼过程中，被告及其诉讼代理人不得自行向原告、第三人和证人收集证据。"

5. 被告可以有条件的补充证据。《行政诉讼法》第三十六条规定："被告在作出行政行为时已经收集了证据，但因不可抗力等正当事由不能提供的，经人民法院准许，可以延期提供。原告或者第三人提出了其在行政处理程序中没有提出的理由或者证据的，经人民法院准许，被告可以补充证据。"

《适用行诉法解释》第三十四条规定了对被告延期提供证据的程序性要求，即被告申请延期提供证据的，应当在收到起诉状副本之日起十五日内以书面方式向人民法院提出。人民法院准许延期提供的，被告应当在正当事由消除后十五日内提供证据。逾期提供的，视为被诉行政行为没有相应的证据。

（二）被告的举证期限

根据《行政诉讼法》第六十七条规定，被告应当在收到起诉状副本之日起十五日内向人民法院提交作出行政行为的证据和所依据的规范性文件，并提出答辩状。被告不提出答辩状的，不影响人民法院审理。

五、原告的举证责任及举证期限

（一）原告的举证责任

尽管行政诉讼的举证责任主要在被告，但并不能就此免除原告的举证责任，在行政诉讼中，原告的举证责任主要有：

1. 初步证明责任。证明自己具备原告主体资格，即证明自己是行政行为的相对人或是与行政行为有利害关系的人（公民、法人或者其他组织）。

2. 有责任证明履行过申请行为。《行政诉讼法》第三十八条第一款规定："在起诉被告不履行法定职责的案件中，原告应当提供其向被告提出申请的证据。但有下列情形之一的除外：（一）被告应当依职权主动履行法定职责的；（二）原告因正当理由不能提供证据的。"

3. 证明损害事实的责任。《行政诉讼法》第三十八条第二款规定："在行政赔偿、补偿的案件中，原告应当对行政行为造成的损害提供证据。因被告的原因导致原告无法举证的，由被告承担举证责任。"

值得注意的是《适用行诉法解释》第四十七条对转换举证责任、必要的鉴定和法官的自由裁量权作出了规定："根据行政诉讼法第三十八条第二款的规定，在行政赔偿、补偿案件中，因被告的原因导致原告无法就损害情况举证的，应当由被告就该损害情况承担举证责任。对于各方主张损失的价值无法认定的，应当由负有举证责任的一方当事人申请鉴定，但法律、法规、规章规定行政机关在作出行政行为时依法应当评估或者鉴定的除外；负有举证责任的当事人拒绝申请鉴定的，由其承担不利的法律后果。当事人的损失因客观原因无法鉴定的，人民法院应当结合当事人的主张和在案证据，遵循法官职业道德，运用逻辑推理和生活经验、生活常识等，酌情确定赔偿数额。"

（二）原告和第三人的举证期限

《适用行诉法解释》第三十五条对原告或第三人的举证期限、延期举证及违反举证期限的法律后果作出了规定："原告或者第三人应当在开庭审理前或者人民法院指定的交换证据清单之日提供证据。因正当事由申请延期提供证据的，经人民法院准许，可以在法庭调查中提供。逾期提供证据的，人民法院应当责令其说明理由；拒不说明理由或者理由不成立的，视为放弃举证权利。原告或者第三人在第一审程序中无正当事由未提供而在第二审程序中提供的证据，人民法院不予接纳。"

六、免证规则

免证规则是指法院对某些事实无须证明即可认定其为真实并作为裁判根据的司法行为。行政诉讼中免证的事实包括：

1. 自然规律以及定理、定律；
2. 众所周知的事实；
3. 根据法律规定推定的事实；
4. 根据已知的事实和日常生活经验法则推定出的另一事实；
5. 已为人民法院发生法律效力的裁判所确认的事实；
6. 已为仲裁机构生效裁决所确认的事实；
7. 已为有效公证文书所证明的事实。

第三节　证据保全及对域外证据的要求

一、证据保全

《行政诉讼法》第四十二条规定："在证据可能灭失或者以后难以取得的情况下，诉讼参加人可以向人民法院申请保全证据，人民法院也可以主动采取保全措施。"

（一）证据保全的条件

第一，采取证据保全时必须存在可能灭失或以后难以取得证据的情况。可能灭失是指证据以后有可能不存在或者提供证据的人有可能不存在。比如，作为证据的物品腐烂、变质、变形，或者作为证人的自然人死亡等都可能会造成证据的灭失。以后难以取得是指失去某种机会或者超过一定的时间，以后就难以取得的情况。比如，证人出国以后不能回国作证，电子证据超过一定时间可能被删除等情形。

第二，采取保全措施的证据必须是与案件有一定的关联性，即该项证据能够证明该行政案件的事实，案件事实与证据之间存在内在的联系。

第三，提请证据保全的时间一般应当是在诉讼开始之后法院调查程序开始之前。因为在法院的调查程序开始之后，当事人可以提供证据，法院也可以进行调查，就没有必要进行证据保全。只有以上三个条件同时具备，才能提起证据保全的申请。

（二）证据保全的程序

1. 当事人启动证据保全程序

当事人有权提起行政诉讼证据保全的申请，人民法院对是否采取证据保全措施应当根据具体情况而确定。人民法院同意当事人的证据保全申请，应作出准予保全证据的裁定并及时采取证据保全措施。如果人民法院不同意证据保全的申请，则应作出不予保全的裁定并说明理由。当事人申请证据保全时，应当在举证期限届满前以书面形式提出，并说明证据的名称和地点、保全的内容和范围、申请保全的理由等事项。当事人申请保全证据的，人民法院可以要求其提供相应的担保。法律、司法解释规定诉前保全证据的，依照其规定办理。

2. 人民法院依职权主动保全证据

人民法院发现有关的证据可能灭失或以后难以取得，可以依职权主动采取证据保全措施。

3. 证据保全的具体措施

人民法院保全证据时，可以根据不同的证据类别，采取查封、扣押、拍照、录音、录像、复制、鉴定、勘验、制作询问笔录等保全措施。人民法院保全证据时，可以要求当事人或者其诉讼代理人到场。

二、对域外形成的证据的要求

当事人向人民法院提供的在中华人民共和国领域外形成的证据，应当说明来源，经所在国公证机关证明，并经中华人民共和国驻该国使领馆认证，或者履行中华人民共和国与证据所在国订立的有关条约中规定的证明手续。

此外，当事人提供的在中华人民共和国香港特别行政区、澳门特别行政区和台湾地区内形成的证据，应当具有按照有关规定办理的证明手续。

第四节 质证程序与质证规则

一、质证程序、质证规则及新证据界定

《行政诉讼法》第四十三条规定:"证据应当在法庭上出示,并由当事人互相质证。对涉及国家秘密、商业秘密和个人隐私的证据,不得在公开开庭时出示。人民法院应当按照法定程序,全面、客观地审查核实证据。对未采纳的证据应当在裁判文书中说明理由。以非法手段取得的证据,不得作为认定案件事实的根据。"

何谓"以非法手段取得的证据"?《适用行诉法解释》第四十三条指出有下列情形之一的,属于行政诉讼法第四十三条第三款规定的"以非法手段取得的证据":严重违反法定程序收集的证据材料;以违反法律强制性规定的手段获取且侵害他人合法权益的证据材料;以利诱、欺诈、胁迫、暴力等手段获取的证据材料。

人民法院组织当事人对证据进行示证和质证的程序如下:

1. 证据应当在法庭上出示,并经庭审质证。未经庭审质证的证据,不能作为定案的依据。

2. 当事人在庭前证据交换过程中没有争议并记录在卷的证据,经审判人员在庭审中说明后,可以作为认定案件事实的依据。

3. 经合法传唤,因被告无正当理由拒不到庭而需要依法缺席判决的,被告提供的证据不能作为定案的依据,但当事人在庭前交换证据中没有争议的证据除外。

4. 涉及国家秘密、商业秘密和个人隐私或者法律规定的其他应当保密的证据,不得在开庭时公开质证。

5. 当事人申请人民法院调取的证据,由申请调取证据的当事人在庭审中出示,并由当事人质证。人民法院依职权调取的证据,由法庭出示,并可就

调取该证据的情况进行说明，听取当事人意见。

当事人应当围绕证据的关联性、合法性和真实性，针对证据有无证明效力以及证明效力大小，进行质证。经法庭准许，当事人及其代理人可以就证据问题相互发问，也可以向证人、鉴定人或者勘验人发问。当事人及其代理人相互发问，或者向证人、鉴定人、勘验人发问时，发问的内容应当与案件事实有关联，不得采用引诱、威胁、侮辱等语言或者方式。

对书证、物证和视听资料进行质证时，当事人应当出示证据的原件或者原物。但有下列情况之一的除外：出示原件或者原物确有困难并经法庭准许可以出示复制件或者复制品；原件或者原物已不存在，可以出示证明复制件、复制品与原件、原物一致的其他证据。视听资料或电子数据应当当庭播放或者显示，并由当事人进行质证。

法庭在质证过程中，对与案件没有关联的证据材料，应予排除并说明理由。法庭在质证过程中，准许当事人补充证据的，对补充的证据仍应进行质证。法庭对经过庭审质证的证据，除确有必要外，一般不再进行质证。

在第二审程序中，对当事人依法提供的新的证据，法庭应当进行质证；当事人对第一审认定的证据仍有争议的，法庭也应当进行质证。

按照审判监督程序审理的案件，对当事人依法提供的新的证据，法庭应当进行质证；因原判决、裁定认定事实的证据不足而提起再审所涉及的主要证据，法庭也应当进行质证。

"新的证据"是指以下证据：

在一审程序中应当准予延期提供而未获准许的证据；当事人在一审程序中依法申请调取而未获准许或者未取得，人民法院在第二审程序中调取的证据；原告或者第三人提供的在举证期限届满后发现的证据。

二、数个证据证明同一事实的效力排序

证明同一事实的数个证据，其证明效力一般可以按照下列情形分别认定：
1. 国家机关以及其他职能部门依职权制作的公文文书优于其他书证；
2. 鉴定结论、现场笔录、勘验笔录、档案材料以及经过公证或者登记的

书证优于其他书证、视听资料和证人证言；

3. 原件、原物优于复制件、复制品；

4. 法定鉴定部门的鉴定结论优于其他鉴定部门的鉴定结论；

5. 法庭主持勘验所制作的勘验笔录优于其他部门主持勘验所制作的勘验笔录；

6. 原始证据优于传来证据；

7. 其他证人证言优于与当事人有亲属关系或者其他密切关系的证人提供的对该当事人有利的证言；

8. 出庭作证的证人证言优于未出庭作证的证人证言；

9. 数个种类不同、内容一致的证据优于一个孤立的证据。

第五节　出庭作证与出庭接受询问

一、规范证人出庭作证

凡是知道案件事实的人，都有出庭作证的义务。有下列情形之一的，经人民法院准许，当事人可以提交书面证言：

1. 当事人在行政程序或者庭前证据交换中对证人证言无异议的；

2. 证人因年迈体弱或者行动不便无法出庭的；

3. 证人因路途遥远、交通不便无法出庭的；

4. 证人因自然灾害等不可抗力或者其他意外事件无法出庭的；

5. 证人因其他特殊原因确实无法出庭的。

不能正确表达意志的人不能作证。根据当事人的申请，人民法院可以就证人能否正确表达意志进行审查或者交由有关部门鉴定。必要时，人民法院也可以依职权交由有关部门鉴定。

当事人申请证人出庭作证的，应当在举证期限届满前提出，并经人民法院许可。人民法院准许证人出庭作证的，应当在开庭审理前通知证人出庭作证。

当事人在庭审过程中要求证人出庭作证的,法庭可以根据审理案件的具体情况,决定是否准许以及是否延期审理。

证人出庭作证时,应当出示证明其身份的证件。法庭应当告知其诚实作证的法律义务和作伪证的法律责任。出庭作证的证人不得旁听案件的审理。法庭询问证人时,其他证人不得在场,但组织证人对质的除外。证人应当陈述其亲历的具体事实。证人根据其经历所作的判断、推测或者评论,不能作为定案的依据。

二、原告或第三人要求相关行政执法人员出庭说明证据情况

《适用行诉法解释》第四十一条规定,有下列情形之一,原告或者第三人要求相关行政执法人员出庭说明的,人民法院可以准许:

1. 对现场笔录的合法性或者真实性有异议的;
2. 对扣押财产的品种或者数量有异议的;
3. 对检验的物品取样或者保管有异议的;
4. 对行政执法人员身份的合法性有异议的;
5. 需要出庭说明的其他情形。

三、法院要求当事人本人或相关行政执法人员到庭说明情况

《适用行诉法解释》第四十四条规定,人民法院认为有必要的,可以要求当事人本人或者行政机关执法人员到庭,就案件有关事实接受询问。在询问之前,可以要求其签署保证书。保证书应当载明据实陈述、如有虚假陈述愿意接受处罚等内容。当事人或者行政机关执法人员应当在保证书上签名或者捺印。负有举证责任的当事人拒绝到庭、拒绝接受询问或者拒绝签署保证书,待证事实又欠缺其他证据加以佐证的,人民法院对其主张的事实不予认定。

四、鉴定人和专业人员出庭接受询问

当事人要求鉴定人出庭接受询问的,鉴定人应当出庭。鉴定人因正当事由不能出庭的,经法庭准许,可以不出庭,由当事人对其书面鉴定结论进行质证。对于出庭接受询问的鉴定人,法庭应当核实其身份、与当事人及案件的关系,并告知鉴定人如实说明鉴定情况的法律义务和故意作虚假说明的法律责任。

对被诉行政行为涉及的专门性问题,当事人可以向法庭申请由专业人员出庭进行说明,法庭也可以通知专业人员出庭说明。必要时,法庭可以组织专业人员进行对质。

当事人对出庭的专业人员是否具备相应专业知识、学历、资历等专业资格等有异议的,可以进行询问。由法庭决定其是否可以作为专业人员出庭。专业人员可以对鉴定人进行询问。

第六节 审查证据的原则与侧重点

一、审查行政诉讼证据应遵循的基本原则

人民法院裁判行政案件,应当以证据证明的案件事实为依据。法庭应当对经过庭审质证的证据和无须质证的证据进行逐一审查和对全部证据综合审查,遵循法官职业道德,运用逻辑推理和生活经验,进行全面、客观和公正地分析判断,确定证据材料与案件事实之间的证明关系,排除不具有关联性的证据材料,准确认定案件事实。

二、对证据的合法性审查的侧重点

人民法院应当根据案件的具体情况，从以下方面审查证据的合法性：
1. 证据是否符合法定形式；
2. 证据的取得是否符合法律、法规、司法解释和规章的要求；
3. 是否有影响证据效力的其他违法情形。

三、对证据的真实性进行审查的侧重点

人民法院应当根据案件的具体情况，从以下方面审查证据的真实性：
1. 证据形成的原因。
2. 发现证据时的客观环境。
3. 证据是否为原件、原物。复制件、复制品与原件、原物是否相符。
4. 提供证据的人或者证人与当事人是否具有利害关系。
5. 影响证据真实性的其他因素。

第七节 证据的排除

一、不能作为定案依据的证据材料

下列证据材料不能作为定案依据：
1. 严重违反法定程序收集的证据材料；
2. 以偷拍、偷录、窃听等手段获取侵害他人合法权益的证据材料；
3. 以利诱、欺诈、胁迫、暴力等不正当手段获取的证据材料；
4. 当事人无正当事由超出举证期限提供的证据材料；
5. 在中华人民共和国领域以外或者在中华人民共和国香港特别行政区、

澳门特别行政区和台湾地区形成的未办理法定证明手续的证据材料；

6. 当事人无正当理由拒不提供原件、原物，又无其他证据印证，且对方当事人不予认可的证据的复制件或者复制品；

7. 被当事人或者他人进行技术处理而无法辨明真伪的证据材料；

8. 不能正确表达意志的证人提供的证言；

9. 不具备合法性和真实性的其他证据材料。

以违反法律禁止性规定或者侵犯他人合法权益的方法取得的证据，不能作为认定案件事实的依据。

被告在行政程序中依照法定程序要求原告提供证据，原告依法应当提供而拒不提供，在诉讼程序中提供的证据，人民法院一般不予采纳。

二、不能作为认定被诉行政行为合法依据的证据

下列证据不能作为认定被诉行政行为合法的依据：

1. 被告及其诉讼代理人在作出行政行为后或者在诉讼程序中自行收集的证据；

2. 被告在行政程序中非法剥夺公民、法人或者其他组织依法享有的陈述、申辩或者听证权利所采用的证据；

3. 原告或者第三人在诉讼程序中提供的、被告在行政程序中未作为行政行为依据的证据。

第八节 房屋征收补偿搬迁案件的证据

一、房屋征收决定案件的证据

市、县级人民政府作出房屋征收决定后，房屋被征收人或利害关系人如果对征收决定不服向人民法院提起行政诉讼的，原告和被告均应向人民法院

提交证据。

（一）原告提交的证据

这类案件原告一般应提交的是起诉证据，同时可以提交证明被告所作出的征收决定存在违法情形的证据，主要包括：

1. 市、县级人民政府作出的房屋征收决定；

2. 原告的身份证明；

3. 原告土地使用权和房屋所有权证明；

4. 房屋征收建设项目不属于公共利益的证据；

5. 房屋征收补偿方案不合法的证据；

6. 房屋征收决定不符合相关法律、法规、规章及规范性文件的证据。

（二）被告应提交的证据

1. 房屋征收建设项目属于公共利益建设需要的依据。

2. 作出房屋征收决定所依据的相关规划、立项申请与批复资料。

3. 对被征收房屋的权属调查、认定和处理证据以及对不当增加补偿费用行为进行限制的证据材料。

4. 制订房屋征收补偿方案符合法定程序的证据，包括：

（1）房屋征收部门拟定的征收补偿方案后报政府组织相关部门和专家进行论证的程序证据；

（2）公开征求意见证据；

（3）召开听证会的证据；

（4）根据征求意见和听证会意见对征收补偿方案是否进行修改并进行公告证据；

（5）政府批准实施征收补偿方案证据。

5. 房屋征收决定前的社会稳定风险评估报告。

6. 房屋征收决定经政府常务会议讨论通过的证据。

7. 房屋征收补偿资金足额到位、专户存储、专款专用的证据。

8. 房屋征收决定及其公告证据。

9. 作出房屋征收决定所依据的法律、法规、规章和其他规范性文件。

10. 作出房屋征收决定时其他的程序性证据。

二、房屋补偿决定案件的证据

（一）原告应提交的证据

1. 市、县级人民政府作出的房屋补偿决定；
2. 原告的身份证明；
3. 原告的土地使用权和房屋所有权证明材料；
4. 原告房屋市场价值证明材料；
5. 原告生活状况收入情况证明材料；
6. 其他材料。

（二）被告应提交的证据

首先被告必须提交案涉的房屋征收决定和房屋征收补偿方案。其次，笔者认为应提交以下证据：

1. 委托房屋征收实施单位开展房屋征收活动的合同；
2. 选定、确定或决定房地产价格评估机构的程序性资料（如抽签、摇号、投票、招投标记录或公证文书等）；
3. 委托房地产价格评估机构进行房地产价格评估的合同；
4. 被征收房屋的房地产价格的分户评估报告；
5. 被征收房屋价值的补偿额计算清单；
6. 产权调换房屋的位置、面积、价格及其与被征收房屋的差价；
7. 原地回迁房屋的位置、面积、价格及其与被征收房屋的差价；
8. 保障性住房的兑现方案；
9. 搬迁费、临时安置费的数额与领取方式；
10. 周转用房的位置与使用时间、交接方法；
11. 因征收房屋造成的停产停业损失的补偿费的计算和支付方法；
12. 奖励和补助方案；
13. 其他作出房屋补偿决定的程序性证据材料。

行政相对人和利害关系人因不服市、县级政府所作出的房屋征收决定或房屋补偿决定而提起的行政诉讼，是典型的行政纠纷案件。行政相对人启动行政诉讼的目的最终是要运用法律手段来最大限度地保护自己的合法权益。因此，其在诉讼举证阶段就要尽可能地搜集一些证明被告的房屋征收决定或补偿决定违法或存在不合理的情形的证据。不能因主要举证责任在被告就忽视或放弃自身的举证权利或义务。

作为被告则应将能够证明征收房屋行为的合法性证据和证明对被征收人补偿合法、公平、公正的证据全部提交。在实施房屋征收行政行为和房屋补偿行政行为时做到证据充分，适用法律、法规正确，并符合法定程序。唯有如此方能确保依法行政，进而以确保行政相对人和利害关系人的合法权益不受侵犯。

三、强制搬迁案件的证据

根据《征补条例》第二十八条和《最高人民法院关于办理申请人民法院强制执行国有土地上房屋征收补偿决定案件若干问题的规定》第二条之规定，市、县级人民政府向人民法院申请强制执行房屋征收补偿决定的，应提交以下证据材料：

1. 补偿金额和专户存储账号；
2. 产权调换房屋和周转用房的地点和面积证据材料；
3. 征收补偿决定及相关证据和所依据的规范性文件；
4. 征收补偿决定送达凭证、催告情况及房屋被征收人、直接利害关系人的意见；
5. 社会稳定风险评估材料；
6. 申请强制执行的房屋状况；
7. 被执行人的姓名或者名称、住址及与强制执行相关的财产状况等具体情况；
8. 法律、行政法规规定应当提交的其他材料。

第九节　对房屋征收决定案件证据的审查

一、对作出房屋征收决定的主体的审查

根据《征补条例》第八条的规定，作出房屋征收决定的主体是市、县级人民政府，其他机关一般无房屋征收权（符合条件的开发区管理机构可以作出房屋征收决定）。因此，在审查房屋征收决定时首先要看房屋征收决定书是否以机关名义作出的，是否加盖市、县级人民政府的印章。如果不是以市、县级人民政府名义作出并加盖了市、县级人民政府的印章，则属于无行政职权或超越行政职权的行为，该房屋征收决定依法应予撤销。值得注意的是，实践中有些地方政府为便于开展房屋征收与补偿工作，专门刻制了市、县级人民政府的房屋征收专用章，应视为合法。

房屋征收部门不能作出房屋征收决定，因为房屋征收部门的职能是"组织实施本行政区域的房屋征收与补偿工作"，其无权作出房屋征收决定。受委托的房屋征收实施单位，如土地收储机构、乡镇人民政府、房屋征收指挥部等更无权作出房屋征收决定。

二、对公共利益的审查

房屋征收决定的前提是建设项目属于公共利益的需要，正确界定房屋征收是否为了"公共利益"的需要非常重要。界定"公共利益"的标准主要是依据《征补条例》第八条，即看该房屋征收后的建设项目是否为了保障国家安全、促进国民经济和社会发展等公共利益的需要；国防和外交的需要；由政府组织实施的能源、交通、水利等基础设施建设的需要；由政府组织实施的科技、教育、文化、卫生、体育、环境和资源保护、防灾减灾、文物保护、社会福利、市政公用等公共事业的需要；由政府组织实施的保障性安居工程

建设的需要；由政府依照城乡规划法有关规定组织实施的对危房集中、基础设施落后等地段进行旧城区改建的需要；法律、行政法规规定的其他公共利益的需要。

如果名为公共利益建设需要，实为商业开发建设需要，则不属于公共利益的范畴，该房屋征收决定就是违法的，人民法院应撤销该房屋征收决定。

三、对冻结程序的审查

《征补条例》第十六条规定，房屋征收范围确定后，不得在房屋征收范围内实施新建、扩建、改建房屋和改变房屋用途等不当增加补偿费用的行为，违反规定实施的，不予补偿。房屋征收部门应当将前款所列事项书面通知有关部门暂停办理相关手续。暂停办理相关手续的书面通知应当载明暂停期限。暂停期限最长不得超过1年。

据此可以确定，房屋征收部门必须履行通知有关部门停止办理新建、改建、扩建房屋和改变房屋用途手续的义务。这种通知是书面的，在行政诉讼中属于书证。被告在应诉房屋征收决定行政案件时应提交该证据，提交该证据的意义在于，如果房屋征收部门没有通知有关部门停止办理有关手续，被征收人申请房屋新建、改建、扩建或改变房屋用途、土地用途、用地规划的，有关部门应当依法予以办理。此时，如果遇到房屋征收肯定会给被征收人造成更大损失，这种损失不是被征收人造成的，是由于房屋征收部门没有履行通知义务造成的，所以由此而增加的补偿费用应由房屋征收部门承担。如果房屋征收部门履行了通知义务，但有关部门仍然给被征收人办理相关手续的，有关部门及其工作人员应承担相应的行政或法律责任。

四、对制订征收补偿方案的程序的审查

根据《征补条例》第十条的规定，由房屋征收部门拟定征收补偿方案，并报市、县级人民政府审核。市、县级人民政府应当组织有关部门对征收补偿方案进行论证并予以公布，征求公众意见。征求意见期限不得少于30日。

审查重点是：

1. 看被告提交的证据中是否有组织有关部门对征收补偿方案进行论证的证据，如召开论证会的纪要、文件、记录或论证书等。

2. 看被告提交的证据中是否有证明补偿方案已经公布征求公众意见的证据，并应审查公布的时间、地点和方式。公布的起始时间到终了时间应不少于30日，如果没有达到这个期限，当属"违反法定程序"的情形。公布的地点应是公开的场所，是能够让公众到达和看得到的地方，如被征收房屋区域的宣传栏内、主要通道墙体上、楼道内、单元门上等。

公布的方式既可以采用张贴纸质公告的方式，也可采用在报纸电视广播上进行公告的方式，总之公布的补偿方案一定能够让公众知晓方属于合法。

3. 审查被告是否将补偿方案征求意见情况和根据公众意见修改的情况及时进行了公布。主要看被告提交的证据中是否将征求的意见进行了归纳并在此基础上进行了修改和公布。

4. 审查涉及旧城区改建多数被征收人认为征收补偿方案不符合规定被告召开听证会的证据。根据《征补条例》第十一条第二款的规定，当因旧城区改建需要征收房屋，多数被征收人认为征收补偿方案不符合条例规定时，市、县级人民政府应当组织由被征收人和公众代表参加的听证会，并根据听证会情况修改方案。据此，对符合召开听证会的房屋征收决定行政案件，要看被告是否履行了听证程序，审查被告提交的证据有：

（1）举行听证会的通知；

（2）召开听证会的现场记录、视听资料等；

（3）参加听证会人员在记录中签名的真伪等。

五、对征收补偿方案内容的审查

被告在应诉房屋征收决定行政案件时，必须提交房屋征收补偿方案，因为这是房屋征收决定的重要内容，房屋征收补偿方案属于书证。对其内容的审查要点是：看其是否体现了公平补偿的原则，看补偿安置方案所涉及的内容是否全面。对被征收人给予的补偿包括：被征收房屋价值的补偿；因征收房屋造成的搬迁、临时安置的补偿；因征收房屋造成的停产停业损失的补偿；并应有具体的补助和奖励办法。补偿安置方案的内容不但要符合《征补条例》的规定，还要符合房屋征收相关规章的规定。补偿方案还应合理，补偿方案要根据原被征收房屋的实际情况，制订切实可行的方案，如采取产权调换方式时，就要考虑原房屋和被调换房屋的区位问题，是否适合被征收人的生活习惯问题。再就是补偿安置方案应可操作，即补偿安置方案应是易于实现的方案，具有可操作性。

六、对社会稳定风险评估报告的审查

根据《征补条例》第十二条的规定，市、县级人民政府作出房屋征收决定前，应当按照有关规定进行社会稳定风险评估。房屋征收社会稳定风险评估是作出房屋征收决定的必经法定程序。因此审查被告提交的社会稳定风险评估报告非常重要。对社会稳定风险评估报告进行合法性审查的要点在于：

（一）房屋征收社会稳定风险评估报告的内容是否全面

合格的房屋征收社会稳定风险评估报告应包括以下内容：

第一部分：房屋征收社会风险评估机构。

首先指明法定的房屋征收评估机构是某市或某县级人民政府所确定的房屋征收办公室。如果有委托，应指明委托机构和被委托的评估机构名称。

第二部分：进行房屋征收社会风险评估的法律、法规和规章依据以及市、县级人民政府、人大针对该房屋征收项目所发布的国民经济与社会发展规划、土地使用规划、城市建设规划等规范性文件。

第三部分：进行房屋征收社会风险评估应坚持的原则。

第四部分：进行房屋征收社会风险评估的方法。

第五部分：评估过程。

第六部分：被征收人的基本情况。

第七部分：被征收房屋的概况。

第八部分：已初步制订出的补偿方案内容。

第九部分：房屋征收社会稳定风险评估的内容（合法性、合理性、可行

性和可控性)。

第十部分：针对可能发生的各种社会不稳定事件的应急预案。

第十一部分：房屋征收社会稳定风险评估报告的效力及效力期限。

第十二部分：特别事项说明。

第十三部分：提出房屋征收社会风险评估报告的日期。

第十四部分：结尾部分，出具评估报告的日期及机关名称并加盖印章。

(二) 看房屋征收社会稳定风险评估报告是否符合以下要求

房屋征收社会稳定风险评估涉及社会稳定大局，其对从源头上预防和化解社会矛盾，实现科学发展，构建和谐社会具有重要意义。该评估报告是政府作出房屋征收决定的重要依据，所以，对房屋征收社会稳定风险评估报告应有高标准的要求，笔者认为，高质量的社会稳定风险评估报告应体现以下特点：

1. 评估报告内容应全面

报告应完整地反映出房屋征收所涉及的各种社会不稳定因素及所涉及的事实、推理分析过程、结论和处置预案。报告的正文内容和附件资料应齐全，配套。

2. 评估报告应客观、公正

评估机构应站在中立的立场上，在对大量数据和不稳定事实的收集整理基础上，对社会不稳定因素进行客观分析和冷静思考，结合党的时政方针和政策最终作出结论，该结论应有充分的事实根据和法律以及政策依据。

(三) 报告用语力求做到概括性与准确性相结合

社会稳定风险评估报告对非实质性问题要运用简洁的文字进行高度概括，对获得的大量调查资料和数据进行归纳、整理、总结和分析，在此基础上说明情况表达观点。

对涉及社会稳定的实质性问题和报告的结论性部分，要用准确的语言文字进行表述，避免使用模棱两可或易生误解的文字，对未经查实的社会不稳定事项不得轻率写入，对难以确定的社会不稳定事项应予以说明，并描述其对社会稳定风险评估结果可能产生的影响。

七、对政府常务会议讨论决定程序的审查

按照《征补条例》第十二条的规定，房屋征收决定涉及被征收人数量较多的，应当经政府常务会议讨论决定。这是作出房屋征收决定的决策程序，当然也是法定程序。对于如何界定"被征收人数量较多"的问题，法规或规章都尚未量化。各地方可根据具体情况来规定"数量较多"的"量"。当被征收人的数量符合当地"较多"标准时，被告应履行该程序。其在应诉该类行政案件时，应提交政府常务会议进行过讨论决定的程序性文件，如会议纪要等。

八、对征收补偿资金储备情况的审查

《征补条例》第十二条第二款规定，市、县级人民政府作出房屋征收决定前，征收补偿费用应当足额到位、专户存储、专款专用。据此可以确定，被告将征收补偿费用足额到位、专户存储、专款专用是其作出房屋征收决定的重要证据。如果被告没有履行这个程序或者履行得不到位，就属于"主要证据不足"且"违反法定程序"的情形，人民法院应依法撤销房屋征收决定或确认征收决定违法。

九、对征收决定公告程序的审查

《征补条例》第十三条规定，市、县级人民政府作出房屋征收决定后应当及时公告。公告应当载明征收补偿方案和行政复议、行政诉讼权利等事项。据此确定，被告及时公告房屋征收决定是其法定义务，是其必须履行的程序，被告提交证据中必须有该公告，并要说明该公告的时间、地点和形式。

房屋征收决定公告中应载明的必要内容是：

1. 房屋征收项目概况；
2. 征收人、被征收人、征收实施单位、征收范围、征收期限、签约期限；

3. 房屋征收补偿方案；

4. 房屋被征收人不服房屋征收决定时可以向上一级人民政府申请行政复议的权利；

5. 房屋被征收人不服房屋征收决定时可以依法向人民法院提起行政诉讼的权利。

以上内容是房屋征收决定公告中必须要载明的事项。如果被告没有公告或公告内容缺项则属于程序违法。

第十节　对房屋征收补偿决定案件证据的审查

一、对作出房屋补偿决定的主体的审查

依据《征补条例》第二十六条的规定，房屋征收补偿决定应当由作出房屋征收决定的市、县级人民政府作出。即有权作出房屋征收补偿决定的法定机关是市、县级人民政府。房屋征收部门无权作出房屋征收补偿决定。政府其他相关职能部门也不能作出房屋征收决定。

符合条件的开发区管理机构可以作出房屋征收决定。

二、对货币补偿和产权调换方案的审查

按照《征补条例》的规定，应从以下几个方面对货币补偿或产权调换方案进行审查：

1. 货币补偿的金额是否按照市场价值确定；

2. 补偿金额是否确实不低于房屋征收决定公告发布时类似房地产市场价格；

3. 确定补偿金额所依据的评估报告是否合法；

4. 补偿款是否已经专户储备且可随时支付；

5. 补偿决定限定的搬迁期限是否超过合理的期限；

6. 对被征收房屋和产权调换房屋是否采用同一种方法、在同一估价时点并由同一评估机构进行了评估；

7. 用于产权调换的房屋是否已经落实，即看房屋的具体位置、面积、质量等是否已经确定并合乎规定；

8. 如果用于产权调换的房屋不是现房而是期房，则应进一步进行审查，看被告是否已经制订了搬迁过渡方案，并应重点审查是否规定了搬迁过渡的方式和过渡期限，同时看搬迁过渡方式和过渡期限是否合理可行；

9. 如果因旧城区改建征收个人房屋，被征收人选择原地回迁安置时，要看被告是否提供了原地段或就近地段符合质量标准的房屋。

三、对房地产估价机构资质的审查

按照《房地产估价机构管理办法》的规定，房地产估价机构，是指依法设立并取得房地产估价机构资质，从事房地产估价活动的中介服务机构。房地产估价机构的资质等级分为一级、二级、三级。被告所提供的房地产价格评估报告应是具备相应资质等级的估价机构所作出的。

四、对选择房地产估价机构的方式方法的审查

按照《房屋征收评估办法》的规定，房地产价格评估机构由被征收人在规定时间内协商选定；在规定时间内协商不成的，由房屋征收部门通过组织被征收人按照少数服从多数的原则投票决定，或者采取摇号、抽签等随机方式确定。具体办法由省、自治区、直辖市制定。如果价格评估的选择不符合以上规定或存在暗箱操作的情形，则该评估报告就有可能失去其应有的公正性，可能导致补偿决定违法。

五、对评估机构专业人员的审查

房地产价格评估机构、房地产估价师、评估专家委员会成员应具有法定资质，应当独立、客观、公正地开展房屋征收评估、鉴定工作，并对出具的评估、鉴定意见负责。任何单位和个人不得干预房屋征收评估、鉴定活动。与房屋征收当事人有利害关系的，应当回避。因此，在审查评估报告时如果有证据证明房地产估价师或评估专家委员会的成员与房屋征收当事人有利害关系应回避而未回避的，那么原告就有权要求重新鉴定进而导致补偿决定违法。

六、对房屋价值评估时点的审查

按照《房屋征收评估办法》的规定，被征收房屋价值评估时点为房屋征收决定公告之日。用于产权调换房屋价值评估时点应当与被征收房屋价值评估时点一致。否则，该评估报告不能作为被告证明房屋征收补偿决定合法的证据使用。

七、对评估实地查勘程序的审查

按照《房屋征收评估办法》的规定，房地产价格评估机构应当安排注册房地产估价师对被征收房屋进行实地查勘，调查被征收房屋状况，拍摄反映被征收房屋内外部状况的照片等影像资料，做好实地查勘记录，并妥善保管。房屋征收部门、被征收人和注册房地产估价师应当在实地查勘记录上签字或者盖章确认。被征收人拒绝在实地查勘记录上签字或者盖章的，应当由房屋征收部门、注册房地产估价师和无利害关系的第三人见证，有关情况应当在评估报告中说明。如果评估机构没有进行这些工作或进行这些工作时不符合上述要求，其评估报告就是不合格的。

八、对选用评估方法的审查

选用评估方法的规则是：

1. 注册房地产估价师应当根据评估对象和当地房地产市场状况，对市场法、收益法、成本法、假设开发法等评估方法进行适用性分析后，选用其中一种或者多种方法对被征收房屋价值进行评估。

2. 被征收房屋的类似房地产有交易的，应当选用市场法评估；被征收房屋或者其类似房地产有经济收益的，应当选用收益法评估；被征收房屋是在建工程的，应当选用假设开发法评估。

3. 可以同时选用两种以上评估方法进行评估的，应当选用两种以上评估方法评估，并对各种评估方法的测算结果进行校核和比较分析后，合理确定评估结果。

如果评估报告所选用的评估方法不符合以上规则，那么该评估报告不合格。

九、对评估影响房屋价值的因素的审查

被征收房屋价值评估应当考虑被征收房屋的区位、用途、建筑结构、新旧程度、建筑面积以及占地面积、土地使用权等影响被征收房屋价值的因素。如果没有考虑这些因素，该评估报告不合格。

十、对评估计价方法的审查

按照《房屋征收评估办法》的规定，房屋征收评估价值应当以人民币为计价的货币单位，精确到元。如果评估报告违反了此规定，该评估报告是存在错误的评估报告。

十一、对评估报告的移交及形式要件的审查

按照《房屋征收评估办法》的规定，分户初步评估结果公示期满后，房地产价格评估机构应当向房屋征收部门提供委托评估范围内被征收房屋的整体评估报告和分户评估报告。房屋征收部门应当向被征收人转交分户评估报告。整体评估报告和分户评估报告应当由负责房屋征收评估项目的两名以上注册房地产估价师签字，并加盖房地产价格评估机构公章。不得以印章代替签字。如果被告所提交的评估报告不符合以上要求，那么该评估报告则因不符合法定形式要件而不能作为证据使用。

十二、对申请重新鉴定的审查

在房屋征收与补偿程序中，房地产价格评估机构所出具的房地产价格评估报告属于证据，该证据应归于鉴定结论的类别。作为被告的市、县级人民政府在应诉房屋征收补偿决定行政诉讼案中，都会提交其在作出补偿决定前的评估报告以证明其作出的补偿决定是合法的。人民法院应对该评估报告进行合法性审查，原告应对评估报告发表质证意见，在理由充分的情况下原告也可以申请人民法院对房屋的价值进行重新评估。

原告或第三人请求人民法院对被告在行政程序中采纳的鉴定结论（评估报告）进行重新鉴定（重新评估）的理由有：

1. 有适当的证据或者正当理由表明被告在作出房屋征收补偿决定时据以认定案件事实的评估报告可能有错误的；

2. 因客观情况发生变化，致使被告作出房屋征收补偿决定时据以认定案件事实的评估报告失去合理基础，被告仍以该评估报告作为认定案件事实的根据而拒不重新评估的。

对当事人所提出的重新评估申请，经人民法院审查后作出是否同意的决定。

十三、最高人民法院第二巡回法庭相关精神

《最高人民法院第二巡回法庭建庭以来行政案件审理情况分析报告——以申请再审案件为核心（2015.01—2020.06）》中指出，房屋、土地的征收及补偿案件中，应注意审查是否取得征收土地批复、作出征收房屋决定，原审法院未予审查，容易导致认定事实不清。原告以征收决定违法诉求撤销征收补偿决定或者确认违法时，人民法院应当将征收决定作为被诉征收补偿决定合法性的证据进行审查，征收决定不存在重大且明显违法情形的，可以作为认定被诉征收补偿决定合法的证据予以采信。因为在征收补偿决定为诉讼标的的案件中，征收决定仅仅是征收补偿决定案件中的证据，并非被诉行政行为。人民法院应当对征收决定进行证据审查，只要征收决定不存在重大且明显违法，不属于无效的行政行为，就可以作为证据予以采信。

1. 房屋征收补偿数额的合理性问题。国家行政机关及其工作人员在管理国家和社会公共事务的过程中，因合法的行政行为给公民、法人或者其他组织的合法权益造成了损失，依法予以补偿。《征补条例》第二十四条第二款规定：对认定为合法建筑和未超过批准期限的临时建筑的，应当给予补偿；对认定为违法建筑和超过批准期限的临时建筑的，不予补偿。当事人要求行政机关补偿其合法权益损失的，应予支持，但是在确定补偿数额时应区分合法建筑及违法建筑，准确确定补偿数额。

2. 征收补偿案件中的自由裁量权行使问题。自由裁量权的行使必须立足于案件事实、必须依法进行，实现使法律从一般公正转化为个别公正的目的。裁量行为的理由应是合理的，裁判结论需符合法律目的且合乎情理。如果被征收人与征收主体在签订补偿协议时存在欺诈行为，法院在酌定补偿数额时，要兼顾公共利益与个体利益，合理确定补偿数额。

3. 征收补偿案件中的事实认定问题。事实认定从本质上来说是对有关案件事实的相关证据进行判断。司法过程中对案件事实的认定建立在双方当事人所提供的证据基础之上。法官在对证据材料进行权衡判断时，应注意审查是否符合举证责任分配规则、当事人提供的证据是否具有证据能力，并对证

据的证明力作出判断。

4. 征收案件中的事实认定问题。已为发生法律效力的裁判所确认的基本事实，在当事人无相反证据足以推翻的情况下，属于免证事实。预决事实已经为法院经正当证明程序所查明，客观上没有再次证明的必要，且生效裁判具有法律约束力，因而法院认定事实时应当以生效文书载明的内容为准。

第十一节　对强制搬迁案件的证据审查

一、"裁执分离"制度

按照《征补条例》第二十八条的规定，房屋征收补偿决定由人民法院强制执行。《强制执行补偿决定案件规定》第九条规定："人民法院裁定准予执行的，一般由作出征收补偿决定的市、县级人民政府组织实施，也可以由人民法院执行。"该条规定所体现的就是人民法院的"裁执分离"制度。

所谓"裁执分离"，是指作出裁决的机关（机构）与执行裁决的机关（机构）应当分离，即不能由同一机关（机构）既行使裁决权又行使执行权，从而体现权力的监督与制约，防止权力的滥用，杜绝或减少对行政相对人合法权益的侵害。在房屋征收补偿决定的强制执行方面，"裁执分离"主要体现为两种情形：

一是根据《征补条例》的规定，被征收人在法定期限内不申请行政复议或者不提起行政诉讼，在补偿决定规定的期限内又不搬迁的，由作出房屋征收决定的市、县级人民政府依法申请人民法院强制执行。也就是说，作出房屋征收决定的市、县级人民政府不能自行决定强制执行，而必须依法向人民法院提出申请，由人民法院审查后作出是否准予执行的裁定。这一规定的意义在于征收补偿决定的合法性、正当性需要受到司法机关的监督，经人民法院审查确认合法有效的，才能进入执行程序。

二是就人民法院内设机构而言，行政机关申请法院强制执行其作出的行政行为的，由行政审判庭进行审查并作出裁定，需要由人民法院强制执行的，由人民法院的执行机构组织实施。

《执行补偿决定案件规定》明确了人民法院裁定准予执行的，一般由作出征收补偿决定的市、县级人民政府组织实施。是从现实可行性出发，经有关国家机关反复协商后形成的共识，符合"裁执分离"的司法改革基本方向。同时，在个别例外情形下，人民法院认为自身有足够能力实施时，也可以依照《执行补偿决定案件规定》的相关规定由人民法院执行。

二、对强制执行证据的审查重点

人民法院审查市、县级人民政府申请强制执行的证据重点是：

1. 确定市、县级人民政府已经依法作出了房屋征收补偿决定，同时要对该补偿决定进行审查，审查的重点是看房屋征收补偿决定是否存在重大明显的违法情形，包括：

（1）作出房屋征收补偿决定的证据是否充分，是否缺乏事实根据；

（2）作出房屋征收补偿决定所适用的法律、法规及规章是否有效；

（3）作出房屋征收补偿决定的程序是否合法；

（4）作出房屋征收补偿决定时是否存在超越职权或滥用职权的行为。

2. 确定被征收人在法定期限内没有申请行政复议也没有提起行政诉讼。

3. 确定被征收人在补偿决定规定的期限内不履行搬迁义务。

4. 确定市、县级人民政府提交的书面强制执行申请书附有补偿金额和专户存储账号、产权调换房屋和周转用房的地点和面积证据材料。

三、不予执行的情形

根据《行政诉讼法》和《关于坚决防止土地征收、房屋拆迁强制执行引发恶性事件的紧急通知》以及《执行补偿决定案件规定》的规定，被申请执行的房屋征收补偿决定有下列情形之一的，人民法院一律退回申请机关或裁定不予受理或裁定不准予执行：

1. 房屋征收补偿决定明显缺乏事实根据的，如征收补偿决定确定的货币补偿金额所依据的房地产价格评估报告存在违法情形的；

2. 房屋征收补偿决定明显缺乏法律、法规依据的；

3. 房屋征收补偿决定存在其他明显违法之处并损害被执行人合法权益的；

4. 房屋征收补偿决定明显不符合公平补偿原则，严重损害被执行人合法权益，或者使被执行人基本生活、生产经营条件没有保障的；

5. 房屋征收补偿决定明显违反行政目的，严重损害公共利益；

6. 房屋征收补偿决定严重违反法定程序或者正当程序；

7. 房屋征收补偿决定超越职权；

8. 房屋征收决定前未进行社会稳定风险评估的；

9. 房屋征收补偿决定补偿安置不到位或虽然合法但确有明显不合理及不宜执行情形的；

10. 法律、法规、规章等规定的其他不宜强制执行的情形。

四、审慎强制执行房屋补偿决定

房屋征收补偿事关人民群众切身利益和社会稳定大局，是社会高度关注的焦点问题，也是矛盾多发的领域。政府为了公共利益的需要有动用公权力对公民、法人或其他组织的财产进行征收或征用的权力，被征收人依法有获得补偿的权利。当市、县级人民政府向人民法院申请强制执行搬迁被征收人的房屋时，各级人民法院的领导和干警必须站在依法保护人民群众合法权益、维护社会和谐稳定、巩固党的执政地位和国家政权的高度，充分认识做好这项工作的极端重要性，将此作为坚持群众观点、贯彻群众路线的重要载体，以更加严格执法的信念、更加严谨审慎的态度、更加务实细致的方法，依法慎重处理好每一起强制执行案件，坚决反对和抵制以"服务大局"为名、行危害大局之实的一切错误观点和行为，坚决防止因强制执行违法或不当而导致矛盾激化、引发恶性事件。

第十二节　最高人民法院公布的征收拆迁典型案例及其典型意义

一、被告未在法定期限内提供证据须承担败诉的后果
——最高人民法院于2014年8月29日公布的第一批（十个）征收拆迁典型案例之：廖某某诉龙南县人民政府房屋强制拆迁案

【要点提示】本案强调作为政府的被告在行政诉讼中负有举证责任，如果未在法定期限内提供证据则视为没有证据，政府要承担败诉的法律后果。

2014年8月29日，最高人民法院公布人民法院征收拆迁十大案例，据介绍，这批案件均为2013年1月1日以后作出的生效裁判，涉及国有土地上房屋征收和违法建筑拆除，有的反映出个别行政机关侵害当事人补偿方式选择权、强制执行乱作为等程序违法问题，有的反映出行政机关核定评估标准低等实体违法问题以及在诉讼中怠于举证问题，这些行政行为有的被依法撤销，有的被确认违法，同时，也有合法行政行为经人民法院审查后判决维持。这批案件对于指导人民法院依法履行职责、统一裁判尺度、保障民生权益具有重要意义。

【基本案情】原告廖某某的房屋位于龙南县龙南镇龙洲村东胜围小组，2011年被告龙南县人民政府批复同意建设县第一人民医院，廖某某的房屋被纳入该建设项目拆迁范围。就拆迁安置补偿事宜，龙南县人民政府工作人员多次与廖某某进行协商，但因意见分歧较大未达成协议。2013年2月27日，龙南县国土及规划部门将廖某某的部分房屋认定为违章建筑，并下达自行拆除违建房屋的通知。同年3月，龙南县人民政府在未按照《行政强制法》的相关规定进行催告、未作出强制执行决定、未告知当事人诉权的情况下，组织相关部门对廖某某的违建房屋实施强制拆除，同时对拆迁范围内的合法房屋也进行了部分拆除，导致该房屋丧失正常使用功能。廖某某认为龙南县人

民政府强制拆除其房屋和毁坏财产的行为严重侵犯其合法权益，遂于 2013 年 7 月向赣州市中级人民法院提起了行政诉讼，请求法院确认龙南县人民政府拆除其房屋的行政行为违法。赣州市中级人民法院将该案移交安远县人民法院审理。安远县人民法院受理案件后，于法定期限内向龙南县人民政府送达了起诉状副本和举证通知书，但该人民政府在法定期限内只向法院提供了对廖某某违建房屋进行行政处罚的相关证据，没有提供强制拆除房屋行政行为的相关证据和依据。

【裁判结果】安远县人民法院认为，根据《行政诉讼法》第三十二条、第四十三条及《最高人民法院关于执行〈中华人民共和国行政诉讼法〉若干问题的解释》第二十六条之规定，被告对作出的具体行政行为负有举证责任，应当在收到起诉状副本之日起 10 日内提供作出具体行政行为时的证据，未提供的，应当认定该具体行政行为没有证据。本案被告龙南县人民政府在收到起诉状副本和举证通知书后，始终没有提交强制拆除房屋行为的证据，应认定被告强制拆除原告房屋的行政行为没有证据，不具有合法性。据此，依照《最高人民法院关于执行〈中华人民共和国行政诉讼法〉若干问题的解释》第五十七条第二款第（二）项之规定，确认龙南县人民政府拆除廖某某房屋的行政行为违法。

该判决生效后，廖某某于 2014 年 5 月向法院提起了行政赔偿诉讼。经安远县人民法院多次协调，最终促使廖某某与龙南县人民政府就违法行政行为造成的损失及拆除其全部房屋达成和解协议。廖某某撤回起诉，行政纠纷得以实质性解决。

【典型意义】本案的典型意义在于：凸显了行政诉讼中行政机关的举证责任和司法权威，对促进行政机关及其工作人员积极应诉，不断强化诉讼意识、证据意识和责任意识具有警示作用。法律和司法解释明确规定了行政机关在诉讼中的举证责任，不在法定期限提供证据，视为被诉行政行为没有证据，这是法院处理此类案件的法律底线。本案中，被告将原告的合法房屋在拆除违法建筑过程中一并拆除，在其后诉讼过程中又未能在法定期限内向法院提供据以证明其行为合法的证据，因此只能承担败诉后果。

二、合法的房地产估价报告是合法的征收补偿决定关键性证据

——最高人民法院于 2018 年 5 月 15 日公布的第二批（八个）征收拆迁典型案例之：谷某某、孟某某诉江苏省盐城市亭湖区人民政府房屋征收补偿决定案

【基本案情】2015 年 4 月 3 日，江苏省盐城市亭湖区人民政府（以下简称亭湖区政府）作出涉案青年路北侧地块建设项目房屋征收决定并予公告，同时公布了征收补偿实施方案，确定亭湖区住房和城乡建设局（以下简称亭湖区住建局）为房屋征收部门。谷某某、孟某某两人的房屋位于征收范围内。其后，亭湖区住建局公示了 4 家评估机构，并按法定方式予以确定。2015 年 4 月 21 日，该局公示了分户初步评估结果，并告知被征收人 10 日内可申请复估。后给两人留置送达了《房屋分户估价报告单》《装饰装潢评估明细表》《附属物评估明细表》，两人未书面申请复估。2016 年 7 月 26 日，该局向两人发出告知书，要求其选择补偿方式，逾期将提请亭湖区政府作出征收补偿决定。两人未在告知书指定期限内选择，也未提交书面意见。2016 年 10 月 10 日，亭湖区政府作出征收补偿决定书，经公证后向两人送达，且在征收范围内公示。两人不服，以亭湖区政府为被告提起行政诉讼，请求撤销上述征收补偿决定书。

【裁判结果】盐城市中级人民法院一审认为，亭湖区政府具有作出征收补偿决定的法定职权。在征收补偿过程中，亭湖区住建局在被征收人未协商选定评估机构的情况下，在公证机构的公证下于 2015 年 4 月 15 日通过抽签方式依法确定仁禾估价公司为评估机构。亭湖区政府根据谷某某、孟某某的户籍证明、房屋登记信息表等权属证明材料，确定被征收房屋权属、性质、用途及面积等，并将调查结果予以公示。涉案评估报告送达给谷某某、孟某某后，其未在法定期限内提出异议。亭湖区政府依据分户评估报告等材料，确定涉案房屋、装饰装潢、附属物的价值，并据此确定补偿金额，并无不当。征收部门其后书面告知两人有权选择补偿方式。在两人未在规定期限内选择的情形下，亭湖区政府为充分保障其居住权，根据亭湖区住建局的报请，按照征

收补偿方案作出房屋征收补偿决定,确定产权调换的补偿方式进行安置,依法向其送达。被诉决定认定事实清楚,适用法律、法规正确,程序合法,故判决驳回原告诉讼请求。一审宣判后,双方均未上诉。

【典型意义】"正义不仅要实现,而且要以看得见的方式实现。"科学合理的程序可以保障人民群众的知情权、参与权、陈述权和申辩权,促进实体公正。程序正当性在推进法治政府建设过程中具有独立的实践意义和理论价值,此既是党的十九大对加强权力监督与运行机制的基本要求,也是法治发展到一定阶段推进依法行政、建设法治政府的客观需要。《国有土地上房屋征收补偿条例》确立了征收补偿应当遵循决策民主、程序正当、结果公开原则,并对评估机构选择、评估过程运行、评估结果送达以及申请复估、申请鉴定等关键程序作了具有可操作性的明确规定。在房屋征收补偿过程中,行政机关不仅要做到实体合法,也必须做到程序正当。本案中,人民法院结合被诉征收补偿决定的形成过程,着重从评估机构的选定、评估事项的确定、评估报告的送达、评估异议以及补偿方式的选择等多个程序角度,分析了亭湖区政府征收全过程的程序正当性,进而肯定了安置补偿方式与结果的合法性。既强调被征收人享有的应受法律保障的程序与实体权利,也支持了本案行政机关采取的一系列正确做法,有力地发挥了司法监督作用,对于确立相关领域的审查范围和审查标准,维护公共利益具有示范意义。

三、形式和实体不符合规范要求的评估报告不能作为认定房屋征收补偿决定合法的证据

——最高人民法院于2018年5月15日公布的第二批(八个)征收拆迁典型案例之:吉林省永吉县龙达物资经销处诉永吉县政府房屋征收补偿案

【基本案情】2015年4月8日,吉林省永吉县人民政府(以下简称永吉县政府)作出房屋征收决定,决定对相关的棚户区实施改造,同日发布永政告字(2015)1号《房屋征收公告》并张贴于拆迁范围内的公告栏。永吉县龙达物资经销处(以下简称经销处)所在地段处于征收范围。2015年4月27

日至 29 日，永吉县房屋征收经办中心作出选定评估机构的实施方案，并于 4 月 30 日召开选定大会，确定改造项目的评估机构。2015 年 9 月 15 日，永吉县政府依据评估结果作出永政房征补（2015）3 号房屋征收补偿决定。经销处认为，该征收补偿决定存在认定事实不清、程序违法，评估机构的选定程序和适用依据不合法，评估价格明显低于市场价格等诸多问题，故以永吉县政府为被告诉至法院，请求判决撤销上述房屋征收补偿决定。

【裁判结果】吉林市中级人民法院一审认为，被诉房屋征收补偿决定依据的评估报告从形式要件看，分别存在没有评估师签字，未附带设备、资产明细或者说明，未标注或者释明被征收人申请复核评估的权利等不符合法定要求的形式问题；从实体内容看，在对被征收的附属物评估和资产、设备评估上均存在评估漏项的问题。上述评估报告明显缺乏客观性、公正性，不能作为被诉房屋征收补偿决定的合法依据。遂判决撤销被诉房屋征收补偿决定，责令永吉县政府 60 日内重新作出行政行为。永吉县政府不服提起上诉，吉林省高级人民法院二审以与一审相同的理由判决驳回上诉、维持原判。

【典型意义】在征收拆迁案件当中，评估报告作为确定征收补偿价值的核心证据，人民法院能否依法对其进行有效审查，已经在很大程度上决定着案件能否得到实质解决，被拆迁人的合法权益能否得到充分保障。本案中，人民法院对评估报告的审查是严格的、到位的，因而效果也是好的。在认定涉案评估报告存在遗漏评估设备、没有评估师的签字盖章、未附带资产设备的明细说明、未告知申请复核的评估权利等系列问题之后，对这些问题的性质作出评估，得出了两个结论。一是评估报告不具备合法的证据形式，不能如实地反映被征收人的财产情况。二是据此认定评估报告缺乏客观公正性、不具备合法效力。在上述论理基础上撤销了被诉房屋征收补偿决定并判令行政机关限期重作。本案对评估报告所进行的适度审查，可以作为此类案件的一种标杆。

第十五章
征收补偿协议案件问题解析与实务操作启示

行政协议也叫行政契约,是指行政机关为达到维护和实现公共利益,实现行政管理目标之目的,与相对人之间经过协商一致达成具有行政法上权利义务内容的协议。在行政协议法律关系中,行政主体并非以民事主体的身份而是行政主体的身份与行政相对人订立关于行政权利义务的协议,并以合同的方式来达到维护和实现公共利益的目的。在履行行政协议期间,行政主体享有行政优益权。

行政协议是现代行政法上较为新型且重要的一种行政管理手段。行政协议引进了公民参与国家行政的新途径。通过行政协议,普通公民可以以积极的权利方式直接参与实施行政职能特别是经济职能。行政协议的使用降低了行政机关对个人进行单方命令的行政安排,以协商的方式提出要求和义务便于相对人理解,进而接受和赞同从而减少因双方利益和目的的差异而带来的对立性,进而有利于化解矛盾,创造和谐社会。

土地和房屋征收补偿协议是法定的行政协议类型,其在实际工作中已得到大量的使用。由于我国自2015年5月方将行政协议纳入行政诉讼受案范围,其仍属探索和实践阶段,故其在实务中自然地引发了许多焦点、难点或疑点问题。笔者将在本章中对相关问题作详尽释解,供读者在实际工作中参考使用。

第一节 行政协议及相关问题解读

为依法公正、及时审理行政协议案件,根据《行政诉讼法》等法律的规定，结合行政审判工作实际，最高人民法院制定了《关于审理行政协议案件若干问题的规定》。该司法解释经 2019 年 11 月 12 日最高人民法院审判委员会第 1781 次会议通过，自 2020 年 1 月 1 日起施行。

《关于审理行政协议案件若干问题的规定》是在党的十九届四中全会胜利召开后，最高人民法院通过的又一部重要司法解释。这部司法解释的发布，对切实保障人民群众在行政协议中的合法权益、推进法治政府、诚信政府建设、优化法治化营商环境、提高政府行政治理能力、推进人民法院行政审判工作产生积极的、深远的影响。该司法解释全文共二十九条，主要内容包括：明确行政协议的定义和范围，切实保障行政协议当事人的合法权益；明确行政协议诉讼主体资格，保障当事人诉讼权利；坚持方便当事人诉讼的原则，确保减轻当事人的诉讼负担；坚持行政协议诉讼的全面管辖原则，确保案件公正审理；坚持对行政机关行使优益权行为的合法性审查，确保行政机关"法无授权不可为"原则落实；依法确认行政协议的效力，确保国家利益、社会公共利益和私人合法权益的平衡；坚持行政协议充分赔偿原则，确保行政协议当事人实体权益实现；规范行政协议案件的强制执行，确保国家利益、社会公共利益及时实现。

笔者根据《关于审理行政协议案件若干问题的规定》结合实际，对土地、房屋征收补偿协议涉及的相关问题解读如下：

一、行政协议的概念及其要素特征

《关于审理行政协议案件若干问题的规定》第一条规定："行政机关为了实现行政管理或者公共服务目标，与公民、法人或者其他组织协商订立的具有行政法上权利义务内容的协议，属于行政诉讼法第十二条第一款第十一项规定的行政协议。"

司法解释明确了行政协议的概念，即行政机关为了实现行政管理或者公共服务目标，与公民、法人或者其他组织协商订立的具有行政法上权利义务内容的协议，属于行政协议。用以区分行政协议与民事协议的四个关键要素是：（一）主体要素，即必须一方当事人为行政机关；（二）目的要素，即协议的订立必须是为了实现行政管理或者公共服务目标；（三）内容要素，即协议内容必须具有行政法上的权利义务内容；（四）意思要素，即协议双方当事人必须协商一致。实践中衡量一个协议是否属于行政协议应该从上述四个要素去判断，缺一不可。

二、行政协议案件的范围

依据《行政诉讼法》第十二条第十一项的规定，政府特许经营协议、土地、房屋征收补偿协议等协议属于行政协议范围。《关于审理行政协议案件若干问题的规定》第二条中增加了行政协议案件的类型，具体包括：矿业权等国有自然资源使用权出让协议；政府投资的保障性住房的租赁、买卖等协议；符合司法解释规定的政府与社会资本合作协议。同时，《关于审理行政协议案件若干问题的规定》第三条又明确排除了行政协议案件的两类协议，即"行政机关之间因公务协助等事由而订立的协议"和"行政机关与其工作人员订立的劳动人事协议"。

三、征收补偿行政协议的要素特征

新《土地管理法》第四十七条第一款和第四款分别规定："国家征收土地的，依照法定程序批准后，由县级以上地方人民政府予以公告并组织实施。""拟征收土地的所有权人、使用权人应当在公告规定期限内，持不动产权属证明材料办理补偿登记。县级以上地方人民政府应当组织有关部门测算并落实有关费用，保证足额到位，与拟征收土地的所有权人、使用权人就补偿、安置等签订协议；个别确实难以达成协议的，应当在申请征收土地时如实说明。"

《征补条例》第二十五条第一款规定："房屋征收部门与被征收人依照本条例的规定，就补偿方式、补偿金额和支付期限、用于产权调换房屋的地点和面积、搬迁费、临时安置费或者周转用房、停产停业损失、搬迁期限、过渡方式和过渡期限等事项，订立补偿协议。"

由于上述《土地管理法》和《征补条例》的条款涉及的土地、房屋征收补偿协议是由行政机关为实现公共利益与被征收人在充分协商的基础上自愿签订的具有行政法的权利义务内容的协议，故其是典型的行政协议。

四、征收补偿协议案件原告被告主体资格

（一）行政协议中利害关系人的原告资格

行政协议案件的原告不局限于民事合同的相对性原则。为了保证公平竞争权人在行政协议订立中的权益，规定了公平竞争权人的原告资格，即在参与招标、拍卖、挂牌等竞争性活动，认为行政机关应当依法与其订立行政协议但行政机关拒绝订立，或者认为行政机关与他人订立行政协议损害其合法权益的公民、法人或者其他组织，具有原告资格。为了保障被征收、征用人、公房承租人等弱势群体的实体权益，规定了用益物权人和公房承租人的原告资格，即认为征收征用补偿协议损害其合法权益的被征收征用土地、房屋等不动产的用益物权人、公房承租人，具有原告资格。

（二）行政协议案件的被告不具有反诉资格

法院受理行政协议案件后，被告就该协议的订立、履行、变更、终止等提起反诉的，人民法院不予准许。

（三）《关于审理行政协议案件若干问题的规定》增加行政协议案件的被告资格

因行政协议的订立、履行、变更、终止等产生纠纷，公民、法人或者其他组织作为原告，以行政机关为被告提起行政诉讼的，人民法院应当依法受理。因行政机关委托的组织订立的行政协议发生纠纷的，委托的行政机关是被告。

（四）土地、房屋被征收人具备房屋征收补偿协议案件的原告主体资格，受委托的征收实施单位签订的土地、房屋征收补偿协议引发行政诉讼的，委托的行政机关是被告

《征补条例》第五条规定："房屋征收部门可以委托房屋征收实施单位，承担房屋征收与补偿的具体工作。房屋征收实施单位不得以营利为目的。房

屋征收部门对房屋征收实施单位在委托范围内实施的房屋征收与补偿行为负责监督,并对其行为后果承担法律责任。"

《适用行诉法解释》第二十五条规定:"市、县级人民政府确定的房屋征收部门组织实施房屋征收与补偿工作过程中作出行政行为,被征收人不服提起诉讼的,以房屋征收部门为被告。征收实施单位受房屋征收部门委托,在委托范围内从事的行为,被征收人不服提起诉讼的,应当以房屋征收部门为被告。"显然,作为行政协议的当事人,土地和房屋的被征收人具备征收补偿行政协议纠纷案的原告主体资格。以行政委托为基础法律关系签订土地、房屋征收补偿协议引起行政诉讼的,行政委托人是被告。

五、征收补偿行政协议案件的管辖

《关于审理行政协议案件若干问题的规定》第七条规定:"当事人书面协议约定选择被告所在地、原告所在地、协议履行地、协议订立地、标的物所在地等与争议有实际联系地点的人民法院管辖的,人民法院从其约定,但违反级别管辖和专属管辖的除外。"

《行政诉讼法》第二十条规定:"因不动产提起的行政诉讼,由不动产所在地人民法院管辖。"《适用行诉法解释》第九条第一款规定:"……'因不动产提起的行政诉讼'是指因行政行为导致不动产物权变动而提起的诉讼。"由于土地、房屋征收补偿协议是自然资源管理部门、房屋征收部门或其委托的实施单位与被征收人签订的具有行政法权利义务内容的涉及不动产物权变动的行政协议,故,如土地、房屋征收补偿协议中约定行政协议争议由不动产所在地之外法院管辖的当属无效约定,即这类案件仍由不动产所在地人民法院管辖。

六、征收补偿协议案件的举证责任

(一)《关于审理行政协议案件若干问题的规定》明确了不同诉讼类型的举证责任

《关于审理行政协议案件若干问题的规定》第十条明确了不同诉讼类型的

举证责任：被告对于具有法定职权、履行法定程序、履行相应法定职责以及订立、履行、变更、解除行政协议等行为的合法性承担举证责任；原告主张撤销、解除行政协议的，对撤销、解除行政协议的事由承担举证责任；对行政协议是否履行发生争议的，由负有履行义务的当事人承担举证责任。

（二）自然资源主管部门、房屋征收部门对订立、履行、变更、解除房屋征收补偿协议的法定职权、法定程序及法定职责等的合法性承担举证责任

县级以上人民政府及其自然资源主管部门与集体土地的所有权人或使用权人签订、履行、变更、解除征地补偿协议的职权（职责）依据是新《土地管理法》第四十七条第四款的规定，即"拟征收土地的所有权人、使用权人应当在公告规定期限内，持不动产权属证明材料办理补偿登记。县级以上地方人民政府应当组织有关部门测算并落实有关费用，保证足额到位，与拟征收土地的所有权人、使用权人就补偿、安置等签订协议；个别确实难以达成协议的，应当在申请征收土地时如实说明。"房屋征收部门与被征收人签订、履行、变更、解除房屋征收补偿协议的法定职权（职责）的依据是《征补条例》第四条第二款的规定，即"市、县级人民政府确定的房屋征收部门（以下称房屋征收部门）组织实施本行政区域的房屋征收与补偿工作"及第二十五条的规定，即"房屋征收部门与被征收人依照本条例的规定，就补偿方式、补偿金额和支付期限、用于产权调换房屋的地点和面积、搬迁费、临时安置费或者周转用房、停产停业损失、搬迁期限、过渡方式和过渡期限等事项，订立补偿协议。补偿协议订立后，一方当事人不履行补偿协议约定的义务的，另一方当事人可以依法提起诉讼。"

由于征收集体土地的补偿安置协议涉及征收范围、土地现状、征收目的、补偿标准、安置方式和社会保障等内容，而这些内容均体现在征地补偿安置方案中，所以，作为行政机关的被告对制订和公布实施征地补偿安置方案的合法性负有举证责任。即应证明案涉的征地补偿安置方案是由具备法定职权的行政机关依据行政法律、法规的规定，履行了法定的程序后公布实施的。这些合法性的要素主要体现在新《土地管理法》第四十七条的第二款和第三款。

由于房屋征收补偿协议涉及补偿方式、补偿金额和支付期限、用于产权调换房屋的地点和面积、搬迁费、临时安置费或者周转用房、停产停业损失、搬迁期限、过渡方式和过渡期限等重要事项,而这些重要事项均体现在房屋征收决定中的房屋征收补偿方案中。所以,证明征收行为合法的责任在房屋征收部门。在应诉房屋征收补偿协议行政案件时房屋征收部门应向法院提交涉案的房屋征收决定和房屋征收补偿方案,最为重要的是要证明制订房屋征收补偿方案的职权、程序及依据具有合法性。其合法性的要素主要体现在《征补条例》的第八条、第九条、第十条、第十一条、第十二条和第十三条的规定中。

(三)因行使行政优益权变更或解除土地、房屋征收补偿行政协议的,被告对为公共利益所需的目的承担举证责任

行政协议诉讼既包括了行政机关行使行政优益权的行政诉讼,也包括了行政机关不依法履行、未按照约定履行协议义务的违约诉讼。在"请求判决撤销行政机关变更、解除行政协议的行政行为,或者确认该行政行为违法"的行政优益权诉讼中,作为被告的行政机关应证明其变更、解除行政协议的前提是为公共利益所需。为公共利益所需征收集体土地订立征地补偿安置协议的法律依据是新《土地管理法》第四十五条第一款的规定,即"为了公共利益的需要,有下列情形之一,确需征收农民集体所有的土地的,可以依法实施征收:(一)军事和外交需要用地的;(二)由政府组织实施的能源、交通、水利、通信、邮政等基础设施建设需要用地的;(三)由政府组织实施的科技、教育、文化、卫生、体育、生态环境和资源保护、防灾减灾、文物保护、社区综合服务、社会福利、市政公用、优抚安置、英烈保护等公共事业需要用地的;(四)由政府组织实施的扶贫搬迁、保障性安居工程建设需要用地的;(五)在土地利用总体规划确定的城镇建设用地范围内,经省级以上人民政府批准由县级以上地方人民政府组织实施的成片开发建设需要用地的;(六)法律规定为公共利益需要可以征收农民集体所有的土地的其他情形。"要证明订立征地补偿安置协议符合公共利益,就要提交为公共利益需要的建设活动应当"符合国民经济和社会发展规划、土地利用总体规划、城乡规划和专项规划"的证明性文件(证据)。涉及"扶贫搬迁、保障性安居工程建

设需要用地"和"成片开发建设用地"的还应提交已将上述建设活动纳入国民经济和社会发展年度计划的证明性文件（证据）。同时，对"成片开发建设"的要进一步提交符合国务院自然资源主管部门规定的标准的证明性文件（证据）。

在国有土地上的房屋征收与补偿活动中，市、县级人民政府确定的房屋征收部门与被征收人订立房屋征收补偿协议属于公共利益所需的法规依据是《征补条例》第八条的规定，即"为了保障国家安全、促进国民经济和社会发展等公共利益的需要，有下列情形之一，确需征收房屋的，由市、县级人民政府作出房屋征收决定：（一）国防和外交的需要；（二）由政府组织实施的能源、交通、水利等基础设施建设的需要；（三）由政府组织实施的科技、教育、文化、卫生、体育、环境和资源保护、防灾减灾、文物保护、社会福利、市政公用等公共事业的需要；（四）由政府组织实施的保障性安居工程建设的需要；（五）由政府依照城乡规划法有关规定组织实施的对危房集中、基础设施落后等地段进行旧城区改建的需要；（六）法律、行政法规规定的其他公共利益的需要。"要证明订立的房屋征收补偿协议符合公共利益，就要提交确需征收房屋的各项建设活动，应当符合国民经济和社会发展规划、土地利用总体规划、城乡规划和专项规划的证明性文件（证据）。属于保障性安居工程建设、旧城区改建的，还要提交该房屋征收的建设活动已纳入市、县级国民经济和社会发展年度计划的证明性文件（证据）。

七、征收补偿行政协议案件的审查范围与调解制度

《关于审理行政协议案件若干问题的规定》第十一条规定了行政协议案件的审查范围，第二十三条规定了行政协议案件的调解制度。

（一）对行政优益权行为的合法性审查

司法解释明确对被告订立、履行、变更、解除行政协议的行为是否具有法定职权、是否滥用职权、适用法律法规是否正确、是否遵守法定程序、是否明显不当、是否履行相应法定职责进行全面的合法性审查，不受原告诉讼请求的限制。

(二) 对行政违约行为的审查

原告认为被告未依法或者未按照约定履行行政协议的，人民法院应当针对其诉讼请求，对被告是否具有相应义务或者履行相应义务等进行审查。

(三) 人民法院审理土地、房屋征收补偿行政协议案件，可以依法进行调解

人民法院进行调解时，应当遵循自愿、合法原则，不得损害国家利益、社会公共利益和他人合法权益。

八、对履行行政协议行使行政优益权行为的裁判方式

《关于审理行政协议案件若干问题的规定》第十六条针对行政机关单方作出的变更、解除行政协议等行使优益权的行为，规定了不同的裁判方式：

1. 在履行行政协议过程中，被告行使行政优益权（在履行行政协议过程中，可能出现严重损害国家利益、社会公共利益的情形变更、解除行政协议）的行为违法（存在《行政诉讼法》第七十条规定情形）的，人民法院判决撤销或者部分撤销，并可以责令被告重新作出行政行为；被告行使行政优益权的行政行为违法，人民法院可以判决继续履行协议、采取补救措施；给原告造成损失的，判决被告予以赔偿。

2. 被告或者其他行政机关因国家利益、社会公共利益的需要依法行使行政职权，导致原告履行不能、履行费用明显增加或者遭受损失，原告请求判令被告给予补偿的，人民法院应予支持。

九、对行政协议的效力认定和处理

《关于审理行政协议案件若干问题的规定》第十二条、第十三条、第十四条、第十五条和第十七条对行政协议的无效认定、原告请求撤销、解除协议以及行政协议无效后的补偿或赔偿问题分别作出了规定：

1. 行政协议存在重大且明显违法情形的，人民法院应当确认行政协议无

效；人民法院可以适用民事法律规范确认行政协议无效；行政协议无效的原因在一审法庭辩论终结前消除的，人民法院可以确认行政协议有效。

2. 法律、行政法规规定应当经过其他机关批准等程序后生效的行政协议，在一审法庭辩论终结前未获得批准的，人民法院应当确定该协议不发生效力；行政协议约定被告负有履行批准程序等义务而被告未履行，原告要求被告承担赔偿责任的，人民法院应予支持。

3. 原告认为行政协议存在胁迫、欺诈、重大误解、显失公平等情形而请求撤销，人民法院经审理认为符合法律规定的可撤销情形的，可以依法判决撤销该协议。

4. 原告请求解除行政协议，人民法院认为符合约定或者法定解除情形且不损害国家利益、社会公共利益和他人合法权益的，可以判决解除该协议。

5. 行政协议无效、被撤销或者确定不发生效力后，当事人因行政协议取得的财产，人民法院应当判决予以返还；不能返还的，判决折价补偿。因被告的原因导致行政协议被确认无效或者被撤销，可以同时判决责令被告采取补救措施；给原告造成损失的，人民法院应当判决被告予以赔偿。

《最高人民法院第二巡回法庭建庭以来行政案件审理情况分析报告——以申请再审案件为核心（2015.01—2020.06）》中指出，以欺诈、胁迫的手段订立协议的效力问题。在行政协议中，一般情况下，无论是行政机关还是行政相对人以欺诈、胁迫手段签订的，如果协议损害了国家利益，而且行政机关采取"欺诈、胁迫手段"，完全违背了合法行政、良善行政的要求，属于"重大且明显"违法情形，因此此类行政协议一般属于无效协议。

十、对违反行政协议约定的判决

《关于审理行政协议案件若干问题的规定》明确行政协议的给付判决：被告未依法履行、未按照约定履行行政协议，人民法院可以依法判决被告继续履行，并明确继续履行的具体内容；被告无法履行或者继续履行无实际意义的，人民法院可以判决被告采取相应的补救措施；给原告造成损失的，判决被告予以赔偿。

《关于审理行政协议案件若干问题的规定》明确行政协议违约责任判决：原告要求按照约定的违约金条款或者定金条款予以赔偿的，人民法院应予支持。被告明确表示或者以自己的行为表明不履行行政协议义务，原告在履行期限届满之前向人民法院起诉请求其承担违约责任的，人民法院应予支持。

《关于审理行政协议案件若干问题的规定》明确行政协议案件中的诉讼类型转换判决：原告以被告违约为由请求人民法院判令其承担违约责任，人民法院经审理认为行政协议无效的，应当向原告释明，并根据原告变更后的诉讼请求判决确认行政协议无效；因被告的行为造成行政协议无效的，人民法院可以依法判决被告承担赔偿责任。原告经释明拒绝变更诉讼请求的，人民法院可以判决驳回其诉讼请求。

十一、行政协议的非诉强制执行

《关于审理行政协议案件若干问题的规定》第二十四条规定，行政机关认为行政相对人不依法和不依约履行行政协议的，可以向人民法院申请强制执行。主要包括两种情形：

1. 以行政机关作出的履行协议决定作为执行名义，向人民法院申请强制执行

如果行政协议的行政相对人未按照协议履行，行政机关可以作出相应的履行协议行政决定。如果相对人未申请行政复议或者提起行政诉讼，且仍不履行，协议内容具有可执行性的，行政机关可以将该行政决定作为执行名义向人民法院申请强制执行。如房屋征收部门依照《征补条例》与被征收人签订房屋征收补偿协议后，被征收人不履行搬迁义务的，房屋征收部门可报请作出房屋征收决定的市、县级人民政府作出履行房屋征收补偿协议的决定。如果被征收人对该履行协议的决定未申请行政复议或者提起行政诉讼且仍不履行的，则可向人民法院申请强制执行。

2. 以行政机关作出的处理决定作为执行名义，向人民法院申请强制执行

如果法律、行政法规规定行政机关对行政协议享有监督协议履行的职权，行政机关可以对不履行协议的行政相对人作出处理决定。如果行政机关依法

作出行政决定后，行政相对人未申请行政复议或者其他行政诉讼，且仍不履行，协议内容具有可执行性的，行政机关可以向人民法院申请强制执行。

十二、人民法院审理行政协议案件的法律适用

《关于审理行政协议案件若干问题的规定》规定：

1. 人民法院审理行政协议案件，可以参照适用民事法律规范关于民事合同的相关规定。当事人依据民事法律规范的规定行使履行抗辩权的，人民法院应予支持。

2. 公民、法人或者其他组织对行政机关不依法履行、未按照约定履行行政协议提起诉讼的，诉讼时效参照民事法律规范确定；对行政机关变更、解除行政协议等行政行为提起诉讼的，起诉期限依照行政诉讼法及其司法解释确定。

3. 人民法院审理行政协议案件，应当适用行政诉讼法的规定；行政诉讼法没有规定的，参照适用民事诉讼法的规定。

4. 人民法院审理行政协议案件，一般遵循实体从旧，程序从新原则。对于 2015 年 5 月 1 日之前订立的行政协议发生纠纷的，适用当时的法律、行政法规及司法解释；当时的法律、行政法规及司法解释没有规定的，可以适用行政诉讼法和本司法解释。

第二节　法院判例及其对实务操作的启示

一、与房屋实际权利人签订的征收补偿协议有效
——恩平金城实业发展有限公司诉广东省恩平市人民政府国有土地上房屋征收决定及征收补偿案

【裁判文书号】最高人民法院（2018）最高法行申2872号行政裁定书

【裁判要旨】原《物权法》第十四条（《民法典》第二百零九条第一款）规定，不动产物权的设立、变更、转让和消灭，依照法律规定应当登记的，自记载于不动产登记簿时发生效力。通常情况下，行政机关应当以登记于不动产登记簿上的权利人为被征收人进行征收补偿活动，对征收不动产相关行政行为提起行政诉讼，登记在不动产登记簿上的权利人才具有原告资格。但是，实施征收补偿、给予"利害关系人"原告资格的立法出发点，均是要对实际权利人的合法权益给予充分保护，而不是保护徒有虚名的名义权利人的"权利"，增加诉累，鼓励原产权人在民事活动中出尔反尔。因此，如果有证据证明，登记于不动产登记簿上的原产权人，出于真实意思表示，已经将不动产转让并交付受让人，受让人实际占有、使用不动产，成为不动产的实际权利人，且征收补偿过程中，原产权人未对被征收的不动产权属提出异议的，征收管理部门以实际权利人为被征收人，与之签订征收补偿安置协议，协议签订主体的确定并不违反法律规定。

在征收补偿行政程序完成后，原产权人未通过民事诉讼等法定途径依法确认其对被征收不动产的产权，仅仅以名义产权人身份提起行政诉讼的，实质上与不动产征收的相关行政行为不具有利害关系，没有原告资格。本案中，涉案土地、房屋确实一直登记在金城公司名下。但是，金城公司早在1995年就已经将涉案土地、房屋转让给吴某某，吴某某又于次年转让给黎某某、李

某。至 2011 年 6 月征收时，金城公司已经丧失对涉案土地、房产的占有、使用、收益等权利 16 年，且征收过程中，金城公司亦未对涉案土地、房屋提出权属异议。2012 年 6 月，恩城街道办与实际权利人黎某某、李某签署补偿协议后，金城公司在未先行对涉案土地、房屋权属问题提起民事诉讼的情况下，在对签订征收补偿协议行为的法律效力问题提起民事诉讼被终审裁定驳回起诉后，又直接对本案征收决定和补偿方案提起行政诉讼，应当不具有原告资格。据此，二审裁定驳回金城公司的起诉，处理结果亦无不当。

修改前的《行政诉讼法》第三十九条规定，公民、法人或者其他组织直接向人民法院提起诉讼的，应当在知道作出具体行政行为之日起三个月内提出。《征补条例》第十三条第一款规定，市、县级人民政府作出房屋征收决定后应当及时公告。公告应当载明征收补偿方案和行政复议、行政诉讼权利等事项。参照《最高人民法院关于审理涉及农村集体土地行政案件若干问题的规定》第九条和《国务院法制办公室关于认定被征地农民"知道"征收土地决定有关问题的意见》第二条规定，行政决定以公告方式送达的，起诉期限自公告确定的期限届满之日起计算；公告没有确定期限的，可以视为申请人自公告张贴之日起满 10 个工作日起知道行政决定的内容。也就是说，行政机关根据法律、法规规定，以公告方式发布行政决定内容，且公告一并告知利害关系人申请行政复议、提起行政诉讼的权利和期限的，自公告期限届满之日，视为所有的利害关系人已经知道行政决定的内容；公告未明确公告期限的，自公告之日起满 10 个工作日，视为所有利害关系人已经知道行政决定的内容。所有利害关系人的起诉期限，自知道行政决定的内容之日起开始计算。本案中，被诉征收决定和补偿方案于 2011 年 6 月 17 日由恩平市政府依法以公告方式向社会发布，公告告知所有利害关系人诉权和起诉期限，但未明确公告期限，自发布之日 10 个工作日，也就是 2011 年 7 月 4 日起，视为所有利害关系人知道被诉征收决定和补偿方案的内容，开始计算利害关系人的起诉期限。3 个月法定期限届满，因 10 月 4 日为"十一"法定节假日期间，延长至长假后的第一个工作日，即 2011 年 10 月 8 日，所有利害关系人的法定起诉期限届满。金城公司于 2016 年 7 月 15 日提起本案诉讼，显然已经远远超过法定起诉期限。二审以超过法定起诉期限为由，裁定驳回金城公司的起诉，结果并无不当。

【实务操作启示】 通常情况下，行政机关应当以登记于不动产登记簿上的权利人为被征收人进行征收补偿活动，对征收不动产相关行政行为提起行政诉讼，登记在不动产登记簿上的权利人才具有原告资格。如果有证据证明，登记于不动产登记簿上的原产权人，出于真实意思表示，已经将不动产转让并交付受让人，受让人实际占有、使用不动产，成为不动产的实际权利人，且征收补偿过程中，原产权人未对被征收的不动产权属提出异议的，征收管理部门以实际权利人为被征收人，与之签订征收补偿安置协议，协议签订主体的确定并不违反法律规定。

二、征收决定违法不影响征收补偿协议的效力
—— 孙某某等人诉合肥市包河区人民政府行政协议案

【裁判文书号】 最高人民法院（2017）最高法行申5946号行政裁定书

【裁判要旨】 征地拆迁中，征收决定可能会被确认为违法，这是对征收决定合法性的一种否定性评价，但不改变征收决定所形成的法律关系，其后依此征收决定形成的房屋征收补偿安置协议书仍然具有法律效力，其原因在于征收决定或者不具有可撤销内容，或者撤销征收决定将会给国家利益或者公共利益造成重大损失。故有关各方当事人仍然应诚信依约履行。

【实务操作启示】 在实际工作中，如建设项目房屋征收决定涉诉被确认违法但没有被撤销，则征收行为继续有效，之后的补偿行为包括订立的补偿协议或作出的补偿决定都不因征收决定违法而导致无效。

三、行政协议的效力认定标准
—— 丁某甲、丁某乙、王某某诉弋江区政府土地行政协议案

【裁判文书号】 最高人民法院（2019）最高法行申10466号行政裁定书

【裁判要旨】 因行政协议是一类特殊类型的行政行为，对行政协议效力的判断首先应当适用行政诉讼法关于无效行政行为的规定。同时行政协议作为

体现双方合议的产物，又可在不违反行政诉讼法的情况下适用民事法律规范中关于合同效力的规定。《行政诉讼法》第七十五条规定："行政行为有实施主体不具有行政主体资格或者没有依据等重大且明显违法情形，原告申请确认行政行为无效的，人民法院判决确认无效。"原《合同法》第五十二条规定："有下列情形之一的，合同无效：（一）一方以欺诈、胁迫的手段订立合同，损害国家利益；（二）恶意串通，损害国家、集体或者第三人利益；（三）以合法形式掩盖非法目的；（四）损害社会公共利益；（五）违反法律、行政法规的强制性规定。"对于《行政诉讼法》第七十五条"重大且明显"的理解，《最高人民法院关于适用〈中华人民共和国行政诉讼法〉的解释》规定了四种情形：行政行为实施主体不具有行政主体资格；减损权利或者增加义务的行政行为没有法律规范依据；行政行为的内容客观上不可能实施；其他重大且明显违法的情形。在对行政协议的效力进行审查时，要对依法行政、保护相对人信赖利益、诚实信用、意思自治等基本原则进行利益衡量，从维护契约自由、维持行政行为的安定性、保护行政相对人信赖利益的角度，慎重认定行政协议的效力。

【实务操作启示】 对行政协议效力的判断应先适用行政诉讼法关于无效行政行为的规定，之后，在不违反行政诉讼法的情况下适用民事法律规范中关于合同效力的规定。

四、严格限制行使行政优益权
——湖北草本工房饮料有限公司诉荆州经济技术开发区管理委员会、荆州市人民政府行政协议纠纷案

【裁判文书号】 最高人民法院（2017）最高法行申3564号行政裁定书

【裁判要旨】 行政协议虽然与行政机关单方作出的行政行为一样，都是为了实现公共利益或者行政管理目标，但与单方行政行为不同的是，它是一种双方行为，是行政机关和行政相对人通过平等协商，以协议方式设立、变更或者消灭某种行政法上的权利义务的行为。行政协议既保留了行政行为的属性，又采用了合同的方式，由这种双重混合特征所决定，一方面，行政机关

应当与协议相对方平等协商订立协议；协议一旦订立，双方都要依照协议的约定履行各自的义务；当出现纠纷时，也要首先根据协议的约定在原《合同法》的框架内主张权利。另一方面，"协商订立"不代表行政相对人与行政机关是一种完全平等的法律关系。法律虽然允许行政机关与行政相对人缔结协议，但仍应坚持依法行政，不能借由行政协议扩大法定的活动空间。法律也允许行政机关享有一定的行政优益权，当继续履行协议会影响公共利益或者行政管理目标实现时，行政机关可以单方变更、解除行政协议，不必经过双方的意思合致。

行政机关既然选择以缔结行政协议的方式"替代"单方行政行为，则应于缔结协议后，切实避免再以单方行政行为径令协议相对方无条件接受权利义务变动。如果出尔反尔，不仅显失公平，亦违背双方当初以行政协议而不是单方行政行为来形塑当事人之间法律关系的合意基础。固然，基于行政协议和行政管理的公共利益目的，应当赋予行政机关一定的单方变更权或解除权，但这种行政优益权的行使，通常须受到严格限制。首先，必须是为了防止或除去对于公共利益的重大危害；其次，当作出单方调整或者单方解除时，应当对公共利益的具体情形作出释明；再次，单方调整须符合比例原则，将由此带来的副作用降到最低；最后，应当对相对人由此造成的损失依法或者依约给予相应补偿。尤为关键的是，行政优益权是行政机关在原《合同法》的框架之外作出的单方处置，也就是说，行政协议本来能够依照约定继续履行，只是出于公共利益考虑才人为地予以变更或解除。如果是因为相对方违约致使合同目的不能实现，行政机关完全可以依照原《合同法》的规定或者合同的约定采取相应的措施，尚无行使行政优益权的必要。

【实务操作启示】行政协议虽然是当事人协商一致的结果，但并不代表行政相对人与行政机关是一种完全平等的法律关系。当继续履行行政协议会影响公共利益或者行政管理目标实现时，行政机关基于行政优益权可以单方变更、解除行政协议，不必经过双方同意。但行政机关行使行政优益权须受到严格限制，单方调整须符合比例原则，将由此带来的副作用降到最低。如果是因为相对方违约致使合同目的不能实现，行政机关完全可以依照原《合同法》的规定或者合同的约定采取相应的措施，则无行使行政优益权的必要。

五、行政机关可单方变更征收补偿协议

——宋某某、吕某某诉济宁市任城区人民政府南张街道办事处房屋征收补偿安置协议纠纷案

【裁判文书号】 山东省高级人民法院（2019）鲁行申953号行政裁定书

【裁判要旨】 本案争议的焦点问题是行政机关能否行使优益权，单方变更涉案补偿安置协议的相关内容。

《行政诉讼法》第十二条第（十一）项将行政机关违法变更、解除行政协议纳入行政诉讼受案范围，但法律、司法解释未对行政机关单方行使变更、解除权的条件进行明确规定。一般认为，行政机关对协议内容的单方变更、解除权只能在国家法律政策和协议基础事实发生变化，履行协议会给国家利益或者社会公共利益带来重大损失这一特定情形下才能行使。也就是说，行政机关单方变更、解除协议必须基于行政优益权，从而最大程度维护行政协议的稳定及行政机关的公信力。

《山东省行政程序规定》第一百零五条规定，行政合同在履行过程中，出现严重损害国家利益或者公共利益的重大情形，行政机关有权变更或者解除合同；由此给对方当事人造成损失的，应当予以补偿。本案中，被申请人与申请人签订补偿协议后，经审计部门审计，发现对申请人房屋补偿面积认定存在重大偏差，导致对申请人的房屋补偿面积存在计算方法有误，补偿安置标准超过其应得补偿标准，需要进行调整和变更。被申请人基于公共利益需要，向申请人作出关于变更涉案房屋征收补偿安置协议内容的决定，符合《山东省行政程序规定》第一百零五条的规定，且没有对申请人的利益造成损失。一、二审法院认为被申请人为公平公正执行拆迁补偿安置政策，基于公共利益需要，对申请人作出关于变更涉案房屋征收补偿安置协议相关内容的决定，是行政机关正当行使优益权作出的行政行为，符合法律规定，并无不当。

【实务操作启示】 房屋征收补偿协议存在认定面积有重大偏差、补偿金额有误，导致国有资产流失时，行政机关有权行使行政优益权，单方作出变更

房屋征收补偿协议的决定。

六、违背真实意思的行政协议应予撤销

——最高人民法院于 2019 年 12 月 10 日发布的《关于审理行政协议案件若干问题的规定》参考案例之：王某某诉江苏省仪征枣林湾旅游度假区管理办公室房屋搬迁协议案

【基本案情】为加快铜山小镇项目建设，改善农民居住环境，推进城乡一体化建设和枣林湾旅游产业的发展，2017 年，原仪征市铜山办事处（现隶属于省政府批准成立的江苏省仪征枣林湾旅游度假区管理办公室）决定对包括铜山村在内的部分民居实施协议搬迁，王某某所有的位于铜山村王营组 12 号的房屋在本次搬迁范围内。2017 年 8 月 4 日早晨，仪征市真诚房屋拆迁服务有限公司工作人员一行到王某某家中商谈搬迁补偿安置事宜。2017 年 8 月 5 日凌晨一点三十分左右，王某某在本案被诉的《铜山体育建设特色镇项目房屋搬迁协议》上签字，同时在《房屋拆除通知单》上签字。2017 年 8 月 5 日凌晨五点二十分，王某某被送至南京鼓楼医院集团仪征医院直至 8 月 21 日出院，入院诊断为"1. 多处软组织挫伤……"因认为签订协议时遭到了胁迫，王某某于 2017 年 9 月 19 日向扬州市中级人民法院提起诉讼。

【裁判结果】扬州市中级人民法院一审认为，行政协议兼具单方意思与协商一致的双重属性，对行政协议的效力审查自然应当包含合法性和合约性两个方面。根据原《合同法》第五十四条第二款规定，一方以欺诈、胁迫的手段或者乘人之危，使对方在违背真实意思的情况下订立的合同，受损害方有权请求人民法院或者仲裁机构予以变更或撤销。在签订本案被诉的搬迁协议过程中，虽无直接证据证明相关拆迁人员对王某某采用了暴力、胁迫等手段，但考虑到协商的时间正处于盛夏的 8 月 4 日，王某某的年龄已近 70 岁，协商的时间跨度从早晨一直延续至第二日凌晨一点三十分左右等，综合以上因素，难以肯定王某某在签订搬迁协议时系其真实意思表示，亦有违行政程序正当原则。据此，判决撤销本案被诉的房屋搬迁协议。双方当事人未上诉。

【实务操作启示】订立房屋征收补偿搬迁协议在遵守行政法法律、法规的

同时亦不得违反民事法律规范的规定，否则，即便订立的行政协议在形式上是真实的，也不能避免因签订协议时存在欺诈、胁迫的手段或乘人之危的违法情形而被判撤销。

七、签订空白补偿协议拆除房屋被判采取补救措施

——最高人民法院于2019年12月10日发布的《关于审理行政协议案件若干问题的规定》参考案例之：金华市光跃商贸有限公司诉金华市金东区人民政府拆迁行政合同案

【基本案情】2017年3月4日，原告金华市光跃商贸有限公司法定代表人严某某与被告金华市金东区人民政府设立的多湖中央商务区征迁指挥部签订《多湖中央商务区金华市光跃商贸有限公司房屋及土地收购货币补偿协议》一份，原告同意多湖中央商务区征迁指挥部收购其所有的坐落于金华市金东区浮桥东路88号华丰市场综合楼的房屋。但双方未就房屋的性质、面积及收购的补偿金额等内容进行约定。同日，原告法定代表人严某某作出书面承诺，承诺其本人会积极响应多湖中央商务区开发建设，同意先行拆除华丰市场所有建筑物，自愿承担先行拆除的所有法律效果。次日，多湖中央商务区征迁指挥部对原告所有的华丰市场综合楼实施了拆除。之后，因被收购房屋性质为商业用地、土地性质为工业用地，双方对适用何种补偿标准有争议，一直未就补偿金额协商一致。故原告起诉请求确认《多湖中央商务区金华市光跃商贸有限公司房屋与土地收购货币补偿协议》无效，请求被告恢复原状并赔偿损失或按现行同类附近房地产价格赔偿原告损失。

【裁判结果】经浙江省金华市中级人民法院一审，浙江省高级人民法院二审认为，建立在平等、自愿、等价、有偿基础上的收购协议，在一定层面上有利于提高旧城改造的效率，并有助于通过合理的价格来对房屋所有权人给予更加充分更加及时的补偿安置，具有现实合理性和可行性。对于原告同意收购、承诺可以先行拆除再行协商补偿款项并已实际预支部分补偿款、行政机关愿意对房屋所有权人进行公平合理的并不低于当时当地同区位同类房屋市场评估价格的补偿安置，且不存在原合同法第五十二条等规定的以欺诈、

胁迫等手段签订收购协议情形的，不宜完全否定此种收购协议的合法性。故对原告事后要求确认该协议无效的请求，不予支持。同时鉴于协议约定的房屋已被拆除，对原告要求恢复房屋原状的请求，亦不予支持。对于涉案房屋的损失补偿问题，被告应采取补救措施，协商不成的，被告应及时作出补偿的处理意见。遂判决责令被告于本判决生效之日起三个月内对原告所有的案涉房屋的损失采取补救措施；驳回其他诉讼请求。

【实务操作启示】 行政机关采用签订空白房地产收购补偿协议的方式拆除房屋后，应及时对被征收人进行补偿。在征收当事人未能订立补偿协议的情况下，行政机关应及时作出补偿决定。因为，征收评估的时点是房屋征收决定公告之日，拖延时间过长很可能要加大补偿力度，对此，在实务操作时必须引起重视。

八、审理行政协议应对其合法性进行全面审查

——最高人民法院于2019年12月10日发布的《关于审理行政协议案件若干问题的规定》参考案例之：安吉展鹏金属精密铸造厂诉安吉县人民政府搬迁行政协议案

【基本案情】 2012年5月18日，中共安吉县委办公室、安吉县人民政府办公室印发安委办［2012］61号文件设立安吉临港经济区管理委员会（以下简称临港管委会）。2013年12月30日，安吉县编制委员会发文撤销临港管委会。2015年11月18日，湖州振新资产评估有限公司接受临港管委会委托对安吉展鹏金属精密铸造厂（以下简称展鹏铸造厂）进行资产评估，并出具《资产评估报告书》，评估目的是拆迁补偿。2016年1月22日，临港管委会与展鹏铸造厂就企业搬迁安置达成《企业搬迁补偿协议书》，约定临港管委会按货币形式安置，搬迁补偿总额合计1131650元。协议签订后，合同双方均依约履行各自义务，2017年7月12日，展鹏铸造厂以安吉县人民政府为被告提起诉讼，请求判令被告作出的《企业搬迁补偿协议书》的具体行政行为违法应予以撤销，并责令依法与其重新签订拆迁补偿协议。

【裁判结果】 经湖州市中级人民法院一审、浙江省高级人民法院二审认

为，行政协议既有行政性又有契约性。基于行政协议的双重性特点，在行政协议案件司法审查中应坚持对行政机关行政协议行为全程监督原则、双重审查双重裁判原则。在具体的审查过程中，既要审查行政协议的契约效力性，又要审查行政协议行为特别是订立、履行、变更、解除行政协议等行为的合法性。本案中，临港管委会系由安吉县人民政府等以规范性文件设立并赋予相应职能的机构，其不具有独立承担法律责任的能力，无权以自己的名义对外实施行政行为，该管委会被撤销后，更无权实施签约行为。虽然安吉县人民政府追认该协议的效力，并不能改变临港管委会签订涉案补偿协议行为违法的事实。但是，涉案补偿协议系双方基于真实意思表示自愿达成，且已经实际履行完毕，补偿协议的内容未并损害展鹏铸造厂的合法补偿权益，在安吉县人民政府对涉案补偿协议予以追认的情况下，协议效力应予保留。故判决确认安吉县人民政府等设立的临港管委会与展鹏铸造厂签订案涉协议的行为违法；驳回展鹏铸造厂要求撤销案涉协议并依法与其重新签订拆迁补偿协议的诉讼请求。

【实务操作启示】行政协议虽然存在无效的情形但未必会被撤销。当行政协议涉及的合法权益没有受到损害时人民法院不会支持行政相对人的关于赔偿或补偿的诉讼请求。

九、违法的行政协议无效

——最高人民法院于2019年12月10日发布《关于审理行政协议案件若干问题的规定》参考案例之：徐某某诉安丘市人民政府房屋补偿安置协议案

【基本案情】1993年12月，徐某某以非本村集体经济组织成员身份在王五里村购得一处宅基地，并盖有占地2间房屋的二层楼房。2013年，安丘市人民政府设立指挥部，对包括徐某某房屋所在的王五里村实施旧村改造，并公布安置补偿政策为："……房屋产权调换：每处3间以上的合法宅基地房屋在小区内安置调换200平方米楼房，分别选择一套80平方米、一套120平方米的十二层以下小高层楼房；2间以下的安置一套100平方米的小高层楼房。

实际面积超出或不足部分，按安置价找差……"同年 8 月 5 日，指挥部与徐某某签订《产权调换补偿协议书》，该协议第二条约定的补偿方式为"徐某某选择住宅楼回迁，选择住宅楼两套均为十二层以下小高层，户型以 120 平方米和 80 平方米户型设计……"协议签订后，徐某某领取房屋及地上附着物补偿款、临时安置费、搬迁费等共计 152984 元。2017 年 7 月，指挥部交付徐某某一套 100 平方米楼房安置。对此，相关部门答复称"根据当时的拆迁政策，徐某某只能享受 100 平方米安置房一套。"徐某某不服，遂起诉请求判令安丘市人民政府继续履行《产权调换补偿协议书》，交付剩余的 100 平方米楼房。

【裁判结果】潍坊市中级人民法院一审认为，根据行政诉讼法第七十五条的规定，行政行为有实施主体不具有行政主体资格或者没有依据等重大且明显违法情形的，人民法院判决确认无效。本案中，安丘市人民政府作为旧城改造项目的法定实施主体，制定了安置补偿政策的具体标准，该标准构成签订安置补偿协议的依据，而涉案《产权调换补偿协议书》关于给徐某某两套回迁安置房的约定条款严重突破了安置补偿政策，应当视为该约定内容没有依据，属于无效情形。同时考虑到签订涉案协议的目的是改善居民生活条件、实现社会公共利益，如果徐某某依据违反拆迁政策的协议条款再获得 100 平方米的安置房，势必增加政府在旧村改造项目中的公共支出，侵犯整个片区的补偿安置秩序，损害社会公共利益。因此，根据原《合同法》第五十二条的规定，涉案争议条款关于给徐某某两套回迁安置房的约定不符合协议目的，损害社会公共利益，亦应无效。故徐某某在按照安置补偿政策已获得相应补偿的情况下，其再要求安丘市人民政府交付剩余 100 平方米的安置楼房，缺乏事实和法律依据，人民法院遂判决驳回徐某某的诉讼请求。双方当事人未上诉。

【实务操作启示】签订房屋征收补偿协议所依据的房屋征收补偿方案具有"准法律"的效力。违反该方案规定标准签订的补偿协议可能会扰乱整个征收范围的补偿安置秩序，损害社会公共利益，故涉案协议会被认定为无效的行政协议。实务操作中，应严格按照补偿安置方案规定的标准作出房屋征收补偿决定。

第十六章
违法强制搬迁的法律责任

违法强制搬迁是指违反《征补条例》的规定,强制对被征收人实施搬迁的行为。其包括以下几种情形:被征收人未与房屋征收部门或征收实施单位签订征收补偿协议,征收人即组织对被征收人实施强制搬迁的行为;被征收人虽与房屋征收部门或征收实施单位签订了征收补偿协议,但征收人未经人民法院裁定准许即对被征收人实施强制搬迁的行为;征收人未对被征收人作出补偿决定或虽作出补偿决定,但征收人未经人民法院裁定准许即对被征收人实施强制搬迁的行为。违法强制搬迁是一种具有一定社会危害性的行为,其不但对被征收人合法财产权益构成侵害,而且在一定程度上对作为征收人的政府的形象构成不同程度的毁损,应依法予以强力制止。笔者在本章详细介绍《征补条例》对搬迁的规定和违法搬迁应承担的相关法律责任。

第一节 禁止违法强制搬迁

一、先补偿后搬迁原则

《征补条例》第二十七条第一款规定:"实施房屋征收应当先补偿、后搬迁。"先补偿中的"补偿"包括协议补偿和强制补偿两种情形。协议补偿,是指征收人和被征收人经过协商就房屋征收的补偿方式、补偿金额和支付期限、用于产权调换房屋的地点和面积、搬迁费、临时安置费或者周转用房、停产停业损失、搬迁期限、过渡方式和过渡期限等事项达成一致意见,自愿订立补偿协议，且履行该协议的情形。强制补偿，是指征收人与被征收人在房屋征收补偿方案所确定的期限内未达成补偿协议，经房屋征收部门申请，由市、县级人民政府就补偿事项作出房屋征收补偿决定的情形。符合以上这两种补偿情形的都属于"先补偿"。

"先补偿"要求易于操作，易于将方案落实到位。比如，补偿资金的支付，补偿资金必须已经专户储存，被征收人可以随时支取。实行房屋产权调换的，征收人已经准备好了房源，是现房的，被征收人随时可搬迁入住。是期房的，被征收人可以先搬进周转房内过渡，不使用政府提供的周转房的，征收人按标准按时支付临时安置费。待安置房竣工后交付入住。总之，先补偿、后搬迁的原则是要求补偿方案必须已经不折不扣地落实到位，否则不得搬迁。

过去的拆迁主体是单位，现在的征收主体是政府，两者具有本质区别。为确保民生，政府就应从保障广大民众的基本生存权利出发。在征收房屋所有权人的房屋时要补偿到位，然后方可采取合适的手段促使被征收人搬迁、腾房。所以，《征补条例》确立了先补偿、后搬迁的原则。

对此问题《浙江省国有土地上房屋征收与补偿条例》第三十四条规定的十分明确："实施房屋征收应当依照国务院房屋征收补偿条例的规定先补偿、后搬迁。被征收人搬迁后，房屋征收部门应当将房屋征收决定、补偿协议或者补偿决定以及被征收房屋清单提供给不动产登记机构，并告知被征收人申请被征收房屋所有权、土地使用权注销登记。被征收人未申请注销登记的，不动产登记机构应当依据房屋征收决定、补偿协议或者补偿决定办理房屋所有权、土地使用权注销登记，原权属证书收回或者公告作废。"

二、禁止非法逼迁

《征补条例》第二十七条第二款规定："任何单位和个人不得采取暴力、威胁或者违反规定中断供水、供热、供气、供电和道路通行等非法方式迫使被征收人搬迁。禁止建设单位参与搬迁活动。"

原《拆迁条例》规定的拆迁人不是政府，而是取得房屋拆迁许可证的单位，有些单位为使建设项目尽早开工，迫不及待地采取各种各样的手段逼迫被拆迁人搬迁。他们有时还雇用一些社会闲散人员甚至是黑社会参加到拆迁活动中来。这些人不惜采取诸如暴力、威胁或者断水、断电、断气、断路等非法方式迫使被拆迁人搬迁，造成了极坏的社会影响。

《征补条例》已经明确规定市、县级政府是恒定的房屋征收人，是征收补偿主体，是公共利益的代表。人民政府的本质决定了其不能也不应采取暴力、威胁或者违反规定中断供水、供热、供气、供电和道路通行等非法方式迫使被征收人搬迁。房屋征收实施单位是受政府委托开展房屋征收工作的，其必须在委托事项范围内开展工作，其行为代表政府，不得采取非法方式迫使被征收人搬迁。

需要注意的是，房屋征收之后要实施公共利益的项目建设，建设单位是企业，其不具有政府的职能。有时有些建设单位为尽早开工建设迫不及待地要插手房屋搬迁工作，这样就会出现与政府房屋征收补偿活动不协调的做法，房屋征收行为就会出现偏差。因此，《征补条例》明令禁止建设单位参与搬迁活动。

实施强制搬迁的前提就是由政府向人民法院递交强制执行申请，经法院审查裁定准予实施的政府方可组织实施强制搬迁。

需要指出的是，禁止采取"中断供水、供热、供气、供电和道路通行"的行为是指"违反规定"而为之的。当合法的主体履行了合法的程序之后，依法组织实施强制搬迁时会采取符合规定的"中断供水、供热、供气、供电和道路通行"等措施。

三、非法逼迁须承担法律责任

（一）行政赔偿责任

根据《国家赔偿法》第七条的规定："行政机关及其工作人员行使行政职权侵犯公民、法人和其他组织的合法权益造成损害的，该行政机关为赔偿义务机关。两个以上行政机关共同行使行政职权时侵犯公民、法人和其他组织的合法权益造成损害的，共同行使行政职权的行政机关为共同赔偿义务机关。

法律、法规授权的组织在行使授予的行政权力时侵犯公民、法人和其他组织的合法权益造成损害的，被授权的组织为赔偿义务机关。受行政机关委托的组织或者个人在行使受委托的行政权力时侵犯公民、法人和其他组织的合法权益造成损害的，委托的行政机关为赔偿义务机关。赔偿义务机关被撤销的，继续行使其职权的行政机关为赔偿义务机关；没有继续行使其职权的行政机关的，撤销该赔偿义务机关的行政机关为赔偿义务机关。"据此，当市、县级人民政府或房屋征收部门以及与房屋征收补偿工作有关的部门及其工作人员在房屋征收与补偿工作中违反《征补条例》以及相关法律、法规和规章的规定，实施职务行为，给行政相对人或利益相关人造成损失的，应依法承担行政赔偿责任。其中，房屋征收部门委托的房屋征收实施单位及其工作人员在受托权限内从事房屋征收与补偿工作，给行政相对人或利益相关人造成损失的，房屋征收部门所属的市、县级人民政府为赔偿义务机关。

（二）民事赔偿责任

如前所述，行为人采取"非法方式"的目的是逼迫被征收人搬迁，其行为是行政机关工作人员的职务行为。但如果行为人采取这些非法方式的目的不是迫使被征收人搬迁，而是行政机关工作人员出于个人目的实施的行为，譬如是为了讨要个人欠款或是因家庭或婚姻纠纷等问题而为之，那么其行为就不是职务行为，其对行为的后果要承担的就不是行政赔偿责任，而是民事赔偿责任或者是刑事责任。对此，我国《国家赔偿法》第五条规定，存在以下三种情形时国家不承担赔偿责任，即行政机关工作人员与行使职权无关的个人行为；因公民、法人和其他组织自己的行为致使损害发生的；法律规定的其他情形。

（三）刑事责任

采取暴力、威胁或者违反规定中断供水、供热、供气、供电和道路通行等非法方式迫使被征收人搬迁所导致的刑事犯罪主要指行为人有可能触犯《刑法》所规定的职务犯罪和侵犯公民人身权利和侵犯财产的犯罪。如果在房屋征收与搬迁过程中，工作人员使用暴力手段故意伤害被征收人身体的，则应当依照《刑法》的相关规定对其按照故意伤害罪定罪处罚。如果损害了被征收人的财物，数额较大或者有其他严重情节的，则以故意毁坏财物罪定罪处罚。

对尚未构成犯罪的，依法给予处分。原《公务员法》第五十三条规定："公务员必须遵守纪律，不得有下列行为……（三）玩忽职守，贻误工作……（九）滥用职权，侵害公民、法人或者其他组织的合法权益……"第五十五条规定："公务员因违法违纪应当承担纪律责任的，依照本法给予处分……"第五十六条规定："处分分为：警告、记过、记大过、降级、撤职、开除。"

（四）治安管理处罚责任

根据《治安管理处罚法》的规定，对扰乱公共秩序，妨害公共安全，侵犯人身权利、财产权利，妨害社会管理，具有社会危害性，依照《刑法》的规定构成犯罪的，依法追究刑事责任；尚不够刑事处罚的，由公安机关依照《治安管理处罚法》给予治安管理处罚。

据此，在房屋征收搬迁过程中，如果行为人采取非法方式侵犯了行政相对人或利益相关人的合法权益，具有一定的社会危害性但又不足以追究刑事责任，而构成违反治安管理行为的，则应由公安机关依法给予治安管理处罚。治安管理处罚的种类分为：警告；罚款；行政拘留等。

第二节　违法强制搬迁行政赔偿诉讼要点提示

一、行政赔偿与行政补偿程序的选择

《国家赔偿法》第九条规定，赔偿请求人要求赔偿，应当先向赔偿义务机关提出，也可以在申请行政复议或者提起行政诉讼时一并提出。第十四条规定，赔偿义务机关在规定期限内未作出是否赔偿的决定，赔偿请求人可以自期限届满之日起三个月内，向人民法院提起诉讼。赔偿请求人对赔偿的方式、项目、数额有异议的，或者赔偿义务机关作出不予赔偿决定的，赔偿请求人可以自赔偿义务机关作出赔偿或者不予赔偿决定之日起三个月内，向人民法院提起诉讼。

在行政行为被依法确认为违法并已经启动行政赔偿程序时，当事人不能

重复或者交叉运用救济手段,再行寻求行政补偿。行政行为被确认违法后,当事人提起行政赔偿诉讼无须经赔偿义务机关先行处理。行政行为已经人民法院生效裁判确认违法,当事人再行提起行政赔偿诉讼无须经过赔偿义务机关先行处理程序。对于国家赔偿法规定的单独提起赔偿请求和提起行政诉讼时一并提出赔偿请求的两种途径,当事人可以自由选择。

二、法官对赔偿数额有自由裁量权

《行政诉讼法》第三十八条第二款规定,在行政赔偿案件中,原告应当对行政行为造成的损害提供证据。因被告的原因导致原告无法举证的,由被告承担举证责任。《适用行诉法解释》第四十七条规定,在行政赔偿案件中,对于各方主张损失的价值无法认定的,应当由负有举证责任的一方当事人申请鉴定,负有举证责任的当事人拒绝申请鉴定的,由其承担不利的法律后果。就赔偿数额问题在原、被告无法举证或举证不充分、相关损失无法鉴定的情况下,人民法院应当结合当事人的主张和在案证据,遵循法官职业道德,运用逻辑推理和生活经验、生活常识等,酌情确定赔偿数额。

《最高人民法院第二巡回法庭建庭以来行政案件审理情况分析报告——以申请再审案件为核心(2015.01—2020.06)》中指出:"征收补偿案件中的自由裁量权行使问题。自由裁量权的行使必须立足于案件事实、必须依法进行,实现使法律从一般公正转化为个别公正的目的。裁量行为的理由应是合理的,裁判结论需符合法律目的且合乎情理。如果被征收人与征收主体在签订补偿协议时存在欺诈行为,法院在酌定补偿数额时,要兼顾公共利益与个体利益,合理确定补偿数额。"

三、违法强制搬迁的赔偿范围

《征补条例》第十七条规定:"作出房屋征收决定的市、县级人民政府对被征收人给予的补偿包括:(一)被征收房屋价值的补偿;(二)因征收房屋造成的搬迁、临时安置的补偿;(三)因征收房屋造成的停产停业损失的补偿。市、县级人民政府应当制定补助和奖励办法，对被征收人给予补助和奖励。"新《土地管理法实施条例》第二十六条中规定："需要征收土地，县级以上地方人民政府认为符合《土地管理法》第四十五条规定的，应当发布征收土地预公告，并开展拟征收土地现状调查和社会稳定风险评估……土地现状调查应当查明土地的位置、权属、地类、面积，以及农村村民住宅、其他地上附着物和青苗等的权属、种类、数量等情况……"据此，违法强制搬迁的赔偿范围应包括以下内容：

（一）被拆除房屋价值的赔偿

原告既可以选择按征收决定公告之日的市场评估价进行货币补偿，也有权要求进行房屋产权调换。具体赔偿数额则由赔偿标准决定，赔偿数额要确保被征收房屋的价值与类似房地产的市场价值相同或相似，以确保原告能够获得与被征收房屋价值基本相同的房屋，保障其生活水平不降低，居住条件有改善，进而维护政策的连续性和社会的稳定性。

《最高人民法院第二巡回法庭建庭以来行政案件审理情况分析报告——以申请再审案件为核心（2015.01—2020.06）》中指出："1. 强制拆除合法房屋的行政赔偿标准。因违法强制拆除合法房屋而引发的行政赔偿案件中，原告请求恢复原状依法不能支持而给予金钱赔偿时，确定赔偿标准时不应使赔偿请求人获得的行政赔偿低于因依法拆迁所应得到的补偿，亦不应低于赔偿时该地段类似房屋的市场价值。在不低于征收补偿标准的前提下，受损财产的价值评判可以一审裁判作出时为基准。确定赔偿具体数额，原则上应当依法委托评估机构确定。经调查，有证据证明征收补偿过程中政府委托评估确定的价格不低于赔偿时的市场价格的，人民法院也可以以该价格为基础，参照征收补偿方案规定的优惠政策，确定赔偿数额。2. 赔偿义务机关未及时赔偿应支付迟延期间的利息。利息是使用他人金钱时当然应该给付的对价，或者他人无法使用其金钱时当然发生的损失。为尽可能减少受害人的损失，赔偿义务机关应当及时履行赔偿义务，尽快支付违法赔偿金。若赔偿金不计付利息，会导致受害人的损失无法得到足额赔偿，亦不利于督促行政机关及时履行赔偿义务。在确定利息支付标准时，首先，国家赔偿法第三十六条第七项规定：返还执行的罚款或者罚金、追缴或者没收的金钱，解除冻结的存款或者汇款的，应当支付银行同期存款利息。《最高人民法院关于审理民事、行政诉讼中司法赔偿案件适用法律若干问题的解释》第十五条第一款规定：国家赔偿法第三十六条第七项规定的银行同期存款利息，以作出生效赔偿决定时中国人民银行公布的一年期人民币整存整取定期存款基准利率计算，不计算复利。参照上述规定，违法损害赔偿金应当以作出生效赔偿决定时中国人民银行公布的一年期人民币整存整取定期存款基准利率作为计付利息的标准。其次，当行政机关不能给付被征收人房屋实物时，只能以金钱赔偿代替恢复原状。在以一审裁判时作为计算损失基准时的情况下，被征收人获得的金钱赔偿数额已足以弥补自强制拆除房屋行为至判决时的损失，因此不能再判令行政机关支付此期间的利息。"

（二）搬迁费、临时安置费及室内装饰装修费损失赔偿

临时安置费是对原告于产权调换房屋交付前的过渡期限内，因自行租房所产生的损失或者增加费用的补偿。对于室内装饰、装修费的赔偿一般可附随于对被拆迁的房屋评估一并完成。如因强拆导致无法对室内装饰装修进行评估的，则可由法官通过行使自由裁量权来确定其数额。需要注意的是，一般来说很多案涉房屋征收补偿安置方案中对搬迁费、临时安置费甚至是室内装饰、装修费都规定有具体的标准，该标准可以作为赔偿的依据。

（三）物品损失赔偿

因行政机关违反法定程序，不依法公证或者不依法制作物品清单保存原告物品，致使原告难以履行举证责任。此时，如被告也无法举证证明物品实际损失数额的，法官则可根据当事人提供的现场照片、物品损失清单，并结合日常生活经验，考虑物品折旧等因素，对当事人的赔偿请求酌情作出合理判定。

对此问题，自2022年5月1日起施行的《最高人民法院关于审理行政赔偿案件若干问题的规定》（法释〔2022〕10号）中第十一条规定："行政赔偿诉讼中，原告应当对行政行为造成的损害提供证据；因被告的原因导致原告无法举证的，由被告承担举证责任。人民法院对于原告主张的生产和生活所必需物品的合理损失，应当予以支持；对于原告提出的超出生产和生活所必需的其他贵重物品、现金损失，可以结合案件相关证据予以认定。"

（四）停产停业损失赔偿

《征补条例》第十七条中规定，对停产停业损失的补偿是因征收房屋造成的。经营性用房遭遇违法强拆会产生停产停业损失，故应予赔偿。对于停产停业损失的赔偿数额，一般参照补偿标准确定。值得注意的是，各地对停产停业损失规定的补偿标准并不一致，大多要求具备被征收房屋属于非住宅的合法建筑、有合法有效的营业执照、办理税务登记并具有纳税凭证且正在开展生产经营活动、经营场所与被拆迁房屋一致等条件。

对于"停产停业期间必要的经常性费用开支"问题，《最高人民法院关于审理行政赔偿案件若干问题的规定》（法释〔2022〕10号）的第二十八条已有明确规定，即"下列损失属于国家赔偿法第三十六条第六项规定的'停产停业期间必要的经常性费用开支'：（一）必要留守职工的工资；（二）必须缴纳的税款、社会保险费；（三）应当缴纳的水电费、保管费、仓储费、承包费；（四）合理的房屋场地租金、设备租金、设备折旧费；（五）维系停产停业期间运营所需的其他基本开支。"

（五）奖励损失赔偿

一般来讲，享受奖励的条件都是"速签"，即在征收补偿方案中规定的签约期限内签订了征收补偿协议并交房搬迁则享受奖励政策。奖励标准随签约期限的不同而不等，原告未签约导致房屋被拆除，其本不符合奖励的条件。但是，在具体的违法搬迁行政赔偿案件中，对于某些违法情形，需结合行政机关违法行为类型及违法情节轻重，综合适用《国家赔偿法》和《征补条例》的规定，依法合理确定赔偿项目及数额，以确保当事人所得赔偿不应低于其依照案涉征收补偿方案可获得的补偿数额。对此问题，《最高人民法院关于审理行政赔偿案件若干问题的规定》（法释〔2022〕10号）中第二十七条第二款规定："违法征收征用土地、房屋，人民法院判决给予被征收人的行政赔偿，不得少于被征收人依法应当获得的安置补偿权益。"第二十九条规定："下列损失属于国家赔偿法第三十六条第八项规定的'直接损失'：（一）存款利息、贷款利息、现金利息；（二）机动车停运期间的营运损失；（三）通过行政补偿程序依法应当获得的奖励、补贴等；（四）对财产造成的其他实际损失。"在具体个案中，人民法院参照案涉的征收补偿方案，考虑原告的诉求,将搬迁奖励金纳入可赔偿的范围,不但有利于全面赔偿当事人损失,而且可以引导行政机关切实依法实施征收行为,同时,在一定程度上也体现了对被告违法行为的惩戒,由此,亦可充分地体现行政审判对行政机关的监督作用。

第三节 法院判例及其对实务操作的启示

一、强拆赔偿要体现对违法行为的惩戒性

——周某某诉浙江省湖州经济技术开发区管理委员会拆迁行政赔偿案

【裁判文书号】最高人民法院(2018)最高法行再163号行政赔偿判决书

【裁判要旨】行政机关基于合法行政行为造成他人损失产生的是补偿责任,反之因违法实施行政行为造成他人损害产生的是赔偿责任。行政赔偿是国家赔偿的一种形式。《国家赔偿法》规定"直接损失"的范围,除包括被拆建筑物重置成本损失外,还应当包括被拆迁人应享有的房屋拆迁安置补偿权益以及对动产造成的直接损失等,不仅包括既得财产利益的损失,还应当包括虽非既得但又必然可得的财产利益损失。也就是说,赔偿范围至少为被拆迁人按照拆迁补偿程序本可获得的全部补偿。

从切实保障被拆迁人应享有合法权益角度来看,行政机关仍有提供产权安置房或者支付拆迁安置赔偿金的义务,以保障被拆迁人的赔偿方式选择权,进而保障被拆迁人所享有的实际居住权益。

首先,为体现对违法拆除行为的惩戒,对被拆迁人的相应赔偿不应低于其原应得的相关拆迁安置补偿权益。其次,应当考量其他被拆迁户以及当地其他项目的类似补偿方式与标准、安置情况,全面考虑法律、行政法规以及相关政策规定的连续性、一致性和公平性。在不违反法律、法规禁止性规定的情况下,结合被拆迁人实际情况,尽可能给予被拆迁人必要、合理的照顾和安排,确保其享有的居住条件不降低、有改善。最后,人民法院针对赔偿

案件可以组织调解。如果难以达成一致意见，宜依照《国家赔偿法》有关规定及时作出赔偿决定。按照全面赔偿原则，对被拆迁人的合法权益全面及时、一次性地赔偿救济到位。

【实务操作启示】 违法强拆房屋的赔偿范围至少为被拆迁人按照拆迁补偿程序本可获得的全部补偿。赔偿方式包括支付货币赔偿金和提供安置房。赔偿标准要体现对违法拆除行为的惩戒并全面、及时一次性赔偿到位。

二、违法强拆已作出补偿决定的房屋不再支持赔偿诉求

——陈某某诉浙江省富阳市人民政府强制拆除房屋并请求赔偿案

【裁判文书号】 最高人民法院（2015）行监字第405号通知书

【裁判要旨】 浙江省富阳市人民政府未经法定程序强制拆除陈某某的房屋行为已被人民法院确认违法，但该房屋已被浙江省富阳市人民政府征收，且对陈某某的房屋已作出房屋征收补偿决定，陈某某的相关权益可以通过征收补偿程序得到补偿，陈某某再行提出通过国家赔偿程序解决房屋被违法拆除的损失，缺乏相应的事实根据和法律依据。原审判决驳回陈某某的赔偿请求并无不当。故决定不对该案提起再审。

【实务操作启示】 实务中，要注意作出补偿决定后的违法强拆和未作出补偿决定的违法强拆以及已订立补偿协议后的违法强拆的赔偿范围、方式、标准以及原则存在不同之处。未作补偿决定实施违法强拆的赔偿范围应全面且要体现对违法拆除行为的惩戒。赔偿方式包括货币补偿或提供安置房并可使被征收人按征收补偿方案获得奖励。作出补偿决定和订立补偿协议后的违法强拆赔偿要关注已明确过的补偿内容。尤其是要对超过补偿决定和协议的损失部分进行赔偿且要体现对强拆主体的惩戒。

三、未经法院裁定的强拆均违法

——于某某诉陕西省宝鸡市渭滨区人民政府行政强制拆除案

【裁判文书号】 最高人民法院（2018）最高法行申4205号行政裁定书

【裁判要旨】 无论是征收集体土地还是征收国有土地上的房屋，均应在完成补偿安置工作的情况下由行政机关申请人民法院强制执行，在获得法院的准许强制执行裁定前，行政机关没有直接强制拆除被征收房屋的权力。即使在被征收人已经依法得到安置补偿或者无正当理由拒绝接受安置补偿的情况下，征收机关若要实现强制搬迁和拆除，也必须按照法定程序申请人民法院强制执行。

政府征收作为物权变动的特殊形式，因征收决定的作出而直接导致物权变动。但需要特别注意的是，在征收补偿工作完成前，仍应保障被征收人对被征收房屋或者土地的合法占有权益，被征收人未获得安置补偿前，不能予以强制执行。即征收土地和房屋除应当遵循"无补偿则无征收"的原则外，还应当遵循"先补偿、后拆迁（执行）"的原则，否则，被征收人有权拒绝搬迁，征收机关也不能强制执行。

之所以明确"先补偿、后拆迁（执行）"原则，根本目的在于保障被征收人在土地或房屋被征收后，获得安置补偿前的基本生活或生产经营条件。一般而言，被征收人获得安置补偿包含两种情况：一是征收机关与被征收人就安置补偿达成一致并签订安置补偿协议，征收机关开始按照安置补偿协议主动履行相关义务；二是在与被征收人达不成协议的情况下，征收机关依据征地补偿安置方案依法作出补偿决定或补偿行为，即安置地点和面积已经明确，补偿款已经支付或者专户储存。实践中存在征收机关与被征收人达成安置补偿协议后，被征收人主动将土地或房屋交征收机关处理，征收机关据此采取的拆除行为不属于强制拆除范畴，该拆除行为的合法性和正当性是基于被征收人认可安置补偿后的自愿处分行为。

房屋征收补偿的过渡条款是房屋被拆除之后获得实际安置之前，双方当事人关于过渡方式、过渡期限和过渡费用的具体安排，不同于作为征收补偿主要内容的补偿方式、补偿金额、安置地点和面积等主要条款，过渡条款并不能从根本上保障被征收人的安置补偿权益，仅有过渡条款的过渡协议不能替代整体的安置补偿协议。过渡协议中约定的将房屋交由征收机关拆除的内容，必须与明确约定征收补偿主要条款的安置补偿协议结合后，方可作为征收机关拆除被征收房屋的合法依据，仅就过渡问题签订的过渡协议，即使协议中约定拆除房屋的内容，在征收机关完成安置补偿工作之前，也不能作为拆除被征收房屋的合法依据。

【实务操作启示】集体土地征收和国有土地上的房屋征收都应当遵循"先补偿、后拆迁（执行）"的原则，未经法院裁定准许的强拆行为均属违法。

四、违法强拆按"判决时"房屋周边房地产市场交易价格赔偿
——宋某某诉青岛市市南区人民政府行政赔偿案

【裁判文书号】山东省高级人民法院（2017）鲁行终911号行政赔偿判决书

【裁判要旨】房产作为关系当事人切身利益的重大个人财产，其市场价格随着时间变化会出现重大变化，人民法院在审理过程中应从实质保障被拆迁人居住利益的角度确定行政赔偿标准。

行政赔偿作出时的房产价格明显高于房屋被强拆时的价格以及征收过程中的评估价格，法院审理过程中如果以强拆时的房产价格或征收过程中的评估价格为标准予以赔偿不能保障当事人维持被强拆前的居住状况。法院以判决赔偿时的市场价格为标准予以赔偿能够保障当事人购买到与其之前居住状况相当的房屋，以此充分保障当事人的合法权益。

【实务操作启示】根据具体案情，法院会判令行政机关按照"判决时"房屋周边房地产市场交易价格赔偿被征收人的损失。

五、违法强拆原集体土地上房屋应关注的四个赔偿问题
——路某某诉山东省聊城市东昌府区人民政府行政赔偿案

【裁判文书号】山东省高级人民法院（2018）鲁行终652号行政赔偿判决书

【裁判要旨】在一个行政行为被依法确认为违法并已经启动行政赔偿程序时，当事人不能重复或者交叉运用救济手段，再行寻求行政补偿。因此，在征收拆迁范围内房屋被非法强制拆除后，原有的补偿问题可依法转化为赔偿

程序解决，人民法院应直接进行实体审理并就赔偿问题作出行政赔偿判决，无须另行通过征收补偿程序解决。

《最高人民法院关于审理涉及农村集体土地行政案件若干问题的规定》第十二条第二款规定："征收农村集体土地时未就被征收土地上的房屋及其他不动产进行安置补偿，补偿安置时房屋所在地已纳入城市规划区，土地权利人请求参照执行国有土地上房屋征收补偿标准的，人民法院一般应予支持，但应当扣除已经取得的土地补偿费。"《关于农村集体土地征用后地上房屋拆迁补偿有关问题的答复》指出："行政机关征用农村集体土地之后，被征用土地上的原农村居民对房屋仍享有所有权，房屋所在地已被纳入城市规划区的，应当参照《城市房屋拆迁管理条例》及有关规定，对房屋所有权人予以补偿安置。"最高人民法院上述司法解释和答复意见的精神实质是一致的，即在集体土地征收过程中，如果未同时对被征收的集体土地上的房屋进行征收补偿，经过若干时间后，原坐落于集体土地上的房屋所在区域已经被纳入城市规划区，基本实现了城镇化，此时再对原集体土地上的房屋实施征收，可以参照国有土地上房屋征收补偿标准予以安置补偿。司法解释之所以作如此规定，其目的在于避免同区域内原集体土地上房屋征收补偿标准低于国有土地上房屋征收补偿标准，充分保障原集体土地上房屋权利人的合法权益。

支付赔偿金以及返还财产、恢复原状均是国家赔偿的赔偿方式。被拆房屋系因旧城区改建而被拆除，如系依法进行的征收与拆除，被征收人既可以选择按征收决定公告之日的市场评估价进行货币补偿，也有权要求在改建地段或者就近地段选择类似房屋予以产权调换。在行政赔偿案件中，被征收人应当根据《国家赔偿法》第三十二条规定，以支付赔偿金为主要方式。为确保上诉人获得及时、公平、公正的救济，赋予被征收人既可以选择货币赔偿，也可以选择房屋安置的权利，最大限度地保障了被征收人获得国家赔偿的权益，符合国家赔偿法的立法精神。

因违法强制拆除引发的赔偿，为体现对违法征收和违法拆除行为的惩戒，并有效维护被征收人的合法权益，对被征收人房屋的赔偿不应低于因依法征收所应得到的补偿，即对被征收人房屋的赔偿，不应低于赔偿时改建地段或者就近地段类似房屋的市场价值。因征收决定公告时间与实际赔偿时间相隔过长，市场行情发生了很大变化，如果以征收决定公告时的市场价格予以赔偿，该赔偿标准显然对上诉人是不公平的，故以判决赔偿时被拆房屋周边房地产的市场价格予以评估和赔偿（法院可依职权委托评估，确定合理的评估时点为赔偿时点），体现了公平原则和充分赔偿的原则。

因行政机关违反正当程序，不依法公证或者依法制作物品清单，给被征收人履行举证责任造成困难的，且行政机关也无法举证证明实际损失金额的，人民法院可在被征收人就损失金额所提供证据能够初步证明其主张的情况下，依法作出认定。被征收人的室内物品因违法强拆行为灭失，在双方均对室内物品无法提供证据予以证明的情况下，被征收人合情合理的赔偿请求应当得到支持。法院可根据被征收人提供的物品清单，结合日常生活经验，考虑物品折旧等因素，合情合理进行酌定处理。

【实务操作启示】启动行政赔偿程序后无须再寻求行政补偿。集体土地上的房屋纳入城市规划区后可参照国有土地上房屋征收补偿标准予以安置补偿、对被拆房屋损失的赔偿方式包括货币补偿和产权调换。征收决定公告时间与实际赔偿时间相隔过长的应以判决赔偿时被拆房屋周边房地产的市场价格予以评估和赔偿，法院可行使自由裁量权判决对被拆房屋室内物品损失的赔偿数额。

六、赔偿应考虑房价上涨因素
——陈某某诉洛阳市人民政府行政赔偿案

【裁判文书号】最高人民法院（2014）行监字第148号行政裁定书

【裁判要旨】洛阳市人民政府组建的指挥部在2002年组织有关部门对陈某某房屋及附属物实施拆迁，违反法定程序，该强拆行为已被洛阳市中级人民法院（2004）洛行初字第11号行政判决确认违法。因此，对该拆迁行为给陈某某合法权益造成的损失，原审法院判决其承担相应的责任并无不当。但原审判决认为陈某某的房屋已被拆除，评估已失去客观条件，故参照《1997年拆迁安置补偿标准》确定陈某某房屋价值，显属不当。

洛阳市人民政府及相关职能部门，在2002年未依法将争议房屋性质确定为营业房,是双方未能就拆迁补偿安置达成一致、导致陈某某未能依法获得补偿安置的主要原因。陈某某自2002年房屋被拆除至今未得到公平合理的安置补偿,其中既有拆迁人中房公司未履行补偿安置责任的原因,也有洛阳市人民政府及相关职能部门未依法行政的原因。在房屋价格明显上涨且被拆迁人未及时获得合理补偿安置的前提下,一、二审判决洛阳市人民政府仅向陈某某支付按《1997年拆迁安置补偿标准》确定的拆迁补偿安置款,对陈某某明显有失公平。

陈某某配合拆迁工作,服从相关政府部门的要求,在未依法获得补偿安置的情况下,将房屋及附属物交由相关部门拆除,其自身并无过错,不应承担相应的损失。拆迁人中房公司和洛阳市人民政府及其职能部门有义务保证陈某某得到公平合理的补偿安置。陈某某有权要求根据拆迁当时有效的《城市房屋拆迁管理条例》第二十三条和第二十四条的规定,主张实行房屋产权调换或者要求根据被拆迁房屋的区位、用途、建筑面积等因素,通过房地产市场评估来确定货币补偿金额。如拆迁人中房公司和洛阳市人民政府无适当房屋进行产权调换,则应向陈某某支付生效判决作出时以同类房屋的房地产市场评估价格为标准的补偿款,以保证陈某某选择产权调换的权利。

【实务操作启示】对《拆迁条例》时期发生的违法强拆案件的赔偿处理如无适当房屋进行产权调换,则应向被拆迁人支付生效判决作出时以同类房屋的房地产市场评估价格为标准的补偿款,以被拆迁人选择产权调换的权利。

七、人民法院可推定强拆行为实施主体
——最高人民法院于2018年5月15日公布的第二批(八个)征收拆迁典型案例之:陆某某诉江苏省泰兴市人民政府济川街道办事处强制拆除案

【基本案情】陆某某在取得江苏省泰兴市泰兴镇(现济川街道)南郊村张堡二组138平方米的集体土地使用权并领取相关权证后,除了在该地块上出资建房外,还在房屋北侧未领取权证的空地上栽种树木,建设附着物。2015年12月9日上午,陆某某后院内的树木被人铲除,道路、墩柱及围栏被

人破坏，拆除物被运离现场。当时有济川街道办事处（以下简称街道办）的工作人员在场。此外，作为陆某某持有权证地块上房屋的动迁主体，街道办曾多次与其商谈房屋的动迁情况，其间也涉及房屋后院的搬迁事宜。陆某某认为，在无任何法律文书为依据、未征得其同意的情况下，街道办将后院拆除搬离的行为违法，故以街道办为被告诉至法院，请求判决确认拆除后院的行为违法，并恢复原状。

【裁判结果】泰州医药高新技术产业开发区人民法院一审认为，涉案附着物被拆除时，街道办有工作人员在场，尽管其辩称系因受托征收项目在附近，并未实际参与拆除活动，但未提交任何证据予以证明。经查，陆某某房屋及地上附着物位于街道办的行政辖区内，街道办在强拆当天日间对有主的地上附着物采取了有组织的拆除运离，且街道办亦实际经历了该次拆除活动。作为陆某某所建房屋的动迁主体，街道办具有推进动迁工作，拆除非属动迁范围之涉案附着物的动因，故从常理来看，街道办称系单纯目击而非参与的理由难以成立。据此，在未有其他主体宣告实施拆除或承担责任的情况下，可以推定街道办系该次拆除行为的实施主体。一审法院遂认定街道办为被告，确认其拆除陆某某房屋北侧地上附着物的行为违法。一审判决后，原、被告双方均未提起上诉。

【典型意义】不动产征收当中最容易出现的问题是，片面追求行政效率而牺牲正当程序，甚至不作书面决定就直接强拆房屋的事实行为也时有发生。强制拆除房屋以事实行为面目出现，往往会给相对人寻求救济造成困难。按照行政诉讼法的规定，起诉人证明被诉行为系行政机关而为是起诉条件之一，但是由于行政机关在强制拆除之前并未制作、送达任何书面法律文书，相对人要想获得行为主体的相关信息和证据往往很难。如何在起诉阶段证明被告为谁，有时成为制约公民、法人或者其他组织行使诉权的主要因素，寻求救济就会陷入僵局。如何破局？如何做到既合乎法律规定，又充分保护诉权，让人民群众感受到公平正义，就是人民法院必须回答的问题。本案中，人民法院注意到强拆行为系动迁的多个执法阶段之一，通过对动迁全过程和有关规定的分析，得出被告街道办具有推进动迁和强拆房屋的动因，为行为主体的推定奠定了事理和情理的基础，为案件处理创造了情理法结合的条件。此案有两点启示意义：一是在行政执法不规范造成相对人举证困难的情况下，人民法院不宜简单以原告举证不力为由拒之门外，在此类案件中要格外关注诉权保护。二是事实行为是否系行政机关而为，人民法院应当从基础事实出发，结合责任政府、诚信政府等法律理念和生活逻辑作出合理判断。

八、"误拆"单位自行承担法律责任
——利某某诉南宁市江南区人民政府行政强制案

【裁判文书号】最高人民法院（2020）最高法行申12173号行政裁定书

【裁判要旨】涉案房屋尚未签订补偿协议或作出补偿决定，房屋征收实施单位自称在拆除已签约房屋的过程中无意损害了涉案未签约房屋的结构，为确保广大人民群众人身财产不受到损失将其整体拆除，已经明显超出了房屋征收部门的委托范围，应自行承担法律责任。

【实务操作启示】受委托的房屋征收实施单位超过委托范围实施的拆除房屋的行为应由其自行承担赔偿责任。本案最高人民法院指出：江南区政府作为征收实施单位接受房屋征收部门南宁市住建局的委托实施征收、补偿工作，法律后果本应由南宁市住建局承担。但案涉房屋尚未签订补偿协议或作出补偿决定，江南区政府自称在无意损害案涉房屋结构的情况下，为确保广大人民群众人身财产不受到损失将其整体拆除，已经明显超出了房屋征收部门的委托范围，应自行承担法律责任。江南区政府可与房屋征收部门南宁市住建局自行协商责任的实际承担问题。实务操作过程中，房屋征收部门应加强对房屋征收实施单位的监督和管理，严禁超越法律规定侵害相对人的合法权益。

第四节　最高人民法院发布的行政赔偿参考判例对实务操作的启示

2022年3月20日，最高人民法院在发布《关于审理行政赔偿案件若干问题的规定》（法释〔2022〕10号）的同时，发布了九个参考判例，其中有六

个判例是因违法实施强制拆迁而引起的行政赔偿案件。最高人民法院公布的这六个参考判例对于规范行政机关的行政征收行为、严守行政程序、依法保护行政相对人的合法权益及人民法院依法公正审理同类案件具有指导意义。笔者对这六个判例进行简单整理,供读者在实务中学习使用。

一、违法拆除房屋应按市场评估价赔偿
——范某某诉某区人民政府强制拆除房屋及行政赔偿案

【基本案情】2011年1月,某区人民政府在未与范某某就补偿安置达成协议、未经批准征用土地的人民政府作出安置补偿裁决的情况下,将范某某位于征收范围内的集体土地上的房屋拆除,人民法院生效判决确认拆除行为违法。范某某依法提起本案诉讼请求赔偿。

【裁判结果】一、二审法院判决某区人民政府以决定赔偿时的市场评估价格予以赔偿。某区人民政府不服,向最高人民法院申请再审。

最高人民法院经审查认为,行政机关违法强制拆除房屋的,被征收人获得的行政赔偿数额不应低于赔偿时被征收房屋的市场价格。否则,不仅有失公平而且有纵容行政机关违法之嫌。因此,在违法强制拆除房屋的情形下,人民法院以决定赔偿时的市场评估价格对被征收人予以行政赔偿,符合房屋征收补偿的立法目的。

【实务操作启示】违法征收征用土地、房屋,人民法院判决给予被征收人的行政赔偿,不得少于被征收人依法应当获得的安置补偿权益。

二、行政行为被确认违法并不必然产生行政赔偿责任
——杜某某诉某县人民政府行政赔偿案

【基本案情】2014年初,某县人民政府为了绕城高速公路工程建设需要,经上级政府批准后,其成立的征迁指挥部与被征收人杜某某签订《房屋征收补偿安置协议书》并约定付款时间及交房时间。随后,征迁指挥部依约履行了相关义务。同年10月,案涉房屋在没有办理移交手续的情况下被拆除。该

拆除行为经诉讼，法院生效判决确认某县人民政府拆除行为违法。2016 年 11 月 7 日，杜某某向某县人民政府申请行政赔偿，某县人民政府在法定期限内不予答复。杜某某提起本案赔偿之诉。

【裁判结果】

一、二审法院认为，在房屋被强制拆除前，杜某某已经获得《房屋征收补偿安置协议书》约定的相关补偿款项及宅基地安置补偿，在房屋拆除后，杜某某向村委会领取了废弃物品补偿款及搬迁误工费用，故判决驳回杜某某的诉讼请求。杜某某不服，向最高人民法院申请再审。

最高人民法院经审理认为，行政行为被确认违法并不必然产生行政赔偿责任，只有造成实际的损害，才承担赔偿责任。某县人民政府成立的征迁指挥部与杜某某已签订《房屋征收补偿安置协议书》，该协议已被法院生效判决认定为合法有效且已经实际履行。因此，杜某某的房屋虽被违法强制拆除，但其在诉讼中并未提供证据证明其存在其他损害，其合法权益并未因违法行政行为而实际受损，其请求赔偿缺乏事实和法律依据。

【实务操作启示】实务中，行政行为被确认违法并不必然产生行政赔偿责任。原告的损失已经通过行政补偿途径获得充分救济的无权再索取赔偿，人民法院应当依法判决驳回其行政赔偿请求。

三、强拆房屋无法恢复应予赔偿
——李某某诉某区人民政府行政赔偿案

【基本案情】2012 年 7 月 16 日，某区人民政府组建的建设指挥部工作人员强制拆除了李某某的房屋，2015 年 4 月 27 日，法院生效行政判决确认某区人民政府强制拆除李某某房屋程序违法。李某某向某区人民政府递交《行政赔偿申请书》，某区人民政府不予答复。李某某提起本案行政赔偿诉讼，请求恢复原状。本案再审审查阶段，某区人民政府就涉案房屋作出《行政赔偿决定书》。

【裁判结果】一、二审法院认为，根据国家赔偿法相关规定，应当返还的财产灭失的，给付相应的赔偿金。涉案房屋被拆除已灭失，无恢复原状的可能，李某某经释明后拒绝变更"要求将被拆除房屋恢复原状"的诉讼请求，据此判决驳回李某某的诉讼请求。李某某不服，向最高人民法院申请再审。

最高人民法院经审理认为，涉案房屋因强制拆除已毁损灭失，且涉案地块已经纳入征收范围，涉案房屋不具备恢复原状的可能性，原审对李某某主张的恢复原状的请求不予支持，并无不当。但李某某仍享有取得赔偿的权利，法院应当依法通过判决赔偿金等方式作出相应的赔偿判决，仅以恢复原状诉请不予支持为由判决驳回李某某诉请，确有不当。

【实务操作启示】对公民、法人或者其他组织造成财产损害，无法恢复原状的，人民法院应当判令赔偿义务机关支付赔偿金和相应的利息损失。

四、安置补偿奖励应计入"直接损失"
——周某某诉某经济技术开发区管理委员会拆迁行政赔偿案

【基本案情】周某某在某自然村集体土地上拥有房屋两处，该村于2010年起开始实施农房拆迁改造。因未能与周某某达成安置补偿协议，2012年3月，拆迁办组织人员将涉案建筑强制拆除。周某某不服诉至法院，请求判令某经济技术开发区管理委员会对其安置赔偿人民币800万余元。

【裁判结果】一、二审法院认为，涉案房屋已被拆除且无法再行评估，当事人双方对建筑面积、附属物等亦无异议，从有利于周某某的利益出发，可参照有关规定并按照被拆除农房的重置价格计算涉案房屋的赔偿金，遂判决某经济技术开发区管理委员会赔偿周某某49万余元，驳回其他诉讼请求。周某某不服，向最高人民法院申请再审。

最高人民法院经审理认为，为了最大程度地发挥国家赔偿法维护和救济受害行政相对人合法权益的功能与作用，对该法第三十六条中关于赔偿损失范围之"直接损失"的理解，不仅包括既得财产利益的损失，还应当包括虽非既得但又必然可得的如应享有的农房拆迁安置补偿权益等财产利益损失。本案中，如果没有某经济技术开发区管理委员会违法强拆行为的介入，周某某是可以通过拆迁安置补偿程序依法获得相应补偿的，故这部分利益属于必然可得利益，应当纳入国家赔偿法规定的"直接损失"范围。

【实务操作启示】通过行政补偿程序依法应当获得的奖励、补贴等以及对财产造成的其他实际损失属于直接损失。

五、赔偿时点应以法院委托评估时为准
——易某某诉某区人民政府房屋强拆行政赔偿案

【基本案情】在未与易某某达成安置补偿协议或者作出相应补偿决定的情况下，易某某的房屋被某区人民政府强制拆除。生效行政判决亦因此确认强拆行为违法。易某某向某区人民政府申请行政赔偿，法定期限内某区人民政府未作出赔偿决定。易某某遂提起本案诉讼，请求判令某区人民政府恢复原状，或者赔偿同等区位、面积、用途的房屋；判令某区人民政府赔偿动产经济损失3万余元。

【裁判结果】一、二审法院判决由某区人民政府赔偿违法拆除易某某房屋所造成的经济损失共计16万余元的同时，驳回易某某要求赔偿动产损失的诉讼请求。易某某不服，向最高人民法院申请再审。

最高人民法院经审理认为，房屋作为一种特殊的财物，价格波动较大，为了最大限度保护当事人的权益，房屋损失赔偿时点的确定，应当选择最能弥补当事人损失的时点。在房屋价格增长较快的情况下，以违法行政行为发生时为准，无法弥补当事人的损失。此时以法院委托评估时为准，更加符合公平合理的补偿原则。

【实务操作启示】财产损害赔偿中，损害发生时该财产的市场价格不足以弥补受害人损失的，可以采用其他合理方式计算，赔偿时点应以法院委托评估时为准。

六、行政赔偿裁判应"一步到位"减少诉累
——魏某某诉某区人民政府行政赔偿案

【基本案情】魏某某案涉集体土地上房屋位于某区城中村改造范围，因未能达成安置补偿协议，2010年5月25日，魏某某涉案房屋被拆除，法院生效

判决确认了某区人民政府强制拆除行为违法。2015年6月，魏某某依法提起本案行政赔偿诉讼，要求判令某区人民政府赔偿损失。

【裁判结果】 一审法院判决某区人民政府赔偿魏某某房屋损失等损失。二审法院判决撤销一审行政赔偿判决，责令某区人民政府于判决生效之日起九十日内对魏某某依法予以全面赔偿。魏某某不服，向最高人民法院申请再审。

最高人民法院经审理认为，基于司法最终原则，人民法院对行政赔偿之诉应当依法受理并作出明确而具体的赔偿判决，以保护赔偿请求人的合法权益，实质解决行政争议，原则上不应再判决由赔偿义务机关先行作出赔偿决定，使赔偿争议又回到行政途径，增加当事人的诉累。本案中，二审判决撤销一审行政赔偿判决，责令某区人民政府对魏某某依法予以全面赔偿，无正当理由且有违司法最终原则，裁判方式明显不当。

【实务操作启示】 人民法院审理行政赔偿案件，可以对行政机关作出赔偿的方式、项目、标准等予以明确，赔偿内容直接且确定的，应当作出具有赔偿金额等给付内容的判决。行政赔偿裁判应"一步到位"，减少当事人诉累，体现《行政诉讼法》实质解决行政争议的立法目的。